21 世纪工商管理特色教材

营销管理

MARKETING
MANAGEMENT

主 编⊙董大海

副主编⊙李 弘

清华大学出版社

北 京

图书在版编目（CIP）数据

营销管理/董大海主编．—北京：清华大学出版社，2010.5（2023.6重印）
（21 世纪工商管理特色教材）
ISBN 978-7-302-22298-9

Ⅰ．①营…　Ⅱ．①董…　Ⅲ．①市场营销学—高等学校—教材　Ⅳ．①F713.50

中国版本图书馆 CIP 数据核字（2010）第 054913 号

责任编辑：刘志彬
责任校对：王凤芝
责任印制：杨　艳

出版发行：清华大学出版社
　　　　　网　　　址：http://www.tup.com.cn，http://www.wqbook.com
　　　　　地　　　址：北京清华大学学研大厦 A 座　　　邮　　　编：100084
　　　　　社 总 机：010-83470000　　　　　　　　　邮　　　购：010-62786544
　　　　　投稿与读者服务：010-62776969，c-service@tup.tsinghua.edu.cn
　　　　　质 量 反 馈：010-62772015，zhiliang@tup.tsinghua.edu.cn
印 装 者：三河市铭诚印务有限公司
经　　销：全国新华书店
开　　本：185mm×260mm　　　印　　张：22.25　　　字　　数：498 千字
版　　次：2010 年 5 月第 1 版　　　　　　　　　印　　次：2023 年 6 月第12次印刷
定　　价：50.00 元

产品编号：035342-03

在管理教育和人才培养的各种制度中,工商管理硕士(MBA)制度是一项行之有效、富有成果的制度,它培养的是高质量的、处于领导地位的职业工商管理人才。工商管理硕士教育传授的是面对实战的管理知识和管理经验,而不是侧重理论研究;注重复合型、综合型人才培养,重视能力培养。在发达国家已经成为培养高级企业管理人才的主要方式。

我国正式开始引进工商管理硕士学位制度是在 1984 年。但是早在 1980 年,按照 1978 年邓小平同志访美期间向当时的美国总统卡特提出由美方派遣管理教育专家来华培训我国企业管理干部的要求,中国和美国两国政府成立了坐落在大连理工大学的"中国工业科技管理大连培训中心"。在开始的几年内,办起了学制为八个月的厂长经理讲习班,其教学内容是按照 MBA 教育的框架"具体而微"地设计的,开设了 MBA 教育中所有的核心课程。这种培训教育曾被认为是"袖珍型 MBA",可以说是 MBA 理念引入我国的开始。

1984 年开始,根据中美两国有关合作进行高级管理人员的第二个五年的协议,由中国的大连理工大学与美国布法罗纽约州立大学合作开办三年制的 MBA 班,这是对我国兴办 MBA 教育的一次试点。与此同时,培训中心将美国教授在大连讲学的记录整理出版了一套现代企业管理系列教材,原来共九种,后来扩展为十三种,这套教材由企业管理出版社出版,发行超过百万册,填补了当时缺乏面向实际应用类型教材的空白,也为后来的 MBA 教材建设打了一个基础。

我国从 1991 年开始,正式开办 MBA 专业学位教育。在经过十几年的实践和摸索之后,中国的 MBA 教育已经进入一个新的发展时期,目前中国拥有 MBA 招生和培养资格的院校已经有 100 余所。这种专业学位的设置使我国的学位制度更趋完善,推动了我国高级专门人才培养的多样化,使学位制度进一步适应科学技术事业和经济建设发展的需要。MBA 教育需要适合面对实战的管理知识和管理经验的教材。从 1998 年开始,作为培训中心依托单位的大连理工大学管理学院,就开始在原来培训班的系列教材的基础上，吸收近期国内外管理理论和实践的发展成果，结合自己的教学经验，组织编写 MBA 系列教材 18 种，由大连理工大学出版社出版，共印刷发行了 40 余万册，被许多院校的 MBA 教学和干部培训选用，受到广大读者的欢迎。2005 年，又出版了新的教材系列。

进入 21 世纪以来，国外的管理思想、理论与方法又有了发展。随着我国改革开放步伐的加快和经济建设的进展，在我们的管理实践中，在吸收消化国外先进管理的理论、方法的同时，针对我国在转型期的具体情况，探索具有中国特色的管理思想、方法，也得到很多的成果。目前我们已经可以像我国已故的哲学大师冯友兰教授所说的，从"跟着讲"发展到开始"接着讲"了。因此在管理教育中编写具有中国特色的教材，既有必要性，又有可能性。在 MBA 专业教育方面，我国在多年实践的基础上，也积累了许多经验。特别是由于 MBA 与学术型管理学硕士的培养目标、教学内容与方式有所不同，我国的各院校都注意在教学中引入了案例教学、角色扮演、模拟练习等新型教学活动，这样在我国自编的教材中就有可能选入符合国情的具体内容。

大连理工大学管理学院在从上世纪 80 年代就开始进行 MBA 试点以及近 20 年来进行 MBA 学位教育的基础上，决定重新编写一轮新的教材，总结过去的教学与培训经验，吸收国外的最新理论成就，使教材上升一个新的台阶。本次的教材系列包括"管理学"、"财务管理"、"技术管理"、"战略管理"、"管理决策方法"、"管理信息系统"、"营销管理"、"运营管理"、"企业法律环境"、"创业与企业成长"、"投资风险管理"、"项目管理"、"商业伦理"、"会计学"、"现代物流管理"、"项目投融资决策"、"企业知识管理"、"企业社会责任管理"、"创新与变革管理"、"企业文化"、"电子商务"、"人力资源管理"、"组织行为学"、"公司治理"、"管理经济学"、"管理沟通"共 26 种，涵盖了 MBA 基础课程、专业课程与部分新学科的内容，本轮教材的组织和撰写具有覆盖面广、关注到新的管理思想和方法、充分利用了自编案例等特点，反映了 MBA 教育的新进展。希望这个教材系列能为我国 MBA 教材添砖加瓦，为 MBA 教育做出应有的贡献。同时也希望这些教材能成为其他专业学位教育和各类管理干部培训的选用教材和参考资料，以及创业人士的有益读物。

衷心盼望采用这些教材的老师和学员在使用过程中对教材的不足之处多提宝贵意见，以便在下一轮修订过程中加以改进。让我们共同努力，把我国的 MBA 教育提高到一个新水平。

王众托

2010 年 2 月

营销学是市场经济发展到较高阶段的产物，是现代企业与企业家营销管理实践的理论总结。

当今，中国正处在社会主义市场经济体制飞速发展并充满变革的时期。弹指 30 年，已跨越西方国家上百年的发展历程，市场经济正以其独特的机制释放着中国经济发展已蕴涵多年的巨大潜能，使中国经济以世界少有的高速度向前发展。

发展伴随着竞争，竞争促进发展。纵观中国商海：发现市场，抢占先机，群雄并起；大浪淘沙，优胜劣汰，诸侯分疆；点子闪光，战略筹划，激扬文字；满足顾客需要，战胜竞争对手，产品战，价格战，广告战，此起彼伏；发展多种经济，引进外资合作，保卫民族产业，谁主江山沉浮？……没有硝烟的商业大战已燃遍神州大地。

商战有路，路在何方？市场营销学以其独特、系统、科学的理论和方法，为中国企业走向胜利开辟了成功之路。

市场营销学在经济发达国家和地区的工商企业经营管理中，发挥着日益显著的作用。可以说，世界著名的企业家，都是市场营销的行家里手。如今，市场营销学不仅在西方国家，在我国也已经成为培训工商管理人员的一门必修课程。

本教材为培训工商管理硕士研究生（MBA）而编写。它融会了编者多年以来市场营销教学和市场营销实践的经验和体会，参阅了大量国内外市场营销理论的文献资料和研究成果，具有如下特点：

（1）结合国内外市场营销理论的最新发展和中国企业市场营销面临的现实问题，提出了以顾客价值为核心的市场导向营销新理念，强调面向顾客、竞争者和企业内部协作的融合与统一，并通过引入经济学、行为科学、系统论、管理理论和战略理论的最新成果，建立了较新的市场营销学概念体系。

（2）在具体内容上，力争反映当前市场营销理论研究的新方法和所面临的新问题，贴近现实经济生活，突出实用性和操作性。

（3）注意适用性，力争通俗易懂。它既可以用于工商管理硕士研究生的教学，亦可以用于工商管理专业大学本科生的教学，也可用作经济管理部门和工商企业的干部培训教材。为此，在本书中，我们增加了较为丰富的案例，并在每章后面附有思考题，帮助读者消化理解相关理论和内容。

本书是大连理工大学市场营销专业的教师共同编写的，大致分工如下：第 1 章、第 4～6 章主要由董大海编著；第 2 章主要由郭艳红和金玉芳编著；第 3 章与第 13 章主要由金玉芳编著；第 7～12 章主要由李弘编著；曲洪敏、宋晓兵、杨光分别参加了第 9 章、第 10 章和第 13 章的部分编写、修改以及案例选编工作；博士生孟佳佳、王建军也参与了部分内容的撰写。由于编者水平有限，加之时间仓促，书中难免有诸多不妥和谬误之处，敬请读者批评指正。

本书编写得到了大连理工大学管理学院领导和同志们的大力支持，书中也包含了国内诸多同仁在市场营销理论发展与传播过程中所付出的辛勤劳动，在本书付梓之际，谨致谢忱。

目 录

第 1 章　导　论

引　例

面对经济危机,中国的制鞋公司纷纷到非洲寻找市场。

A公司派出甲业务员到非洲,让他去了解那里的市场。这个业务员到非洲后待了一天,发回一封电子邮件:"这里的人不穿鞋,没有市场。"

B公司派出乙业务员去非洲,他在那也待了一天后,发回电子邮件:"这里的人不穿鞋,市场巨大。"

现在让我们来判断一下,哪个业务员是营销人才?甲显然不是,他只是一个收取订单的人。没有订单,他也就无所事事。可能很多人会认为乙是营销人才。其实,他也不是营销人才,只是一个具备积极心态的推销员,因为他认为:"我可以推销任何东西,尽管人们不穿鞋,我也能让他们穿上。"他很有信心,很有斗志,但仅有信心和斗志是成不了真正的营销人才的。那么谁才是真正的市场营销人才呢?

C公司派出了业务员丙去非洲,他在非洲待了一个星期后,发回电子邮件:"这里的人不穿鞋,但有脚疾,需要鞋;不过我们现在生产的鞋太瘦,不适合他们。我们必须生产肥一些的鞋。这里的部落首领不让我们做买卖,除非我们搞好公共关系。我们只有向他的金库里进一些贡,才能获准在这里经营。我们需要投入大约1.5万美元,他才能开放市场。据此,我们每年能卖大约2万双鞋,在这里卖鞋可以赚钱,投资收益率约为15%。"

看他做了什么?虽然他没有说公司可以卖鞋,但他却说明了这里需要什么样的鞋,投资收益率如何,怎样通过卖鞋赚钱和怎样用公共关系去克服困难。因此,他才是真正的营销人才。

本章目的

理解营销的基本含义、营销理念及其演进、营销对企业的作用和意义;掌握营销的基本思考框架和营销过程。

主要知识点

营销的含义　营销理念的演变过程　营销绩效　营销管理过程

营销学是市场经济发展到较高阶段的产物,随着经济和社会的发展而不断深化、丰富和完善。营销学的思想、原理和方法对我国企业转换经营理念、提高国际竞争力和经济绩效具有重要的指导和借鉴意义。

1.1 营销的含义与营销理念的演进

1.1.1 营销的基本含义

营销,亦称"市场营销",它的基本含义是人们在市场中进行产品交换的活动。正是由于这样一个本意,所以国外学者创造了一个原本词典中没有的新词——marketing,它是在 market(市场)的后面增加了一个后缀 ing,很直观地表达了营销的含义。

简单的营销活动可以用图 1-1 来描述。在这里,有两个交换方,甲方和乙方,他们都有获得对方产品的需要。为达到交换的目的,有一方主动,也可能是双方都主动发出交换的信息,对方在接到该信息后做出回应,商谈用什么交换、以什么价格交换、交换多少的内容,直至达成交易,换回各自需要的东西。

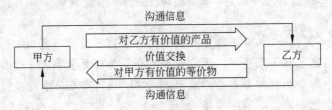

图 1-1　营销活动示意图

1.1.2 营销学产生的背景

营销活动,古已有之。虽然以前对此也有一些零星的研究,但是直到 20 世纪初,营销学才成为一个"显学"。这是因为在这一时期,产品交换及其环境发生了多方面深刻的变化,时代需要对这样一个社会现象加以关注。

1. 市场规模迅速扩大

随着工业革命的产生,美国资本主义迅速成长,市场规模急剧扩大。1860—1900 年的 40 年间,美国人口由 3 140 万人增加到 9 190 万人,是原来的近 3 倍。同期,城市化速度加快,城市人口占全国人口的比例由 21% 增加到 40%,到 1920 年再增至 51%。同时,按人均收入计算的市场规模也有很大的提高。人均收入 1859 年为 134 美元,到 1894 年则为 285 美元,是原来的 2 倍多,到 1900 年则为 480 美元。综合考虑人口与收入两个因素进行测算,20 世纪初美国的市场规模是 19 世纪 60 年代的 6 倍。市场需求规模的急剧扩大为大工业化生产提供了强有力的基础,同时也带来了新的竞争挑战。

2. 卖方市场开始向买方市场转化

市场规模的扩大刺激了生产厂商的扩张欲望,科学技术的进步使得大规模生产成为可能。1913 年 10 月,福特汽车公司全部实行流水作业,每生产一辆汽车的工时由 5 年前的 12 小时降至 2 小时,每天生产汽车 1 000 多辆;同时政府也通过免费提供工厂场地、给予税收优惠政策等多种方式推动社会由农业经济向工业经济转化,由家庭作坊向大规模工厂转化。这些因素有力地推动了美国的生产发展,但同时供求关系也开始逐渐由卖方市场向买方市场转化,而营销管理则日益成为企业的一个重要职能。

3. 商品流通体系和商品价值构成发生变化

20 世纪初,美国社会环境的另一个重要变化是商品流通体系的重大变化。市场规模的扩大、商品的迅速丰富、需求的多样化等因素向商品流通体系提出了新的挑战,厂商与消费者之间的中间商体系开始形成,出现了与第一流生产企业并驾齐驱的大型百货商店、邮购商店和连锁商店等。同时,生产企业内的销售队伍也开始迅速膨胀,并日益成为与生产人员同等重要的组织构成。

中间商的插入、产品市场由本地市场向全国市场甚至国际市场的扩张,也产生了供应商与消费者之间的信息沟通和商业信用等问题,要求企业必须对这些新生因素进行有效的管理。

4. 忽视非直接创造价值活动的古典经济学遇到了空前挑战

新的商品价值形成学说以及对中间商、营销组织等新增价值的管理问题开始引起重视。在这个时期产生的古典管理思想(如弗雷德里克·泰勒的"科学管理"和亨利·法约尔的"管理原则")由于其关注的焦点是商业和商业组织的效率,而很少关注商业组织与消费者之间的商品交换关系这一重要问题,因而,一门研究企业如何在市场条件下提供有效供给,并能在企业、中间商、消费者之间建立有效连接,以提高企业绩效的学科——营销学就呼之欲出了。

营销学就是研究人们是如何进行商品交换,以及如何提高这些交换活动有效性的一门学科。1905 年,克罗西在宾夕法尼亚大学开设"产品营销"课程;1910 年,巴特勒在威斯康星大学开设了"营销方法";1912 年,赫杰特齐编著的第一本 *Marketing* 教材问世,标志着营销学学科的诞生。

1.1.3　营销理念

不论你是否体察到,每个人行动的背后都隐含着指导其行动的哲学,包括世界观(如何看待世界)、价值观(如何在多个备选方案进行取舍)等,企业亦然。换个角度,无论是否意识到,每个企业的战略、策略,甚至是日常的每一个具体的管理决策和行动,也都会在一定程度上反映出这个企业深层的经营管理哲学。企业哲学可能源自于企业主要领导者(特别是创业者)的个人哲学,也可能源自于企业在长年经营管理中所沉淀的文化。无论新企业、老企业、小企业、大企业,一定存在着某种在某一时期占主导地位的经营管理哲学。我们将潜在地指导或影响企业营销活动的哲学称为营销观念或营销理念。营销理念是企业为做好营销实践所应当最为关注的问题。

理念，实际上就是一种观念。它是一个中国化的词语，指的是理性的，也有正当的、正确的观念的含义，通常是相对于不正确的观念而言的。需要注意的是，概念与理念是紧密相连的，这可以从英文中概念与观念都是一个词语——Concept——很清楚地看出来。从学术的角度来考察，概念与观念的关系大致是这样的：出现一个事物或现象，人们就会形成一些对该事物或现象的认识，也就是观念，例如这个东西是方形的，是柔软的，等等；随着人们对该事物或现象的认识的不断深入，就会形成一个相对完整的认识，也就是概念。将这个认识抽象化表达，就是该概念的定义了。从这个角度看，观念是人们对事物或现象的粗浅认识，而概念则是较为深入和全面的认识。

任何概念都是对现象的概括和总结。一方面，这里所指的现象会随着时间的发展而变化；另一方面，人们对该现象的认识也会随着时间的发展而不断深入。因而，关于该现象的概念也就自然地会随着时间的变化而变化。有的概念变化的少些，而有的概念变化的多些。营销概念属于后者。

下面的内容中，我们将营销理念演变与营销定义演变联系起来一起陈述。大的方面，营销理念与营销概念经历了三个大的发展阶段，分别是"传统营销理念阶段""市场导向营销理念阶段"和"关系导向营销理念阶段"（如图1-2所示），目前正在走向第四个阶段——"全面营销理念阶段"。

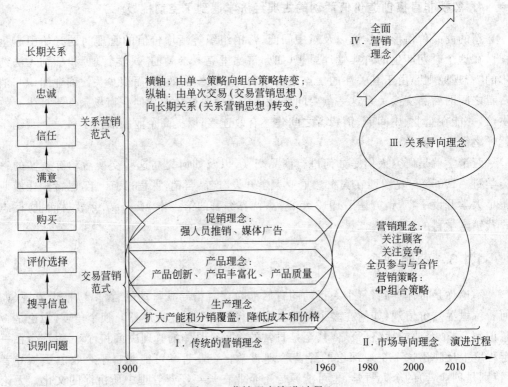

图 1-2　营销理念演进过程

1.1.4 营销理念的演进过程

1. 传统的营销理念

传统营销理念,也称为旧的营销理念,包括生产理念、产品理念和推销理念,是 19 世纪末至 20 世纪 50 年代这一历史阶段中占主导地位的营销理念。

1) 生产理念

生产理念是 20 世纪初期美国企业普遍奉行的营销管理理念。信奉生产理念的企业相信,消费者需要价格便宜、随处可得的产品,因此,企业应致力于追求最大化的生产效率和最广泛的销售覆盖面。

当时的经济社会背景是,美国大工业生产刚刚起步,很多产品都供不应求,社会化的分销体系也不发达;同时,人们的生活水平还比较低,获得产品比获得什么样的产品更为重要。因此,只要企业能够把产品生产出来,并能够被消费者方便购买到,就可以获得经营的成功。可以看出,这种营销理念是同美国当时的生产力水平以及由此而形成的市场环境相适应的。由老亨利·福特首倡的"大量生产,降低价格"的经营原则就是生产理念的典型代表(参见"亨利·福特与福特汽车公司的故事")。

案例分析

例 1-1　亨利·福特与福特汽车公司的故事

福特公司的创业者亨利·福特,出生在底特律附近一个从爱尔兰逃荒而移居美国的农民家庭。十多岁的时候,他对机械产生了浓厚的兴趣,甚至达到痴迷的程度。少年时他就会修理钟表,而且小有名气,常常通宵达旦为人修表。为了他的健康,父母不得不强令他不准夜出。亨利就等父母睡着以后,偷偷地从窗户溜出去,两三点钟以前再赶回来钻进被窝里。以至于很长一段时间他的父母都以为他是个乖孩子。到十五六岁的时候,亨利已是远近闻名的农机修理匠了。

19 世纪 90 年代,出现了"不用马拉的车",也就是汽车。初期的汽车非常简陋,很难称其为交通工具,只能算是创造者智慧结晶的一种物品或是富豪的大玩具而已。这种东西迷住了亨利。他在二十多岁结婚的时候,盖了三间大木房,将其中的一间作为自己的"实验室"。功夫不负有心人,经过艰苦奋斗,亨利造出了他的第一台汽车,并以 3 999 美元的高价卖给了一位煤商。

1901 年,亨利参加了全美汽车 10 英里拉力赛(有 100 多辆车参加)。他请来了家喻户晓的全美自行车赛冠军来驾驶他的汽车。比赛开始后,福特车一度落在后面,直到赛程过半,福特车的优良性能才显现出来。其他参赛车不是传动出了毛病,就是发动机出了故障,而福特车一直以其不是很快但却很平稳的速度跑向终点,夺得冠军。亨利与福特汽车名声大噪。富商们纷纷向他订货。从此,亨利·福特开始走上专业制造汽车的历程。

作为农民企业家,亨利·福特心系农民,最先发现了占美国总人口 70%的农民是汽车的最大市场,并提出了"要造出农民能够买得起的汽车"的口号。1913 年 10 月,福特公司首创流水线作业方式,开创标准化、大规模生产之先河。生产每辆汽车的在线工时由5年前的13个小时降低到1.5个小时,每天能出产汽车1 000辆。成本和价格也迅速下降,价格由几年前的800美元降到360美元左右,相当于美国当时人均年收入的一半。

T型车底盘较高,结实耐用,特别适合美国当时的公路状况,稍加改造还可以作为农机使用。得益于单产品、标准化、大批量、低成本的经营思想的成功,福特公司取得了在美国汽车业中的霸主地位,市场份额高达48%,而其他几十家公司或是举步维艰,或是关门。

这时候,也就是20年代中期,美国经济正在酝酿着一场卖方市场向买方市场转变的深刻革命。工业发展非常迅猛,生活水平迅速提高,城市化步伐加快,道路等基础设施也有了很大的改善。人们已不再满足于拥有一辆福特T型车,而希望有更多款式、更多不同功能和档次的产品可供选择。此时,正处在辉煌顶峰的亨利·福特兴奋、荣耀,而且刚愎自用。当他的儿子(当时已是公司总裁)向他建议,应当适应市场结构的变化,转变营销观念,开发多种系列产品时,老福特暴跳如雷,怒吼道:"我什么都不要,只要T型车,而且只有一种颜色——黑色!"

与此同时,一直用马车来从事"物流运输业"的杜兰特敏锐地发现,汽车行业是一个朝阳行业,物流运输业也将会很快就告别马车而采用汽车。因此,他想进入汽车业,实现"产业升级"。怎么办呢?他找到了当时被福特汽车公司挤得濒临倒闭的几家汽车公司,向他们灌输"团结就是力量"的观点,鼓动几家公司联合起来对付福特,并许诺他将会为这个联合公司投资补血。这就是后来的通用汽车公司。杜兰特很高明,他知道他没有管理这样一个复杂的大型联合体的能力,因此他聘请了一位职业经理人斯隆来担任这家公司的总裁。斯隆发现了汽车市场的变化,以普通型雪佛莱同福特T型车竞争,同时以中档车别克和高档车凯迪拉克来满足福特公司尚未意识到的市场需要。后来又采取果断措施,将原来因迫于福特公司的压力而不得不联合起来的、松散的通用汽车公司,通过资产运作的方式整合为一家名副其实的紧密型公司。经过十年奋斗,到1927年,通用一举击败福特公司,成为行业新领袖,市场份额高达43%,而福特公司的市场份额则跌落到30%以下。到20世纪40年代,福特公司甚至一度落到克莱斯勒公司之后。沧桑巨变,令人扼腕。

2) 产品理念

信奉产品理念的企业相信,消费者更喜欢功能多、质量高、有特色的产品。因此,企业应致力于产品的不断改进和创新,并力争在产品优越性上超越竞争者。

产品理念产生和被奉行的社会背景是,市场已开始由卖方市场向买方市场转变,人们的生活水平已有较大的提高,消费者已不再仅仅满足于产品的基本功能,而开始追求产品在功能、质量等方面的差异性。因此,在上述方面超越竞争对手就成为企业营销成功的法宝。

到20世纪20年代,福特汽车公司一枝独秀。被胜利蒙住了双眼的老福特并没有意识到市场结构已经悄悄地发生了本质性的变化,仍然冥顽不化,坚持奉行单品种、大批量、低成本的生产理念,结果被通用汽车公司用很短的时间打败了。通用汽车公司的战略是提供多样化、差别化的产品,有低档次的雪佛莱,有中档次的别克、老爷车,还有高档次的凯迪拉克,更有丰富多彩的车身颜色和内饰。而当时,福特公司仍然只有一个 T 型车,而且只有一种颜色——黑色。

人们常说,"失败是成功之母",但是福特汽车公司的例子告诉我们,"成功也可能是失败之父"。这是因为,任何成功都是有其条件的,一定条件下所形成的成功模式换到另一种条件下就不一定会成功,甚至可能适得其反,这就是成功与失败的辩证法。

在 20 世纪 80 年代,中国也有很多企业奉行产品理念,它们或是强调产品创新,或是强调多品种、多型号、多款式,或是追求产品功能的完备齐全,或是追求产品的高质量。客观地说,这些企业在一定程度上的确推动了国产产品的升级换代,缩小了与国外同类产品的差距,一些企业还取得了较好的经济效益。海尔公司就是从生产理念中跳出来,较早地转变为产品理念而获得领先优势的典型。当时,由于产品同质化,随着供求关系的变化,价格竞争几近白热化。海尔急流勇退,剑走偏锋,祭起质量领先的大旗,与此同时,价格不降反涨,一下子在消费者心中树起了产品优异化的品牌形象,大获全胜,并为其后的扩张发展奠定了重要的基础。

与生产理念一样,产品理念也有片面性。最根本的问题是,何为"好产品"?是企业员工认为是好产品,还是顾客认为是好产品?忽视后者就会陷入"营销近视症"的误区。有一个颇具幽默性的例子:一家保险柜生产企业,在科研人员和全体职工的共同努力下,终于开发生产出一种新产品——高强度保险柜。在产品展销会上,销售经理热情地拉住一位顾客,向他滔滔不绝地介绍:"这种保险柜实在太棒了,最大的特点是结实。我们不仅选材精良,而且采用先进的结构分析方法进行优化设计。不信?你把它从五楼扔下去,肯定摔不坏。"那位顾客也很幽默:"我想它一定很结实,可是我从来没有想到过要把保险柜从楼上扔下去。"说完,莞尔一笑,转身向另一个保险柜展台走去。问题出在哪里呢?就在于企业过分追求产品质量以至于忽视(或"超过")了顾客的真正需要。"营销近视症"有多种病症,包括"技术过剩""质量过剩""功能过剩"等。

3) 促销理念

促销理念认为,一方面,消费者具有惰性,不会足量购买某种产品;另一方面,追逐消费者的产品太多,消费者不会足量购买本企业的产品。因此,企业必须大力开展促销活动,包括人员推销与广告促销。

自从产品供过于求,卖方市场转变为买方市场以后,促销理念就被企业普遍采用,尤其是生产能力过剩和产品大量积压时期,经理们常常不假思索地信奉这种理念。的确,促销理念的两个前提条件在现代社会中是正确的。一般而言,消费者是有惰性的,尤其是当产品丰富和销售网点健全的情况下,人们已不再需要像战时状态那样储存大量产品,也没有必要担心涨价,买商品只求"够用就行",这已成为主导性的消费观念。另外,在买方市场条件下,过多的产品追逐过少的消费者也是事实。因此,加强促销和推销以扩大本企业产品的宣传影响,向消费者传达本企业的产品信息,劝说消费者选择、购买本企业产品,也是非常必要的。

从策略的层面看,促销理念在营销上的策略很清楚,就是促销策略(突出强调人员推销和高强度广告),用当今具有煽动性的话说,就是"促销为王"。在非营销方面则是突出生产管理。20世纪90年代中后期,我国的很多行业都经历了卖方市场向买方市场的转变,加之当时国家为了抑制通货膨胀实行经济紧缩政策,使得很多企业产品积压严重。不少企业实在无法,就将库存积压产品按职务级别高低包干到每个人头,还美其名曰"全员推销"。其结果不难想象,根本不能扭转困境。问题在于不是好酒要不要吆喝,而是吆喝的是不是好酒。秦池三度"标王",一日倒闭,前车之鉴。事实证明,片面依赖促销与推销的做法并不能从根本上解决企业的营销问题。

4) 传统的营销理念小结

基于当时人们对营销环境和企业营销实践的认识,由学者和业界人士组成的美国营销学会(AMA)于1935年为营销下了一个定义:"营销是引导产品(和服务)从生产者流向顾客的商业活动。"很显然,这样的定义及其观念具有如下局限:

首先,这样的营销观念并没有给企业营销提供有效策略。因而在企业策略实践上,只能靠企业"试错"和摸索,或是产品供给与分销渠道覆盖面,或是价格,或是产品,或是促销,单打一,缺少策略整合和系统性,因此也就难以用来应对目前高度复杂多变的市场环境;特别是,这样的营销观念缺乏战略高度,没有提供企业营销战略的指导原则(例如市场战略等)。

其次,传统营销理念更多的是眼光向内的,关注生产,关注成本。即使是关注产品创新,也主要是内部的技术导向的创新。所以有学者把传统的营销理念概括为"企业内部导向的理念"。这较之后面讲到的市场导向理念还有很大的差距。

再次,传统的营销理念追求企业自身的利润最大化,以自我为中心,对与顾客、供应商、竞争者、社会等利益相关者之间的合作分享缺乏关注,因而很难适用于当今社会利益主体多元化和竞争时代的市场环境。

需要注意的是,产生这些传统营销理念的营销环境在中国也曾经有过,因而中国企业也曾经经历过这样的理念阶段。例如,在我国改革开放初期,消费品严重短缺,供不应求,买一台冰箱都要找关系走后门。因此,那个时候对企业来说,谁能够引进产品,贷款上项目,然后拼命扩大产量,谁就能够成功。这是典型的生产理念。一时间,电视机、电冰箱的制造企业遍地开花,仅电冰箱生产线全国就引进了近百条,光是阿里斯顿生产线就有9条,仍是供不应求。前来提货的卡车在厂门口都排起了长龙,甚至军用运输飞机都参加到南来北往的电冰箱销售运输中来。但是时过境迁,20世纪90年代中期以后,那些埋头于生产的企业大都陷入了困境。再例如,20世纪90年代初,巨人集团看到国内保健品市场的蓬勃发展,决定战略转型,由过去的计算机行业同时进军保健品和房地产行业,并模仿解放战争将其称之为"三大战略",可谓雄心勃发。在保健品中,首先选定了"脑黄金"产品,策略则是促销理念,在各种媒体铺天盖地打广告,结果惨败,以至于拖累整个巨人集团并使集团最终破产。这个实例,后来成为典型的促销理念反面案例。但是,同样需要注意的是,巨人集团破产以后,其原董事长史玉柱隐姓埋名,蛰居江苏无锡再创健特生物保健品公司,推出"脑白金",主打策略仍然是促销,却大获全胜。自1994年"脑白金"品牌创立至今十几载,一对卡通老伴的歌伴舞在中央电视台上就没有停息过。尽管这个广告片在2002年被评为十大恶俗广告,在当年却实现了12亿元的销售额,而且目前仍然畅销。个中道理,耐人寻味。究其根本,中国市场与西方发达国家的成熟市场有很大差别,不可不察。

2. 市场导向的营销理念

1）市场导向的基本内涵

20世纪50年代末60年代初，美国的经济和社会环境发生了较大的变化，与此同时，人们对营销的认识也有了很大的提升。1957年，美国通用电气公司的约翰·麦克金特针对传统营销理念所存在的局限，结合企业营销的最新实践，首先提出了市场导向的营销理念。市场导向营销理念认为，实现企业目标的关键，在于确定目标市场的需要与欲望，并能比竞争者更有效率和效能地满足顾客的需要与欲望。后来又经过莱维特、麦卡锡、科特勒和卡瓦斯基等很多学者历经30多年的概括、提炼和补充而逐渐完善。其过程大致可以分为三个发展阶段。

第一个里程碑称之为"顾客导向理念"。该理念强调，企业经营不应当仅仅是眼光向内，根据自己现在提供什么产品、能够提供什么产品，来决定向市场提供什么产品，而应该眼光向外看顾客，一切营销活动都要围绕顾客来展开，研究顾客的需要和欲望，并通过合适的产品、合适的价格、合适的促销和合适的渠道等策略满足顾客的需要和欲望。简而言之，"顾客是上帝"是这个理念的通俗写照。

第二个里程碑称之为"竞争者导向"。1986年，艾·里斯和杰克·特劳特合著出版的《营销战》使竞争者导向理念达到顶峰。这样一批实践家和学者认为，仅有顾客导向还不够，因为市场上充满了竞争，而且竞争越来越激烈，竞争者不仅来自国内，还来自国外，甚至都很难区分国内市场与国外市场、国内竞争者与国外竞争者。在此情况下，商业竞争就如同战争，有你没我，你死我活；消灭敌人就是保护自己。于是乎，情报战、攻防战、《孙子兵法》《战争论》等军事思想被引入到营销中来，并成为营销理念的重要组成部分。

第三个里程碑称之为"跨部门协作"。该理念秉承管理大师彼得·德鲁克的（1957年）关于"企业的第一项使命就是创造顾客"观点，强调要把满足顾客作为企业的使命，作为企业的核心价值观和文化；强调"营销不是某个人的责任，而是每一个人的责任"（美国通用电器公司前CEO杰克·韦尔奇语），整个企业各个方面都必须齐心协力，打破部门藩篱，进行跨部门、跨团队、跨流程的共同作战；为此也必须强调，要满足顾客需要和欲望，还必须满足内部员工的需要和欲望，通过满意和充满激情的员工来创造顾客满意。这种企业内部协同营销的思想也被称为"内部营销"理念。

正是基于这样的观念，美国营销协会1985年对营销下了一个新的定义：营销是关于商业创意、产品和服务的开发、定价、促销和分销的规划与执行的过程，其目的是通过交换满足消费者和组织的目标。

2）从深层思想观念的意义上理解市场导向理念

市场导向的营销理念较之传统的营销理念是一次质的飞跃，具体表现如下：

首先，市场导向理念在营销最深层的思想上强调，思考企业营销的出发点是市场而不是企业自身，即思考问题的出发点应该"眼光向外"，而不是"眼光向内"。具体来说，就是由企业根据自身能生产什么产品，转变为根据顾客需要研发和生产什么产品；由企业根据自身的生产能力决定生产多少产品，转变为根据市场需求量决定企业究竟应该生产多少产品；由企业根据自身的成本进行定价转变为根据市场可以和愿意接受的价格来控制企业的成本;由企业想宣传什么内容和怎样宣传促销,转变为只宣传顾客期望了解的内容,并以顾客愿意接受的方式进行宣传、促销和推销。

其次,市场导向理念强调,企业经营必须牢固树立目标市场的观点,由把市场视为均质的大市场转变为更多地关注市场的异质性,并根据市场的异质性把市场分为若干个细分市场,再从中选择适合本企业的目标市场。形象地说,要由"鸟统枪"转变为"来复枪"。

再次,市场导向观念强调,应当将企业目标的达成方式由"扩大销售量来获得利润"转变为"通过满足顾客需要来获得利润"。市场导向相信,满足顾客需要是成功营销的前提,唯有首先满足这个前提,再辅之以企业的其他方面的经营管理活动,企业才能获利并持续经营。正如彼得·德鲁克所言:"获利只是满足顾客需要的结果或副产品。"

3) 从营销战略与策略指导原则的意义上理解市场导向理念

市场导向理念强调以顾客导向为主,以竞争导向为辅,两者保持协同。实际上,早在当初,市场导向就被视为顾客导向,强调企业要由以自我为中心转变为以顾客为中心,并把顾客的集合称为市场。进入 20 世纪 80 年代以后,随着日本崛起,亚洲"四小龙"(韩国、新加坡、中国香港、中国台湾)跟进,美欧市场竞争日甚,"打败竞争者才是最好的防御"等口号一时成为许多企业战略指导原则。关注竞争、研究竞争者、基于竞争者构建营销战略等思想、方法及其实践一时成风,竞争者导向盛极一时。其后的实践与理论研究发现,两种导向都对,又都不完全:仅仅关注顾客而忽视竞争,企业有可能误入前景看好但自己却没有竞争能力的市场,同时,满足顾客的水平也缺少相应的标杆;仅仅关注竞争而忽视顾客,这很可能造成战略与策略模仿,成为竞争者的尾巴,又使行业竞争趋同,甚至因战略策略偏离顾客的需要而毫无价值。所以,将顾客导向与竞争导向结合起来,才能制定既对顾客有价值,又能够获得竞争优势的有效战略。

在具体营销策略上,强调将 4P 组合策略整合起来加以运用,很显然,这种"组合拳"的威力一定比单一战术更有效,实践亦有证明。

1990 年美国营销学者劳特朋(Robert F. Lauterborn)指出,虽然市场导向理念的根本是眼光向外,但是 4P 组合策略在很大程度仍然是企业本位的、产品本位的。他指出,为了更彻底地体现眼光向外的思想,应该把 4P 策略改变为 4C 策略思考:少想一些企业能为顾客提供什么产品,多想一些顾客需要什么样的解决方案(Customer Solution);少想一些企业如何定价,多想一些顾客为获得解决方案愿意付出多少成本(Customer Cost);少想一些如何向顾客促销,多想一些如何与顾客进行双向沟通(Communication);少想一些选择什么样的分销渠道,多想一些如何使顾客购买更便利(Convenience)。很多人认为 4C 思想是关系营销的范畴,以笔者理解,把它视为市场导向理念的新发展更为确切。

3. 关系导向营销理念

1) 关系导向营销理念的基本内涵

关系导向的营销实践古已有之。关系导向的营销大师格鲁诺斯甚至采用中国古代的商业经营案例来说明关系营销思想具有的悠久历史。

例 1-2　蔡明华和他的米店

在中国古代江西的一个村庄,有一个叫蔡明华的年轻米商,他所在的镇子上一共有 6 家米店。刚开始的时候,他每天坐在店里等顾客上门,生意非常不好。

一天,蔡明华认识到不能再这样坐等下去了,他想自己要知道居民们的需要,给居民提供相对其他米商更多的价值,这样才能在竞争中获胜。所以,蔡明华决定对顾客的饮食情况进行调查,从而确定能够给他们提供什么样的附加价值。

刚开始,蔡明华亲自拜访自己的每一位顾客,询问他们家里有多少人,每顿饭吃多少米,盛米的缸有多大等等,并一一做记录。他还承诺按照记录结果,按时给这些顾客送米上门。

通过建立顾客"数据库",蔡明华为原有的老顾客让渡了更多的价值。同时,他还雇了一个伙计,专门开发新顾客,对新顾客进行拜访,宣传他们的服务方便。随着他的米店越做越大,其他几家米店相继关门,蔡记米店也因此完成了对当地市场的垄断。

资料来源: Gronroos. C. Relationship Marketing Logic. Asia-Australia Marketing Journal. 1996.

自 20 世纪 50 年代末期市场导向营销理念的提出到现在,又经过众多营销实践者和学者的不断充实和完善,市场导向的营销实践已经达到了相当高的成熟度,被称为营销学的革命性成果。尽管如此,正应了"理论当随时代"的论断,到了 20 世纪 80 年代,它还是遇到了新的挑战。这个挑战的现实背景有两个方面:其一,以美国为代表的发达国家遇到了历史上少有的、严峻的经济问题——滞胀(即经济停滞与通货膨胀并存);其二,日本和东南亚国家和地区的"四小龙"崛起,对美欧企业发起了激烈的攻击。在世界经济格局中长期处于统治地位、致力于全球扩张的美欧经济开始由攻势转变为守势。具体来说,西方发达国家企业战略开始由销售增长和市场份额扩张的进攻战略转变为保住已有销售收入和市场份额的防守战略。如何保住已有销售收入和市场份额呢?很容易想到,只要保证已有顾客不流失,就可以保住已有销售收入和市场份额。

"关系营销"一词最早是由 Berry 于 1983 年提出的。正如他自己所提到的,关系营销是一个"新的老概念"。这是因为在此之前的营销学著作中已经有零星的关于与顾客建立和保留关系的内容了,如投诉处理、基层服务、顾客满意度等。Berry 明确提出关系营销这个术语,是希望人们能够对企业与顾客之间的关系给予更大的关注。在 Berry 的文章发表以后,学术界曾经有好长一段时间都在讨论关系营销是否是一次营销理论的革命,到目前为止尚没有定论。

关系导向的营销理念认为,随着市场的逐渐成熟和竞争的逐渐加剧,企业营销的关注焦点应当由与顾客的单次交易转变为与顾客建立长期的业务关系,并通过这种长期的业务关系实现企业的目标。随着市场的逐渐成熟(增长较缓)和竞争加剧,建立、维持并增进顾客与企业的关系、保留老顾客,是企业获得持久竞争优势的关键。这种理念指导下的营销管理也称之为关系营销。这一理念所隐含的内容是:关系营销是寻求为顾客创造新价值并同顾客一起分享新价值;关系营销认识到顾客的关键角色是既作为购买者又作为对其想获得价值的决定者;关系营销要求买卖双方的不断合作;关系营销认识到顾客生命周期的价值。

奉行关系导向的营销理念的企业可以取得更好的业绩。在关系导向的营销理念的指导下,企业的关系投入可以提高顾客满意度,进而提高顾客忠诚度,提高企业绩效。关系导向的营销可以实现交叉销售,从而提高收益和利润。实践证明,将一种产品和服务推销给一个现有客户的成本远低于吸收一个新客户的成本。获得新顾客的成本是留住老顾客的五倍,而对现有客户进行交叉销售,也自然成为许多公司增加投资回报的捷径。满意的顾客将会有积极的正向口碑,而和企业保持良好关系的顾客则乐于推荐企业给他人,从而有助于企业树立良好信誉等功能,使企业获得更多的顾客,增加企业的市场份额。

基于关系导向的观念,美国营销协会 2004 年对营销又给出了新的定义:营销是一项组织的功能,是一系列为顾客创造价值、沟通价值和交付价值以及管理顾客关系的流程,这些流程应以对企业和它的利益相关者都有益的方式进行。

2）从深层思想观念的意义上理解关系导向营销理念

关系导向的营销理念较之传统的交易导向的营销理念是一次质的飞跃,两者之差别见表 1-1。

表 1-1　关系导向的营销理念与交易导向的营销理念的区别

划 分 标 准	交易导向的营销理念	关系导向的营销理念
对顾客的基本假设	经济人	社会人
顾客对交易的积极性	消极的	积极的
产品的概念	实体价值	实体价值和服务
质量维度	产品的质量	互动的质量
营销的作用	价值分配	价值创造
营销的重点	获得新顾客	留住老顾客
营销的核心	交易	关系
各次交易间的关系	没有作用	有作用
时间观念	关注短期	关注长期

注:作者根据 Gronroos, C., from marketing mix to relationship marketing — towards a paradigm shift in marketing. Management Decision, 1997. 35(3/4):p. 322 和吴森.关系营销和交易营销的演化与兼容 [J].南开管理评论.2002.10 整理。

交易导向的营销理念认为顾客是完全理性的"经济人",追求短期利益的最大化,注重交易的结果;关系导向的营销理念认为顾客在交易中不但有经济需要还有社会需要,如情感的需要等,这种理念认为顾客是有限理性的"社会人",既重视交易的结果也重视交易的过程。

交易导向的营销理念认为交易双方的主动性不同,即存在"积极的企业"和"消极的顾客",买卖双方是各自独立的因素,营销就是卖方的单方行为,卖方用产品、价格、促销和渠道等营销策略刺激顾客购买;关系导向的营销理念认为市场并不都是由"积极的企业"和"消极的顾客"组成,具有特定需求的顾客也存在寻找合适企业的行为,双方是平等互动的关系。

交易导向的营销理念认为产品概念主要是指产品的实体价值,包含很少的服务;关系导向的营销理念认为产品的价值既包括实体价值,也包括附在实体产品之上的服务,如按照顾客的要求定制产品、顾客在与企业接触的过程中得到的愉悦感和获得的咨询服务等。

交易导向的营销理念认为产品的质量主要是产出的实体产品的质量;关系导向的营销理念认为决定产品质量的是互动的质量。

交易导向的营销理念认为营销的作用是产品交易完成后价值在供应商、顾客、分销商等在价值链上的分配,因此企业与顾客之间是利益分配的竞争关系;关系导向的营销理念认为企业在同顾客互动的过程中,提供服务,服务创造新价值,因此企业与顾客之间是合作关系。顾客购买产品并不单纯依据价格的高低,还要考虑其他因素,如稳定供货、低的失败概率等。

交易导向的营销理念认为营销的重点是获得新顾客,这种理念认为获得新顾客能增加市场份额,从而提高企业绩效;关系导向的营销理念认为营销的重点是留住老顾客,获得新顾客的成本可能是留住老顾客的五倍,因此保留老顾客更能提高企业绩效,许多企业非常重视"回头客",为其提供一定的价格优惠就是关系导向的一种表现。

交易导向的营销理念认为营销的核心是使顾客和企业发生交易,以期从中获利,交易完成,营销就成功了,因此企业的一切活动都围绕着交易产生;关系导向的营销理念认为营销的核心是企业与顾客保持长期的关系,企业可以通过与顾客建立长期、稳定的关系,来提高企业绩效。

交易导向的营销理念认为交易活动是由相互独立的单个交易事件所组成,各个交易活动之间不存在相互联系;关系导向的营销理念认为供求双方的交易是连续过程,大量的交易都是重复进行的,前一次的交易往往对以后的交易活动产生作用,如果顾客有一次满意的购买体验,也就是在购买中得到超过预期的价值,那么他就会把这种体验带到下次的交易活动中去,一次购买行为只是双方关系中的一部分。

交易导向的营销理念的时间观念是短期的;关系导向的营销理念的时间观念是长期的。长期性是关系导向营销理念和交易导向营销理念最为重要的区别。长期性是一个原则,或者说是一种哲学,该特性应该成为每一个营销人员或者组织都应具备的特征。

3)从战略和策略层次上理解关系导向理念

目前,还缺乏系统性的关系营销战略与策略,因而它也被认为是尚不成熟、正在发展中的营销理念。不过,绑定策略组合算是一个例外,它既容易理解也容易实施。绑定策略认为,关系营销水平可分为三个层次,由低到高分别为财务绑定、社会绑定和结构绑定。财务绑定策略是指通过特殊的价格提供物或其他的财务刺激与顾客发展并保持长期关系的活动,主要包括折扣、优惠券、低定价和赠送礼品。社会绑定策略是指通过客户与公司、客户与客户之间的情感互动来与客户发展并保持长期关系的活动,主要包括优先对待和沟通。优先对待是指对老顾客比对新顾客提供的服务更好;沟通是指企业与老顾客保持经常性的联系。结构绑定策略是指通过快速而卓有成效的服务与客户发展并保持长期关系的活动,包括快速、便利、多样性、安全四个维度。快速服务包括减少客户在购买产品或服务传递过程中所花费的时间,强调服务的迅速和敏捷;便利服务包括减少客户在购买产品或服务传递过程中的工作量,强调服务的恰当性、适宜性和给客户带来的舒适感;多样性服务包括为客户提供多种支付、运送、购买、搜索以及退货方式,强调要给客户尽可能多的选择机会;安全服务包括提供一些服务以降低客户的购买风险并使他们信任公司,对公司有信心。

4) 全面营销理念

营销理念在近百年的历史演进中经历了两次飞跃三个阶段。近年来有学者意识到,没有哪个营销理念能够涵盖所有的营销观念并用以指导营销实践,也许,整合现有的各种观念是一种现实选择,因而提出了"全面营销理念"(图 1-3)。科特勒认为"全面营销理念"包括四个方面:关系营销、整合营销、内部营销和社会责任营销。

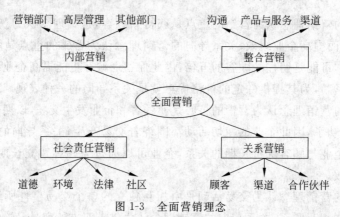

图 1-3　全面营销理念

内部营销和关系营销理念在前面已经叙述,不再赘述。整合营销,其实质是对营销组合(marketing mix)策略的认识和运用,是工具性的。麦卡锡把这些工具概括为四类,称之为 4P:产品、价格、地点和促销。而社会责任营销则是强调,营销不应仅仅是利己的,还应当是利他的、利顾客的,乃至于利大众的、利社会的,这既是企业的责任,也是企业基业长青所必需的(关于社会责任营销第 14 章有专门介绍)。

1.2　营销对企业生存发展的重要意义

1.2.1　营销是企业的重要功能

营销是企业宗旨的一个重要组成部分。任何一个组织,都有其存在的理由,也就是组织宗旨。没有正确的理由或是曾经有过正确的理由而今偏离了这个理由,这个组织就会动摇其至消亡。企业也是一样，它也要有宗旨，也就是关于企业为什么存在的理由的陈述和实践。那么企业存在的理由是什么呢？或者说，企业怎样做才能够保证其存在和发展呢？管理学大师彼得·德鲁克在其名著《管理的实践》中明确指出，企业的宗旨也就是企业得以存在的理由只有一个，这就是"创造顾客"。如果企业不能通过向顾客传递价值而使潜在的顾客需要转变为现实的顾客需求，企业也就没有存在的必要了（实际上，也不可能存在下去）。正是因为这个道理，成功的企业或具有先见之明的企业，在企业宗旨中都会有有关营销内容的声明，例如联想集团的宗旨是"为客户利益而努力创新"；海尔集团的售后服务宗旨是"用户永远是对的"；中国移动集团的经营宗旨是"追求客户满意服务"。营销及其理念已经成为也应该成为企业最高哲学境界——宗旨的重要组成部分，统领部分或整个企业价值观念和行为准则。

营销是企业的一项最重要的功能。由企业宗旨是"创造顾客"这个基本点出发，德鲁克进一步推论：企业的基本功能只有两个：营销与创新。德鲁克甚至把是否开展营销活动看做是企业区别于其他类型组织的重要指标。也许还远远不仅如此，创新在很大程度上也要依赖于营销。这是因为，向什么方向创新，创新什么，如何创新，不可缺少的一项基础工作就是要了解顾客需要什么，企业较之竞争者缺少什么，也就是眼光向外的市场调研，并根据市场情况制定企业的创新战略。这种做法，也称之为市场导向的创新。由此可见，营销对企业之必须，之不可或缺。

营销是企业财务绩效的源泉。众所周知，公司利润＝收入－成本。这里的收入，最主要的就是销售收入，没有销售收入，剩下的只有成本。大家同样知道，销售收入是企业满足顾客需要的结果，也就是营销的结果。所以，如果没有成功的营销，企业就会失去收入来源，更奢谈赢利，因而也就会陷入危机，更难有发展。

营销是牵动整个企业各项工作的火车头。从企业内的职能来划分，可分为研发、生产、营销、人力资源、财务等职能。在这种多职能情况下，谁是企业工作的"龙头"或"抓手"？如果选择研发或生产，则不清楚研发什么，生产什么；如果选择人力资源，则不清楚招聘什么样的人，应该安排到什么岗位，因为在业务不明的情况下这些都是未知数；如果选择财务，那也是无源之水，收入来源都不知道在哪里，还有什么财务可管呢？唯有选择营销，更确切地说是首先选择顾客，使其成为中心，然后让营销围绕顾客需要转，然后再让其他职能围绕营销转，整个企业一盘棋也就活络起来。

所以，近年来很多大公司在前些年设立首席财务官（CFO）之后，也纷纷开始设立首席营销官（CMO）。过去由财务人员、法律人员占主要席位的董事会中也开始吸纳越来越多的营销人员成为董事。这也从另一个侧面反映出营销地位的提升及其重要性。

1.2.2　营销绩效指标是财务绩效指标的重要补充

在企业经营中，需要营销绩效指标为财务绩效指标提供有力补充。在衡量绩效时，公司更多的关注财务绩效指标，包括销售收入、净利润、资产回报率等财务绩效指标。然而这些公司内部绩效指标不能反映市场的情况,这使得我们不知道公司在市场上表现得如何,例如,在市场成长、竞争性价格、相对产品和服务质量、顾客满意度等方面表现如何。营销绩效指标使得营销经理能够了解、跟踪和管理一项营销战略的市场绩效。

营销绩效指标包括以下三类指标(见表1-2)。

表1-2 财务绩效指标与营销绩效指标

财 务 绩 效	营 销 绩 效
成本指标 • 平均单位成本 • 营销和销售费用 • 营业费用	市场指标 • 市场增长率 • 市场份额 • 潜在市场需求
生产力指标 • 存货周转率 • 人均销售额 • 应收账款天数	竞争指标 • 相对产品质量 • 相对服务质量 • 相对价格和价值
赢利能力指标 • 销售回报率 • 资产回报率 • 投资资本回报率	顾客指标 • 顾客满意度 • 顾客保留率 • 顾客忠诚度

市场绩效指标——此类指标测量外部市场条件和市场吸引力。市场绩效指标包括市场增长、市场份额、市场吸引力、行业吸引力和潜在市场需求。

竞争绩效指标——此类外部指标跟踪企业产品的竞争力。竞争绩效指标包括企业在以下方面相对于其竞争对手的表现:价格、产品质量、服务质量、品牌和成本。

顾客绩效指标——此类外部指标跟踪顾客绩效。顾客绩效指标包括顾客满意度、顾客保留率、顾客忠诚度、顾客知晓度和顾客价值。

案例分析

例1-3 辽海公司的财务绩效指标与营销绩效指标的矛盾

辽海公司是一家为医疗及工业市场提供图像和数据传输的公司。几年来公司业绩低迷,2000年,一个新的管理团队接手了这家公司。新的管理团队对业务进行了重组,制定了降低运营成本、控制期间费用、更好地管理资产的计划。另外,该管理团队还实施了一项大规模的销售培训计划,这使得销售团队的人均销售额从140万美元提高到220万美元。

2005年,该公司取得振奋的绩效:销售收入几乎是2000年的两倍,净利润则是2000年的三倍多,销售回报率由6.3%提高到12.1%,资产回报率从11.3%提高到26.7%(表1-3)。

表 1-3　辽海公司 5 年的财务绩效　　　　　　　　　　　　单位：百万美元

绩　　效	基础年份	1	2	3	4	5
销售收入	254	293	318	387	431	454
产品销售成本	183	210	230	283	314	331
毛利	71	83	88	104	117	123
营销费用	18	23	24	26	27	28
其他运营成本	37	38	38	41	40	40
净利润（税前）	16	22	26	37	50	55
销售回报率（%）	6.3	7.5	8.2	9.6	11.6	12.1
资产	141	162	167	194	205	206
资产回报率（%）	11.3	13.6	15.6	19.1	24.4	26.7

多数人都会很快得出这样的结论：辽海公司在过去 5 年的绩效很出色。但是基于营销绩效的指标为该公司过去五年的绩效描绘了一幅不同的图景（见表 1-4）。

表 1-4　辽海公司 5 年的营销绩效

绩　　效	基础年份	1	2	3	4	5
市场份额（%）	20.3	18.3	17.5	16.2	14.4	13.0
顾客保留率（%）	88.2	87.1	85.0	82.2	80.9	80.0
新顾客（%）	11.7	12.9	14.9	24.1	22.5	29.2
不满意顾客（%）	13.6	14.3	16.1	17.3	18.9	19.6
相对产品质量*	119	120	117	120	109	107
相对服务质量*	100	100	95	93	89	87
相对新产品销售额*	108	108	103	99	95	93

* 为与竞争者比较的相对指标。

评价公司绩效时，只使用财务性绩效指标可能给人造成误解。公司的销售额增长速度很快，但是如果其增长幅度比市场增长幅度低，这表明该公司实际上丢失了市场份额，相对于竞争者，在销售额、相对产品质量与服务质量等方面呈下降趋势。相对产品与服务质量的降低并不一定意味着公司的产品或服务质量有所降低。在许多情况下，这一情况仅仅是由于竞争者在产品质量或服务质量方面走在了前面所致，很可能是竞争者更快的进步使公司在上述方面退步了。在市场增长期，放弃顾客只能意味着公司必须更努力地工作、支出更多的资金找到新顾客来替代流失的顾客。因此，需要一套更富战略性的外部视角的营销绩效指标与财务绩效指标相配套。

营销绩效指标在公司取得更高的赢利性方面起着关键性的作用。营销绩效指标往往先于财务绩效指标,每一项营销绩效指标变化,无论正向还是负向,都在顾客购买行为发生变化之前发生,因此,这些指标反映了顾客的想法和态度,是顾客未来购买行为的重要指示性指标,当然,也就是收入、利润等的指示性指标。例如,也许顾客感到满意,但是同竞争对手相比,顾客可能认为从产品中得到的价值在不断降低,因为竞争对手为顾客提供了价值更高的产品。这为竞争对手的产品开了一扇门——顾客可能更倾向于购买竞争对手的产品。基于营销绩效的公司借助预警信号可以在顾客转向购买竞争对手产品之前采取更正行动。没有营销绩效指标,公司只能在财务绩效下降之时发现并解决问题。而此时,公司需要付出更大的成本。

1.2.3 营销战略是企业赢利增长的重要保证

1. 净营销贡献是企业赢利的重要来源

更好地理解营销战略如何为企业的净利润做出贡献,需要引入净营销贡献(Net Marketing Contribution,NMC)这一指标。基于净营销贡献,可以重新写出企业的净利润的公式:

净利润(税前)=净营销贡献-营业费用

净营销贡献=销售收入-销售成本-营销与销售费用

从以上公式可以看出,净营销贡献主要受企业的营销职能控制,而营业费用则通常受控于一般管理部门。从这个角度看,营销战略创造净营销贡献。想要赢利,则要求净营销贡献高于营业费用。使用净营销贡献这一指标,营销经理可以更容易地评价营销战略对利润的影响。对营销决策的评估不仅根据收入和获得的市场份额,还要根据它们创造的净营销贡献对净利润的影响。我们以某公司的运动服生产线为例,解释净营销贡献对企业利润的作用,其中将营销与销售费用单独列出。

净利润(运动服)=销售收入-销售成本-营销与销售费用-其他营业费用

-100万美元=1 000万美元-800万美元-100万美元-200万美元

-100万美元=100万美元净营销贡献-200万美元运营费用

虽然从表面上看,运动服生产线是亏损的,但是如果放弃运动服生产线,该公司的净利润中将损失运动服生产线的100万美元净营销贡献,同时,运动服生产线的营销与销售费用最终也是零。然而,运动服生产线还分摊了200万美元的营业费用。如果运动服生产线取消,这200万美元将重新分配到其他产品线上,从而减少它们的赢利性。因此,企业做出更有效的决策,需要考虑每项业务分担的营业费用。净利润等于净营销贡献减去营业费用,说明净营销费用是企业赢利的重要来源。营销战略可以保证净营销贡献增长,从而保证企业赢利增长,下面基于净营销贡献分析营销战略。

2. 基于净营销贡献的营销战略

分析净营销贡献可以更好地理解为提高赢利而制定的营销战略。净营销贡献等式的每一个构成要素都是制定营销战略的基础。制定营销战略的目的是提高净营销贡献值,这样才能提高企业净利润。据此标准，企业可以考虑的提高净营销贡献的基本营销战略如图 1-4 所示。

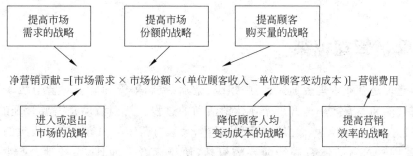

图 1-4　基本的基于市场的战略与赢利增长

营销战略可以保证净营销贡献增长，从而保证企业净利润的增长。这些营销战略包括以下几个方面。

1）提高市场需求的战略

在许多市场中，营销工作主要是如何促使更多的顾客进入这个市场。考虑一下 MP3、手机和个人计算机，你会意识到这些业务的大部分赢利增长来自新顾客。因此，吸引新顾客、提高市场需求的营销战略为企业提高利润提供了一条途径。如果某企业在吸引新顾客的同时能够保持原有的市场份额，它就具备提高净利润的潜力。

2）提高市场份额的战略

也许提高净利润最常用的营销战略就是提高市场份额战略。通常，企业都要制定战略以提高在目标市场中的市场份额。提高市场份额战略很可能耗费成本、降低单位利润，或二者兼而有之，因此提高市场份额战略的净营销贡献值只有高于企业现有的净营销贡献值，才能提高企业净利润。

3）提高单位顾客消费额的战略

如果企业在一个成熟市场中占有很高的市场份额，那么它也许不会意识到提高市场份额的可行性或有利性。然而，顾客仍旧是企业的最佳战略性资产，审视顾客需求可以发现能够更好地满足顾客需要、提高收入的新产品或服务。同时还可以考虑增加营销费用，例如增加广告支出以便使现有顾客意识到产品或服务的改进。

4）降低变动成本的战略

降低单位变动成本可以提高净利润。例如，在既定市场中实施新的分销战略以降低运输成本。该战略将降低单位变动成本并提高单位净利润，但是企业必须考虑更换分销系统对顾客满意水平的影响。如果顾客满意度下降，顾客保留率也会随之降低——虽然企业在短期获得更低的变动成本和更高的单位净利润，但是从长远角度看，企业净利润还是会遭受损失。因此，成功的营销战略在通过提高净营销贡献而提高净利润的同时必须保持或提升顾客满意度。

5）提高营销效率的战略

降低固定营销费用可以提高净利润的营销战略。也就是说，更有效地使用营销费用以实现特定绩效目标。企业关注目标顾客的程度越高，它为实现预期营销目标所支付的营销费用越少。与此类似,不同形式的分销可以有效地影响所需的固定营销费用。例如,某企业缺乏财务资源,它可以选择分销形式而不选择导致固定营销费用增加的直接销售形式。

1.3　营销管理框架

营销管理是企业管理者通过计划、组织、激励、控制等管理职能对营销活动加以管理以期更有效能和更有效率地开展企业营销活动的过程。营销活动是需要管理的,管理得好,效益较好,反之,则不好。经过前面的铺垫,大家对营销的内容已有了大致的了解。在本节中,我们对本书的体系进行简要的概括,便于读者全面地、系统地、深刻地领会其思想。

1.3.1　4C 模型

营销管理的核心内容可以用 4C 来表示。它可以被概括为十六个字:关注顾客(customers)、盯着竞争者(competitors)、想着自己(company)、勿忘环境(context)(如图1-5 所示)。

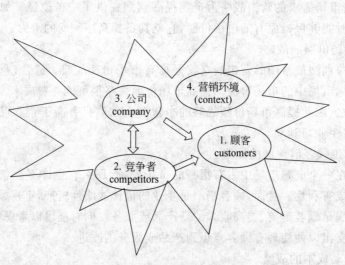

图 1-5　营销管理的核心内容——4C 模型

第一,营销管理需要关注顾客、关注顾客需要、关注顾客行为、关注顾客满意度、关注顾客的长期关系需要。第二,营销管理也需要关注竞争者,关注竞争者的战略与策略及其背后的思想根源,关注竞争者的资源与能力。前两项是市场导向的两个重要内容。第三,营销管理需要关注企业本身,关注企业的营销理念、目标和战略,关注企业的资源与能力,并与竞争者时常比较,以确定企业的竞争优势。第四,营销管理需要密切关注营销环境,因为无论是顾客、竞争者还是企业自身,都是处在一定的环境之中的,都会受到环境的直接影响或间接影响。这些环境方面包括:经济环境、政治与法律环境、社会与文化环境、科学与技术环境以及生态与可持续发展环境等方面。顾客、竞争者和企业三种市场主体的行为都可以视为营销环境的函数。我们把营销环境中对企业营销有利的方面称之为机会，而把这些环境中对企业营销不利的方面称之为威胁。营销管理者需要的一个非常重要的素质，就是对营销环境变化的敏感性。一个优秀的营销管理者对环境变化不应仅仅是反应型的，而应该是前瞻型的。营销者的一项非常重要的战略性工作就是努力发现环境的变化及其趋势，识别出对企业营销的机会和威胁，提早做出抓住机会、避开威胁的准备。

我们也可以通过引入"顾客（感知）价值"概念，把这个模型中的顾客、竞争者和企业三个方面整合起来。关于顾客价值概念，后面将有详细的介绍，这里只给出它的基本含义：顾客对其购买和使用过程中所得到的利益与所付出的成本的权衡。如果所得大于所失，顾客就得到了较大的顾客价值，物有超值，顾客就会满意甚至高兴；反之，顾客就会感到物有不值，就会沮丧不满。"卓越顾客价值"有两个标杆：其一，也是较低的标杆，就是顾客把企业的产品同竞争者产品相比较，如果顾客感知企业的产品价值高于竞争者的产品价值，就可以说，企业较之竞争者向顾客提供了卓越顾客价值，很显然，这个时候企业较之竞争者就会有竞争优势；第二种标杆，企业向顾客提供的价值远远超出顾客的期望，这是另一种卓越顾客价值，顾客不仅会很满意，而且会喜出望外，企业也会获得竞争优势。很容易理解，后一种境界要远远高于前一种。整合上述思想，我们也可以把 4C 模型称之为"面向卓越顾客价值"的营销管理模型。

1.3.2 识别宏观营销环境

营销环境就是对营销有直接和间接影响作用的诸方面。宏观环境分析的目的，一是要识别环境中影响营销的主要方面和变化趋势；二是理解环境对营销的影响机理；三是发现环境中的机会和威胁。营销环境包括宏观环境和微观环境。宏观环境主要包括政治与法律环境、经济环境、社会与文化环境、技术环境、人口环境和自然环境。微观环境指直接影响营销能力的各种参与者，包括顾客、分销商、供应商和竞争者等。微观环境在第 4 章进行分析，本部分主要分析营销环境中的宏观环境。

1. 政治与法律环境

（1）政治形势。政治形势包括政局的稳定、政府的效率和政府的政策等。现代社会中，政府起着越来越大的作用，因此企业需要密切关注政治形势。当企业试图进入一个国家时，首先要考虑这个国家政局的稳定性，以降低风险。例如，2003 年伊拉克战争后，伊拉克境内的恐怖袭击时有发生，因此要进入这个国家的市场应该十分慎重。2006 年泰国发生政变后，泰国政府更替频繁，各党派之间纷争不断，这也会对企业的经营产生很大影响。近几年，大量外国资本在我国进行投资，一个重要的原因就是我国政局稳定，政府重视发展经济。企业的发展离不开地方政府的支持，企业只有分析地方政府的政策走势，建立良好的关系才能获得长足的发展。

（2）政府的经济政策。政府的宏观调控政策通常包括财政政策和货币政策。财政政策包括税收政策、财政补贴等。税收对企业经营有重要影响，因此当企业计划进入一个市场时应分析税收政策对企业经营的影响。财政补贴在我国被采用的越来越多，如家电下乡活动。家电下乡活动是指 2009 年中国政府为了抵御经济危机,刺激农村消费,对农民购买家电下乡产品给予产品销售价格 13% 的补贴。家电下乡政策效果显著,2009 年第一季度累计销售下乡家电产品 270 万台,销售额 40 亿元,其中 3 月份销售 148.5 万台,销售额为 22.4 亿元,较 2 月份分别激增 70% 及 72%。货币政策主要包括中央银行制定的各商业银行存贷款利率、存款准备金率等。银行的贷款利率对企业和消费者有重要影响。2007 年 9 月,中国人民银行和银监会发布《关于加强商业性房地产信贷管理的通知》,对商业性房地产信贷政策进行了调整,规定申请购买第二套(含)以上住房的,贷款首付款比例不得低于 40%,政策一出,过热的房地产市场进入了长达一年半的低迷期。

(3) 法律规定。企业在决定进入某一市场时,必须全面了解与营销有关的法规,如专利、商标、包装、竞争、合同以及保护消费者权益和生态环境等方面的法规。企业或者严格执行以避免受到制裁,或者合理利用相关法律为企业服务。

2. 经济环境

(1) 世界性指标。世界性的经济指标反映整个世界经济的大气候,代表性的指标包括世界经济增长率、美国经济增长率、纽约证券交易所的道琼斯指数。研究世界性指标的意义在于世界经济一体化的程度越来越高,相互关联性越来越强,国外的经济形势会对国内的经济有重要影响。世界经济增长率反映世界经济的走势。美国经济总量占世界经济总量的 1/4,美国是世界经济的发动机,研究美国经济的增长率也很有意义。世界贸易组织(WTO)2009 年 2 月 2 日发表的报告显示,2008 年全球经济增长率为 4%,低于 2007 年的 5.5% 的增长率,国际货币基金组织(IMF)2009 年 1 月底预测,2009 年世界经济增长率为 0.5%,美国为 -1.6%。这表明经济危机还将持续一段时间,以美国为主要市场的企业应当适应这一状况,调整营销策略。股票市场是经济的晴雨表,反映民众对经济的信心。在世界各国的股票市场中,美国道琼斯指数最具有代表性。2009 年 3 月 2 日,道琼斯指数跌至 6 763 点,这是该股指自 1997 年 10 月 28 日以来首次跌破 7 000 点,这反映了美国经济危机的现状以及民众对经济的悲观预期。

(2) 国别性指标。国别性指标包括国内生产总值(GDP)、人均国内生产总值、消费品物价指数(CPI)、人口总量及增长率、人口的年龄与性别结构等指标。国内生产总值(GDP)是指在一定时期内,一个国家或地区最终产品和劳务的总值。人均国内生产总值反映一个国家的发达程度,并且对营销策略的制定也有重要意义。根据消费经济学理论和国际经验,当人均 GDP 达 1 000 美元时,居民消费结构将从生存型向享受、发展型转变。2003 年我国人均 GDP 首次突破 1 000 美元,达 1 090 美元,与此相对应,2003 年后,我国居民对住房、汽车的需求快速上升。居民消费价格指数(CPI)是反映一定时期内城乡居民所购买的生活消费价格和服务项目价格的变动趋势和程度的一种相对数。居民消费价格指数可以反映通货膨胀状况,如果该指数下跌,反映经济衰退。

(3) 产业性指标。产业性指标主要包括第三产业比重,第三产业的各自增长率。人们通常将产业划分为第三产业,其中,第一产业为农业、第二产业为工业和建筑业、第三产业为服务业。2008 年,我国第三产业的比例为 12∶49∶39,通常,随着经济的发展第三产业的比重会逐渐上升。产业结构指标可以反映出一国或地区的生产要素、生产模式和消费模式的综合情况,也反映一国或地区产业竞争力的情况。研究产业结构,有助于企业确定正确的投资方向。

(4) 个人性指标。个人性指标主要包括人均可支配收入、储蓄、消费及其结构。个人可支配收入是指实际可用于个人消费支出和储蓄的收入。收入指标是同营销战略相关性较大的因素,如果考察得不准确,就有可能错失机会或走入误区。在过去的三十年里,世界上的富人变得更富了,中产阶级萎缩了,穷人变得更穷了,即形成了日本学者大前研一所说的M型社会。这种情况产生了两级市场,富裕家庭购买昂贵的商品,而工人家庭却花费谨慎,在打折商店和厂家商店里购物,选择的是便宜的商品。那些提供中档商品的传统零售商最容易受到冲击,而能够根据这种趋势及时调整其商品定位并在两个极端进行补缺的公司却获利颇丰。恩格尔系数通常被用来代表收入与消费的关系,恩格尔系数是指居民消费中食物支出占总支出的比重。随着收入的增加,恩格尔系数逐渐降低。当达到较高收入水平时,用于衣着、娱乐和汽车等高档产品支出会很快增加。

3. 社会与文化环境

(1) 价值观念。价值观念是人们对社会生活中各种事物的评判标准。价值观念深刻地影响着人们的购买偏好。人们在价值观上的差异主要体现在对时间、风险和金钱的态度。在对待时间的态度上,美国人生活节奏快、讲究效率。而欧洲部分国家偏向于做事四平八稳。营销人员应针对不同价值观念的顾客采取不同的营销策略。

(2) 宗教信仰。宗教信仰是影响人们消费习惯的重要因素。营销人员要了解目标市场中各种宗教的节日、仪式和禁忌,努力获得宗教组织的支持,以便利用有利的营销机会,创造或扩大市场。

(3) 风俗习惯。风俗习惯是人们在长期生活中形成的习惯性行为模式和行为规范,在饮食、婚丧、服饰、节日、居住等方面都表现出独特的心理特征、生活习惯和消费习惯。营销人员从产品设计、包装到促销手段、分销渠道的决策中都要充分考虑目标市场的风俗习惯。几年前,沈阳的一家大型商场开设了各地特产专柜,销售各地的特产,但特产专柜开设以来,很少有顾客光顾,其原因是商家没有考虑到顾客购买特产背后的风俗习惯因素。去外地出差或旅行时,购买当地特产带给家人或朋友的,表示对家人或朋友的关心,已经成为了一种风俗习惯,因此特产更多的是被去外地出差或旅行的人所购买。各地特产并不一定适合沈阳人的口味,加之价格较高,所以购买的人很少。

(4) 消费时尚。时尚在服饰、家电以及某些保健品方面,表现最为突出。时尚在时间上有一定的稳定性、在空间上有一定的地域性。同一时间,不同地区流行的商品品种、款式、型号和颜色可能不尽相同。iPod是苹果公司生产的一种MP3,有完善的管理程序和创新的操作方式,外观也独具创意,是一种典型的时尚产品。网上购物也是一种时尚的购物方式,2009年上半年,C2C购物网站淘宝网的销售额就达到了809亿元,同比增长了96%。

4. 技术环境

(1) 技术发展趋势。营销演进的历史表明,技术是一个影响营销实践的重要因素。

新技术的使用会影响消费者的知识、态度和行为,进而改变企业的营销观念、战略和方法。技术发展的结果就是营销战略也会随之改变。因此,分析技术环境是营销人员的一项重要任务。信息技术对企业营销影响的深度与广度都是空前的。互联网为营销提供了新的沟通渠道、分销渠道以及其他新的营销工具。分析本企业的技术趋势,对于产品创新、制定营销策略有重要意义。在移动通信技术中,第三代移动通信技术(3G)取代第二代移动通信技术(GSM)是大势所趋,大唐电信把握住这一技术趋势,重点发展第三代移动通信技术,在中国发放 3G 牌照后获利丰厚,2009 年上半年的净利润达 1 470 万元,同比增长 91%。

(2) 研发费用的投入。全世界的研发费用增长迅速。据美国国家科学会的资料显示,1994 年至 2000 年,美国公司、政府、学校和非营利性机构用于研发的费用增长了56%,达到 2 640 亿美元。2008 年,中国企业 500 强的数据显示,中国企业 500 强的平均研发费用为 5.68 亿元,研发费用占营业收入的比例平均为 1.32%,远低于世界 500 强大企业研发费用占营业收入平均 3%～5%的水平。为了提高企业的核心竞争力,中国企业需要加大研发投入。

(3) 产品生命周期。技术的发展使产品更新换代加快,产品生命周期也正在加速缩短,更新换代频繁。随着新产品的进入,老产品衰退期缩短,价值快速递减。工业时代早期的产品寿命周期少则数年,多则几十年甚至上百年,而当今以计算机为代表的电子产品寿命周期已经缩短到了半年为一个周期,而有些软件产品寿命周期仅有几个月已经是不足为奇的事了。

5. 人口环境

(1) 人口总量及其增长率。人口总量是决定市场规模和潜力的一个基本要素。在其他条件相同的情况下,一个国家的人口越多,潜在的市场就越大,特别是一些生活必需品的需求与人口数量呈正比。如果人口增长很快,则对食品、服装和住房等消费品的需求会迅速增长。当然,某一地区的人口增减变化对企业来说有喜又有忧,喜的是人口增长必将增加需求,忧的是如果增长过快,有可能降低购买力,甚至导致经济衰退和政治的动荡。

(2) 人口结构。人口的年龄和性别比例结构不同,对商品的需求和态度也就不同,例如,“80 后”追求个性化的商品,更愿意在网上购物。同时,年龄和性别也是划分细分市场的重要依据。

(3) 人口地理分布。人口的地理分布是极不平衡的,即使在一个城市之内也有较大差别。对于商业企业,城市内的人口分布对商业网点的布局非常重要。对于企业,选择在一个人口密集的城市建厂,便于获得人力资源,同时该城市就是一个较大的市场,可以把该城市作为营销基点,培训队伍,积累经验。

6. 自然环境

企业的营销活动受自然环境影响,同时企业的营销活动又影响自然环境。企业管理人员需要密切关注企业经营所涉及的自然环境。自然环境包括资源状况和生态环境。

(1) 资源状况。自然资源可以分为可再生资源和不可再生资源。可再生资源包括水、森林等资源,不可再生资源包括石油和矿产等资源。随着人口的增加和经济的发展,人们对资源的需求迅速增加,资源紧张将进一步加剧,因此可替代资源的开发将为企业带来新的机遇。随着石油的资源的减少,石油价格越来越高,一些汽车企业研发新能源汽车,如丰田公司研发的混合动力汽车为丰田公司带来了很高的利润。

(2) 生态环境。随着经济的发展,人类的有些生产活动不可避免地破坏自然环境,如水资源的污染、大气中的有毒气体的增加、工业垃圾带来的污染等,这严重影响人类的生存环境。公众对环境的关注要求那些对环境产生影响的企业改变生产工艺,减少污染。而政府制定环保标准,要求相关企业开发和利用环保设施,可以为企业带来发展机遇。

1.3.3 营销战略规划过程

营销规划是营销管理的最重要内容之一。图1-6描绘了营销战略规划过程的主要内容。实际上,可以把这个图看做是前面4C模型的拓展,它主要包括这样一些步骤及其关联。

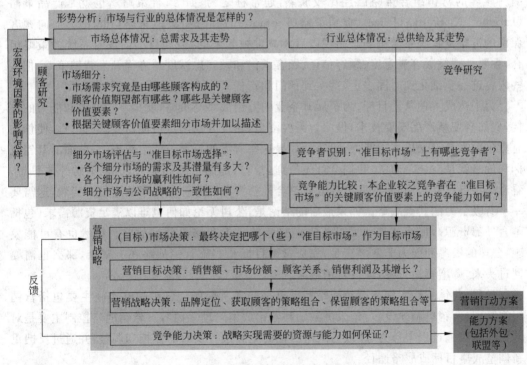

图1-6 营销战略规划过程

首先,营销战略规划的前提是形势分析。它包括市场总体情况的分析和行业总体情况的分析两个主要部分。市场总体分析的主要内容是对某一产品或某一类产品的市场需求(量)及其走势进行分析和预测,为此就不可缺少要对影响市场需求及其走势的宏观环境因素进行分析,特别要找出主要的影响因素,指出它们对市场需求的影响方式与影响程度。另一方面,我们也要对行业总体情况进行分析,揭示和展现行业的总体情况并判断行业的走势,为此宏观环境因素对行业影响的分析是不可或缺的,也是要找出主要的宏观影响因素及其影响方式和影响程度,用以判断行业的未来走势。需要注意的是,对宏观环境因素的分析不要面面俱到,而是要找出关键影响因素,也不要泛泛地说某个因素会对市场或行业有影响,而是要明确指出它是如何影响的,影响程度是怎样的,例如,汇率上升会减少该行业出口量5%。

其次,进入到营销战略规划的核心内容——目标市场选择决策。为此,要对市场进行细分,然后是评估各个细分市场的规模潜力、战略一致性、本公司在细分市场上的竞争能力和赢利性。要完成关于竞争能力和赢利性的分析,就需要进行"竞争研究",也就是对初步选定的细分行业进行分析,主要内容包括竞争者识别和竞争能力比较。完成了上述工作,我们才有可能进一步最后确定本公司的目标市场。

再次,是营销目标规划,包括销售额、市场份额、顾客满意、销售净利润的指标的规划。这些工作大都可以作为前面几个步骤工作的延续和深化。

然后,接下来的工作是非常具有挑战性和需要创新性的,也就是营销战略决策,包括定位战略的开发、面向新顾客的营销组合策略和面向老顾客的保留策略的开发。面向吸引新顾客的营销组合策略已经比较成熟,通常称之为"4P组合策略",也就是产品策略(Product)、定价策略(Price)、促销策略(Promotion)和分销渠道策略(Place)。面向顾客保留的策略是在关系营销理念出现以后才被重视起来的,但到目前尚没有系统的策略组合,主要是围绕顾客满意度、顾客信任、顾客承诺和顾客忠诚度等方面开发营销策略,把这些内容进一步细化到时间表上、落实到部门和责任人头上,也就形成了行动方案。

为了达成上述营销目标,为了展开企业的营销战略与策略,就少不了资源和能力的支持,例如研发新产品需要技术,做广告需要资金,建设分销网点可能需要政府审批,使价格有竞争力需要降低成本的能力,等等。如果这些所需的资源与能力跟不上,前面的营销目标和战略就是空谈。通常,我们会首先想到公司内部的资源和能力,但也不妨开放思想,看看是否有可能利用外包、联盟等方式整合社会资源以弥补本公司的不足。当然,这需要一个有吸引力的共赢战略。如果最后的结论是,公司无论如何也难以满足资源需求(包括整合外部资源),那么就需要回过头来调整营销目标和修改营销战略。当然也有可能发现,公司的资源和能力非常之充足,完成营销目标和实施营销战略还有富余,那么也需要回过头来,调增营销目标,修改营销战略。

最后,营销战略实施和营销战略控制也是非常重要的。营销战略实施主要包括营销组织管理、营销机制建设、营销人员激励和营销成本管理等内容。营销战略控制主要是对营销战略实施过程中行为、绩效与战略目标的差异进行及时的监控和调整,并通过反馈重新调整战略目标或战略途径。

本章小结

营销的基本含义是人们在市场中进行产品交换的活动。营销理念与营销概念经历了三个发展阶段,分别是传统营销理念阶段、市场导向营销理念阶段、关系导向营销理念阶段,目前它正在走向全面营销理念阶段。各阶段的理念和概念都有其产生的时代背景。

企业的宗旨是"创造顾客"，营销在企业中起着至关重要的作用，因此，企业需要引入营销绩效作为财务绩效的补充。营销策略是企业赢利的重要保证，以净营销贡献为基础的营销策略包括：提高市场需求的战略、提高市场份额的战略、提高单位顾客消费额的战略、降低变动成本的战略和提高营销效率的战略。

营销管理的核心内容可以用 4C 来表示，即关注顾客、盯着竞争者、想着自己、勿忘环境。本章分析的营销环境，包括宏观环境的含义、内容以及对营销的影响机制。

✑ 思考题

1. 你如何理解营销？

2. 营销理念的演进经历了哪几个阶段？各种理念形成的社会经济背景包括哪些内容？

3. 为什么营销绩效也很重要？请结合企业实例说明。

4. 4C 模型的内容包括什么？

第 2 章
市场需求及其预测

引 例

某企业对引进溶解乙炔技术及产品开发的预测

某企业在引进溶解乙炔技术和开发新产品之前,首先对有关事项进行了预测:预测了技术的发展趋势,为技术和设备选型提供依据;预测了 10 年内市场需求的变化趋势,以此确定投资规模和设计生产能力的决策依据;预测了价格变化和成本变化趋势,进行盈亏平衡分析,测算投资回收期和投资收益,为方案优选提供依据;预测了原材料的保证程度,为确定供应商提供参考资料;预测了政策法规的稳定程度和用户的心理承受能力,为决策提供信心依据。最后得出结论:溶解乙炔技术在我国属于安全、环保、节能、高效型新技术,符合技术发展方向,投资少,见效快,经济效益和社会效益显著,原材料和产品市场长期相对稳定,符合技术上先进、经济上合理的新产品开发原则。由于预测结果有说服力,得到了计经委和城建、环保、消防、规划、劳动、工商、税务等部门的批准与支持,决策实施后,产量、产值、利润逐年大幅度上升,产品畅销,创造了良好的经济效益和社会效益。

"凡事预则立,不预则废。"企业不仅要对市场进行各种定性估计,还要从量的角度将定性分析准确地转换成以产品、区域、顾客等分类来表示的特定需求的定量估计。因此,市场预测是制定市场营销决策的重要依据。

本章目的

明确市场需求及预测的相关概念,了解市场需求分析的主要内容,掌握市场需求的定性预测方法及市场需求的定量预测方法。

主要知识点

市场需求　企业需求　市场需求潜量　市场渗透率　市场发展速度　顾客份额　市场需求预测　定量预测方法　定性预测方法

2.1 市场需求与企业需求

市场主要涉及两方面问题：市场数量和市场特性。前者是关于市场的量的研究，后者是关于市场的性质的研究。消费者行为与组织购买行为研究属后者。本章讨论的重点是市场量的问题。

对营销者而言，市场是某一产品的全体现实的和潜在的购买者的集合。所谓现实市场是指那些对某个商品具有某种程度的欲望并具有购买力的消费者群体。潜在市场是指那些对某个商品具有某种程度欲望但没有购买力或具有购买力但没有购买欲望的消费者群体。

2.1.1 市场需求

需求从营销角度讲是指针对特定"标的"的购买，即通过市场交换获取"标的"满足自身需要的欲望。有需要，有欲望，但没有适合的标的（产品）或支付能力也不能形成需求。但应注意的是，现在没有需求，并不等于将来没有需求。在市场营销中，我们把暂时没有购买力或购买欲望不强的情况，称为潜在需求。随着购买力和购买欲望的提高，潜在需求会逐渐转变为（有效）需求。在我国，由于购买力不足而由潜在需求转变为有效需求的典型例子是住房，而家庭轿车则是由于购买欲望不强而使潜在需求较慢地转变为有效需求的一个例子。对市场营销者而言，当前的需求固然重要，但更重要的是能发现潜在需求，并能创造性地将其开发出来，使之成为有效需求。

影响需求的因素是多种多样的。有些因素主要影响需求欲望（如消费者对未来的预期等），有些则主要影响需求能力（如价格、消费者收入水平等）。

1. 市场需求的概念

市场需求是一个总量性的市场概念。从基本定义上说，市场需求是一个产品在一定的地理区域和一定的时期内，一定的营销环境和一定的营销方案下，由特定的顾客群体愿意购买的总数量。市场需求测量要注意8个基本要素：

（1）产品。市场需求测量首先必须确定要测量的产品种类，这个产品种类的范围主要取决于制造商如何看待它渗透相邻市场的机会。如一个制罐商需确定它的市场是全部金属罐用户，还是全部容器用户，才能着手估计市场需求。

（2）总量。市场需求大小有多种表述方法。我们可以用绝对值，如产品实体数量以及金额来表述市场需求，例如全国布鞋市场可用年需求量2亿双或10亿元表示，也可用相对数值表示市场需求大小，如某地区的电风扇市场需求量可用占全国需求总量的5%来表示。

（3）消费群体。不仅要测量整个市场的需求量，而且要测量市场的各个部分的需求量。例如，服装企业不仅要确定市场总需求，还要确定各细分市场，如低收入、中等收入及高收入家庭的需求。

（4）购买数量。测量市场需求需要明确购买数量的含义。购买数量可以指下列不同种类"购买"数量中的任一种:订单数量、付款数量、收货数量、装运数量、消费数量,等等。例如,对下一年度商品住房的销售预测,一般应指已被订购的住房数量,而不是指即将竣工的住房数量。购买数量的含义不同,最后预测的结果也可能不同。

(5)地理区域。区域的限定范围不同,产品的销售额的测量结果也不同。例如,同一年度某种产品的销售数量,将随着限定的区域范围不同而不同。企业要根据具体情况合理划分区域,确定各自的市场需求。

(6)时期。测量市场需求必须规定时期,如估计一个年度,或未来三年、五年的市场需求。由于每个预测都是以对企业经营环境和市场营销条件的推测和判断为依据的,预测时期越长,对这些环境和条件的推测和判断就越不准确。

(7)营销环境。影响市场需求的环境因素包括政治、文化、经济、技术、人口增长等等,它们均属于需求分析中应当考虑的不可控因素。例如,当收入增加时,在相同价格水平上,消费者愿意消费更多数量的正常商品。因此,从事市场需求估计必须切实掌握这些不可控制因素的变化及其对市场需求的影响。

(8)营销方案。市场需求变化还受可控因素的影响,特别是受销售者制订的市场营销方案的影响。这就是说,市场需求对产品价格、产品改进、促销和分销等一般都表现出某种程度的弹性。例如,企业常以庞大的经费在电视、报纸、杂志上做广告,强烈影响消费者的购买欲望;另外还常常通过降低价格,来增强消费者的购买力,就可能使需求量扩大。因此,预测市场需求必须掌握产品价格、产品特征以及市场营销预算等的假设。

2. 市场需求函数

市场需求不是一个固定的数字,而是一个在一组条件下的函数。因此,它也被称为市场需求函数。市场总需求与环境条件的相依关系如图 2-1 所示。横轴表示在一个规定的期间内行业营销费用可能表现为不同水平。纵轴表示由此而导致的需求水平。这条曲线描绘出市场需求的估计水平与行业营销费用变化水平的联系。一些基本销售量(称为市场最低量,图中用 Q_1 表示)不需要任何的需求促进费用也会发生。高水平的行业营销费用会产生先是报酬率递减的高水平的需求。当营销费用超过一定的水平后,就不能再进一步促进需求,因此,可对市场需求假设一个上限,并称为市场潜量(图中用 Q_2 表示)。

市场最低量和市场潜量之间的差距,表示了全部的营销需求敏感性。我们可以设想两个极端类型的市场——可扩展市场和不可扩展市场。诸如网球市场之类的可扩展市场,在其总规模上颇受行业营销费用水平的影响:在图 2-1 中,Q_1 和 Q_2 之间的距离会相对大一些。诸如眼镜市场之类的不可扩展市场,受营销费用水平的影响就不大:在 Q_1 和 Q_2 之间的距离相对小一些。企业组织如果在不可扩展的市场上销售,可以认为市场的规模(对一种产品的基本需求水平)是固定的,因此应集中它的营销努力去获取一个期望的市场份额(对一种产品的选择

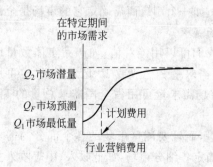

图 2-1　市场需求作为行业营销费用的函数
(假设在一个特定的营销环境下)

需求水平)。

需要强调的是,市场需求函数无法看出时间对市场需求的影响。更确切地说,这条曲线只显示了在现阶段可选择的当期市场需求预测和可选择的可能有的当期行业营销努力水平的关系。

3. 市场预测

行业营销费用可以有不同的水平,但是在一定的市场营销环境下,考虑到组织的资源及发展目标,行业市场营销的费用水平又都必须是有计划的、确定的。同计划的营销费用相对应的市场需求就称为市场预测。这也就是说,市场预测表示在一个既定的环境下和市场营销费用下估计的市场需求。这里有必要强调"一个既定的环境下"这个限定语的作用。我们知道,市场营销环境变化深刻地影响着市场需求的规模、结构以及时间等,也深刻地影响着市场潜量。

2.1.2 战略性市场视野

实际上任何时间点上,当前市场上都存在现实顾客和潜在顾客,现实顾客为企业提供当前的需求,而潜在顾客则为企业提供潜在的增长需求。在一个时期内,对产品和服务的总体需求是有限的。一定数目的顾客会按照一个特定速度进行购买。因而,市场需求会维持在一个特定的水平,无论是快餐业、个人计算机业还是汽车行业都是一样。下面我们来看一个案例。

1846 年,迟-杜威有限公司(Church & Dwight)开始销售用于烹饪的碳酸氢钠。120 年来,他们一直用亚姆-汉默牌(Arm & Hammer)烘焙苏打粉开拓垂直市场需求,后来开发出第一项水平市场应用产品——冰箱除臭剂。随后,他们借助包装创新开拓该项应用的垂直市场需求,这一创新进一步改善了产品易用性并刺激了市场需求。

在过去的 25 年中,亚姆-汉默牌烘焙苏打粉已经开发了若干水平市场:地毯除臭剂、猫砂除臭剂、个人保健、家具用品以及工农业产品。图 2-2 列出了以亚姆-汉默牌烘焙苏打粉为基础发展的多种水平市场应用产品。由于对潜在市场拥有更宽阔的视角以及为开发水平和垂直市场需求而不懈努力,迟-杜威有限公司实现了长期的销售增长。

图 2-2 亚姆-汉默——垂直和水平市场需求

潜在顾客的数量决定未来市场需求水平。在成熟的市场中,市场潜量(最大顾客数量)与市场需求量(当前顾客数量)大致相当。在新兴的或正在成长的市场中,市场需求会随着越来越多进入市场的顾客而增大。不管怎样,企业在既定市场上为了实现期望的绩效水平,都需要占有一定的市场份额。为实施随时间变动而变动的绩效管理,企业需要认识其产品的水平和垂直市场需求。

从上述案例中,我们看出,拥有广义市场观念的营销领导者通常从不同角度看待市场。对市场需求的看法可以让他们超越现有的产品和顾客的边界,发现别人没注意到或忽视的、未被开发或刚刚出现的市场机遇。拥有了宽阔的、战略性的市场视角,企业就能迅速行动从而掌握自己的命运。

识别市场需求的第一步就是要学会用宽阔的视角去看待"什么是市场"这个问题。如果市场概念仅仅关注特定产品,企业就会安于现状。市场视角狭窄的企业只能看到已有顾客的明确需要。如图 2-3 所示,这种做法会导致市场潜在规模受到限制,这是因为已服务市场的右边界从左向右移动会逐渐渗入那些狭义市场概念未涉及的部分。大多企业都倾向根据其已经了解的顾客来定义市场,这会限制企业的思维和增长潜力,因为在他们的狭隘视角——那些已服务的具有明确需要的顾客——之外,还有大量未被开发的市场机会。

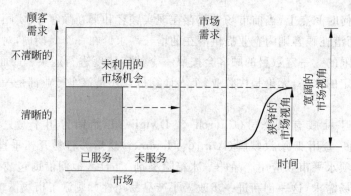

图 2-3　市场定义和未利用的市场机会

图 2-3 所示的宽阔市场视角可以促使我们发现未明确的需要和未服务的市场机会。对于弗莱德·史密斯(Fred Smith)——联邦快递(Federal Express)的创始人来说,宽阔的市场视角就是隔夜邮递、顾客的新选择和有利可图的商业机会,这些机会对银行家、教授和行业专家们来说无法想象,也不可能成功。对于费尔·奈特(Phil Knight)——耐克(Nike)公司的创立者来说,宽阔的市场视角意味着跑步和用于其他运动的鞋,还有运动服饰;而对于微软(Microsoft)之父比尔·盖茨(Bill Gates),它的意思就是人们使用计算机的不同方法。

为了摆脱狭隘的市场定义并避免潜在市场机会的开发受到限制,企业需要一个战略性市场概念。这个战略性市场包括可能替代企业目前服务的产品市场的所有市场。例如,软饮料市场的定义可能被限制在软饮料产品领域而未包含那些重要的替代产品市场。

战略性市场视野应该考虑所有相关的替代产品。战略性市场概念中的替代程度反映了市场间的距离。一个市场与另一个市场的距离越近,顾客选择一种产品替代另一种产品的可能性就越大。战略性市场视野能让管理者们看到更广阔的顾客需要和潜在的新市场机会。当然,这在管理层评估那些他们希望进入的市场、识别自身核心竞争力和能力时将为企业提供更宽泛的市场战略选择。

这样,战略性市场视野为基于市场的企业提供以下三项利益:

(1) 为企业推开了解更多顾客需要的机会之窗。

(2) 让企业更好地理解潜在替代品和竞争威胁。

(3) 让企业更好地了解顾客的基本需要。

采取战略性市场视野,企业可以看到更多的增长机会。这些市场机会经常存在于垂直市场和相近的水平市场之中。垂直市场描述了一个产品市场定义内的市场机会。水平市场需求一般被看做是垂直市场需求的补充。实际上,水平市场不能脱离垂直市场需求而独立发展,原因在于垂直市场的产品线会随着水平市场的发展而延伸,从而产生出更多的衍生产品。

2.1.3 企业需求

1. 企业需求

企业需求是指企业在总体市场需求中预计占有的比重,用公式表示就是:

$$Q_i = S_i Q$$

式中:Q_i——i 企业的需求;

S_i——i 企业的市场份额;

Q——总体市场需求。

企业的市场需求份额取决于该企业的产品、服务、价格、沟通等与竞争者的关系。如果其他因素相同,则企业的市场份额取决于它的市场费用在规模与效益上与竞争者的关系。营销模型建立者必须开发和衡量销售反应函数,以研究企业的销售受它的营销费用水平、营销组合和营销效益影响的程度。在本质上,企业需求与市场需求一样,也是一个函数,即企业需求函数或销售反应函数,它由那种既决定着市场需求同时也决定着企业需求的因素所制约。

另外也可以直接采用试销法计算企业的需求。

2. 企业销售预测

当营销者估算出公司需求后,下一个任务是选择营销努力的水平。这个选出来的营销努力水平将产生一个特定的销售水平。

(1) 企业销售预测。企业销售预测是公司以其选定的营销计划和假设的营销环境为基础所预期的公司销售水平。

企业预测和企业营销计划的次序关系,经常被人混淆。我们常听到一种说法:企业应该在销售预测的基础上制定它的营销计划。这种先有预测再有计划的次序,只有在预测是指对全国经济活动的估计或当公司的需求无法扩展时才能成立。但是,当市场需求可以扩展或预测是指公司的销售估计时,这种次序便颠倒了。企业销售预测不能作为决定营销努力的数量组成的基础;恰恰相反,它应作为一个假设的营销计划的结果。

(2)销售定额。销售定额是针对某一产品线、企业事业部或销售代表而设定的销售目标。它是一个明确和激励销售努力的基本管理工具。

管理当局建立销售定额的基础是企业的预测和激励员工成就的心理因素。一般来说,销售定额比预期的销售额略高,以利于销售努力的扩展。

(3)销售预算。销售预算是对预期销售量的一种保守估计,它主要为当前的采购、生产和现金流量决策服务。销售预算要考虑销售预测和需求,以避免投资过度的风险。销售预算一般略低于企业预测。

3. 企业销售潜量

企业销售潜量是当企业相对于竞争者的营销努力增大时企业需求所能达到的极限。当然,企业需求的极限是市场潜量。当企业取得100%的市场,即该企业已成为市场的独占者时,企业销售潜量和市场潜量相等。在绝大多数的情况下,企业销售潜量低于市场潜量,即使是企业的营销费用超过竞争对手相当多的时候也是如此。其原因是每一个竞争企业都有一个由忠诚的购买者所组成的核心,这些人对其他企业怂恿他们离开的努力很少有反应。

2.2　市场需求分析的主要内容

2.2.1　市场需求潜量与市场需求量

在上一节中,我们已经对市场需求量做了详细的介绍,所以在这一小节我们主要介绍市场需求潜量。

1. 市场需求潜量的含义

市场需求潜量就是在一个既定的环境下,当行业营销努力达到无穷大时,市场需求所趋向的极限。或者说在某特定市场定义下,能够进入该市场的消费者的最大数量。

如前所述,"在一个既定的环境下"一语在市场潜量的概念中是十分重要的。例如,对于某种产品来说,以汽车为例,市场潜量在经济繁荣时期就比在萧条时期要高。换句话说,市场需求具有收入弹性。市场潜量对于环境的依赖关系在图2-4中说明。因此,企业一般无法改变市场需求曲线的位置,因为这是由市场营销环境的特点决定的。但是,营销者可以根据市场营销费用水平,确定市场预测在函数曲线上的位置。

可达市场(Served Market),是指企业产品可达并可吸引到的所有购买者。它的定义一旦确定,企业就能更好地理解市场需求的几个重要方面。首先,最为关键的是这个市场定义的最大潜量包含的顾客数量到底是多少。对这个问题的见解形成了关注产品的、基于市场的两种企业之间的显著差别。

关注产品的企业感兴趣的是产品的数量,而基于市场的企业感兴趣的则是组成市场

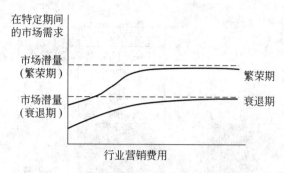

图 2-4　市场需求作为行业营销费用的函数
（假设在一个特定的营销环境下）

的顾客数量。

产品数量和销售收入会因顾客行为和竞争战略的不同而有所不同。但是一个市场范围内的潜在顾客数量是有限的，而且这个数目具有重大的战略意义，原因在于它代表了消费个体数量的真实上限。

例如，一次性尿布的市场需求潜量有多大？从新生儿到两岁婴儿的数量可能是消费个体最大数量的合理估计值。但是，拥有这个年龄段孩子的家庭都会购买一次性尿布吗？有一些可能买不起；有一些可能因为外界的负面影响而拒绝使用；还有一些可能更青睐织物尿布的优点。因此，消费个体的数量总是低于市场潜力的极大值（消费者的最大数量）。

2. 影响市场需求潜量的因素

很多新市场和大多数的全球性市场常鼓吹它们具有完全的市场潜量。确切地说，就是有大量的、有潜力的顾客尚未进入市场。例如，个人计算机的市场潜量（最大数量）据估计为每年 2.5 亿台，到 2010 年市场才会趋于饱和。届时，个人计算机的数量将达到 10 亿台。在 2001 年，市场渗透率（1.315 亿台个人计算机）会略超过 50%，如图 2-5 所示。但有人可能会问，为什么达到完全的市场潜量需要这么长时间？这是因为有 5 种主要力量会限制一个市场达到其完全的潜量，如图 2-6 所示。

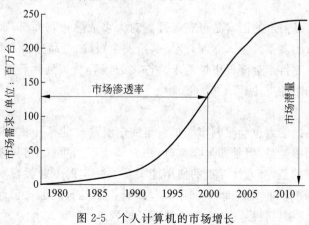

图 2-5　个人计算机的市场增长

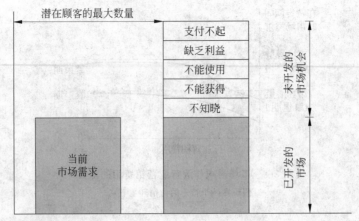

限制市场需求的力量
- 知晓：如果潜在消费者知道该产品可用并能正确理解其利益，就会购买。
- 可获得性：潜在顾客知晓该产品，有购买的能力与愿望，但是该产品或服务在当地市场无法获得。
- 使用能力：虽然产品消费者支付得起该产品同时也被其吸引，但由于消费者的应用环境所限而无法使用。这些消费者缺乏相关知识、其他资源和／或一些使用产品或服务的必要条件。
- 利益缺乏：产品或服务的关键利益对于一些潜在消费者来说并不重要（或甚至没有吸引力）。
- 购买能力：无论产品具有多大吸引力和感知利益，只不过成本对于消费者来说过高。

图 2-6　市场潜量与当前市场需求

下面我们对这 5 种限制市场需求的因素分别加以论述。

1）知晓

知晓的含义不仅仅是对产品的知晓，而且是对利益的全面理解。如果潜在的顾客不知道一种产品或者不能完全或正确地理解该产品的利益，那么他们就不能对该产品拥有完全的信息，也不能深刻理解该产品对他们的潜在价值。就个人计算机而言，全球市场内的大多数潜在顾客都知道该产品，但是很多人可能并不完全理解它的利益。由于该产品比较复杂并且需要亲身体验，所以很多利益只有在使用一段时间之后才能体会得到。

2）可获得性

第二个限制市场需求的因素是可获得性。对大多成熟市场而言，产品的可获得性并不是限制市场需求的重要力量。然而，产品供给发生短缺、产品分销方面存在困难或缺少对产品使用的服务支持都会降低市场需求。许多人很容易买到计算机，但是在许多地方却可能缺少相应的服务支持。

3）使用能力

没有使用产品的能力也会限制市场扩展至完全潜量。世界上很多地方的人们都会从个人计算机的使用中受益，但是如果没有电，那么即使产品可以买到，你也不可能使用它们。也许更为重要的是，个人计算机的使用能力需要一定的专业教育水平。为了应对这样的需要，像苹果（Apple Computer）和微软（Microsoft）这样的公司已经开始向一些教育项目进行投资，这些项目将推动个人计算机市场的发展。

4）利益缺乏

对一些顾客而言，某类产品所带来的利益并不具有足够的吸引力或说服力让他们进入该市场。对另一些人来说，例如那些因为外界原因而拒绝使用一次性尿布的消费者，即使该产品实用、买得起并且有适当的使用条件，但可能仅仅因为缺少利益的说明或这些利益不能产生足够的刺激，他们就不会进行购买。由于消费者对产品和生活方式有各种各样的需要，在任何市场中，要满足所有的需要和期望利益都是非常困难的事情，因此的确存在一些操作上的限制，导致市场不能达到其最大潜量。例如，很多老年人并不理解拥有个人计算机的利益。但是，随着电子邮件和家庭网络购物的发展，这部分不断增加的消费者群就可能成为促成未来个人计算机市场发展的新的顾客增长之源。

5）购买能力

最后，对很多产品来说，一些顾客买得起，可另一些顾客却无法负担。虽然产品的利益广为人知并极具吸引力，但是对于许多潜在顾客而言，面对其可支配的收入，这些产品显得过于昂贵了。另外，对那些狭隘的、关注产品的企业来说，他们的目光从未超出当前的顾客市场范围。因此，这些企业从来不要求其工程师和产品经理具有降低产品成本的意识和观念。在个人计算机市场上，消费者购买最多的是那些价格低于 1 000 美元的产品。这个价格点引发了那些基于购买能力的新购买者进入市场。随着低端个人计算机的价格逐渐接近低端电视机和录像机的价格，个人计算机产品将不断吸引那些价格敏感型的购买者进入市场。

2.2.2　市场渗透率与市场发展速度

在了解每个市场都拥有其发展的大概上限之后（自身市场潜量），营销工作者最感兴趣的问题就是市场发展达到全部潜量的速度到底有多快。图 2-7 给出了一些产品的市场增长曲线。影响市场增长曲线形状以及市场增长速度的三个基本力量是市场潜量、市场渗透率和市场发展速度，我们已在前面章节中对市场潜量做了介绍，这里不再重复。

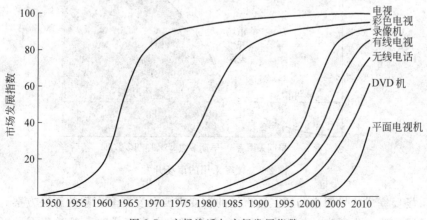

图 2-7　市场渗透与市场发展指数

市场渗透率指在某特定时间点进入市场的全部顾客的数量。对于有形的商品,指的是在被调查的对象(总样本)中,一个品牌(或者品类,或者子品牌)的产品,使用(拥有)者的比例。也可以直接理解为用户渗透率或者消费者占有率,是一个品牌在市场中位置的总和,它是多年形成的结果。

市场渗透率与市场占有率的区别在于:市场占有率是有时间和单位限制的,也就是在某一时间段(年、季度、月度),一个品牌产品的销售额在所有这个品类产品中的份额。

市场发展速度,即新消费者进入市场的速度。每种产品的上限代表了该产品市场的最大市场潜量。顾客进入市场的速度是该市场特有因素相互作用的结果,这些因素包括产品吸引力、顾客特征和营销努力。尽管如此,那些根据以往消费者进入市场的速度所归纳出来的增长模式,却为很多产品市场增长速度计划的制定提供了重要信息。

下面我们着重讨论市场发展速度这个影响因素。

1. 市场发展速度

新的市场取决于如何发现新的顾客。大部分潜在顾客并不是那些率先购买某种新产品的人。相对于现有产品来说,新产品一般定价更高,更为复杂,而且不为主流消费者所接受。因此,一种新产品或技术的首批购买者拥有很大的风险。那些正在形成中的市场在开始阶段规模很小,主要由创新者和早期采用者构成,如图 2-8 所示。总的来说,组成早期市场的顾客拥有更多的知识、更低的价格敏感性、更大的利益驱动性,而且不像大多数人一样依赖别人的做法和想法。这些领先顾客极为关键。如果他们不能被吸引,被满足,进而被保留,那么这个新市场就可能消亡,原因在于如果那些领先顾客不购买该产品,社会主流也不会购买该产品。成功开发某新产品市场的第一项工作就是识别领先顾客并渗入早期市场。

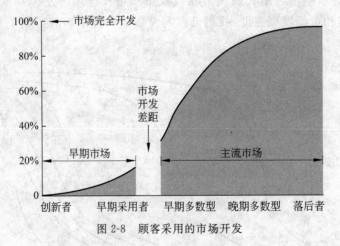

图 2-8　顾客采用的市场开发

新市场要完成从早期市场到主流市场的转变需要开发一套完整的解决方案。虽然早期市场的顾客愿意为新产品的推广而努力,但是那些主流市场的消费者却不肯接受不完善的解决方案,他们需要百分之百的解决方案。为了成功打入主流市场,企业需要提供完整的解决方案——包括所有必要的特征、功能、相关的支持产品和服务。

遗憾的是,此项工作还有另一项重要的挑战。主流市场由很多细分市场组成,每个细分市场对完整解决方案都有各自不同的看法。为了成功进入主流市场,企业必须仔细识别各个目标顾客并全力传达这些不同的目标顾客所看重的、特色各异的完整解决方案。然而,就像早期市场上的领先顾客一样,主流市场上也有领先细分市场。因此,在主流市场上取得进一步成功一定程度上要依赖一个细分市场对另一个细分市场的影响。企业越快地通过完善完整解决方案来缩短图 2-8 中所示的市场发展差距,市场增长就越快。

2. 影响市场发展速度的因素

开发并交付一套完整的解决方案不仅需要对产品的进一步改进。主流市场接受一种新产品的速度同时也取决于消费者的特征、产品的定位和市场影响。即使拥有适当的产品知晓度和可获得性,还有一些力量会影响产品对消费者的吸引力、加速或减缓市场发展的速度。如表 2-1 和图 2-9 所示,影响新产品在市场进行渗透的会有 6 种有关顾客使用的力量和 6 种有关产品应用的力量。

表 2-1 影响市场发展速度的主要因素——板面数据列示(1)

百分数	顾客影响	顾客的力量影响新产品市场渗透速度,即进入市场的顾客的百分数,这些顾客……
80	感到需要	对该产品有强烈的、明确的需要
90	个人风险	感到拥有或使用该产品只有很少的或没有经济的、社会的和安全的风险
30	购买决定	购买该产品很少或不受其他人的影响
67	观察	可以通过率先使用对该产品进行详细观察
30	尝试	可以通过率先购买来试验或尝试该产品
80	推荐	能够向其他人推荐该产品
63	平均	顾客使用的得分
百分数	产品影响	**产品的力量影响新产品市场渗透速度,即进入市场的顾客的百分数,这些顾客……**
90	产品优点	认为该产品比现有产品具有明显的优点
20	价格可支付性	认为该产品相对他们的购买力来说能够承受
60	易用性	认为该产品并不过于复杂,易用性好
60	绩效风险	认为和广告说得一样,该产品很少或不可能失效
80	可获得性	认为该产品在任何消费者需要的时间和地点都能买得到
20	顾客服务	认为该产品的售后服务好,能够解决任何售后问题
55	平均	产品应用的得分

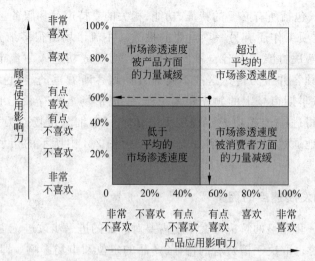

图 2-9　影响市场发展速度的主要因素——板面数据列示(2)

影响市场发展速度主要有以下两个因素。

1) 顾客使用影响力

顾客使用影响力是影响市场发展速度的一股力量。消费者必须感到需要该产品,这种需要感的强度可以有所不同。当对产品的需要感很弱时,产品对顾客的吸引力就会很低。多年以来,很多潜在顾客对拥有微波炉这种产品并没有强烈的需要感,于是这种需要感的缺乏导致消费者进入产品市场的速度缓慢。同样,也有很多人感到微波炉存在着安全风险,这种感知也会减缓市场的增长。顾客感知风险包括诸如安全、社会的、经济的等各种感知风险因素。

顾客使用影响力还取决于决策制定单位的自然情况和规模。无论在企业还是在家庭中,群体决策都会降低顾客进入市场的速度。个体决策者受他人约束更少,并可以更自由、更迅速地做出决策。另外,市场对易于评价的产品(如随身听、彩色电视机或时尚太阳镜)的需求比那些不易评价的产品(如家用清洁器、保险项目或床单)的需求增长得更快。如果一种产品在不必购买的情况下更容易尝试,那么它的市场渗透速度也更快。随身听这种产品既易于观察又容易试用。相反,保险项目就很难观察到,而且如果不购买该产品就无法试用。当一种产品很容易观察又很容易试用和尝试时,它的市场渗透就会加快。当然,如果拥有正面的口碑传播,而且使用者倾向于推荐该产品,该产品的市场渗透速度也会加快。

通过评估图 2-9 所示的每种顾客方面的力量对市场渗透的影响,我们可以建立顾客接受指数。这项工作将有助于量化市场渗透的速度。自然地,总体百分比越高,市场渗透的速度就越快。在我们的例子中,关于顾客使用影响力的板面数据显示情况很乐观(为63%)。如果产品应用影响力不产生抵消作用的话,这将带来高于平均水平的市场渗透速度。

2) 产品应用影响力

产品定位(产品的相关利益)的强度也在决定市场发展速度的过程中扮演了重要角

色。相对优势越大,价格越可接受,产品给顾客提供的价值越高,消费者进入市场的速度也就越快。然而,这却是很多企业踟蹰不前之处,原因是这些企业无法从头至尾地贯彻上述思想,也不能更进一步检验潜在消费者对产品的感知复杂性和易用性。如果企业的产品和一般产品不一样或不便于使用,那么顾客就可能不愿意试用或购买该产品。

微波炉刚进入市场的时候,虽然价钱昂贵,但却拥有一些引人注目的利益。尽管如此,很多人却没有购买微波炉,这仅仅是因为他们认为该产品过于复杂、很难使用——他们必须采用另外一套烹调方式。对于很多高科技产品来说,即使产品相对优势巨大,但感知的复杂性和使用中的困难却会吓倒顾客并阻碍市场需求的增长。如果一种产品没有提供完整的解决方案,潜在顾客就不会愿意进入该市场。为了提高消费者进入市场的速度,企业需要确定所有的相关产品和服务的可获得性并能够提供完整的解决方案。主流顾客希望企业能够"植入"易用的解决方案。最后,缺少产品可用性和售后服务将是产品应用的终结者。产品必须在目标消费者喜欢光顾的地方买得到,无论是在专卖店、百货商店或批发商店,例如,科斯科(Costco)或沃尔玛(Wal-Mart),甚至是网上商店的网站。同时,新的产品意味着新的考验。如果没有强有力的售后服务支持,当顾客遇到问题或没有得到产品预想的功能时,新产品就会被负面的口碑传播所埋葬。

在图 2-9 中,我们应用板面数据计算得出顾客使用影响力的总体指数是 63 个百分点。产品应用影响力的指数估计为 55 个百分点。两个数据都超过平均水平,此二数据有助于说明每年 65% 的新产品采用率。2003 年的销售量为 400 万,预计到 2007 年将增加到 3 000 万。虽然这已经超过了平均增长速度,但是如果解决"试用"和"顾客服务"两大问题,市场渗透速度还可以更快。鼓励店内观看的营销策略可促进试用,而大范围的售后顾客服务计划同样可以加速市场渗透。

2.2.3　市场份额与顾客份额

1. 市场份额

市场份额又称市场占有率,它在很大程度上反映了企业的竞争地位和赢利能力,是企业非常重视的一个指标。市场份额数量也就是市场份额的大小,一般有两类表示方法:一类是用企业销售占总体市场销售的百分比表示,另一类是用企业销售占竞争者销售的百分比表示。市场份额质量是指市场份额的含金量,是市场份额能够给企业带来的利益总和。这种利益除了现金收入之外,也包括了无形资产增值所形成的收入。衡量市场份额质量的标准主要有两个:一个是顾客满意率,一个是顾客忠诚率。顾客满意率和顾客忠诚率越高,市场份额质量也就越好,反之,市场份额质量就越差。

虽然市场份额的估计涉及一系列复杂的数学问题,但是还是存在一些简单的营销逻辑来帮助我们合理地估计企业的市场份额。图 2-10 给出了如何根据一系列层级型市场份额影响因素来估计市场份额。市场份额开发路径上的每一步都揭示了顾客的反应如何对市场份额产生影响。由于还有很多其他的因素也能影响实际的市场份额,所以市场份额指数仅仅是在给定期望的市场绩效水平下,市场份额应该如何的一个指示器。市场份额开发路径上的每一步以及它们对市场份额的影响将在后面部分一一阐释。

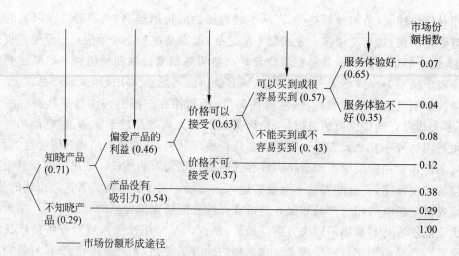

图 2-10　市场份额开发树

下面我们对影响市场份额的 5 个因素分别进行阐述。

1）产品知晓度

在市场份额开发树中第一个份额影响因素是产品知晓度：市场中知道产品的顾客的比例。对于成熟产品，如可口可乐、柯达胶卷或者福特汽车，产品知晓度并不是问题，这是因为事实上所有目标市场顾客都知道这些公司的产品。但是，如果企业的知晓度很低，那么其市场份额就会因营销沟通问题而受到限制。

在 20 世纪 80 年代，惠普公司（Hewlett-Packard）开始考虑在消费品市场中销售计算机、打印机这类产品。由于惠普公司其计算器已经在消费品市场建立了一定的知名度，因此它认为知晓度并不是什么问题。然而，20 世纪 80 年代早期对美国家庭的一次调查显示惠普的知晓度不到 10％。

对许多工业和商业企业来说，知晓度确实是个问题。多数情况下，它们通过特定的广告、交易展示、销售促进和销售电话来宣传产品定位、提高知晓度。消费品制造商则更善于利用各种媒体工具和店内推销技术提高其产品的知晓度。无论如何，不管是消费品企业还是工业设备制造商，获取市场份额的第一个营销挑战都是在目标市场中建立广泛的产品知晓度。

2）产品吸引力

即使目标顾客知道该产品，产品也必须对目标顾客具有吸引力。也就是说，目标顾客必须对产品及其在一定价格下提供的利益抱有赞成的态度和兴趣。如果顾客漠不关心或者不喜欢，购买路径就会很短，而且市场份额也会大幅度降低，如图 2-10 所示。当这种情况发生后，企业就很难从这些顾客中获得市场份额了。在图 2-10 给出的例子中，71％的目标顾客知晓该产品，但是其中只有 46％的顾客喜爱它（认为它有吸引力）。结果就是，企业的一大部分潜在市场份额流失了。

此营销问题通常都是产品定位问题。具有良好定位，同时利益和价格很吸引人的产品往往会被顾客置于其备选集之中，对于没有良好定位的产品，顾客在购买决策时也不会考虑。当然，如果各个替代品的差别较大，那么企业很容易树立较高程度的顾客偏好。对于 IBM,在 20 世纪 80 年代末期至 90 年代的个人计算机市场上,IBM 与其他竞争者间的差别逐步减小,并且竞争者数量不断增加——结果就是:IBM 很难占有绝对主导地位并成为最受欢迎的个人计算机制造商。尽管一直以来偏爱 IBM 的顾客数量远远高于偏爱其他个人计算机的顾客的数量,但是这一比例在不断下降,因此 IBM 的市场份额也只能不断降低。

3) 价格的可接受性

在产品具有吸引力的同时,其价格也必须达到那些有高度购买意愿的顾客可接受的水平。当购买意愿较低时,说明价格水平太高或者存在其他降低购买意愿的因素。即使顾客接受该价格,他们也不一定就转换品牌或者立即购买。了解顾客在对某种产品感兴趣、购买意愿却偏低的原因可以帮助企业发现有创造性的营销解决方案,从而提高市场份额。在图 2-10 所示的案例中,知道该产品的顾客中有 63% 的人对它感兴趣并愿意购买它。那些不愿意购买的顾客占了企业潜在市场份额的 12%。为了提高购买意愿,企业必须给这些顾客以更多的激励和刺激。在这种情况下,销售促进可以成为一个有力的营销工具:降低价格门槛、促使人们试用。一旦顾客试用过产品,我们才可能期望他们能够更好地理解产品的用处和利益。此外,回购、折扣以及顾客融资等都在吸引力高而实际购买较低时为企业提供了解决办法。

4) 产品的可获得性

获取市场份额的第四个管理因素是产品的可获得性。如果那些感兴趣的顾客要寻找该产品,但是在他们喜欢光顾的一些地方却找不到,那么这就会让企业损失潜在市场份额。如图 2-10 所示,缺乏产品的结果是 8.9% 的潜在市场份额流失了。如果企业能够成功地使可以获得产品的顾客从 57% 提高至 70%,其总市场份额指数就可以从 7.6% 上升至 9.3%。

5) 服务体验

最后,当图 2-10 中的市场份额开发路径成功带领一位顾客走到购买环节时,此时不愉快的服务体验会抵消前面所有营销努力。多数银行和杂货店都拥有较高的知晓度、相同的商品、相似的价格以及便利的地点,所以服务通常是顾客购买与否的决定性因素。顾客大多数的不满意都是较差的服务引起的。如图 2-10 所示,仅有 65% 的潜在顾客拥有较好的服务经历。如果此数字提升至 80%,那么公司的市场份额指数将由 7.6% 上升至 9.4%。

2. 顾客份额

顾客份额衡量的是企业在一个顾客的同类消费中所占的份额大小,形象地说,即"钱夹份额"(Share of Wallet,SOW)。

长期以来,人们认为市场份额是决定利润的最主要因素。而在 20 世纪 70 年代中期,英国营销学者赛斯通过对样本企业的数据分析就发现,顾客忠诚度比市场份额对企业的赢利能力及成长影响更大。将更多的商品卖给较少数量的人不但更有效率,而且更为有利可图。聚焦于顾客份额——一次一个顾客,而非仅仅市场份额。

营销学者杜玉兴通过对样本企业(银行)的数据研究也发现:关系长度同钱夹份额没

有必然的正比关系;客户在某一个种类的高的钱夹份额通常在另一个种类里也会表现高的市场份额,也就是说市场份额在不同的需求种类之间是相互关联的;客户在目标公司的钱夹份额和总的需求有时呈现负相关,是因为客户在目标公司小的钱夹份额,而把更大部分的钱夹份额给了竞争公司。如图 2-11 所示,以某一银行为例,那些拥有大量的财富(财富总额排名前 20%),同时又与银行发生了大量的业务(在本企业的钱夹份额达到 20%)的客户群体,只占总客户的 0.8%;而有大约 14.3% 的客户,他们的钱夹很大(个人财富总额排名达 20%),但是在本企业的钱夹份额却很小(只有不到 20%);有大概 7.4% 的客户,他们在本企业的钱夹份额很大(80%),但是钱夹却很小(在总的钱夹大小排名中处于后 20%)。因此,通过钱夹份额,识别出对企业来说真正意义上的优质客户,对他们加以特别的营销投入,可以收到事半功倍的效果。

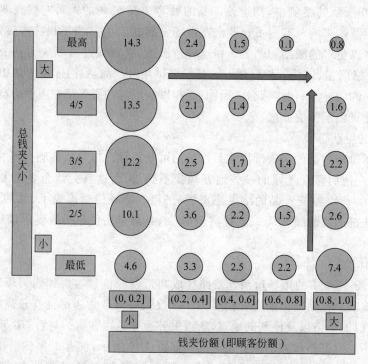

图 2-11　以钱夹份额对客户进行细分的示例

3. 市场份额与顾客份额的比较

(1) 市场份额将顾客看做没有个性的群体,着眼于企业,"以产品为中心";而顾客份额把顾客看做不同的个体,着眼于客户,"以客户为中心"。

(2) 市场份额立足于大众营销,注重产品的成本与利润分析,通过满足大多数顾客的需要提高销售,通过规模经济赢得利润;顾客份额立足于一对一的营销,注重的是顾客成本与贡献率的分析,通过与单个的顾客建立并保持长期持续的互动沟通关系,充分了解客户需要并最大限度地满足顾客个性化需要。

(3) 市场份额体现的是竞争导向,企业以对抗为中心,力图击败竞争对手。由于过分关注竞争对手,可能使企业疲于应对竞争对手,而忽略了自身长期战略目标的制定与实现,妨碍创造力的发挥;而顾客份额体现的是顾客导向,以"共赢心态"与有竞争的顾客建立长期关系,通过为顾客创造价值、提供价值,提高了自己的核心竞争能力,使竞争对手变得无关紧要,实现良好的发展。

(4)市场份额的观念以"广种薄收"的方式获利。它强调顾客数量,要求企业不断地去获取更多的顾客而不区分顾客价值。然而,不同顾客具有不同价值,一些顾客价值较低但获取成本较高,一味追求顾客数量获取高份额未必具有高利润;顾客份额观念以"精耕细作"获利,注重顾客质量,将所服务的顾客划分为:最有价值顾客、最具增长性顾客、负值顾客,要求企业获取最适合的顾客,即那些价值最大的顾客。

(5)市场份额的提高主要通过大规模的促销与广告扩大知名度,争取顾客购买,以降低价格争夺市场;而顾客份额实现的手段是个性化传播与激励,以顾客满意与顾客忠诚赢得顾客。

(6)市场份额关注于吸引新顾客以实现销售增长;而顾客份额更关注于老顾客的维系。

2.3 市场需求预测方法

2.3.1 市场需求预测的原理

市场需求预测是在对市场需求情况进行调查研究并掌握市场信息的基础上,运用定性、定量的方法,研究市场运行的规律,对市场需求的未来发展过程作出判断、预见和陈述。市场需求预测是研究客观市场发展过程及其变动趋势的科学。它是综合哲学、社会学、经济学、统计学、数学以及工程技术等方面的方法。它是一种分析推断活动,既是科学又是艺术。

市场需求预测是对市场未来商品的供需发展变化情况、相互关系以及各种影响因素的变化进行的估算。企业活动的最终目的是获得好的经济效益,而市场需求预测是企业取得良好效益的必要前提之一。通过市场需求预测,企业能生产出顾客需要的产品,提供更多的顾客价值,从而取得优异的市场绩效。

市场需求预测原理是关于人们之所以能够运用各种方法对未来市场的发展趋势作出预测的假设。它是市场需求预测的方法基础,主要有以下 4 种:

1. 可测性原理

世界上一切事物的发展变化都有其规律性,人们根据这些规律性,不仅能认识事物的过去和现在,还能认识它们的将来。尽管事物的某些规律常被一些影响因素所遮盖,但从事物的长期变化及同类事物的表现来看,它又是可以预测的。例如,要预测某个消费者对某种商品的需求量,由于个体的购买行为受到经济、社会和心理等因素的影响,而这些因素又难以测定。但是,大量消费者所表现出来的加总购买力,却呈现出某种规律性,因此是可以预测的。

2. 连续性原理

世间事物的发展,一般都具有一定的连续性。所谓连续性原理,就是从时间维度考虑事物的发展在各个阶段具有连续性。昨天的事情会影响今天事情的发生,今天的事情又会影响明天的结果。这充分说明,任何事物的发展变化都是连续的,正所谓"知其过去,就可知其现在;知其现在,就可知其将来"。市场需求预测就是根据市场变化的连续性,采用市场调查方法得到市场过去和现在的资料,并辅以定性和定量的分析方法来寻找出市场未来需求的信息。

3. 因果性原理

事物变化是由其内因和外因决定的。为了预测未来,就要把握影响事物变化的内因和外因,通过对这些因素未来变化趋势的分析来判断我们要预测的市场需求变化。

4. 类推性原理

类推性原理,是指某些客观事物之间存在着类似的结构和发展变化规律。我们可以根据已知市场的变化规律,来预测类似市场的即将出现的变化。例如,电子音响、家用电器的销售趋势就有比较近似的演变规律。开发和经营新的电子产品(如 MP3 播放器)就可以借鉴以往相近类别产品(如随身听)的市场销售历史,去估计新产品市场的未来需求和销售趋势。类推性原理在缺乏历史资料时应用较多,它是市场调查预测法的主要理论基础。利用样本推断总体,也是类推性原理的应用之一。

需要注意的是,上面提及的 4 个预测原理既是进行预测的思想基础,又是选择和开发预测方法的基础。但同时也要特别提请大家注意:上述 4 个预测原理并非都是"放之四海而皆准"的,与其说是原理,不如说是"假设"更为确切。

2.3.2　市场需求预测步骤

市场需求预测的过程就是对各种调查资料按照预测目的和要求进行整理、计算和分析的过程。市场预测必须按一定的程序和步骤进行,方能取得良好的效果,市场预测通常遵循下列步骤,如图 2-12 所示。

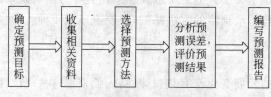

图 2-12　市场需求预测的步骤

1. 确定预测目标

确定预测目标是开展预测工作的第一步,也是最重要的一步。因为预测目标的不同,所以预测的项目、内容、需要的资料和采用的方法都会有所不同。预测目标是预测内容的具体化，是预测活动所要达到的直接目的，预测目标一般是根据决策和计划提出的，有了预测目标就为收集资料和选择预测方法指明了方向。

2. 收集相关资料

收集资料是预测工作的重要阶段，工作量和难度相对较大，预测能否成功、是否准确，很大程度上取决于该阶段所收集的资料是否翔实可靠。如果收集的资料贫乏或失实，那么预测结果势必失真或存在很大误差。

市场预测所需的各种资料，可以分为直接相关资料和间接相关资料两类，间接相关资料主要是驱动变化的因素的信息。每类又分为历史资料和现实资料两种。资料收集得越广泛、越全面，预测结果的准确性就越高。

3. 选择预测方法

市场预测需要辅以一定的科学方法。市场预测的方法很多，但并不是对每一个预测目标和每项预测内容都完全适用，企业应根据实际情况（如预测目标的性质、资料收集的多少、资料的可靠性和预测成本的大小）做出选择。预测方法分为定性预测法和定量预测法。定性预测法主要是靠预测人员的知识和经验，进行综合分析，对市场的未来前景作出估量和判断。定性预测通常也辅以简单的计算（如加减乘除）完成市场预测工作。虽然定性预测简单易行，但预测结果准确度较低，并且容易受到主观因素的影响。定量预测法主要是运用数学方法加工处理翔实的历史资料，以揭示变量之间的规律，从而对市场预测目标未来变化作出定量的估计。定量预测法预测结果较为准确，受主观因素影响较小，但缺乏灵活性，不易操作，且要求有比较完备的历史资料作为预测的基础。

企业追求预测结果准确性的同时还应保持一定的灵活性。如果按照预测方法收集所需资料很困难或成本高，那么预测方法就要依收集资料而转移；反之，收集的资料应尽可能地满足预测方法的要求。

如果先收集资料后选择预测方法，则可以对资料作先行分析和简单判断。常用的方法是将资料制成表格或图形，以便直观地进行对比分析，探查市场活动的大致规律，寻找影响预测目标的因素及彼此之间的关系。最后考虑采用何种预测方法或模型作深入分析和预测。

如果预测方法不受资料限制，就要考虑自身的预测条件、预测费用和任务的时间性。如果预测条件差、费用少、时间紧，则应选用定性预测方法；反之，选用定量预测方法。对于同一个预测目标，也可选用不同的预测方法来相互验证预测结果。

4. 分析预测误差，评价预测结果

市场预测的结果必须由市场发展的实际过程来检验，即需要验证预测结果的准确性，分析误差并找出产生误差的原因，为以后的预测工作提供借鉴。通常检验的方法有理论检验、资料检验和专家检验。理论检验是运用经济学、市场学的理论和知识，结合逻辑分析的方法，检验预测结果的可信度。资料检验是重新验证、核对预测所依据的资料，将新

增资料和预测初步结果与历史资料进行对比分析,检查初步结果是否符合市场发展情况。专家检验是邀请有关专家检验和评估初步结果,并整合专家意见充分论证预测结果的正确性。

5. 编写预测报告

上述步骤操作完毕后,就应着手预测报告的撰写。报告应涵盖历史现状的比较分析,既要有定性分析,又要作定量分析,尽可能使用图表与数学方法来精确表述。预测报告中所使用的资料应真实准确,论证充分可信,建议切实可行,尤其要对预测结果及其误差作一定的分析和说明。

2.3.3 市场需求预测类型

市场需求预测按不同的标准有以下4种分类方法:

1. 按预测时间长短划分

按预测时间长短,分为短期预测、近期预测、中期预测和长期预测。

短期预测以日、周、旬、月为单位,对3个月以下市场需求发展前景作出预测。它是制定月、旬计划和明确规定短期市场活动具体任务的依据。它对了解市场动态、抓住业务活动时机、改善经营管理有重要意义。企业的生产经营过程、日常管理都需要短期市场预测的信息,短期预测一般较易得到较高的准确度,但不能只有笼统的市场信息,还要求有比较准确的资料和具体的预测结果。

近期预测是对3个月以上(包括3个月)1年以下的市场发展前景的预测。它是制定企业市场发展年度计划、季度计划和明确规定近期市场发展具体任务的依据。

中期预测常常为制定五年规划、确定市场经营管理目标服务,提供未来一定时间内市场变化的信息。中期预测结果要比长期预测具体些。中期预测一般是各行业预测、宏观市场预测。

长期预测是为制定长远规划、选择战略目标提供决策信息的。因为预测的时间长,未来不确定的影响因素增多,因此预测结果很难做到十分精确,往往是粗线条、轮廓性的预测。

2. 按预测地理范围划分

按预测地理范围,分为国内市场预测和国际市场预测。

国内市场预测还可按地区划分,如东北市场、华北市场、华东市场;城市市场、农村市场等预测。国际市场预测也可按地区划分,如南亚市场、北美市场、东欧市场等预测。此种类型的预测,对巩固原有市场,开拓新市场具有重大意义。

3. 按预测范围划分

按预测范围,分为宏观市场预测和微观市场预测。

宏观市场预测涉及的范围大、牵涉面广,是从总体上对投放市场的商品供求情况进行预测。例如，人口变化、购买力变化、工业结构、积累与消费比例、基本建设规模、投资规模、经济发展速度等。它为国家制定方针、计划、政策提供依据。微观市场预测则是对某一部门、某一企业的产品市场潜在需求量以及未来供应情况和发展趋势预测。在市场预测中，宏观预测与微观预测的关系是：微观预测是宏观预测的基础，宏观预测是微观预测的前提条件。

4. 按预测的对象划分

按预测的对象划分，可分为所有商品预测、商品群预测和个别商品预测。

所有商品预测通常是由经济管理综合部门或市场主管部门进行。商品群预测是由商品的主管部门或某一专业公司对某一类商品进行。个别商品预测是由专业公司或生产经营企业进行，例如，对等离子体彩电需求，对数码相机需求的预测等。

2.3.4　定性预测方法

定性预测法，也叫经验判断法或直观判断法。它是根据预测人员自己所掌握的信息情况、资料和数据，凭借自己的经验和集体的智能，对预测目标作出科学的符合实际的判断。因此，预测的结果完全取决于预测人员的经验和综合判断力。但是，在预测对象受非定量因素影响较大而又缺乏大量统计资料的情况下，常采用这种方法。常用的定性预测方法有以下 5 种：市场调查预测法、消费者意图调查法、营销人员预测法、专家调查法和市场试销法。

1. 市场调查预测法

市场调查预测法是预测者通过直接的市场调查，在取得较充分的第一手市场信息资料的基础上，进行分析和估算，对未来市场的发展趋势作出预测的一类方法。从广义上说，所有预测方法都要以市场调查资料为基础，均可称为市场调查预测法。但是，这里指的市场调查预测法有两个特点：一是一种定性预测方法，二是直接基于市场调查资料进行定性预测。

市场调查预测法比其他定性预测方法具有预测结果客观准确的优点，在一定程度上减少了主观片面性，故有人称其为客观性市场预测方法。另外，调查预测法适用范围较广，尤其是在缺乏历史资料的情况下，通过直接调查，可获得较为可靠的预测结果，如新产品的需求预测等。

调查预测方法又可细分为购买意向调查法、展销调查法和预购调查法等。由于篇幅所限，在这里不作介绍，读者可查阅其他文献。

2. 消费者意图调查法

这种方法通过对消费者想购买什么进行调查，以此来估计未来需求数量。如果购买者有清晰的购买意图，且愿意付诸实施，并能向访问者表述其意向时，这种方法就会十分有效。

该方法使用概率尺度将消费者的购买可能性依次划分为 11 个等级：无、非常小、很

少、有一点、尚有、有一些、有、较大、非常大、几乎肯定、一定,分别对应着 11 个等级值,即
0,0.1,…,1.0。对调查结果进行统计分析,便可得到此种消费品的各种可能需求量。
如果加上询问消费者目前和未来的个人财务状况,以及对某种品牌的感情和信任程
度,厂商便能进一步掌握消费者购买意图及其转移方向,从而对生产和营销计划作出
及时调整。

3. 营销人员预测法

通常的做法是,由销售人员就其经营业务地区先做销售方面的估计,再由区域主管人
员核查判断这种估计,最后由总部销售主管审定。

4. 专家调查法

所谓专家调查法,是一种靠综合专家意见来获得预测的方法。这里说的专家,包括经
销商、分销商、供货商、营销顾问和贸易协会等。由于他们一般掌握着更多的资料和更好
的预测技术,往往能够作出较为可靠的预测。

目前使用得较多的专家调查法是德尔菲(DelPhi)咨询法。德尔菲是古希腊的一座城
市,因阿波罗神殿而出名。相传,众神每年到该城的阿波罗神殿聚会,预卜未来。阿波罗
有很高的预测未来的能力,德尔菲便成为预测未来古希腊神话中的神谕之地。

第二次世界大战后,美国兰德公司的达尔基(N. Dalkey)和奥勒夫·赫尔默(Olaf
Helrmer)等人为了避免以专家集体讨论的方式进行预测时所存在的屈从于权威或多数
人意见的弊端,借用德尔菲之名,于 1964 年正式提出了一种定性预测的方法。

早在 20 世纪 40 年代末期,此法就在兰德公司内部开始使用,效果很好。因此,正式
提出此法后,很快就在世界上盛行起来。现在,德尔菲法的应用遍及社会、政治、经济、军
事、科技等各个领域,应用频率较高。

它的基本原理是由调查组织者拟定调查表,按照事先规定的程序,通过函件分别向专
家组成员征询调查,专家组成员之间通过组织者的反馈材料,匿名交换意见。大致经过四
轮征询和反馈,专家们的意见逐渐趋于集中,然后将调查结果进行定性和定量分析,以获
取事物发展的趋势,最后获得具有统计意义的专家集体判断结果。专家人数多少视具体
情况而定,一般是 10~50 人。预测机构与专家联系的主要方式是函询,专家之间彼此匿
名,不发生任何横向联系。通过函询收集专家意见,加以综合、整理后,再反馈给各位专
家,征求意见。尽管每个专家发表的意见各有差异,但由于参与讨论的专家人数较多,会
出现一种统计的稳定性,使专家的意见趋于一致,作为最后预测的根据。

1) 德尔菲法的四个明显特点

(1) 广泛性。参加调查的专家可以来自不同领域、不同地域、不同年龄,从不同角度,
对提出的问题不受限制地发表意见。

(2) 反馈性。每一位专家了解每一轮征询的应答情况和相反观点的论述。通过交流
的相互启示,再进一步做出评价和判断,从而引导被征询者围绕既定目标应答,防止出现
偏离中心的情况。总的来看,第二轮的征询结果还是比较分散的,但经过第三次的反复,
应该说专家的意见就会趋于一致,即便有分歧,但也只是细枝末节的意见了。

（3）独立性。被征询者进入第二轮征询后，便可获取来自多方的见解和信息，但却不知道它们出自何人，他的名望、地位怎样，这种匿名的操作保证了各被征询者发表自己见解的独立性。

（4）统计收敛性。德尔菲法采用统计方法对专家的判断结果进行处理，使定性问题可以用定量来描述。同时，对有些问题的研究本身就是要求专家做出概率性估价的，以保证结果的精确性。每经过一轮征询，见解便相对集中，最后必将趋向一致，这就保证了预测结果的收敛性。

2）德尔菲法的四轮函询调查程序

（1）第一轮函询：征询有关预测目标的预测事件。调查组织者通常发给专家的调查表不加任何固定格式，只提供预测目标或有关事件的背景资料，让专家们充分发挥，说出有预测目标的想法，任凭专家回答，完全没有框框。专家可以各种形式回答有关问题，也可向预测单位索取更详细的统计材料。预测单位对专家的各种回答进行综合整理归类，并按其重要性进行分类排队，把相同的事件、结论统一起来，剔除次要的、分散的事件，用准确的术语进行统一的描述，然后反馈给各位专家，作为第二轮调查的开始。

（2）第二轮函询：征询对事件的预测及其理由。要求专家们根据调查表中所列出的每一个预测事件提出自己的估计并说明其理由。如对预测目标有关的各种事件发生的时间、空间、规模大小等提出具体的预测，并说明理由。预测单位对返回的第二轮调查表的专家的评估意见进行归类处理（如统计出每一件事可能发生日期的中位数），将整理后的各类预测和数据设计在新的表上，必要时附以说明，作为第三轮调查表反馈给专家组成员。

（3）第三轮函询：征询修改后的预测及其理由。要求专家根据整理后的资料重新考虑并改进自己的原先估计，重新修正原先各自的预测值，对预测目标重新进行预测。倘若本次修改的意见和资料与本人原先考虑一致的话，则也要说明理由。对数量和时间答案的处理，通常采用中位数和上、下四分点的做法。组织者采用此法对专家提出的理由进行归纳，同时也要归纳出四分点以外的极端意见，编出第四轮调查表反馈给诸位专家。

（4）第四轮函询：征询最后一次的预测及其理由。专家们根据第四轮调查表和全部反馈材料，再次进行分析评价，作出最后的一次预测，并对其余论点和论据作出评论。

（5）预测报告。若这些意见收敛基本一致，即可以此为根据进行预测。根据第四轮调查结果，计算出中位数和上、下四分点，整理归纳出专家们的评论意见，写出调查报告，提交决策部门。

5. 市场试销法

市场试销法是市场调查人员在既定选择地点，将需要调查项目以既定销售条件，展开产品试销，并将结果做成结论，以供决策参考。这种方法对中小企业比较实用。选取几个有典型代表的区域市场作为实验点，通过变换促销、产品价格、广告、售点包装等一个或几个因素，进行销售跟踪记录，来分析得出结论。试销是大部分企业采用的一种产品上市前的销售方法，对中小企业尤其有作用，也符合"局部（根据地）—扩散—全国性销售"的市场方略,同时又可以对产品进行修改,降低由于产品开发非程序化带来的风险。

市场试销是对新产品的全面检验,可为新产品是否全面上市提供全面、系统的决策依据,也为新产品的改进和市场营销策略的完善提供启示,但试销也会使企业成本增加。由于产品试销时间一般要花费一年以上的时间,这会给竞争者提供可乘之机,而且试销成功并不意味着市场销售就一定成功,因为各国及各地区消费者的心理本身不易准确估计,还有竞争的复杂多变等因素,因此企业对试销结果的运用应考虑一个误差范围。

以上介绍的 5 种预测方法,都属于依靠经验判断对未来需求做出估计。经验判断离不开人的主观意识和直觉,但并不等于完全依赖人的意识和直觉。为了使人能够做出较为准确的判断,辅之以一些超出直觉的分析也是完全必要的。常可借鉴的辅助分析有历史模拟法、形态分析法等。

历史模拟法。这是根据类似环境中先行事件与后发事件有某种因果关系或相似性的原理,利用过去曾发生在类似环境中的市场需求、商品销售、产品或技术变化状况,预测当前或未来的市场需求、商品销售、产品或技术变化趋势。例如,可从发达国家某些地区已发生的市场供需情况,来预测本地区市场可能出现的供需趋向;可从某种商品往常年份价格随季节变动的情况,来类推今年或往后的价格变动情况,等等。

形态分析法。这是基于事物应该是什么而后可能就会是什么的原理而进行预测的一种规范型方法,多用于新产品和新技术预测。此法把产品或技术从结构上分解为若干独立要素,每种要素有多种可能的形态。任何新的品种或技术都是所有要素各可能形态的组合。如果淘汰掉那些不合理的组合,选出较优的组合,那么它就是未来预计中将可能出现的新产品或新技术。

2.3.5　定量预测方法

定量预测法又叫数量预测法。它是根据市场调查所获得的资料,运用数学或统计方法进行推算,得到数量预测结果的一种预测方法。有时还借助电子计算机和软件工具进行预测,使预测结果具有科学性、严密性和一定的准确性。但是,定量预测法只依据市场的量的变化规律来进行预测,分析某些可控制的因素间的数量关系,没有考虑错综复杂的环境因素的影响。因此,企业在实际预测中,应该将定量预测法与定性预测法结合起来进行综合预测。常用的定量预测法有时间序列分析法和回归分析预测法等。

1. 时间序列分析法

时间序列是指同一变量依时间先后次序排列起来的统计资料。时间序列法往往是对均匀时间间隔的动态资料进行分析的方法,目的在于掌握统计资料依时间变化的规律。

时间序列分析法与回归分析法不同,它不需要知道影响变量的因素,也不去寻求因果关系,只要有足够的历史统计资料就能对预测目标做出分析。

时间序列在经济分析中的应用,最早是在美国哈佛大学,该校的经济委员会主席浪森斯(Warren Persons)教授将它应用于一般商情预测。目前,时间序列分析已成为世界各国进行经济分析和市场预测的基本方法之一。

时间序列分析法通常按影响序列变化的因素的性质概括地分为以下 4 大类：

■ 长期趋势变化：统计资料在长时间内按某种规律持续上升、下降或保持在某一水平上的变化倾向。

■ 季节性变化：每年重复出现的周期变化，一般以月或季度为一个周期。

■ 循环变化：社会经济现象以一定时间为周期循环往复地变动。循环变化的周期一般为数年，周期长短不等，上下波动大小也不一致，但明显地呈现起伏状态。

■ 不规则变化或随机性变化：由意外事件或偶然因素引起的突发性的、不规则的无周期的变化。

时间序列的变动就是上述一种或几种原因作用的结果。这里只介绍移动平均法、加权滑动平均法和指数平滑法。

1）移动平均法

移动平均是假定预测事物的未来状况只与较近几期状况有关，而与远期状况联系不大，因而只选用近期的几个资料加以算术平均，来预测下期的资料。移动平均法是对简单平均数法的改进。简单平均值可以反映变量的平均水平，但不能反映时间序列资料的高数值点和低数值点，也反映不出变量的发展过程和变化趋势。移动平均法能够在一定程度上客观地描述变量的变化趋势，利用平均兼移动所具有的平滑作用，可以从时间序列中消除异常的干扰，反映出总体资料体现的规律性。

移动平均法可分为单纯移动平均法和趋势修正移动平均法。单纯移动平均法的特点是分段平均，远期推移，分析时间序列的趋势，最后取离预测期最近的一个移动平均数作为预测值。单纯移动平均法虽然反映了时间序列中最新资料的影响，但当时间序列具有明显的线性发展趋势时，预测值就会出现滞后于这种趋势的现象。为了消除这种滞后性，可采用趋势修正移动平均法。其预测模型如下：

$$Y_{t+T} = a_t + b_t T \tag{2-1}$$

式中：t——目前的时期数；

T——由 t 时期至预测时期的推后期数；

Y_{t+T}——$(t+T)$ 期的预测值；

a_t——截距，预测的起始资料；

b_t——斜率，时间序列的变动趋势。

a_t, b_t 可以用下列公式计算：

$$a_t = 2M_t^{(1)} - M_t^{(2)}$$
$$b_t = \frac{2}{n-1}(M_t^{(1)} - M_t^{(2)}) \tag{2-2}$$

式中：n——移动期数；

$M_t^{(1)}$——t 期一次移动平均值；

$M_t^{(2)}$——t 期二次移动平均值。

2）加权滑动平均法

移动平均法虽然考虑了资料的近期性，但对同一分段内的资料仍然同等看待，为了更彻底地反映资料的近期性，我们可按资料的重要程度（即近期程度）分配一定的权数，然后进行加权平均得出预测值,这就是加权平均法。

设样本序列为 $y_1, y_2, \cdots, y_n$,要外推预测 y_{n+1},记 y_{n+1} 的预测值为 $\hat{y}_{n+1}$,则

$$\hat{y}_t = (\alpha_0 y_t + \alpha_1 y_{t-1} + \cdots + \alpha_{n-1} y_{t-n+1})/n \tag{2-3}$$

$\alpha_0, \alpha_1, \cdots, \alpha_{n-1}$ 为加权因子,且满足:

$$\frac{\sum\limits_{i=0}^{n-1} \alpha_i}{n} = 1 \tag{2-4}$$

加权数的选择,涉及预测者的预测艺术水平,一般的规律是对新资料加的权大,老资料加的权小,最新资料的权愈大,其风险也愈大,愈容易受随机干扰的影响。

3)指数平滑法

加权平均法和移动平均法考虑了资料的近期性,但都有不足之处。加权平均法取得各种资料点的权数比较困难,而移动平均法只有当时间数列的发展呈现平衡趋势时,才能取得准确结果,如果时间数列呈不断上升或下降的趋势时,此法的准确性就差多了。在加权平均算法中,使用的权数序列为公比小于 1 的等比级数。

$$\hat{y}_{t+1} = C(\omega^0 y_t + \omega^1 y_{t-1} + \cdots + \omega^{n-1} y_{t-n+1}) \tag{2-5}$$

即

$$\hat{y}_{t+1} = C \sum_{k=0}^{n-1} \omega^k y_{t-k} \tag{2-6}$$

这里,ω 是常数,$0 < \omega < 1$,其大小取决于均值水平变化的快慢。系数 C 满足:

$$C \sum_{k=0}^{n-1} \omega^k = 1 \tag{2-7}$$

由于

$$\sum_{k=0}^{n-1} \omega^k = \frac{1 - \omega^n}{1 - \omega} \tag{2-8}$$

因此

$$C = \frac{1 - \omega}{1 - \omega^n} \tag{2-9}$$

当 $n \to +\infty$ 时,$\omega^n \to 0$,则得到 y_{n+1} 的预测值为:

$$\hat{y}_{t+1} = (1 - \omega) \sum \omega^j y_{t-j} = (1 - \omega)(y_t + \omega y_{t-1} + \omega^2 y_{t-2} + \cdots) \tag{2-10}$$

令 $\alpha = 1 - \omega$,则 $0 < \alpha < 1$,

$$\hat{y}_{t+1} = \alpha[y_t + (1 - \alpha)y_{t-1} + (1 - \alpha)^2 y_{t-2} + \cdots] \tag{2-11}$$

化简得

$$\hat{y}_{t+1} = \alpha y_t + (1 - \alpha)\hat{y}_t \tag{2-12}$$

平滑常数 α 的选取问题为:

- 若 α 的取值较大,例如,在 $0.7 \sim 0.9$ 之间,则 $\hat{y}_{t+1}$ 能迅速跟上序列 $\hat{y}_{n+1}$ 的变化,也就是反应灵敏,但易受随机干扰的影响。因此,α 越大,风险也越大。
- α 取值小一些,例如,在 0.3 左右,风险也小一些,但灵敏度低。

2. 回归分析预测法

英国生物学家高尔登在1889年发表的著作《自然的遗传》中,提出了回归分析方法以后,很快就应用到经济领域中来。美国经济计量学的先驱者摩尔(H. L. Moors)首先应用回归分析法来研究经济循环和预测,并发表了回归分析用于商品预测的有关文章。自此以后,回归分析得到了广泛的应用。目前,回归分析的理论与应用均已达到了成熟的阶段。

回归分析法是通过对大量的统计数据进行加工整理并建立变量之间的数学表达式,这个数学表达式称为回归方程式。回归预测技术按回归方程所含的变量多少划分为一元和多元回归;按回归方程的性质划分为线性回归和非线性回归;按所含变量的属性划分为数量回归和非数量(虚变量)回归。这里只介绍一元和多元线性回归预测方法。

1) 一元线性回归分析

回归分析所要研究的是变量之间的相互关系,即因变量(以 y 表示)的值是如何随着自变量(以 x 表示)值的变化而变化。如果因变量的值是随着一个自变量值的变化而变化,并且这两个变量之间呈线性关系,求解这个线性问题的过程称为一元线性回归分析。

要确定回归方程式,就要决定什么是因变量,什么是自变量,以及它们的方程式的形式。若方程式定得不对,则以后很难得出正确的结论。一般要经过反复试验、分析、比较,才能找到一个能够反映客观实际的方程式。

设有一定联系的两个变量:x 与 y,在观测或实验中可得到一组实测数据 (x_i, y_i),$i = 1, 2, \cdots, n$,求解 x 和 y 的线性回归方程。一元线性回归方程的基本公式为:

$$y = a + bx \tag{2-13}$$

实测资料满足:

$$y_i = a + bx_i + \varepsilon_i \tag{2-14}$$

ε_i:随机变量或称为误差项。通常 ε_i 服从正态分布,$\varepsilon \sim N(0, \sigma^2)$,即均值为0、方差为 σ^2。

x:解释变量/自变量,具有确定性和可控性变量。

y:被解释变量/因变量,由于受随机干扰的影响,所以是一个随机变量,是我们预测的目标变量。

常数 a、b 是待定的参数。a 是回归直线在 y 轴上的截距;b 代表回归直线的斜率,表示 x 变动一单位时,y 的平均增长量。因此一般形式为:

$$y = a + bx + \varepsilon \tag{2-15}$$

误差项 ε 应满足下列要求:

(i) 均值 $E(\varepsilon) = 0$　随机干扰项中,有正、负两种干扰,平均干扰为零

(ii) 方差 $D(\varepsilon_i) = \sigma^2$　随机干扰 ε_i 有相同的方差,即 $D(\varepsilon_i) = \sigma_i^2 = \sigma^2$

(iii) 协方差 $\mathrm{Cov}(\varepsilon_i, \varepsilon_j) = 0, i \neq j$　随机干扰项不存在序列相关

(iv) 协方差 $\mathrm{Cov}(\varepsilon_i, x_j) = 0$　随机干扰项与解释变量无关

推论:

$$E(y) = E(a + bx + \varepsilon) = a + bx \tag{2-16}$$

随机变量 y 是一个服从均值为 $a + bx$,方差为 σ^2 的正态随机变量。模型式(2-16)就

被称为一元线性回归模型。

在预测实践中,我们遇到的常常是许许多多经济变量的历史统计资料或观察记录。预测者的任务是根据这些统计资料(x_i, y_i),$i = 1, 2, \cdots, n$,估计出线性模型式(2-16)的参数a、b,并记它们为$\hat{a}$、$\hat{b}$,即相应地把式(2-16)记为

$$\hat{y} = \hat{a} + \hat{b}x \tag{2-17}$$

上式称为回归预测方程,$\hat{a}$、$\hat{b}$称为回归系数。若已知自变量x的值,则通过预测方程可预测出因变量y的值,并给出预测值的置信区间。回归系数的求解可分为简便和精确求估方法。简便求估法可以利用平均值法或者目估法进行求解,精确求估法可以通过最小二乘法进行求解,相关具体方法可以查阅统计学书籍。

2)多元回归分析方法

现考虑有p个自变量$x_1, x_2, \cdots, x_p$和1个因变量y的预测问题,假定这些变量之间有统计的线性关系,其多元线性回归模型可表示为

$$y = b_0 + b_1 x_1 + b_2 x_2 + \cdots + b_p x_p + \varepsilon \tag{2-18}$$

ε是随机干扰项,服从均值为0,方差为σ^2的正态分布,$\sigma, b_0, b_1, \cdots, b_p$是待估参数,其中$\sigma$为隐含参数。为求出待估参数$b_0, b_1, \cdots, b_p$及$\sigma^2$的值,需对$y$及$x_1, x_2, \cdots, x_p$作$n$次观察,观测资料列表见表2-2。

表2-2　观测资料列表

编号(资料)	因　变　量		自　变　量			
	y	x_1	x_2	$\cdots$	x_p
1	y_1	x_{11}	x_{21}	$\cdots$	x_{p1}
2	y_2	x_{12}	x_{22}	$\cdots$	x_{p2}
$\vdots$	$\vdots$	$\vdots$	$\vdots$	$\vdots$	$\vdots$
n	y_n	x_{1n}	x_{2n}	$\cdots$	x_{pn}

$$y_i = b_0 + b_1 x_{1i} + b_2 x_{2i} + \cdots + b_p x_{pi} + \varepsilon_i \tag{2-19}$$

其中,$\varepsilon_i \sim N(0, \sigma)$,$i = 1, 2, \cdots, n$,是相互独立的随机变量。

根据样本资料$y_i, x_{1i}, x_{2i}, \cdots, x_{pi}$,$i = 1, 2, \cdots, n$,求出参数$\sigma, b_0, b_1, \cdots, b_p$的估计值。则回归模型为

$$\hat{y} = \hat{b}_0 + \hat{b}_1 x_1 + \hat{b}_2 x_2 + \cdots + \hat{b}_p x_p \tag{2-20}$$

 **本章小结**

在进行市场机会分析、营销策略的制定中,进行市场需求测量和预测是必不可少的。在进行市场需求测量和预测时,必须正确区分市场需求,以及在这些需求中的潜量和预测的关系。市场需求是一个函数,而不是一个单纯的数字,它本身高度依赖于其他变量的水平。

估计当前市场需求对企业市场预测来说是一项重要的任务。企业可在可测性原理、连续性原理、因果性原理以及类推性原理的指导下，依据市场需求预测的步骤，据此预测出产品的市场需求量。

为了估计市场需求，企业可使用两类预测方法：定性预测法（包括市场调查预测法、消费者意图调查法、营销人员预测法、专家调查法和市场试销法）；定量预测法（包括时间序列分析法和回归分析预测法等）。这些方法的适用性随着预测性质、目的、产品种类、资料的有效性和可靠性不同而不同。

思考题

1. 市场需求的含义是什么？它包括哪些基本要素？
2. 市场需求分析的内容包括什么？
3. 什么是市场需求潜量？其主要影响因素有哪些？
4. 常用的市场需求预测的定性预测方法有哪些？各有什么特点？
5. 常用的定量预测方法有哪些？其原理是什么？

第 3 章　顾客分析

引例

德国软件公司 SAP 通过专注于融资和工厂管理等自动化应用程序成为企业市场上的领先销售商。SAP 的年销售收入超过 100 亿美元,这是因为它小心地聚焦其来自全球 2 500 多家企业的客户所真正想得到的东西。此外,SAP 的营销人员向客户和潜在客户展现了 SAP 的应用程序的独特性能所带来的重要好处。CEO Henning Kagerman 说:"10 年前,软件客户需要的是竞争优势、差异化以及最重要的——速度。现在,SAP 除了在 ERP 的高端领域以外,同时也将在企业的产品线上做一些拓展,我们会越来越关注中型企业市场,针对中型企业的需求制造产品。"

在一定程度上通过收购,SAP 得到以向客户提供一站式技术解决问题所需要的确切的软件特性。这些问题包括如何迅速而便利地在不同的通信网络、计算机系统和地点交换信息。事实上,SAP 的灵活性解决方案甚至允许客户使用竞争对手的部分程序。SAP 还把目光瞄准了数千家软件开发商,这些开发商为公司客户特定系统提供在线技术支持。通过帮助企业决策者和影响者应用创新技术提高效率和效益,SAP 的利润在逐年增加。

正因为 SAP 公司关注其顾客的需求,并不断满足其需求,才使得其有今天的业绩。不仅这样的 B2B 企业需要关注其顾客,B2C 企业也同样需要关注其顾客。

本章目的

本章主要解析消费者购买行为黑箱。首先介绍以"刺激-反应"理论为基础的消费者购买行为模型,然后以此为基础,介绍影响购买的因素和揭示消费者决策黑箱。在消费者部分最后展示了互联网环境下消费者行为的特点。

主要知识点

消费者购买行为分析模型　消费者决策过程　组织购买决策

3.1 消费者市场购买行为分析

消费品是用于个人消费和家庭消费的商品。消费者是为满足自己物质和精神需要购买商品的个体和家庭。消费者市场就是由消费者构成的市场。消费者市场购买行为分析的主要内容包括消费者购买行为分析、影响消费者购买的主要因素分析以及消费者购买决策过程分析。

3.1.1 消费者购买行为分析的模型

1. 消费者研究要解决的问题

消费者研究要解决的根本问题是消费者是如何进行购买决策的。假如我们能够掌握消费者的决策过程及其影响因素,就可以设法通过影响和控制这些因素来影响消费者的购买行为,从而达到提高营销绩效的目的。

行为学专家和营销专家对消费者为什么采取某种购买行为已作了很多年的研究,其结论是非常复杂的。主要原因是消费者购买决策不能像物理现象那样加以准确地测量,特别是消费者的思想活动过程更难以直接观察和测量。因此,这些专家只能从消费者的行为入手考察其相关的问题:

(1) 哪些人构成该市场(Who)?

(2) 他们购买什么东西(What)?

(3) 他们为什么购买(Why)?

(4) 谁参与购买(Who)?

(5) 他们如何购买(How)?

(6) 他们何时购买(When)?

(7) 他们在何地购买(Where)?

2. 消费者购买行为分析模型

由于消费者决策过程是一种思想过程,难以具体观察和测量,因此,专家通常采用行为科学中经常使用的"刺激-反应"分析方法,通过对外部刺激变量与消费者最后的行为(反应)之间的联系来判断消费者的决策过程(黑箱)。

图 3-1 是一个用于分析消费者购买行为的模型。首先,消费者是有一定需求的,外部刺激会进一步激发其需求与欲望,他要在思想中识别和确认他所面临的需求与欲望,搜集可以满足其需求与欲望的所有标的及相关信息,并在各种方案之中进行比较、评估,最后做出购买决策和采取购买行动。在使用和消费购买的标的后,消费者会与自己的期望相比较,确认购买的价值,在心理上会产生满意或不满意,这又会影响他购买以后的行为。

3. 消费者分析要注意的问题

(1) 影响消费者购买决策过程的外部刺激因素有两大方面:营销刺激和环境刺激。

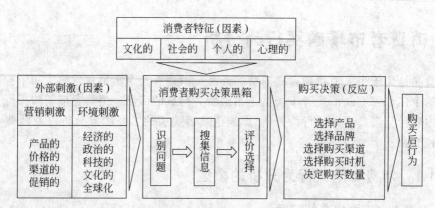

图 3-1　消费者购买行为分析模型

营销刺激既包括本企业的刺激,也包括其他企业的刺激。具体刺激因素主要是产品、价格、分销渠道和促销等方面。例如,本企业产品改变包装形式,消费者会有什么反应;降价或提价会有什么反应;做电视广告以后会产生什么反应等。企业可以对刺激消费者的因素进行调整和管理,这体现出我们所认为的市场营销是一种"管理过程"的观点。

实际上,本企业产品改变包装或降价并不一定就能促进消费者的购买,仅从刺激的角度看还有两方面的原因:一是竞争者也可能改变了包装或者也在降价;二是除企业因素外,还有更广泛的环境的影响,如经济的、科技的、文化的、政治的等因素影响。例如,在经济低速增长或衰退时期,降价并不像经济高速增长时期那样有效。这就是市场营销也是一种"社会过程"的意义所在。

市场营销者在设计策略刺激变量(及其组合)时,必须把环境和竞争者的刺激作用考虑在内。当然,在研究过程中,可以作适当的假设,如竞争者会降价5%,宏观经济增长为8%等。

(2) 消费者购买决策过程还要受到消费者自身特征的影响和制约。例如,机关工作者出于职业地位的考虑,绝不会购买一件彩色大花的上衣穿去上班,对"动物保护者"来说,肉的价格再低他也不会购买。

(3) 购买决策反应(输出)在一定程度上可以看做是外部刺激和消费者特征输入的结果,但这种输入与输出的关系应当从统计的角度去理解,而不是一一对应的代数关系。如果将这种关系简单化,就会导致市场营销的失误。

市场营销者主要通过调查统计分析方法来进行消费者特征研究,并根据统计分析勾画出消费者市场的轮廓,以此作为市场细分和目标市场选择的基础,再把企业的营销刺激同目标市场的消费者行为联系起来,达到有目的、有重点地刺激消费者购买的目的。

(4) 不能把消费者仅仅想象为一个个人或家庭。在很多情况下,特别是对高档消费品营销时,市场营销者把消费者看做是一个由不同角色构成的非正式群体更为确切。例如,家庭计算机的购买可能涉及这样一些角色:

爷爷(提倡者):首先提出给孙子买一台计算机;

同事(影响者):推荐某种品牌和型号;

妻子(决策者):决定下个星期天去电子市场购买;

丈夫（购买者）：去选择、付款并把计算机运回家；

儿子（使用者）：使用买来的计算机。

可以看出，他们共同构成了购买行为，而非某一个人。这就要求市场营销者能够区分不同的角色，并判断每种角色在购买决策中的权力（或影响力），既能抓住重点，又能有所兼顾。

3.1.2　影响消费者购买行为的因素分析

影响消费者购买行为的因素包括个人因素、心理因素、社会因素和文化因素。从影响的直接性来看，前面的比后面的要更为直接；从识别性来看，前面的比后面的更易于识别（如图 3-2 所示）。

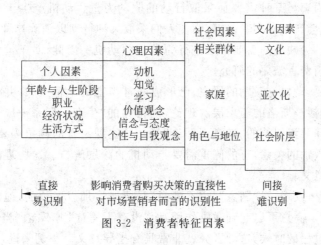

图 3-2　消费者特征因素

1. 个人因素

个人因素是消费者购买决策过程最直接的影响因素，也是最易识别的因素。它包括消费者的年龄与人生阶段、职业、经济状况和生活方式。

（1）年龄与人生阶段。年龄不同的消费者，需要与欲望是有所不同的，即使是相同的，其需求量也有较大差别。例如，小孩喜欢吃糖，但老年人对糖的需求则很谨慎，糖尿病患者对糖更是讳莫如深。家庭也有生命阶段，不同阶段也影响着消费。例如，住房改革由过去的住公房转变为买产权，许多老年家庭就不感兴趣，而中青年家庭对此非常关心，跃跃欲试。

（2）职业。职业对消费的影响常常是显而易见的。普通工人很少到饭店吃饭，出租车司机是大排档的常客，老板经理们则经常出入高级酒楼。大学教师每年要用千余元购买书籍、订阅报刊，而其他职业者在这方面的花销则要少一些。

（3）经济状况。经济状况包括收入、储蓄、资产、债务、借贷能力以及对待消费与储蓄的态度等。消费者的经济状况既与个人能力有关，也与整个经济形势有关。1997 年下半年东南亚金融危机发生后，这些地区的来华留学生一下子感到钱紧了。他们本国的货币同人民币相比迅速贬值了 40% 左右。一些韩国学生不得不自己做饭或者到他们很不习惯的大学生餐厅吃饭以节省费用,而有些留学生寒假以后就再也没有回来。

(4)生活方式。生活方式就是人们在活动、兴趣和思想见解上表现出的生活模式。根据研究的目的不同,生活方式可以从不同的角度进行划分。一些社会学和心理学方面的研究成果可以作为市场营销者的借鉴,但市场营销者若能根据本企业营销标的特点和营销策略的意向有针对性地进行生活方式的划分,对市场营销活动就会更有意义。

2. 心理因素

这里的心理因素指的是狭义的心理因素,主要包括动机、知觉、学习、价值观念、信念与态度以及个性与自我观念,它们对消费者购买决策过程都有较大的影响。

1)动机

动机是人们为满足某种需要而采取行动的驱动力量。动机产生于未满足的某种需要,这时心理上就会产生一种紧张感,驱使人们采取某种行动以消除这种紧张感。行为科学认为,一般地说,最缺乏的需要常常是行为的主要动机。因此,对于消费者动机的研究集中地转化为对消费者需要的研究。

关于人的需要、动机与激励的研究,已形成非常丰富的学术成果,并得到较为广泛的实践应用,其中包括马斯洛的需求层次理论、阿德弗的"生存—联系—成长"论、赫茨伯格的"双因素理论"和弗洛伊德的"潜意识理论"等。这些理论有的侧重需要的划分,有的侧重需要与动机和激励的关系,有的侧重需要与动机的深层解析。这些理论对市场营销都具有一定的借鉴意义。

例如,赫茨伯格发现,对"满意"与"不满意"是要严格加以区分的,他指出,"没有不满意"并不就是满意。满意可以起到激励作用,而"没有不满意"则不能。当我们把市场营销看做是一种激励过程的时候,这种区分就非常具有指导意义。举例来说,当你的产品质量与同类产品相当,服务也还过得去的时候,顾客会对购买你的产品感到"没有不满意",但这并不能激励他再次购买(因为他并没有感到"满意")。而要真正使顾客满意,企业就一定要像奥运精神所倡导的那样,比竞争者"更高、更快、更强"。

2)知觉

按照心理学说法,当客观事物作用于人的感觉器官时,人脑中就产生了反应。这种反应如果只属于事物的个别属性,则称为感觉;如果是对事物各种属性的各个部分及其相互关系的综合反应,则称为知觉。对客观事物的综合反应可能是正确的,也可能是片面的,甚至是错误的(错觉)。知觉是接受刺激的第一道程序,它对刺激进行筛选、组织、归类和抽象,找出它们之间的关系,再赋予一定的意义,然后形成经过提炼的信息,指导人的行动。知觉具有以下几个特点:

(1)知觉的选择性。由于客观事物的多种多样,各人的背景、兴趣和经验不同,在一定的时间和环境条件下,人们对客观事物往往不是全面吸收,而是有所选择地把事物的少数方面作为知觉的对象。以电冰箱为例,在很多情况下,男士较多关注功能和质量,而家庭主妇则更看重价格和款式。如果这在统计学上也成立的话,那么电冰箱生产企业在广告创意上就要有所考虑:当产品的功能与质量有较大改进时,偏重对男士促销,当价格与款式有较大改变时则偏重对女士促销。

（2）知觉的理解性。知觉不仅是对事物的感知，还包括对这一事物赋予的意义。人们往往用自己的知识、经验和需要来理解事物，这就是知觉的理解性。因此，这种知觉可能是正确的，也可能是错误的。产品尾数定价，例如，将香皂标价为 4.97 元而不是 5 元，就是利用人们整数知识比小数知识更熟练，从而产生错觉的一种定价技巧。

（3）知觉的恒常性。人们一旦形成对某一事物的知觉，其后就会继续以这种知觉去认识这一事物。这种特点对建立顾客忠诚非常重要，一旦顾客对你的产品产生好印象，他就会有继续购买你的产品的倾向。反之，他第一次使用你的产品时印象就不好，那么再使他对你的产品建立好印象就难上加难了。

3）学习

学习是指人们经过实践和经历而获得的，能够对行为产生相对永久性改变的过程。几乎每个人都有被热东西烫过的经历，因此在下次遇到可能会发烫的东西时都会比较小心。同样，消费者买了一种伪劣产品后，就再不会购买这家企业的产品。

俄国科学家伊凡·巴甫洛夫关于狗、食物与铃声关系的研究是经典式条件反射的早期理论。现代行为科学对这一理论进行了修改和完善，将学习看做是刺激、反应、奖酬与强化的综合过程。例如，当你路过一个摊点看到小贩在卖酸奶（刺激），你会买上一杯（反应），尝过以后感觉非常爽口（奖酬），你的行为就被正强化了。如果你感觉这个味道并不好（负强化），你就再不会购买这种酸奶。正强化或负强化激励人们重复某种行为或者避免某种行为。

重复是促销活动的一个关键因素，它可以增加顾客对产品的学习。简单重复或同义重复是广告策略中最常用的方法。一般地，为了加强学习效果，广告采用较长的时间周期要比集中在一小段时期更好一些。

4）价值观念

在现实生活中，人们价值观念的不同比比皆是：有的人认为时间最重要，惜时如金、争分夺秒；有的人认为人生就是过场，及时享受；有的人看重精神财富的创造，苦中作乐；有的人嗜钱如命，甚至铤而走险。

价值观念对消费者行为有很大的影响。具有相同或相似观念的消费者对价格和其他营销刺激因素往往会有相同或相似的反应。价值观与人们的消费模式也存在一定的对应关系。环境意识较强的消费者只购买不能对环境造成危害的产品。价值观念还影响消费者观看电视节目和阅读杂志的习惯。

5）信念与态度

信念与态度是同价值观念紧密相关的概念。信念是人们关于周围事物的知识的有效性的组织模式。例如，一位消费者认为海尔冰箱最好，质量可靠，价格合理。这种信念可能来自于知识、信任或传说。消费者一般都是形成关于某一产品特征的一组信念，并通过这一组信念形成关于某一特定品牌的"品牌印象"。换言之，品牌印象形成消费者对某一产品的态度。

由于态度是由很多相关的信念所构成的，所以它比信念更复杂、更持久。态度是人们对某一客观事物所持的评价与行为倾向。态度包含人们对某一事物对、错、好、坏的价值评价。例如，一位美国的"摩托车迷"可能认为，哈雷摩托车是世界上最好的摩托车，这位

"摩托车迷"可能同时也具有这样的态度：只有美国的产品,像哈雷摩托车这样的产品,才值得美国人来买。

态度具有以下三个特点：①态度具有统合性。它是认知(评价)、感情(好恶)和意向(反应倾向)等心理过程的统合。②态度具有媒介性。它是心理活动与外部表现的中介,是潜在的行为。③态度具有压力,具有导向某一行动的倾向。

态度是后天学习获得的。当一个产品满足了消费者的需要,对这一产品的积极态度就强化了。反之,则形成消极态度。这时,市场营销者就要设法改变消费者的态度。

改变消费者的品牌态度主要有以下三种方式：

第一种方式：改变消费者对这一品牌特征的信念。例如,虽然许多美国人对哈雷摩托车情有独钟(态度),但总觉得在质量与功能上不如日本摩托车(信念)。面对这种情况,哈雷公司就应当一方面致力于产品革新和质量改进,另一方面通过广告促销来强调产品的功能与质量。一般来说,消费者对产品的态度比较容易改变,但对服务的态度则难以改变,因为服务的特性是模糊和难以捉摸的。

第二种方式：改变所有信念中对态度最重要的信念。前些年,我国消费者认为,国产彩电在功能、质量、款式等多个方面都不如日本、韩国的彩电。因此,很长一段时间里,消费者都把购买国外品牌作为理想选择。现在,这种态度已有根本的转变,主要原因是我国的彩电企业抓住技术进步坚持不懈,已把产品的关键特征功能和质量提高到与世界名牌相当的水平。

第三种方式：增加新的信念。大家可能还有印象,20 世纪 80 年代中期,减肥茶在我国曾一度大行其道。"减肥"就是在人们对茶或饮品的信念之上又新增加的信念。它迎合了苗条为美的社会时尚,因此,一时极为畅销。

(6) 个性与自我观念。个性是个人独特的心理特征和品质的总和,它们决定着人的行为方式。个性通常可以用自信心、控制欲、自主意识、顺从性、交际性、防守性和适应性等特征来描述。在能够区分不同的个性,并且不同的个性与产品或品牌的选择之间存在强相关的前提下,个性就可以成为对分析消费者购买行为很有意义的变量。

自我观念同个性有关,有的心理学家把自我观念看做是个性的一部分。自我观念就是自己认为自己是什么(形象)。市场营销者为了吸引顾客,常常利用消费者的自我观念进行营销活动。例如,在化妆品广告中,几乎所有主角都是女性,而且是漂亮的女性。这种广告设计使女性认为自己很美或期望自己很美的自我观念觉醒,从而产生购买决策。

3. 社会因素

影响消费者行为的第三组因素是社会因素,主要包括消费者相关群体、家庭、角色与地位等。

(1) 相关群体。消费者的相关群体就是直接或间接影响消费者行为的一切正式和非正式群体。消费者行为受相关群体的影响主要是因为消费者对社会归属感的需要。他们把自己的消费行为看做是自己社会归属的一个方面。消费者用产品或品牌来识别群体,并使自己成为某一个群体的成员。他们通过观察来学习相关群体如何进行消费,并采用相关群体消费决策的标准和方法来进行自己的消费决策。

可以从直接或间接的角度将相关群体分为若干种类型（如图3-3所示）。直接的相关群体是指与消费者经常见面的相关群体，包括主要相关群体（primary membership group）和次级相关群体（secondary membership group）。前者包括那些经常见面而且交往很亲近随便的人们，如家庭、朋友和同事等；后者则是指那些很少见面而接触方式又较为正式的人们，如专业团体和宗教团体等。

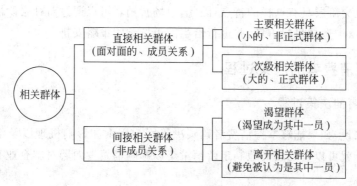

图 3-3　相关群体的主要类型

消费者也要受到许多间接的，并不属于他们的非所属群体的影响。渴望群体（aspirational group）是消费者希望成为其中一员的那些群体。离开相关群体是消费者希望避而远之的群体。

相关群体对消费行为的影响程度对不同的产品和品牌是不一样的。在中国，香烟和服装品牌的相关群体影响都比较大，尤其是在年轻人中更为明显。

市场营销者应当结合自己的产品特点对消费者的相关群体进行研究并应用到营销策略中去。哈雷摩托车的买主原来都是由那些"粗犷的男人"组成的，而随着社会文化的改变，渴望成为这种相关群体的消费者在逐渐减少，而本田则抓住这种变化，通过促销的手段建立起"文雅人骑本田"这样一种新的相关群体。

（2）家庭。家庭是最主要的相关群体。在中国，家庭收入由妻子主管是非常普遍的，在美国则大都是各有各的账户。一般而言，妻子主要购买日常用品，而家庭大件，如家具、家用电器一般要夫妻双方讨论预算，在质量、功能上主要由丈夫决策，妻子只是协助，而家庭装修则基本由丈夫全权办理。

（3）角色与地位。每个人都有多种角色和相应的地位。例如，李某在公司中是经理，管理一个部门的20多个人，很有威望，但回到家里他是丈夫，而且"妻管严"很重，但对儿子他还是蛮有权威的。

不同角色与地位，要求有相应的消费行为方式。作为经理，李某要穿名牌西装，要戴劳力士手表，乘高级轿车，这些都是李某作为经理的象征。

4. 文化因素

有关文化的概念及其对市场营销的影响，前面已有论述。它被认为是最"软"、最难以识别，但对消费行为影响又无处不在的因素。这里补充介绍一下社会阶层的概念和对消费者购买决策的影响。

社会阶层是社会中按等级排列的具有相对同质性和持久性的群体。社会阶层有以下特点：①相同社会阶层中人的行为要比两个不同社会阶层中人的行为更为相近；②人们以所处的社会阶层来判断自己在社会中的地位；③某人所处的社会阶层是由职业、收入、财产、教育和价值取向等多种变量，而不是由其中的单一变量决定的；④个人能够在一生中改变自己所处的社会阶层。这种改变的幅度随各社会层次森严程度的不同而各异。

正因为社会阶层具有这样的特点，因此，市场营销者可以通过对社会阶层的识别来进行市场细分，从中选择目标市场，并进行恰当的市场营销策略安排。

3.1.3　消费者的决策过程

1. 消费者的决策过程

对企业来说，如果能够掌握消费者购买决策影响因素和影响机理以及消费者购买决策过程，那么，就可以有的放矢地制定营销策略以影响消费者向着对本企业有利的方向进行购买决策。

消费者购买决策过程一般由以下 5 个阶段构成：

1）确认问题

例如，当人们口渴时，就会产生找水解渴的动机。也可能是消费者看到橱窗中展示的服装非常好看，禁不住驻足细看，甚至产生想买下来的念头。碰到这种情形，消费者都会在头脑中对需要与欲望加以清理、确认，以决定是否采取和如何采取行动。

针对消费者确认问题这个阶段，市场营销者所能做的就是如何加强对消费者的刺激，以激起消费者的动机与欲望。

2）搜集信息

接下来，消费者就要搜集信息，例如，他可能注意搜集头脑中以前用于解渴的饮品，也可能格外注意街边商亭中出售的各种饮料。

消费者的信息来源主要有以下 4 个方面：

（1）个人来源：家庭、朋友、邻居、熟人。

（2）商业来源：广告、推销员、经销商、包装、展览会与展示。

（3）公共来源：大众媒体，消费者评比机构。

（4）经验来源：产品的使用。

针对消费者搜集信息这个阶段，企业营销的关键是要能掌握消费者在搜集信息时会求助于哪些信息源，并能通过这些信息源向消费者施加影响力。对口渴的例子，饮料营销企业可以通过新颖的招贴画吸引消费者购买本企业产品。

3）备选产品评估

在搜集了一定数量的信息之后，消费者会对多种备选产品进行评估，当然这种评估有理性的成分也会有感性的成分。对口渴而言，理性的评估成分可能包括包装的容积、品质、价格等，感性的评估可能包括口感、款式、品牌因素等。一般来说，商品的价格越贵，消费者的评估就越理性；价格越低，评估就越感性，但也因人而异。

在评估过程中，消费者常常要考虑多种因素。因此，企业如果能够搞清楚消费者评估诸因素的不同重要性,通过营销手段强化消费者看重的因素,弱化次要因素和消极因素,就可能更多地取得消费者的青睐。

4) 购买决策

在消费者对备选产品进行评估之后,消费者就会做出到底购买哪种产品的决策,并采取购买行动。但是,这也常常要受到他人的态度和意外因素的影响。例如,当那位口渴的消费者正准备购买可口可乐时,他妻子拉住他说:"别买可口可乐,糖分太高。"或者他正要掏钱时,公共汽车来了,他只好放弃购买。

5) 购后行为

消费者购买以后,可能获得满足,这将鼓励他今后重复购买或向别人推荐该产品。如果不满意,他会有许多不同的做法,有的可能要求退货、换货,有的可能诉诸法律,有的可能弃之不用,有的则会四处抱怨以发泄心中的不满。显然,不满意的消费者对企业的影响要比满意的影响要大。如果处理得不好,企业将会受到损失。为此,重视顾客满意的企业,都建立起专门接待顾客投诉抱怨的机构与相应的制度。

一系列的顾客满意必然会产生顾客信任,而长期的顾客信任便会形成顾客忠诚。企业要建立高水平的顾客忠诚,还必须把焦点放在赢得顾客信任上,而不仅仅只是在顾客满意上,并且要持续不断地增强顾客对企业的信任,这样才能获得顾客对企业的永久忠诚。

顾客除了会产生对企业的信任感之外,也会产生与企业的情感连接,包括承诺、心理依恋等。俗话说:"没有留不住的顾客,只有不会留客的商家。"建立顾客忠诚,说到底就是赢得顾客的心。联邦快递的创始人弗莱德·史密斯有一句名言:"想称霸市场,首先要让顾客的心跟着你走,然后才能让顾客的腰包跟着你走。"因此,企业在与顾客建立关系之后,还要努力寻找交易之外的关系,如加强与顾客感情交流和感情投资,这样才能巩固和强化企业与顾客的关系,从而提高顾客转换购买的精神成本,使顾客不忍离去。

顾客购后另外一个值得关注的行为就是"口碑"。美国的一项调查表明:一个高度忠诚的顾客平均会向 5 个人推荐企业的产品或服务,这不但能够节省企业开发新顾客的费用,而且可以在市场拓展方面产生乘数效应。一份对欧洲 7 000 名顾客的调查报告表明,60% 的被调查者购买新产品或新品牌是受到家庭或朋友的影响。可见,忠诚顾客的正面宣传是难得的免费广告,可以使企业的知名度和美誉度迅速提高,通过忠诚顾客的口碑还能够塑造和巩固良好的企业形象。

2. 消费者行为的动态性

消费者购买决策过程反映的是消费者一次购买行为的一般过程。但是,消费者的消费过程并没有终止。在购买过程之后,还存在重复购买的情形。上述决策过程的最后阶段——购后行为并不是一次消费过程的结束。企业关注消费者的购后行为的根本目的就是为了保留住这些消费者。正因为如此,关系营销在原来交易营销的基础上,更加关注与消费者的长期持久的关系。而从消费者角度看,这种关系并不是静止不变的,而是一个动态的过程。

当人们关注消费者忠诚的时候,就指出了忠诚形成的四个阶段:认知忠诚、情感忠诚、态度忠诚和行为忠诚。首先,建立忠诚的第一步就是要形成对产品的认知。一般来说,是在使用经验的基础上形成的对产品属性的认知。有这种认知形成的忠诚就称为认知忠诚。在这个阶段起作用的是产品的基本属性,如产品价格、产品性能等。同时顾客通过对这些基本属性的认知,形成了一些初步的判断,如消费者感知到的成本付出、消费者感知的利益、消费者感知公平和感知价值等。其次,在认知和使用的基础上,形成对品牌的积极的情感,顾客在此基础上形成了情感忠诚,如消费者的满意感、信任感。再次,这种积极的情感逐渐累积下来(也许是其他原因),顾客产生了对该品牌的偏好,甚至是一种依恋以及对该品牌的拥护,并由此产生积极的重复购买意向就形成了第三阶段的忠诚,即态度忠诚。最后,在这种偏好的影响下,顾客实现了重复购买行为,即行为忠诚。

随着营销理论的发展,人们将对忠诚的关注进一步转化为对关系的关注,自从Gronroos明确定义关系营销以来,建立、发展和维持等阶段就成为企业运作关系的主要过程。消费者和企业的关系也离不开建立、发展和维护等动态发展的阶段。因此,从关系的发展阶段也可以反映消费者行为的动态性。

现有关于关系进程的研究分别从进度和类别两个视角展开。进度方面的研究主要受产品生命周期影响,按照关系由产生到发展再到消亡的生命周期进行划分。Dwyer等人(1987年)提出了关系的五阶段模型,即知晓、探查、发展、承诺和解散。知晓期是交易一方对可能的交易伙伴的认知阶段,但没有发生互动。探查期是交易中的搜索和考验阶段,任何双方的互动均代表此阶段的开始。发展期是指交易伙伴不断获得利益,相互依赖性增加,建立了初步的相互满意的阶段。承诺期是出现明示或暗示的交易伙伴间的关系连续性的保证,因为双方已经从交易过程中取得了一定水平的满意,排除其他能够提供相似的利益交易伙伴。解散期是指当关系一方形成对另一方的不满并认为继续下去的成本要多于利益时,关系就进入解散期。

关系是一个动态的发展过程,其间关系的深化需要企业的不断激励,而影响消费者保持在顾-企关系的某一个阶段的因素以及激励消费者向更高/深的阶段跃升的动因不会完全相同。而消费者的行为在关系的各个阶段也是有所不同的。消费者也许并不像预期的那样随着时间的推移逐步进入更深层次的关系当中,有的消费者可能永远停留在某个阶段,有的消费者可能在任何阶段终止这种关系。对于企业来说,就需要深入了解消费者,在保留住消费者的同时,将消费者向更深的关系阶段转化。

3.1.4　互联网环境下的消费者行为

随着互联网技术的发展,电子商务正逐渐渗透到社会生活中的每一个行业领域。互联网不仅开辟了新的产品和服务领域,营造了新的文化氛围,同时网络环境的影响也使得消费者的行为发生了一定程度的变化。因此,企业还要与时俱进,了解新的环境下消费行为的新特点。

1. 互联网的作用

1）不受时间和空间的限制

在互联网环境下交易可以不受到时间和地理位置的限制。因此,消费者可以在任何时间、任何地点订购所需要的商品和服务。同时,网络也大大丰富了产品的种类,使得消费者不因为地理因素的限制而有更多的选择。

2）充足与便捷的信息资源

网络可以为消费者提供更好更多更完全的关于某一商品的信息，使得消费者更加便捷地去了解产品的信息。同时，一些商家通过网络销售平台为消费者提供了良好的购物渠道，利用网络社区等网上交流工具使消费者不仅仅能够与他人分享自己的经验和知识，也为消费者在网上购物提供了更多的利益。

3）促进消费者个性化需求

网络双向沟通的实现，有利于满足消费者个性化需求的产品和服务，这一领域将得到快速发展。消费者可以通过网络反馈消费者的个性化信息，使得企业为消费者制造符合他们需求的个性化的产品。

2. 互联网环境下的消费者特点

除了一些热衷于网上购物的网民，现实中也存在着一部分既受到互联网的影响发生了改变，又受传统价值观念和行为模式的影响而保持了一些传统习惯和购物方式的中间类型的消费者，即"半人马"（如图3-4所示）。他们既不同于传统型消费者——通过非网络信息源收集相关产品信息，然后在网下渠道购买商品，也不同于网络型消费者——相信网络是了解产品信息的唯一渠道，并且所有的购买行为都在网上完成。"半人马"型消费者将不同的购买渠道和信息源结合起来，有的在网上寻找信息而去商店购买商品，而有的在商店寻找商品而在网上完成购买行为。他们的行为跨越了多个渠道，融合了传统的和数字化的、理性的和感性的、虚拟的和现实的因素。

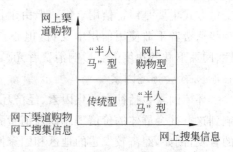

图3-4　消费者购买类型图

这些"半人马"型消费者目前仍然占主流，他们依然喜欢商店购物。由于互联网自身的弱点，在较长的一段时期内，网上购物还无法满足"半人马"型消费者所期盼的购物体验。网络彻底改变了信息传播的传统方式和途径，使得远隔千里的人们通过网上论坛、邮件、聊天室等方式可以在瞬间实现互动。实际上，混合型消费者正在通过各种虚拟社区日益加强和那些可以分享自己的兴趣或面临相似问题的人群之间的相互联系，以加强情感的分享。实际上，目前的网络消费者并非一味喜欢个性化。"半人马"型消费者总体上喜欢个性化的产品和服务，但并非一味喜欢个性化产品和服务，在很多时候，他们更青睐标准化产品和服务。因此，混合型消费者对购物方便性的需求和对购物乐趣追求并存。他们想得到更丰富的相关渠道选择和多种顺利接触企业的渠道，因此，他们会综合运用网上和网下渠道。

3. 影响消费者网上购买行为的因素

网上购物具有传统贸易方式所不具备的巨大优势，但是仍然有一些因素会影响到消费者的网上购买行为。对于影响消费者网上购买的因素有很多种类，我们大致分为以下几种。

1）消费者个人因素

这类因素除了包括传统的消费者年龄、生活方式、职业、家庭经济水平等因素之外，还包括消费者个人的消费习惯、个人风险倾向、消费者个人的技术准备等因素。例如，一些较为年轻的消费者由于习惯于使用互联网，相对于其他人更习惯于网上购物，然而年龄较大的消费者则更偏向于实体店购物。同样，风险偏好者可能更倾向于尝试网上购买活动，然而风险规避者则尽可能避免网上购物。消费者个人计算机的使用水平也是影响消费者个人网上购物的重要因素。

2）营销刺激因素

这类因素与实体店相同，同样包括产品、价格、渠道和促销。例如，网上产品的种类、产品的个性化以及款式等会影响到消费者的选择。网络促销等活动程度也会影响到消费者是否会到网上参与活动。很多网络商店会给出比传统环境下更多的优惠策略，这也是一些消费者尝试网络营销的重要原因之一。

3）技术因素

目前人们普遍认为影响网上购物的主要因素是网络的可靠性和安全性。网上购物的支付方式主要是银行信用卡等。但由于目前许多网站的可靠性及安全性尚不稳定，所以一些消费者不敢使用信用卡支付，担心自己的账户或密码被盗。同时，进入网站的可行性、网页下载的速度等会影响消费者光顾网站的次数。

4）社会环境因素

环境因素包括社会文化因素、经济环境、法律环境等等。社会文化环境的价值观会影响到这一社会群体的价值理念以及消费者的生活方式。经济环境会影响到网上购物发展的普及，例如，经济较发达的地区和国家网上购物比经济欠发达地区更为流行和普及。法律环境也会影响到网上贸易的发展，如相关电子商务法律条例的健全程度会影响到网上消费者的利益保障。

3.2 组织市场购买行为分析

本节主要介绍经营者市场的概念、经营者购买决策过程和影响因素，提出对经营者进行市场营销应当注意的主要问题。

3.2.1 经营者市场的类型与特点

1. 经营者市场的含义

经营者市场，就是由为获利而购买某种标的的个人和组织所构成的顾客群。也有的学者将其定义为，除了消费者市场以外的所有市场，包括农业市场、矿业市场、建筑市场、制造业市场、交通运输市场、房地产市场、金融保险市场、服务市场和政府市场等，也包括以赢利为目的的小商贩的中间商市场。

这个定义强调经营者市场与消费者市场的本质区别：经营者为获利而购买，而消费者是为个人消费和使用而购买。政府和大学等公共事业是一种特例。它们虽然不是为了获得利润,但也要讲究投入产出的经济性,少花钱多办事、办好事。其购买行为与营利性市场有较大的相似性。

2. 经营者市场的类型

经营者市场可以分为四类:即产业市场、转卖者市场、政府市场和非营利性市场。

1) 产业市场

产业市场又叫生产者市场或企业市场,是指一切购买产品或服务并将其用于生产其他产品或劳务,以供销售、出租或供应给他人的个人和组织。产业市场通常包括农业,林业,水产业,制造业,建筑业,通信业,公用事业,银行业、金融业和保险业,服务业等。

2) 转卖者市场

转卖者市场是指通过购买商品和劳务并转售或出租给他人,以获取利润为目的的个人和组织。转卖者市场由各种批发商和零售商组成。批发商是指购买商品和劳务并将之转卖给零售商和其他商人以及产业用户、公共机关用户和商业用户等,它并不把商品大量卖给最终消费者。零售商则是把商品或劳务直接卖给消费者的个人和组织。

3) 政府市场

政府市场是指为执行政府职能而采购或租用商品的各级政府单位。一个国家政府市场上的购买者是该国各级政府的采购机构。由于各国家政府通过税收、财政预算等,掌握了相当大一部分国民收入,所以形成了一个很大的政府市场。

4) 非营利性市场

非营利性市场是指具有慈善、教育、社区或其他服务性质的团体,如医院、教堂、学校、博物馆和养老院。非营利性市场通过购买产品或服务以发挥其职能。这些市场还包括慈善机构和与灾难相关的组织,像救世军、红十字会。非营利性市场以低成本运营,除了那些有其他职业的非专业机构和志愿者外,这些组织都要经常采购产品。这样的顾客同专业买主相比,更依靠营销人员售货前后的建议和帮助。

3. 经营者市场的特点

较之消费者市场,经营者市场在需求、价格弹性、购买数量、分销方式等方面都有所不同,形成一些新的特点(表 3-1)。

(1) 用户数目较小。一家 VCD 企业销售出多少台 VCD,它就可能有多少个顾客,而一家内燃机车制造企业的用户就只有几十家。

(2) 购买数量较大。许多经营者市场都具有用户高度集中的特点,常常是 20% 的用户购买 80% 的产品。

(3) 需求的价格弹性小。总的来说,经营者市场的总需求受价格变动的影响较小,也就是说,价格下降并不能引起大量采购,价格上升也不会减少多少采购。例如,1990 年前后,钢材价格一直攀升,购买量却大幅度增加;近些年钢材价格一降再降,需求量却仍然下滑。这主要受宏观经济气候影响。在很多情况下,由于生产企业受设备能力限制和从资金时间价值考虑,并不会在价格下降时大量采购、囤积。价格上升时,为了生产也不得不进行采购。当然,经营者也希望寻找价廉物美的供应商。

表 3-1　经营者市场与消费者市场的主要区别

特　点	消费者市场	经营者市场
需求单位	个人、家庭	主要是组织
采购数量	量少	量多
顾客数量	多	少
需求者地理位置	非常广泛	相对集中
需求波动	较小	较大
价格弹性	较大	较小
分销结构	主要是间接销售	主要靠直接推销
购买的专业性	个人性的	专业性的
对购买行为的影响	主要是个人决策	多方面影响的决策
交易磋商	简单	复杂
相互关系	很少	密切
租赁	很少	很多
主要促销方法	广告	很多人员推销

（4）需求波动性大。经济学中有所谓加速原理：消费品需求如果增加某一个百分比，为了满足生产这一追加的消费品的需求，就会要求工厂和设备以更大的百分比增加。有时消费品需求增加10%，可能导致上游工业品需求200%的增加。相反，如果消费品需求下降10%，就可能导致上游工业品市场的全面暴跌。一些工业品企业实行多样化经营，其目的之一就是试图抵消这种波动的风险。

（5）购买人员较为专业。经营者采购一般都是由经过训练的专职采购人员经办。较之消费者购买，经营者购买更为理性。

（6）影响购买决策的人多，决策程序复杂。因为采购是成本控制的重要内容，所以管理严格的企业对采购都有严密的程序和制度，参与决策的人员常常超过十人，甚至数十人。采购的数量越大，价值越高，参与决策的人员越多。

影响购买决策的人员，可以分为：

- 使用者。使用者是欲购物品的直接使用者。一般是使用者首先提出采购建议，并协助决定欲购物品的规格、品质和品牌等。
- 影响者。影响者通常是欲购物品方面的专业技术人员，在采购决策中起咨询作用。
- 决策者。决策者是对采购品种、规格和数量以及供应商有决定权的人员。
- 批准者。批准者是有权批准决策者的采购方案的人。除直接上级领导是批准者外，财务经理（总监）也是非常重要的批准者。
- 信息把关者。在企业中，还有一些人虽然不直接参与（甚至根本就无权参与）采购决策，但是却可以阻止销售者向采购方进行营销的努力，如接待员、电话接线员、秘书等。他们可能会以各种理由拒绝你同实质人员接触,也可能将你的促销宣传资料随便地扔进废纸篓。

对参与购买决策各种人员分析得越深入,公关工作才会做得越有成效。对小企业推销工业品,直接找决策者最为简便,而对大企业,不仅找决策者很难,即使找到了,由于受制度的限制,决策者也不能直接定夺。

(7) 经营者购买多采用分期付款的方式,对销售者来说,资金压力较大,控制不力的话,易产生不良债务。

3.2.2 经营者购买的主要影响因素

1. 环境因素

环境因素包括采购的需求水平,这一般是同采购单位的经营计划相联系的。因此,了解采购单位的经营计划对做好营销工作非常重要。

除计划的需求水平外,采购单位还会受到经济形势预期的影响。如果预期某种原材料将会短缺,采购单位就有可能备有一定的存货,或同销售方签订长期的订货合同。

采购单位的竞争者的采购对采购单位也有一定的影响。实际上同业之间在原材料采购上有互相攀比或模仿的倾向。

除此之外,科技变革、政治变化对工业品购买也有影响。

2. 组织因素

采购单位的目标、战略、政策、制度、程序等对采购都有较大的影响。

奉行总成本领先战略的企业,视成本控制为第一要素,在这类企业中,采购方面有以下几种发展趋势:

(1) 采购部地位升级,采购管理的范围扩大。过去在一般的企业中,采购部主要负责生产性采购任务,而行政性消耗品的采购则另有归属或各自为政。这种体制造成成本管理中控制困难,跑、冒、滴、漏严重。虽然生产性以外的采购每笔额度都比较小,但因其品种繁多而且采购频繁,累计数额却很惊人。针对这种情况,一些企业将采购部采购权限扩大至企业内的所有采购,进行采购成本的统一全权控制。相应地,采购部参与企业大政方针决策的地位也有较大的提高。

(2) 与供应方建立长期关系。企业都希望建立长期的供应关系,这对双方都有利。对采购方来说,更换供应商不仅要付出转换成本,同时也要冒一定的风险。

(3) 采购绩效评估。越来越多的企业开始制定政策来激励采购部门,这些政策促使采购部门向供应方施加更大的压力,以争取更佳的采购条件。

(4) 当采购单位采用新的革新性管理方法时,对采购也会提出新的要求。例如,20世纪 80 年代产生于日本,后又在美国迅速传播应用的恰及时(just-in-time)管理法,要求库存为零,各道工序必须紧密相连,这就对原材料采购和设备零配件采购提出了更高的要求。供应商只有满足采购单位新的管理要求,才能保住客户。

3. 人际关系与个人因素

由于工业品购买具有长期性的特点,因此建立个人之间的良好关系就非常重要。作为销售者,不仅要能同采购方参与决策的每个人建立良好关系,还要注意处理好采购方内部的人际关系。

采购方看重的是质量、价格与服务,这永远都是正确的。但采购方参与者也都是"人",都有七情六欲,都希望得到尊重、受到关怀,因此在质量、价格与服务水平相当的情况下,采购谁家产品,就看更信任谁,与谁的感情更深了。

3.2.3 经营者购买的决策过程

经营者购买一般是先新购,然后再决定是否长期大批量在同一家供应商采购。经过新购以后,采购单位会提出品种、规格、价格、交货方式、付款条件等方面的修改意见,称之为修正重购。再经过一段时间,双方已没有什么异议,采购单位就会将向已确定的供应商采购看做是例行公事,称之为直接重购。

与这三种采购类型相联系,经营者购买决策过程可以划分为 8 个阶段(见表 3-2)。

表 3-2 经营者购买的决策过程

购买决策阶段	购 买 类 型		
	新购	修正重购	直接重购
1. 觉察问题	需要	可能需要	不必
2. 决定需求要项	需要	可能需要	不必
3. 决定产品规格	需要	需要	不必
4. 寻求供应商	需要	可能需要	不必
5. 征求报价	需要	可能需要	不必
6. 选择供应商	需要	可能需要	不必
7. 正式订购	需要	可能需要	不必
8. 绩效评估	需要	需要	需要

1. 觉察问题

当企业内有人发觉通过采购某种产品可以解决企业的某一问题或满足企业的某种需要时,购买过程就开始了。觉察问题可能是由内部需要引起的,也可能是由外部刺激引发的。

就内部因素而言,下列因素是常见的原因:

(1) 企业准备推出一种新产品,于是对原材料和设备产生新的需要;

(2) 设备出现故障,需要更新或采购配件以修复设备;

(3) 采购的产品不尽如人意,需要寻找新的供应商;

（4）采购负责人认为有可能找到更质优价廉的供应商,需要进一步寻找。

就外部因素而言,采购者受到销售者的营销刺激,如展销会、广告、推销介绍等,也可能使其产生购买的欲望。

2. 决定需求要项

确定了某种需求以后,购买者就要确定欲购产品的特性与需求数量。对于通用的、简单的产品,这个阶段比较简单,但对技术复杂或价值较高的产品,就要召集有关人员共同研究。

3. 决定产品规格

在确定了需求要项之后,就要具体确定产品规格。对简单的产品,这一阶段同上一阶段是合二为一的,对复杂的产品,这一阶段则要做许多工作。如用"投入/产出方法"评估欲购产品各种规格的不同效益,从而选择最为满意的规格。

4. 寻找供应商

利用各种媒体和信息渠道寻找供应商的信息。

5. 征求报价

采购单位会以电话、传真和信函等方式通知供应商提供详尽的产品目录资料和报价。对重大设备和工程报价,采购单位也可能采用招标的方式征寻报价。

对供应商,如果能接到征求报价的信息,其中选率就已有三成的希望了,因此一定要非常慎重地制定报价书。除价格以外要尽可能全面地展示本企业产品的功能、质量、服务、付款等方面的信息和政策。同时,为了使本企业的报价书更有竞争力,对采购单位的需要和竞争者的情况也要作尽可能深入的了解,使报价更有针对性和竞争性。

6. 选择供应商

在汇集了多家报价书之后,采购单位就要进行比较选择,从中择优。选择标准因企业和产品不同而有一定的差异,但主要内容大致包括:
（1）产品方面:功能、质量、款式、价格等;
（2）履约能力方面:技术能力、生产能力、财务状况、组织与管理能力等;
（3）信誉方面:履约的历史情况,其他用户口碑等;
（4）服务方面:是否提供援助与咨询、技术培训、维修服务等;
（5）方便性方面:地理位置、交货及时性等;
（6）法律方面。

对比较简单的产品的选择,主要是凭经验和直觉,对复杂的采购任务,有时要建立专门的采购委员会并聘请专家参加,采用更为严密的评选方法,如专家意见加权计分法等。很多的情况是,对供应商的筛选是分阶段逐步缩小范围的。在这个过程中会邀请初选过关的供应商再次报价并进行面对面的谈判。

7. 正式订购

在确定最终供应商后,双方就要拟定和签订合同,并开始执行合同。

8. 绩效评估

经过一段时间以后,采购单位会对采购绩效进行评估,以决定是修正重购,还是直接重购,或是放弃原供应商寻找新的供应商。对供应商来说,正式订购仅仅是业务的开始,只有在采购单位绩效评估满意的条件下才能得到长期的业务。

上面主要介绍了在新购情况下的购买决策过程。在直接重购和修正重购的情况下,有些阶段可能被简化或省略。

本章小结

消费者的购买行为不仅是简单的刺激-反应模式,还揭示了消费者购买行为过程的黑箱,以及其影响因素。

互联网的出现既改变了消费者的消费方式,又改变了企业的营销模式。针对现阶段消费者的"半人马"型网络消费方式,企业也应该采取相应的策略,更好地满足消费者的需求。

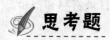

思考题

1. 消费者购买行为包括哪些主要因素?这些因素之间有怎样的关系?
2. 经营者购买行为与消费者购买行为有哪些异同?
3. 请你谈谈互联网对消费者行为的影响。

案例分析

如果有人让你拿着"听诊器"测试洗衣机的噪音有多低,你一定会认为这是不可思议的事情。事实上,这种被称作"静音"的产品已经在海尔公司研发成功,并在几个月前投入批量生产。而这种听起来仿佛有点传奇色彩的洗衣机之所以能够诞生,关键在于海尔洗衣机成立15年来,探索创建的一种与众不同的新模式——消费者决策模式。

在传统的企业运营中,产品从研发到上市销售,通常的路径是:先由技术部门开发出新产品;再由市场部门提炼产品卖点并制定营销策略;然后进入渠道终端进行销售。由于研发和市场的脱节,常常造成企业投入重金研发的产品在市场上无人问津的局面。

海尔洗衣机的消费者决策模式是基于一个很简单的逻辑:既然最终的购买决策是由消费者做出的,那么如果能够让这种决策的环节前移,直接由消费者决定生产什么、研发什么,就会从根本上解决研发和市场脱节的问题。

海尔洗衣机的消费者决策模式经历了一个渐进式的发展过程。发展早期的"把消费者的难题当做研发的课题""从消费者的抱怨中发现市场"等理念,实质上已经包含了"让消费者参与研发决策"的思想,并为海尔研发"小小神童""洗龙虾的洗衣机""洗大地瓜的洗衣机"等一系列具有突破性意义的创新产品提供了理论支持。这些产品备受消费者欢迎的市场表现,反过来又使得"让消费者参与研发决策"思想在海尔内部得到了更广泛的认同和进一步的深化。

海尔"静音"产品的研发成功是消费者决策模式在实践中运用的典型案例。

事情缘于一位专家在日本期间遇到的"抱怨":他的一位日本朋友反映,某品牌的洗衣机在使用时,出现了振动大和移位的现象。专家经过仔细检查后得知,其实并非洗衣机质量问题,而是与这位朋友家的木地板有关系。这让他突然意识到"为什么不能考虑到用户的实际使用环境,来改进和设计相应的产品呢"? 这个想法为海尔提高设计检测标准,并最终开发出静音洗衣机埋下了伏笔。

海尔人通过调查发现,国外多数家庭都装有木地板,尤其是日本等国家有很多木质房子。而在木地板上使用洗衣机不仅振动大,噪音也大,而且容易发生移位现象。

随后,在对全国15个经济发达省份、近10万名洗衣机使用者的调查中,调查人员广泛听取了用户对洗衣机的关注与抱怨。结果噪音和振动大、洗涤时间长、是否省电,成为用户关注和抱怨排在前三位的问题,有近40%的用户将噪音和振动大,列为洗衣机使用过程中的"头号大敌"。

一场紧锣密鼓的专项研发由此展开,通过整合全球研发资源,海尔与GE共同研发出了S-D芯变频驱动系统,应用这项技术生产的洗衣机,工作噪音低于50分贝,达到城市居住环境国家最高舒适标准。

"我们不仅在静音洗衣机的企划过程中积极听取用户需求和感受,在产品开发中还定期邀请用户去实验室参观、体验,让用户对改进后的静音效果提出不同的意见和改进建议。用户是海尔静音洗衣机真正的'设计师'!"海尔洗衣机相关人员表示。

打造消费者"期望"通道

尽管"消费者的期望中蕴藏着商机",似乎已经成了尽人皆知的道理。但是,绝大多数的公司对于如何挖掘利用期望中的商业价值依然束手无策。因为,在那些等级森严的大公司里,许多期望都在不同的环节中被屏蔽或过滤掉了,等到了决策层那里,这些期望已经烟消云散了。因此,"从消费者的期望中发现市场"并不只是一个简单的理念。

海尔研发的消费者决策模式的核心,就是要通过一系列的机制和办法,形成一个完整的决策链条,为"期望"的传递建立一个通道,并保证这些"期望"在决策中产生足够的影响。

除了从渠道终端直接获取"期望"外,海尔还和国际权威的调研公司合作,每年进行一次对有关用户需求的调研,通过终端访问的形式了解用户的潜在需求。在调研中,用户将他们在洗衣机使用过程中的"期望"讲给调研人员听,调研人员会广泛听取这些意见并认真记录,这样为产品的研发提供方向。

在调研完成后,专业人员会对用户的各种需求进行专业分析,区分哪些是已经满足的需求,哪些是还未满足的需求;对这些数据进行优化组合,找出其中用户最迫切的需求;再对各项调研数据进行分析,根据用户需求企划产品,并进行用户需求的转化。

尽管这些被筛选出来的"期望"都意味着可能的市场机遇,但是其商业价值并不完全相等。一方面,"期望"本身所蕴涵的市场规模和切入时机不同,有些"期望"一旦被满足就会爆发性地形成一个巨大的现实市场。比如,1996年海尔自主开发的"小小神童"系列产品,一上市立刻风靡国内外,创造了洗衣机市场的奇迹。而有些"期望"则属于"前瞻性"的,其所涉及的潜在市场要在两三年甚至更久的时间后才能出现。比如,不用洗衣粉洗衣机的开发,海尔更看重的是其环保价值和社会效益,用长达两年的"全民科普式教育"启动市场。另一方面,这些"期望"还涉及技术可行性和研发投入等问题。因此,海尔在立项时会对产品的价格、预计销量、赢利状况、投入产出等项目作出合理预测,然后再进入新产品的开发阶段。

新产品开发时先是根据企划方向进行产品的小批量试制,试制完成后要按照流程进行200多道实验,来检验其满足消费者"期望"的程度,只有全部通过这些实验才算是产品试制成功。

海尔洗衣机相关负责人表示:在从卖方市场向买方市场的演进中,消费者的角色由被动变主动已发生了重大的乃至根本性的转变,其终极方式必然是消费者由购买的决策者转变为生产和研发的决策者。谁能尽早认识并适应这种转变,谁就会成为市场上的赢家。

模式力量提升研发能力

越是简单明了的逻辑背后,越是蕴涵着巨大的力量。通过实施消费者决策模式,海尔洗衣机在新产品研发方面远远超越了竞争对手,并在市场上占尽先机。据最新数据统计,海尔洗衣机新产品、新技术及专利申报量已占中国洗衣机行业的60%。近十年来,世界洗衣机质量和技术方面的重大进展几乎一半以上均来自海尔。这些核心自主创新技术的问世无不引起洗衣机行业的变革与市场震撼。

据国家信息中心市场信息处处长蔡莹介绍:海尔洗衣机的新产品市场转化能力明显高于行业平均水平,其中生命周期5至12个月的产品在所有上市产品中所占的比重,海尔为44%,远远高于31%的行业平均水平。

与研发的"消费者决策模式"相匹配,海尔在提升研发能力方面进行了一系列变革:

市场化的激励机制是海尔用人的制度保障。海尔用人机制是开放的,只要有能力就可以提升。无论是谁,为企业创造价值以后,不但可以有很好的收益,而且可以有一个非常大的提升空间。海尔洗衣机相关部门于2002年创建型号经理制度,型号经理类似产品营销CEO,对新开发产品的技术与市场化经营全程参与并负责协调,该型号产品的市场业绩与型号经理的市场工资直接挂钩。

通过跨界合作,整合全球研发资源是海尔创新的制度保障。2008年,海尔洗衣机先后联合GE、宝洁、VDE等世界级巨头,集合不同领域企业的各自优势,相继推出了具有洗净即停、一次漂净等功能的洗衣机。其主推的高端产品——"净界"和"LUXURII"系列产品,不仅带给消费者健康、环保、节能的生活体验,更成为高品质生活的象征。

海尔以其在高端洗衣机市场高达50%的市场占有率,以及在国内洗衣机市场近40%的整体市场占有率,验证了"消费者决策模式"的成功。由消费者参与了研发、设计与生产决策的产品,不仅更好地解决了消费者在洗涤中所遇到的难题,而且从情感上也让消费者有一种天然的亲近感,这些产品在市场上占有压倒性的份额,是理所当然的事情。

随着市场环境的变化,消费者将参与到企业研发、设计与生产的过程中,消费者和企业之间的关系更加密切,消费者将和企业一同成为产品研发、设计与生产的决策者,而企业将扮演产品提供者的角色。

事实证明,庞大的研发机构和众多的技术专利并不一定能决定企业赢得竞争,而通过不断改变企业的心智模式、行为方式和商业模式,及时感知并把握消费潮流,才是企业能够长生不老的决定性因素。

资料来源:新浪财经 http://finance.sina.com.cn/roll/20090929/08253070471.shtml.

讨论题:

1. 海尔洗衣机是如何运用消费者决策模式的?

2. 企业在实际运作过程中实施消费者决策模式有什么意义?又有什么困难?

第 **4** 章　行业与竞争分析

引　例

20 世纪 80 年代初,韦尔奇初掌 GE 时,GE 的资产负债表还是良性的,大多数人仍陶醉于过去的成就而高枕安卧。韦尔奇却洞察出一种完全不同的现实,因为他非常了解美国制造业的利润正在日益下降,然而直至 20 世纪 70 年代,GE 高达 80% 的利润仍来自于传统的电机和电子制造业。

韦尔奇敏锐地洞悉了行业变化的趋势,将服务业视为公司未来赢利增长的关键并决定将 GE 转变为服务型公司,具体措施是把服务业作为一个独立的实体来发展,按产品去分门别类,并使之与设备制造部门相分离。到 1990 年,制造业在 GE 业务中的比重已下降到 56%,金融服务业则上升到 25.6%,售后服务业占 12.4%。到了 2000 年,制造业在 GE 业务组合中的份额便跌至 33.2%,而服务业上升至 45.8%。

将 GE 转变为服务性公司的决策是明智之举。20 世纪 90 年代初,公司的利润和收入大部分依赖硬件的销售(涡轮机、电机变压器、塑胶硬件、飞机发动机等等),但是到 2000 年,80% 的利润和近 70% 的收入来源于服务。GE 认为不重视为客户服务的公司,是市场上"有我不多,没我不少"的公司。这样的公司没有竞争力。服务的重点是考虑与顾客之间的可持续发展,使顾客能快速收回投资成本,并使这种投资"寿命"得以延续。

除了对行业变化的把握以外,GE 最具特色的就是面向"未来的竞争分析"。自韦尔奇执掌通用电气后,其竞争分析就围绕 4 个问题进行,它们是:①过去 3 年你的竞争对手做什么?②与此同期你在做什么?③他们今后可能会怎样打击你?④你计划如何反击?与一般基于现状的竞争分析不同,通用电气的竞争分析更偏重于后两个"将来时"问题。这就使其竞争分析有很好的前瞻性。难怪通用电气的高级经理信心十足地向《IT 时代周刊》宣称:"有很多时候,我们早在一两年前就猜到竞争对手今天的战略了。"这也是为何GE 成为道琼斯工业指数榜自 1896 年设立以来唯一至今仍在榜上的公司。

本章目的

理解行业的演进趋势及其影响因素,从中识别行业中的机会与威胁;分析关键成功要素,并以关键成功要素为基础识别企业的竞争者;认识竞争能力及其分析方法,评估企业较之竞争者的竞争优势。

影响行业演变的力量　关键竞争要素　竞争能力　竞争优势

人们有需要和欲望,因此就有企业试图通过提供恰当的产品和服务来满足这些需要和欲望。市场与行业就像一对孪生姐妹,相依相存。在营销学中(与经济学略有不同),市场是指某种产品的所有实际和潜在购买者的集合,而将提供某种相同或相似产品或服务的企业的集合称之为行业。

市场竞争,说到底是各企业之间竞争能力的竞争。因此,关于竞争者之间能力比较的竞争能力分析,就成为战略规划的重要基石。正所谓:"知己知彼,百战不殆;不知彼而知己,一胜一负;不知彼,不知己,每战必殆。"(《孙子·谋攻篇》)

4.1　理解行业及其影响因素

每一个企业都存在于特定的行业之中。单一经营的企业存在于一个行业,多样化经营的企业存在于多个行业。理解行业的演进趋势及其影响因素对企业构建和强化竞争优势非常重要,行业研究与市场研究一样,都是企业赖以生存和发展的基础。这也是市场导向的营销管理理念的具体体现。

认识行业及其演变规律,我们需要从"静态-动态、外部-内部"两个维度来考察。静态的考察主要是掌握行业的基本特征,例如,企业处在什么样的行业结构? 企业所在的行业处在什么样的生命周期阶段? 动态的考察,主要关注行业演变的推动力量,重点放在"行业今后会向何处去"这个问题上。外部的考察,关注的是影响行业的外部力量;内部的考察,关注的是行业内企业对行业演变的影响。静态的考察是基本的,是知识性的;动态的考察是更重要的,是分析性的。

4.1.1　行业的演进过程

1. 行业竞争结构

行业竞争结构是关于行业在某一个时间点上的截面状态。经济学家根据行业内企业是否对供给数量和供给定价有决定力量,将行业竞争结构划分为完全竞争、完全垄断、寡头垄断和垄断竞争四种类型(表4-1)。

(1) 完全竞争行业。完全竞争行业是行业内没有一家企业能够自主定价的行业。在这种行业中,竞争者很多,一般也都很小,谁都没有定价主导权,大家只能随行就市定价,否则将没人购买。完全竞争对消费者而言是最理想的。因为消费者可以在众多厂商中选择,为了吸引消费者,各个厂商尽全力提供最好的商品或服务。然而,由于缺乏明显的竞争优势,没有一家企业能获得高于最低利润率的利润。最低利润率就是维持他们长期存在下去的利润率,所以,在完全竞争条件下,虽然消费者利益得到极大满足,但企业利益却很小。由众多小贩们构成的农贸市场就是典型的完全竞争行业的一个例子。

表 4-1　四种行业结构的基本特征

行业类型	企业数目	产品差别程度	企业对定价的控制力	企业进出行业的难易程度	与现实中接近的行业
完全竞争	很多	无差别	没有	很容易，完全自由进出	农产品行业
垄断竞争	较多	有些差别	有一些	容易，可以比较自由进出	轻工业、零售业
寡头垄断	几个	有或没有差别	较大	进出较困难	石油、汽车产业
完全垄断	唯一	唯一产品无替代品	很大，但常受政府管制	进出很困难，几乎不可能	公用事业如水、电

　　(2) 完全垄断行业。与完全竞争行业相反，完全垄断行业是只有一个企业的行业。由于政府法规不允许完全垄断，因此在实际中极少有完全垄断行业，只有在自来水、煤气、军事国防等公共事业和国家安全等领域才存在这样的行业。理论上说，完全垄断的企业可以自由决定供给数量和价格，因此，即使没有提供给顾客最佳价值水平的产品，垄断者仍然能够获得高额利润。在开放的市场经济中，政府往往通过法律限制垄断行为，鼓励竞争，以增加消费者利益。通常，政府也会对国计民生行业进行必要的管制。

　　(3) 寡头垄断行业。在寡头垄断行业中，供给者只有少数几家企业，例如在美国，大型摩托车供给者只有哈雷、本田、川崎、雅马哈、五十铃和宝马；在中国，石油石化行业只有中石化、中石油、中海油等少数几个大公司。在寡头垄断行业，由于供应者很少，每个企业在决策时都要考虑竞争者会如何反应。或者说，在寡头垄断行业，企业决策的重要前提之一就是判断竞争者对本企业（和其他竞争者）决策的反应，即博弈性决策。又由于寡头垄断行业中的企业一般都比较强大，所以，寡头垄断行业中的企业决策都很谨慎，以免引起连锁性的大战。这类市场存在较高的进入壁垒，以限制新加入者带来的威胁。尽管法规不允许但不能排除，少数几个寡头企业或是暗中勾结，或是心照不宣结成价格或供给数量策略同盟，从而达到打击其他竞争者以及"剥削"消费者的目的。

　　(4) 垄断竞争行业。在垄断竞争行业中，企业数量较之寡头垄断行业要多，但又没多到完全竞争的程度。垄断竞争市场上一般存在几个互相竞争的参与者，重点放在自己获得竞争优势，削弱对手的竞争优势，或二者兼而有之。通常企业会积极创新，用最先进的方法满足顾客利益。由于竞争优势的本质是不断变化的，市场中领导者的地位非常不稳定。同时因为竞争优势不能长期存在下去',超额利润也只能是暂时的。较之完全竞争行业，垄断行业中的企业可以部分地决定自己的价格，但定价可变动范围很小。如果定价过高，顾客就会转而购买其他企业的产品。

　　上述的分类只是一个粗线条的划分，而且是静态的划分。从动态的角度考察，几种类型的行业是可以互相转变的，例如，完全竞争行业有可能转变为垄断竞争行业。假如能够实现农产品差异化、品牌化，就像即食牛奶、品牌大米等，它们就已经不再是完全竞争行业，而是垄断竞争行业了。再如，即使是在竞争性行业中，如果某个企业能够一路领先，向市场推出创新型产品，那么至少在其他竞争者尚没有反应过来的这段时期里，它就是完全垄断的。还有，在现实中，即使是垄断竞争和寡头垄断行业，仍然会有一些小的企业可以据之一隅（Niche，利基），或是向顾客提供某些大企业不愿提供的特殊服务，或是服务于那些大公司不屑一顾的小市场。较之这些小企业的规模，其收益可能还蛮不错。

需要特别注意的是，在古典经济学（也就是通常学习的经济学中）中，一般是将产品视为同质的，而不考虑其差异性。但是在营销思维中，产品差异性即使不是最重要的前提，它也至少是重要的前提之一。所以，当我们借鉴经济学的行业结构理论的时候，不要忘记了对产品差异的考察。

2. 行业生命周期阶段

行业的生命周期是关于行业随时间变化的状态描述。在市场经济中，行业的产生主要是由"看不见的手"塑造的。这只"看不见的手"即价值规律调节着资源的流向，从而导引了某一行业的形成或消亡。

一般情况下，行业生命周期可以分为发育期、成长期、成熟期和衰退期四个阶段，各个阶段的市场需求与行业竞争结构呈现不同的特点（表4-2）。开始时，市场增速较小，进入该市场所对应的行业的企业也很少，只有很弱的竞争，但是因为企业为进入该行业所做的前期投入尚未被消化，所以通常是亏损。随着创新型消费者对新产品的试用和宣传，市场需求增长加速，市场"大饼"也越来越大，先期进入的企业开始获利并随着市场需求的扩大而增长。受行业利润的吸引，大批"淘金者"蜂拥而至，竞争开始加剧。随着顾客需要逐渐被满足，市场增长开始放缓，而进入行业的新企业仍在增加，原已在行业内的企业也在扩大规模，分割有限蛋糕的竞争愈演愈烈，行业利润下降直至与其他行业相平甚至更低，行业内的企业或是主动撤离转向新兴行业，或是入不敷出而破产倒闭。最后，行业内只会剩下少数几家实力强大的企业坚守阵地，形成寡头垄断，瓜分市场。

表4-2　市场与行业生命周期

因素＼阶段	发 育 期	成 长 期	成 熟 期	衰 退 期
1. 市场增长速度	通常比较缓慢	高于 GNP 的速度增长，但增长速度逐渐减慢，直到该阶段结束	大约与 GNP 的增长速度相当	需求下降。随着顾客购买欲望的转变，市场萎缩
2. 增长的可预见性	需求只被现有产品满足一小部分。增长潜力难以预料	需求已被满足一大部分，需求上限开始清晰	增长潜力已经很好确定	增长潜力明显有限
3. 顾客的稳定性	顾客以很少的信任试用该产品	有一定的信任。顾客尚没有形成品牌忠诚，试用不同品牌的产品	对该产品已形成品牌购买倾向。新进入者很难获得高额利润	极稳定。顾客很少有寻求其他供应者的动机
4. 产品系列的拓展性	产品品种单一	产品系列迅速扩展	扩展减慢或停止	随着不赢利产品逐渐退出市场，产品品种减少
5. 技术的作用	为了生产适合市场需要的产品，技术是重要角色	前期，产品技术至关重要；后期，生产技术更为重要	生产工艺和材料替换是重点。可以用新技术更新该行业使其延伸	技术完全成熟、稳定、易于掌握

续表

阶段 因素	发育期	成长期	成熟期	衰退期
6. 产品技术	高度的产品创新；尚未产生主导性的设计	主导性的产品设计已经出现；强调产品多样性	小的渐进的革新，基本围绕节省成本提高效益来展开	产品很少有改变
7. 生产技术	强调柔性制造，直到主导性产品出现以前工艺都不固定	随着主导性设计的出现，生产工艺开始专门化	强调效率，尤其是通过自动化手段	很少或没有工艺改变
8. 定价模式	价格高且易变	随着成本下降和竞争加剧价格迅速下降	随着生产力允许的成本下降而下降，很慢	价格低且稳定
9. 促销	促销目标是"革新者"和"尝鲜者"，主要是唤起欲望	侧重建立品牌形象	调整促销策略以适应不同的细分市场	主要依靠惯性维持市场
10. 竞争者的数量	较少	首入者高边际利润吸引竞争者数量迅速增加。到成长期后期达到最多。随着该阶段的结束，并购开始了。行业开始集中	竞争力较强的企业已建立稳定的地位，边缘的竞争者进一步被淘汰。行业进一步集中	新进入者已基本很少，而且不受欢迎。竞争者继续减少
11. 市场份额的分布	不稳定。市场份额不反映企业家的眼光和把握机会的能力	稳定性增加。典型情况是，少数竞争者以强有力的态势出现	稳定。少数企业常会控制整个行业的绝大部分	市场份额或者是高度集中在极少数竞争者手中，或者是由于行业细分化或市场地区化而使市场更分散
12. 竞争的性质	有限竞争。企业眼光主要在产品改进上而不是竞争上	市场的迅速增长掩盖了竞争	为了生存，竞争达到顶峰	随着新格局的形成，竞争者倾向低度竞争
13. 进入的难度	进入容易，无控制者。顾客尚未形成偏好。如果说有障碍的话，主要是技术、资金和对未知的担心	较困难。市场力量已经产生，但不是很强。如果没有对立性竞争，是进入的较好时机	困难。市场领导地位已经确立。新进入者必须从别人那里"抢生意"。行业内企业开始分化，有的发生动摇	因为市场萎缩，很少有新进入者。行业内企业纷纷退出，只留下一些大企业和一些"拾遗补缺"的小企业
14. 投资需求	逐渐地投资以支持新的产品	为支持增长，资金需求达到高峰	为保存生存能力仍需再投资	很少投资，甚至变卖部分资产以"榨取"现金
15. 利润与现金	没有利润，负的现金流	赢利，但现金流仍然是负的	赢利下降，但是较大的投资水平可能就意味着很大的正现金流	利润很低，现金流很少（可能是正的，也可能是负的）

4.1.2 识别行业演变的影响力量

行业演变的影响力量是关于行业运动推动力量的描述。如果说前面我们介绍的是行业的"形",那么接下来我们要考察行业的"势",即从动态的角度考察行业演变的趋势,而其根本是找出行业演变的推动力量。下面,我们将行业影响力量分为行业外相关方影响力量、行业内企业方影响力量和宏观影响力量三个部分。

1. 行业外相关方对行业的影响

行业外相关方包括行业的买方、供方、替代品和新入侵者四个方面,它们是影响行业演变及其营利性最重要的力量(如图 4-1 所示)。

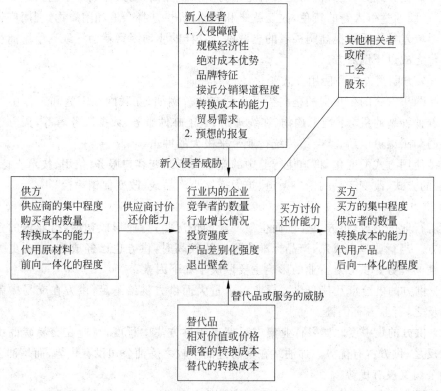

图 4-1　行业分析模型

1)买方

买方即行业的顾客一方。这里的买方,可能是制造企业、中间商和事业机构等经营者,也可能是消费者。买方对行业的影响主要取决于如下因素:

(1)买方的需求量及其变化。如果买方的需求量大而行业供给不足,行业在交易价格、服务条款等方面就具有谈判的优势,相应地,行业的利润就会较高。如果情况相反,买方需求较少,而行业供给能力较大,则行业就在交易过程中处于劣势,行业的利润也较低。中国摩托车行业目前就面临后一种情况。

（2）买方的集中度。如果行业的集中程度高于买方的集中程度，行业就占有优势，行业利润也会较高。反之，买方占有优势。加油站在交易磋商中较之炼油公司没有优势，而炼油公司较之石油公司又没有优势。

（3）买方对行业的依赖程度。如果有较好的替代品可以供买方选择，买方在交易中的谈判优势就会提高，就会迫使行业做出价格、服务等方面的让步，其结果是行业利润也会受到削减。反之，则行业就拥有较强的优势。

（4）买方向行业方向进行一体化的倾向和能力。如果买方向上游一体化，它就会成为行业内企业，从而增加行业内企业之间的竞争。此种情况时，可以将买方视为"潜在进入者"进行分析。

（5）买方偏好的变化。一方面，当买方偏好于购买高标准化产品时，市场上竞争厂商不得不降低业务成本，使其价格更具有竞争力。另一方面，当买方偏好于购买差异化产品时，卖方厂商通过引入新的特色，改变款式和风格，提供选择余地和附属物，利用广告和包装创造形象差异等手段提高购买者的忠诚度。这样的驱动因素就会导致竞争厂商纷纷展开差别化之战以压倒对方。

（6）买方购买方式和使用方式变化。

产品购买方式的变化指的是购买渠道的变化。例如，互联网在家庭和工作中的普及正创造着种种新的机会：网上购物、在线理财、电子邮件服务、数据服务等等，买方逐渐适应新兴的购买渠道以后，就会给传统行业带来极大的冲击。

产品使用方式的变化，将迫使行业中的竞争厂商改变客户服务（信用、技术支持、维护或修理）的方式、改变产品的销售渠道、扩大或缩小产品线、改变促销途径。

2）供方

随着行业的形成，供方也伴随而生。一般的情况是，行业形成初期，行业内的企业要寻找供方。当行业基本成熟，产品标准化程度比较高时，供方也已经成熟，成为更为积极主动营销的一方。供方对行业的影响主要取决于如下因素：

（1）供方的供给量及其变化。行业需求量大而供方供给不足，供方在交易中就占有优势。反之，行业占有优势。

（2）供方的集中度。如果行业集中程度高于供方集中程度，行业在交易磋商中占有优势。反之，供方占有优势。加油站在交易磋商中较之炼油公司没有优势，而炼油公司较之石油公司又没有优势。

（3）行业对供方的依赖程度。这又取决于几个因素：其一，除了该行业以外，供方是否还有别的买家？如果除了该行业别无他选，供方的优势就会降低，反之，供方则会以"你不买拉倒，有的是人要买"对行业相威胁。其二，供方对行业采购的重要性。与上面的情况相类似，如果供方是该行业所必需的投入，供方就占据优势地位，反之，行业就占据优势。

（4）供方是否有向行业方向进行一体化的倾向和能力，对行业也具有一定的竞争威胁。

（5）供方企业差别化与转换成本的高昂程度。供方包括行业所有的外购投入，如技术、设备、资金、原材料、劳动力和信息等。当供方企业为行业内企业的需要，已经将自己差别化以后，并且由一种差别化转换为另一种差别化的成本较高，行业内企业就有优势。

但如果这时行业内企业对采购的差别化要求非常高而且转换成本很高,那么,谁更具有优势则要进行更深入的分析比较。

(6) 供方与供方替代品力量对比。供方如果有强大的替代品与之竞争,供方对行业的优势就会被极大地削弱;反之,供方替代品的力量很小,供方就可以集中力量应付行业。

3) 替代品

行业内企业不仅要应付新入侵者的竞争威胁,在一定程度上,还要迎接替代品的挑战。一种产品的替代品就是能给顾客提供相同或类似效用的其他产品。从满足顾客交通需要来说,摩托车与小汽车就互为替代品。日本摩托车企业在美国石油危机期间发起"骑摩托车时髦又明智"的促销攻势,就是希望人们更多地以摩托车代替小汽车作为交通工具。这个促销策略取得成功,使摩托车销量在 1973 年达到高峰。

我们生活在一个科学技术日新月异的时代,这个时代有两个特点:一是人们的物质文化需要急速膨胀,二是满足这些需要的手段和方式日益丰富多样。仅以运输为例,它本是满足人们将物体或人本身从甲地运到乙地的需要,但到今天,已有无数种方式能够提供这种满足。行业演进的历史,就是行业(产品)的自我改进与替代品进行竞争的历史。

来自替代品的竞争威胁程度,随不同的行业而不同。有时,替代品的替代是势不可当的,如计算器取代计算尺。在另一些时候要抵制替代,则需要行业内企业的共同努力。例如,以共同的、高强度的广告和促销压住和淹没替代品的攻势。但最根本的还是要靠行业内企业对产品功能、质量、成本和服务的不懈努力。

4) 新入侵者

新入侵者欲投资于行业,根本原因是看好行业的利润。对一些大型公司,当认为该行业对其战略非常重要须加以控制时,也会考虑进入这个行业。另外,虽然单独考察,进入该行业并没有高额利润,但大公司若把分布在不同行业的多家企业进行联合效益评估时能够获得较好的综合收益,也会驱使该公司进入该行业,即使利润不能得到明显提高,但是可以降低经营风险,有的多样化经营的企业也会考虑进入某个新的行业。

新入侵者包括在行业内新建企业或收购兼并行业内企业两种情况。后者虽然并未增加行业内企业数量,但因有外部企业输血而增加了被收购兼并企业的供给能力,也会增加行业内企业的竞争。

由于各个行业的性质不同,外部企业进入行业的困难程度也不尽相同。进入小餐饮业较之进入大酒店业要容易得多,而进入已经形成垄断竞争或寡头垄断的计算机和汽车行业则非常困难。我们将进入一个行业的困难性称之进入壁垒,俗称"进入门槛"。

进入壁垒主要包括:

(1) 规模经济性。规模经济是指产品的单位成本(或生产一件产品的制造成本或经营成本)随生产批量的增加而下降。由于规模经济的存在,新进入者以大规模的方式进入时就要面临现有企业强烈反击的风险,若以小规模方式进入,则企业成本上的劣势又难以避免,这样就对新进入者构成了有效的行业壁垒。

(2) 品牌特征。品牌是指现有企业通过以前的广告、对顾客的服务、产品特性或仅仅由于它最先进入该行业而获得的信誉及顾客忠诚度上的优势。它迫使新进入者为克服消费者对原有产品的忠诚而花费巨资,由此对其构成一种进入壁垒。

（3）资本需求。如果进入新行业所需投资过大，这对小企业来说无疑是一种难以逾越的障碍，只有那些有足够财力的大企业才有进入的可能。

（4）转换成本。即买方更换供应商所需的费用。它也会构成进入壁垒。如果转换成本很高，则买方就难以改变其供应商。这时只有新进入者在成本和产品方面有较大改变时，买方才有可能转而购买新企业的产品，而要实现这种改进，无疑需要资金、技术和人才等，因此这也构成了一种进入壁垒。

（5）分销渠道。为了销售产品，新进入者必须要有分销渠道，这也构成了一道进入壁垒（使用兼并进入则可以轻易跳过这个壁垒）。由于现有的有利销售渠道已被行业内原有企业占用，所以新企业为了使这些销售渠道接受自己的产品，有可能需要付出较高的代价。比如，压低价格、共同分担广告费用等，这些无疑都会降低新企业的利润。

（6）退出壁垒。广义上可以把退出壁垒也看做是进入壁垒的一种。退出壁垒既有经济上的、战略上的，也有感情上的。当企业估计到退出壁垒很高时，对进入行业就要持谨慎的态度。

除非是盲目行动（这种情况在 20 世纪 80 年代到 90 年代中期的中国到处可见），新入侵者一般都自认为有某种优势可以抵消进入壁垒，它才会考虑进入一个新的行业。而已在行业内的企业一般都不欢迎新入侵者。新入侵者的加入使行业内准备不足的企业雪上加霜。早在 20 世纪初，美国有哈雷、Indian、Merkel、Thor、Yale 等许多摩托车厂商，但随着英国 Triumphs、德国宝马，特别是日本四大摩托车厂商的加入，到 20 世纪 80 年代，美国只剩下哈雷一家苟延残喘。

2. 行业内企业对行业的影响

行业内的企业并不都是竞争对手，通常的情况是既有竞争又有合作，理解这一点非常重要。不同行业领域的竞争强度相差很大，有些行业的激烈竞争，让所有企业陷入低水平赢利，甚至亏损；有些行业则能够维持着相当"友好"、"温和"的竞争关系，甚至共赢的格局。广告战、价格战、服务战等竞争方式比比皆是，但技术合作、委托制造、合资联盟，甚至各种暗地里的卡特尔也随处可见。

行业内企业的竞争程度取决于很多因素。

1）行业市场的增长速度

行业市场增长迅速时期，竞争强度弱一些，各自都在忙着收获，而当行业市场增长放缓或衰退时，市场份额之争就非常激烈。长期需求的攀升会吸引新进入者进入市场，鼓励既有厂商增加生产能力。市场的收缩则会导致行业的某些公司退出该行业或缩减产量。

2）行业内企业的数量和力量对比

当数量很多而且力量比较均衡时，总会有企业自以为是地各行其是，引发行业的动荡。当数量很多，力量又不平衡时，中小企业则要以龙头老大的领导者所建立的游戏规则行事，这样的行业比较稳定。当数量很少，规模都很大时，行业表面很平静，竞争潜流在深处涌动，直到发生引发行业结构变化的大地震。

3）行业内企业的差别化与转换成本

当行业内企业营销战略差别化程度较高时，即每个企业都服务于一个差别化的细分市场时,竞争程度较低,而当其差别化程度很低时,竞争较为激烈。这也是战略管理非常强调定位的主要原因。如果一个企业可以轻易地转换到另一个企业的细分市场上去,这种行业竞争就会激烈,会有很多的模仿者。反之,一个企业能够形成别的企业无法模仿的差别化,这时竞争就会相对弱些。

4）战略赌注

行业内企业对在本行业内发展的战略赌注下得很大,竞争就会很惨烈。反之,则会心平气和一些。

5）投入与退出壁垒

经济上的投入越大,特别是固定的专用资产投入越大,退出就越困难,容易形成死守阵地的殊死搏斗。员工安置等变动成本过高,也是影响退出的重要壁垒。退出一个行业常常还会在战略上牵连其他业务,有时其损失是巨大的。感情也是一种退出壁垒,它包括主要领导的感情、员工的感情、顾客的感情、公众的感情和政府的感情。哈雷得到政府关税保护,绝不能简单理解为政府的关照,实际是多方感情共同作用促成的。退出壁垒高,竞争就激烈;反之,则相对和缓。

6）行业的全球化程度

行业走向全球化的原因是多方面的。有全球规模销售量的厂商可能拥有重要的成本经济性,而全国规模的销量则不尽然。多国公司往往能够在国与国之间以极低的成本转移其生产、营销和管理方面的诀窍,所以他们会拥有仅在本土竞争的厂商所没有的竞争优势。因此,全球化竞争通常会改变行业中重要竞争厂商的竞争模式,并且给各个竞争厂商所带来的利益是不均衡的。所有这些情况都使得全球化在下列情况下成为行业的驱动因素:①规模经济性很大,竞争厂商必须在多个国家和市场上销售其产品,以获取足够大的销售量并降低单位成本;②低成本生产是一个关键因素,这就迫使公司必须将生产设施置于成本最低的国家;③一家或多家以增长为导向的公司正尽力在尽可能多的有吸引力的国家市场上树立其显著的竞争地位;④业务以自然资源为基础,例如,从事原油、铜和棉花生意的公司往往在地理区域上遍布全球。

3. 行业外部宏观力量对行业的影响

行业外部宏观力量包括政府、宏观经济、社会因素和技术因素等。

1）政府因素

管理当局和政府的行动常常会带来行业惯例和战略方面的重大变化。政府管制的解除成为下列各行业之中一种强大的有助于提高竞争能力的力量:航空、银行、天然气、通信及电力设施。政府的医药保健和健康保险方面的改革成了健康保健行业的强大驱动因素。在国际市场上,本国政府可能通过向外资公司打开国内市场或关闭国内市场等方式推动竞争变革。

2）宏观经济因素

经济形势的变化也影响行业的发展,例如,由于全球性金融危机导致宏观经济形势不景气,对汽车行业的影响巨大,GDP 的增长放缓,CPI 和 PPI 的通胀数据不断上扬,国际原油价格和钢材价格大幅波动,这些宏观经济因素从各方面改变着汽车行业的走势。

3）社会因素

新出现的社会问题和人们价值观及生活方式的变化可以刺激行业变革。日益高涨的禁烟情绪已经成为烟草行业的一大主要变革驱动因素。消费者对盐、糖、化学添加物、饱和脂、胆固醇以及营养价值的担忧已经迫使食品商改变其食品加工技术，将 R&D 重新定位于健康添加原料，以及竞相提供健康美味的产品。安全方面的担忧使得汽车、玩具以及户外动力设备等行业中的有安全措施的产品成为一种竞争性的资产。人们对身体健康的关注已经产生了一些全新的行业：健身设备、户外服装、运动馆和休闲中心、维他命、营养物补充以及经过医药调试的饮食方案。社会对空气及水污染的关注已经迫使各个行业增加经营费用，将污染控制开支挤入成本。态度和生活方式的变化通常有利于促使竞争厂商加快反应速度、更富有创造力，其产品的定位目标就是新趋势、新环境。

4）技术因素

技术进步是推动行业演进的重要力量，新技术带来的产品革新能够使原有的行业消亡或衰落，并促使一个新行业的诞生。例如互联网技术的出现，给许多传统行业带来了冲击，E-mail 对邮政行业的冲击，网络电话和即时通信工具对通信行业的影响，网上商城对百货等传统零售行业的挑战等等，技术变革对行业的影响越来越大，同时技术转化的时间也在迅速缩短，原有行业要密切注意相关技术的发展趋势，及时对技术革新做出反应，以保持竞争优势。

如上所述，各种潜在驱动因素说明了为什么仅仅从某一角度来考察一个行业的变革是不充分的，行业环境是影响企业市场营销较为直接的环境，因其较为重要，而在以往的市场营销管理中并未给予足够的重视，加以国内许多企业在此方面频频失误，因此强化行业分析意识，提高行业分析能力是非常重要的。上面我们介绍了行业分析的一般方法，但是，行业的形成、发展与演变，既有共性也有差异，上面的分析方法只是一般意义上的。例如，并非所有的行业都会走向少数寡头垄断。这既取决于行业特性（规模较小的差别化小批量生产、规模较大的同质化大规模生产），又取决于行业内企业的努力方向，即战略。如果企业都相互模仿，战略趋同，竞争就会加剧。反之，各展所长，各得其所，大家都能相安。此外，虽然在某一行业中有许多变革因素在起作用，但是真正能够算得上驱动因素的却不超过 3～4 种，驱动因素是行业变革原因和方式的主要决定因素。比如我国电信业，在 21 世纪开始，其行业变革的驱动因素是：电信业管制的放松或解除、通信技术的发展趋势、电信服务创新和营销创新及消费者电信服务需求偏好的迁移四个方面。战略分析家必须抵挡那种将所有他们认为是导致变化的因素视为驱动因素。分析工作是仔细评价行业的力量和竞争变革，从而将重要的因素和不重要的因素区分开来。

行业分析的目的主要有两个方面：对已在行业内的企业，行业分析可以帮助企业建立行业观念，在明确行业现状和可能走势的基础上确定本企业的竞争战略，持续提高竞争优势；对准备进入该行业的企业，认识行业演变规律，可以正确地指导企业投资决策，减少投资失误和资源浪费。许多年以来，人们一直在喊"抓住机会"。从行业演变规律中我们看到，抓住一时机会并不难，难在持久地拥有握住机会的能力。抓一个机会丢一个机会的游击战，对某些企业是适宜的，但对另一些企业则是非常危险的。

4.2 关键成功要素分析

在行业分析中,我们把所有对行业和行业内企业有威胁的方面都视为竞争关系。进一步深入分析将会发现,确切地说,行业内企业之间、行业与周边四种力量之间是既有竞争又有合作,竞争与合作并存的关系。战略营销首先要明确竞争对手,分清敌友,合纵连横。

4.2.1 关键成功要素的含义及其对营销的意义

关键成功要素(critical success factors,CSFs)又称(key success factors,KSFs),指的是那些对企业在特定的行业中建立竞争优势至关重要的影响因素。例如,服装行业的关键成功要素包括把握市场的需求和走向,对市场需求做出快速反应,降低零售商的库存风险;大豆行业的关键成功要素是采购专业知识强、低成本的物流以及大量资金;汽车制造行业的关键成功要素是资金、技术和管理;食品行业的关键成功要素主要由品牌、推销、产品组合和规模四个要素组成;房地产业的关键成功要素是业务开发能力、地理位置、土地储备成本、定位等。

关键成功要素对企业营销具有以下重要的意义。

1. 有助于企业识别谁是竞争者

由于竞争有广义狭义之分,因此按照不同的标准,企业可以找到不同的竞争对手,但是在众多的竞争对手中,哪些才是企业真正的竞争者,这是我们必须面对的关键问题。传统的竞争者识别方法帮助我们找到最直接的竞争者,却可能忽视了潜在的竞争威胁,例如巴诺(Barnes & Noble)和 Borders 两家图书连锁店是主要的竞争对手,但亚马逊却开创了网上书城的新格局,成为图书零售行业的翘楚。很多时候,我们都会关注于现在的竞争对手而忽视了潜在的竞争对手,因此我们必须意识到,在关键成功要素上与企业展开竞争的才是真正的竞争者,图书零售行业的关键成功要素在于低价和便捷,亚马逊借助互联网出奇制胜,如果连锁书店将目光着眼于关键成功要素上,就会发觉网上书店对于企业的潜在威胁,更准确地确定竞争者。

2. 有助于企业把握竞争战略方向

一个公司如果能够深刻地洞察行业的关键成功要素,就可以通过将公司的战略建立在这些要素之上,然后竭尽全力在这些要素上比竞争对手做得更好来获取持久的竞争优势。实际上,关键成功要素是获取竞争优势的黄金机会——那些能够在某个具体的要素上出众的公司可能因为它们所作的种种努力而拥有比较强大的市场地位。因此,用一个或多个关键成功要素作为公司战略的奠基石,并且通过在某个具体的要素上做得出类拔萃来获取持久竞争优势的做法就成了带来累累硕果的策略。

3. 有助于企业明确资源的投向，明确竞争能力或核心能力培育的方向

确定行业的关键成功要素应该具有很高的优先性，对企业如何分配资源具有指导意义。公司的管理者必须很好地了解行业的形势，以便了解要取得行业竞争的成功，什么最重要，什么的重要性小一些，他们必须知道有价值的资源是哪些。对长远竞争成功起至关重要作用的因素，如果分析时出现错误，就会大大提高错误制定战略的风险——这种错误制定的战略会过分强调不怎么重要的竞争目标，而低估那些有着很高重要性的竞争能力。

4.2.2 可能的关键成功要素

关键成功要素通常隐藏在顾客价值、行业特性、行业结构和行业生命周期之中。分析可能的关键成功要素时，我们要把握一个准则，即关键成功要素是企业可调可控的变量，只有这样，它们才可能成为企业战略策略要素。

1. 与顾客价值相联系的要素

顾客价值需要/偏好决定了企业的努力方向，因此，与顾客价值相联系的要素是企业成功的关键所在。顾客价值涉及顾客购买的全过程，因此对顾客价值相关要素的探测将有助于企业更加了解在顾客消费过程中，哪些属性对顾客来说是重要的，以及这些属性与顾客价值之间的关系，从而为企业核心竞争力的培养打下基础。由于影响顾客价值的因素有很多，而这些因素在不同的行业背景下，对顾客价值的影响权重会有所不同，因此我们在这里只能提供一种思路帮助企业识别与顾客价值相联系的要素。从实体产品层面，可能包括顾客对产品的功能、样式等实体产品进行的评价；从质量层面，可能包括顾客对产品质量的认可程度，这里的质量包括产品标准的一致性和使用的持久性等方面；从服务层面，可能包括顾客对服务的认可程度，这里的服务包括售前的信息咨询、售中的接待和售后的持续服务等；从顾客付出的成本的角度，可能包括顾客为获取产品信息、购买产品要支付的货币成本以及使用和消费过程中要追加的货币支出，如维修与维护等。除了以上因素，顾客价值还会受到顾客心目中的企业形象的影响，企业形象好，可以放大顾客价值，相反，企业形象不佳，将缩小顾客价值。企业在识别与顾客价值相联系的要素时，还要充分考虑以上因素的权重，因为顾客对产品和服务以及成本的要求和偏好是不一样的，同一产品和服务在不同顾客的眼中的顾客价值也是不同的。

2. 与行业相联系的要素

首先，把握行业特点可以帮助我们找到可能的关键成功要素。例如，对连锁超级市场来说，产品组合、库存周转、促销与定价是关键成功要素；而对制药企业来说，产品研发、政府许可和品牌形象是非常重要的关键成功要素；对航空行业，订票系统、运载能力是关键成功要素。

其次，行业结构分析也是找到关键成功要素的途径。在完全竞争行业，由于产品的同质化程度很高，企业间竞争非常激烈，产品价格、服务质量等会成为关键要素，而在垄断竞争市场上，产品之间是存在差异的，因此产品的差异化、多功能性会成为竞争的关键要素。

同样,在寡头垄断市场上,资产专用性程度、纵向一体化程度是竞争的关键,而在完全垄断市场中,政府许可则是典型的关键成功要素。

此外,行业生命周期发生了变化,相应地,关键成功要素也会变化。例如,在家电行业生命周期处于成长期的时候,扩大规模占领市场是关键要素,而进入成熟期以后,如何降低成本就成为关键成功要素。

最后,行业经营环境的变化会影响到关键成功要素。例如,20 世纪 90 年代初期,经济一片高涨,当时的关键成功要素就是"圈地""圈钱",谁能搞到建设用地谁就可以发财,谁能搞到资金谁就可以坐地获利。但是 1993 年以后,随着中央政府采取紧缩经济的政策,关键成功要素变了,企业只有通过强化管理才能获得竞争优势。

3. 与企业的竞争地位相联系的要素

企业较之竞争者的竞争地位不同,关键成功要素也不相同。当企业是市场领导者,技术更新、新产品开发会是关键成功要素;当企业是市场挑战者,则开发新的细分市场会成为竞争的关键;作为市场追随者,其关键成功要素就是跟随;而作为市场利基者,其关键成功要素在于产品专业化、服务专业化。

表 4-3 列出了与技术、制造、营销、员工技能等相关联关键成功要素。

表 4-3　关键成功要素

与技术相关的关键成功要素	• 研发能力(在下面这些领域中尤为重要:制药、空间探测以及其他高科技行业) • 在产品生产工艺和过程中进行有创造性的改进的技术能力 • 产品革新能力
与制造相关的关键成功要素	• 生产效率(获得规模经济,取得经验曲线效应) • 固定资产高利用率(在资本密集型/高固定成本的行业中尤为重要) • 能够获得足够的娴熟劳动力(适用于劳动密集型行业) • 劳动生产率很高(适用于劳动力成本很高的产品制造) • 低成本的产品设计 • 产品线宽度 • 质量控制诀窍
与市场营销相关的关键成功要素	• 强大的批发分销商/特约经销商网络(或者拥有互联网分销能力) • 公司自己拥有分销渠道和网点 • 分销成本 • 送货速度 • 客户服务 • 促销(包括广告、推销人员素质等等) • 顾客保修和保险(对于邮购零售、大批量购买以及新推出的产品来说尤为重要) 　能够开发出创造性的产品和取得创造性的产品改进 • 卓越的信息系统(对于航空旅游业、汽车出租业、信用卡行业和住宿业来说是很重要的) • 能够快速地对变化的市场环境做出反应(简捷的决策过程,将新产品推向市场的时间很短) • 互联网发布信息、承接订单、送货或提供服务的能力 • 品牌建立

续表

与员工技能相关的关键成功要素	• 劳动力拥有卓越的才能（对于专业型的服务，如会计和投资银行，这一点尤为重要） • 设计方面的专有技能（在时装和服装行业尤为重要，对于低成本的制造也是一个关键的成功因素） • 在某一项具体的技术上的专有技能 • 能够使最近构想出来的产品快速地经过研究与开发阶段到达市场上的组织能力 • 拥有比较多的经验和诀窍
其他类型的关键成功要素	• 在购买者中间拥有有利的公司形象/声誉 • 运营成本很低 • 便利的设施选址（对于很多的零售业务很重要） • 公司的职员在所有与顾客打交道的时候都很礼貌、态度和蔼可亲 • 能够获得财务资本（对那些最新出现的有着高商业风险的新兴行业和资本密集型行业来说是很重要的） • 专利保护

4.2.3 关键成功要素的确认方法

关键成功要素随着行业的不同而不同，甚至在相同的行业中，也会因行业驱动因素和竞争环境的变化而随时间变化。对于某个特定的行业来说，在某一特定时候，极少有超过三四个关键成功要素。甚至在这三四个关键成功要素之中，也只有一两个占据较重要的地位。因此，公司管理者不能将那种不够重要的因素列在关键成功要素的清单之上，确定关键成功要素的目的是判断何为重要何为不重要，如果包含那些只起了一丁点作用的某些因素，就会破坏管理层对这些关键因素的聚焦。下面我们介绍几种帮助企业确认关键成功要素的方法：

1. 顾客价值调查法

顾客价值调查法是指通过顾客价值探察与测量来获得顾客价值信息并以此确定关键成功要素，例如，某行业的顾客价值可能包括：服务人员质量、服务沟通质量、产品核心性能、产品伴随性能和服务反应等因素。由于行业特点的不同，顾客价值调查法可能会体现出不同的要素。

2. 产业/企业专家调查法

向产业专家、企业专家或具有知识与经验的专家请教，除可获得专家累积的智慧外，还可获得客观数据中无法获得的信息，但是，这种方法的主观性较强，在验证上存在一定的困难，因此，建议同客观数据的实证分析相结合。

3. 产业结构分析法

应用迈克尔·波特提出的产业结构"五力分析"架构，作为此项分析的基础。此架构由五个要素构成，每一个要素和要素间关系的评估可给分析者提供客观的数据，以确认及检验产业的关键成功要素。产业结构分析的优点是此架构提供一个很完整的分类,另一项优点就是以图形的方式找出产业结构要素及之间的主要关系。

4. 竞争分析法

分析公司在产业中应该如何竞争,以了解公司面临的竞争环境和态势,研究焦点的集中可以为确定关键成功要素提供更详细的资料,且深度的分析能够有更好的验证性。

以上的方法可以帮助我们在众多影响企业成功的因素中确认关键成功要素,我们还可以根据众多影响因素对竞争优势的贡献程度,将其分为三类:竞争优势因素,就是对企业成功最具决定性作用的要素,它们为企业提供了获得竞争优势的机会;竞争标准因素,就是企业在这些因素上做不好就会失去顾客,但是做好了也无法增加顾客的满意程度的因素;潜在因素,是一些尚未开发的、未得到企业足够重视的因素,但随着顾客需求、竞争条件、行业技术的发展和变化,它们可能会成为企业未来的竞争优势因素。这三类因素是动态的,存在着相互转化的现象。例如,企业在一些竞争优势因素上的竞争促使企业在这些要素上的绩效表现迅速提升,随后顾客对它们的渴求程度将随之下降。当这些因素不再影响企业成功时,就变成了竞争标准因素,失去战略意义,这样其他一些竞争要素将替代原有竞争优势因素而成为企业获取竞争优势的新来源。

竞争优势因素和一些潜在因素构成了企业具有战略重要性的要素集合,是企业制定竞争战略的基础。企业不断开发新竞争战略,就是在这个集合中发现和淘汰差异变小、失去激励作用的竞争优势因素,同时补充新要素的过程(如图 4-2 所示)。

细想下来,我们可以发现,竞争焦点的变化,实际是一个关键成功要素不断拓展的过程,正是这些要素的多样化驱动了竞争战略的多样化。因此,企业必须时刻跟踪和监测行业的变化情况,识别新的关键竞争要素,整合企业资源构筑与之相匹配的竞争能力,适时调整企业的竞争战略。

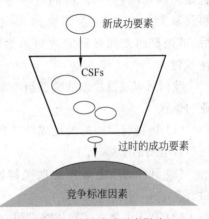

图 4-2　关键成功要素漏斗

4.3　确定竞争者

根据不同的标准,我们可以确定不同的竞争对手,有广义的也有狭义的,在众多竞争对手中找到真正的竞争者是企业的一项基础性工作,虽然确定竞争对手的方式有很多,但我们认为,只有在相同的关键成功要素上竞争的才是企业真正的竞争者,只有正确找到了关键竞争者,才能帮助企业更有效地整合资源,获取竞争优势。

4.3.1　战略群组与竞争对手

通常对战略群组的理解是指同一行业内并具有类似战略特性的一组企业。为了更好地识别关键竞争者,我们进一步分析战略群组的形成。从上一节的分析我们得出,由于行业特性、行业结构的影响,不同的行业有自己独特的关键成功要素,即使在同一行业,也可能由于行业生命周期等因素的影响而衍生出不同的关键成功要素,为了在竞争中取胜,企业会结合自身的资源特点选择最为关键的成功要素。因此我们认为,选择了相同的关键成功要素的企业构成了一个战略群组,群组内的企业间的竞争都要比企业与群组外其他企业之间的竞争更激烈,因为那些在同一战略群组中的企业是在相同的成功要素上竞争,它们会采用相同或相似的方式对待某些战略特性,作出相同或相近的战略选择。

采用这种方式认识战略群组可以帮助我们更好地识别并分析竞争对手,有助于企业形成和实施适当的战略。首先,由于同一战略群组内的企业向相似的顾客群销售相似的产品,他们之间的竞争会非常激烈,竞争越激烈,各个行业的利润受到的威胁就越大。其次,行业演变的影响力量的强度在不同的战略群组中各不相同。最后,战略群组之间强调的战略因素和采取的战略越接近,它们之间产生竞争的可能性就越大。

我们可以通过绘制战略群组图来识别行业内的战略群组分布情况,并进而确认本企业的位置。

(1) 辨析行业中的关键成功要素,找出其中最重要的1～3个要素,把它们作为勾画战略群组图的坐标。

(2) 评估每个企业在这些关键成功要素方面的表现,并将它们表示在上面的坐标图上。

(3) 把大致落在相同战略空间内的厂商归为同一个战略群组。

(4) 给每个战略群组画一个圆圈,使其半径与各个战略群组所占整个行业销售收入的份额成正比。

(5) 确定本企业所在的战略群组。

(6) 确定竞争对手。

在群组图上,成员之间的距离越近,成员之间的竞争越激烈。同一战略群组中的厂商的竞争最强烈,其次是相距最近的两个群体中的成员厂商。一般来说,群体图上两个相距甚远的战略群内的成员厂商几乎没有竞争可言。即使是处在同一个战略群组内的企业之间,也并非就是竞争对手。只有那些选择了相同的关键成功要素而同时竞争能力也相近的竞争者之间才是主要竞争对手。

图4-3是根据产品质量和服务质量两种维度勾画的家电行业中的四个战略群。图中圆圈面积代表各组的市场份额大小。

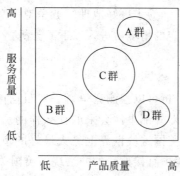

特征	分解			
	A 群	B 群	C 群	D 群
产品质量	较高	非常低	中等	非常高
服务质量	非常高	较高	中等	非常低

图 4-3   家电行业战略群组示例

4.3.2   分析竞争对手

在确立了重要的竞争对手以后,就需要对每一个竞争对手作出尽可能深入、详细的分析,揭示出每个竞争对手的长远目标、基本假设、现行战略和能力,并判断其行动的基本轮廓,特别是竞争对手对行业变化,以及当受到竞争对手威胁时可能作出的反应。

图 4-4 是迈克尔·波特提出的一个竞争对手分析模型。该模型将竞争对手分析分为两大维度:一个维度是动机与能力维度,一个维度是显现与隐含维度。在这两个维度的基础上可以进一步细化为四个方面:竞争对手的长远目标、竞争对手的现行战略、竞争对手对自己及其行业的假设以及竞争对手的潜在能力。最后对上述四个方面进行综合,就

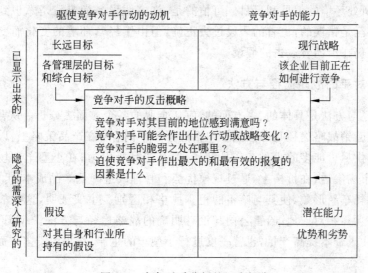

图 4-4   竞争对手分析的组成部分

可以判断竞争对手的反击概略。为了更好地理解竞争对手分析模型,建议读者参照本书关于哈雷摩托车的案例,在特定的情境中进入以下的分析。

1. 竞争对手的长远目标

对竞争对手长远目标的分析可以预测竞争对手对目前的位置是否满意,由此判断竞争对手会如何改变战略,以及对外部事件会采取什么样的反应。日本摩托车企业的战略目标很明显,就是要全面占领美国这块世界上最大最好的市场。因此,像本田公司,在遇到关税壁垒时就可能采取到美国直接建厂的办法绕过美国关税壁垒的限制。

2. 竞争对手的战略假设

每个企业所确立的战略目标,其根本是基于假设之上的。这些假设可以分为三类:

(1) 竞争对手所持奉的理论假设。例如,AMF 公司所奉行的理论是短期利润,因为只有利润,才能支持发展。而日本企业信奉的是市场占有率和规模经济理论,它们认为,只要能占领市场,扩大生产销售规模,单位成本就会下降,竞争优势自然滚滚而来,然后才有秋天的黄金收获。

(2) 竞争对手对自己企业的假设。有些企业认为自己在功能和质量上高人一筹,有些企业则认为自己在成本和价格上具有优势。名牌产品企业对低档产品的渗透可能不屑一顾,而以价格取胜的企业对其他企业的削价则会迎头痛击。

(3) 竞争对手对行业及行业内其他企业的假设。哈雷公司在 20 世纪 60 年代不仅对摩托车行业充满信心,而且对日本企业过于掉以轻心,认为它们不过是在起步学习阶段,对自己构不成威胁。然而,日本人一边低头哈腰地表示:"我们是小学生。"一边却对美国人小觑自己刻骨铭心:"看谁笑到最后。"经过 20 年的修炼,日本摩托车业终于在美国修成正果。

实际上,对战略假设,无论是对竞争对手,还是对自己,都要仔细检验,这可以帮助管理者识别对所处环境的偏见和盲目。可怕的是,许多假设是尚未清楚意识到或根本没有意识到的,甚至是错误的,也有的假设过去正确,但由于经营环境的变化而变得不那么正确了,但企业仍在沿循着过去的假设。

3. 竞争对手的战略途径与方法

战略途径与方法是具体的、多方面的,应从企业的各个方面去分析。从营销战略的角度看,本田的营销战略途径与方法至少包括这样一些内容:在产品策略上,以小型车切入美国市场,提供尽可能多的小型车产品型号,提高产品吸引力;在小型车市场站稳脚跟后再向大型车市场渗透;在价格上,通过规模优势和管理改进降低产品成本,低价销售;在促销上,建立摩托车新形象,使其与哈雷的粗犷风格相区别。事实证明,这些战略途径行之有效,大获成功。相对应地,哈雷公司却没有明确的战略途径与方法。AMF 公司虽然也为哈雷公司注入资本提高产量,也曾一度进行小型车的生产,结果由于多方面因素的不协同而以失败告终。

4. 竞争对手的战略能力

目标也好,途径也好,都要以能力为基础。在分析研究了竞争对手的目标与途径之后,还要深入研究竞争对手是否具有能力采用其途径实现其目标。这就涉及企业如何规划自己的战略以应对竞争。如果较之竞争对手本企业具有全面的竞争优势,那么则不必担心在何时何地发生冲突。如果竞争对手具有全面的竞争优势,那么只有两种办法:或是不要触怒竞争对手,甘心做一个跟随者,或是避而远之。如果不具有全面的竞争优势,而是在某些方面、某些领域具有差别优势,则可以在自己具有的差别优势方面或领域把文章做足,但要避免以己之短碰彼之长。关于战略能力分析的内容与方法在以后的章节中还要深入论述。

5. 竞争对手对竞争会如何反击

概括起来,竞争对手对竞争的反应无非有三种情况:不采取反击行动、防御性反击和进攻性反击。这取决于竞争对手对目前位置是否满意,它是否处在战略转变之中,它所具有的战略能力,以及竞争对手对它的刺激程度。具体说来,可以分为6种反击模式。

(1) 不立即采取反击行动。其原因可能是深信顾客的忠诚性,也可能是没有反击所必需的资源,还可能是并未达到应予以反击的程度。所以,对于这类竞争对手就要格外慎重。

(2) 全面防御型反击。会对外在的威胁和挑战作出全面反应,以确保其地位不被侵犯。但是全面防御也会把战线拉长,对付一个竞争者还可以,若是同时要对付几个竞争者的攻击,则会力不从心。

(3) 死守阵地型反击。因为其反击范围集中,而且又有背水一战、拼死一搏的信念,所以反应强度相当高,这类反击行动是较为有效的。又因为是集中在较小范围内的反击,所以其持久力也较强。

(4) 凶暴型反击。这一类型的企业对其所有领域发动的进攻都会作出迅速而强烈的反击。例如,宝洁公司(P&G)绝不会听任一种新的洗涤剂轻易投放市场。凶暴型反击者向竞争对手表明,最好不要碰它,老虎的屁股摸不得。

(5) 选择型反击。可能只对某些类型的攻击作出反应,而对其他类型的攻击则不然。因此,了解这种类型反击者的敏感部位,避免不必要的冲突至关重要。

(6) 随机型反击。它的反击最不确定,或者根本无法预测,它可能会采取任何一种可能的反击方式。

4.4 竞争能力分析

作为本章的重要内容,我们要在竞争对手识别和分析的基础上,进一步探查企业较之竞争对手的竞争能力。需要注意的是,目前国内外的许多有关著述,都是把竞争能力分析看做是眼光向内"内部分析",笔者认为不妥。这是因为,顾名思义,"竞争能力"就是企业较之竞争者的能力强弱,它必须以竞争对手为比照对象,所以它是内外结合而不仅仅是对企业自身的。

4.4.1 理解竞争能力

资源、能力、竞争能力是一组非常重要的概念，它们构成了企业竞争优势的基础。企业管理者不能或很难改变企业的外部环境（包括市场环境、行业环境和宏观环境），能够有所作为的主要是改进企业内部的资源、能力与竞争能力状况，并结合其他要素，来构建和保持竞争优势。

1. 资源与能力

资源（resources）指的是企业用以为顾客提供有价值的标的所必须投入的生产要素。需要注意的是，这里的资源概念要比会计人员使用的资源概念宽泛得多。从大的方面来说，资源可以分为有形资源和无形资源两大类。有形资源是看得到、摸得着、可以数量化的资源，它们通常可以在账面上反映出来，而无形资源则主要包括诸如专利、版权等知识产权、Know-How、品牌资产、社会关系网络、企业文化以及与产品（服务）和公众利益相联系的企业形象等方面，通常并不在（或不能在）账面上反映出来。

有形资源易于识别，也容易评估，因此也就容易通过市场进行购买。它同人们常说的"资本密集型企业"有很大的相同之处。无形资源的识别与评估就相对困难得多，因此也就很难通过外部市场来获得（在这里，市场失效）。它是同"知识密集型企业"相联系的。我们后面将会进一步谈到，如果企业拥有的资源其他企业也很容易拥有，那么企业的持久竞争优势就很难建立起来。反之，如果企业拥有其他企业很难拥有的资源，那么，这些资源就可能成为企业成就竞争优势的重要来源。有形资源易得，而无形资源难求。因此，构建企业持久竞争优势的重点应当是放在无形资源的获取上而不是有形资源的获取上。

有人将 19 世纪、20 世纪和 21 世纪的竞争优势来源用三个英文词来概括，合而称之"MEI"。意思是说，19 实际企业和国家经济发展的竞争优势来源主要依赖于原材料（material），20 世纪的竞争优势来源主要是能源动力（energy），21 世纪的竞争优势来源主要是以信息为载体的知识（information）。前两个时期都是以有形资源为主，21 世纪则是以无形资源为主。

现在的问题是，在相当多的企业里，管理者对无形资源的认识还相当肤浅，突出表现包括：重设备等硬件投资，轻技术等软件投资；重企业外在形象建设，轻企业内部知识管理建设；重组织程序、制度等硬性规定，轻企业文化氛围建设。这种状况如果不改变的话，中国企业的持久竞争优势就很难建立起来。

能力（capabilities）是比资源高一层次的概念。它指的是将企业的资源加以统筹整合的以实现预期的目标的技能。从营销管理的角度看，资源是为向顾客交付有价值的产品/服务所需要的投入要素，例如资金、设备、原材料、人力等，能力则是把这些投入要素加以整合的程度。举个简单的例子，两家热水器制造企业，它们引进的生产线基本相同，投资规模基本相同，人力资源也没有明显的差别，但是两家企业的营销绩效却大相径庭。为什么会是这样呢？一个合理的解释就是一家企业比另一家企业有更强的能力。一个球队也是这样，如果没有有实力的球员（资源），这个球队很难获胜。但是，如果一个球队拥有众多球星却没有有效的管理(能力),这个球队也很难获胜。能力是联结和整合企业各种资源的黏合剂。

2. 竞争能力与竞争优势

优势,在过去 SWOT 分析方法中,指的是本企业较之竞争者的强项,例如本企业采用产品技术优于竞争者,就可以说本企业在产品技术方面有优势。笔者认为,这样的比较固然重要,但是过于具体。这里的竞争优势,我们宜做这样的理解:①顾客/市场视角:如果一家企业 A 较之竞争者企业 B,能够为顾客提供更大的价值,那么顾客就会购买这家企业 A 的产品,而不买或很少买企业 B 的产品,这种时候,就称企业 A 具有市场上的竞争优势;②企业视角(经济学中通常是这种视角):如果一个企业能够在行业中获得"超额收益",那么就说这家企业具有竞争优势。可以看出,这里的竞争优势指的是竞争的结果,而不是具体内容。实际上,这两个视角并不矛盾,迈克尔·波特恰恰是因为他成功地从经济学视角转变为顾客价值视角,所以他发现了 3 个基本竞争战略。迈克尔·波特说:"竞争优势,归根结底来源于为顾客创造的价值。"

在一些情况下,资源本身就可能是竞争优势的来源。例如对于商场来说,占据优越的地理位置这种稀缺资源就可以形成竞争优势。对资本密集型行业来说,如果一个企业拥有较之竞争者更充裕的资金,它也可能借此获得竞争优势。但是通常,单一资源很难使企业获得竞争优势。同样地,并不是所有的能力都能够形成企业的竞争优势,很多能力是企业必须拥有的,没有这些能力企业就无法生存,而拥有这些能力却不一定能够形成企业的竞争优势。为了区别一般的能力与能够给企业创造竞争优势的能力,我们把后者称之为"竞争能力"(competencies)(如图 4-5 所示)。

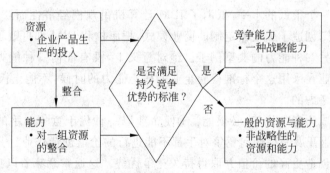

图 4-5　资源、能力、竞争能力及竞争优势的关系

判断竞争优势的源头至关重要,只有溯本求源,才能找到开发和提高竞争优势的管理要素。实际上,关于资源、能力、竞争能力和竞争优势的概念的意义不在于构造一套概念体系,重要的是它们可以为管理者提供一个思考、挖掘企业竞争优势的工具。

3. 核心竞争能力

核心能力理论的研究者认同迈克尔·波特理论的一部分,例如"竞争优势",他们也认为竞争优势很重要。但其不同观点在于,核心能力学派认为,其一,企业的行业转移是有条件的,不是想转就能转的;其二,在恶劣的行业中,企业照样可以获得竞争优势,例如在竞争极其激烈的 PC 机行业中,DELL 公司依旧取得了较高的收益。这取决于企业是否具有恰当的核心能力。

关于核心能力的含义,众说纷纭。经过十几年的研究和实践,我们大致可以从这样几个方面来理解:首先,核心能力不是一般的技能,而是一种有机整合性的能力;其次,这种整合性的能力,通常是跨部门、跨流程的各个方面通过亲密无间的交流、合作,并在这样的过程中不断学习而积累形成的,是后天习得的;最后,也是最重要的,这种能力能够为顾客创造价值,从而获得竞争优势,并进而使企业获得价值。一个能力如果能够称之为核心能力,它应该至少满足如下三条标准:

卓越价值性。这种能力能够为顾客和企业创造卓越的价值吗? 首先,这个能力必须是能够为顾客创造价值,而且是卓越顾客价值,即超越竞争对手能够为顾客提供的价值。唯有如此,企业才能够在市场上赢得竞争优势。同时,这个能力也必须是能够为企业创造价值的,唯有如此,企业在为顾客创造价值的过程中也才能得到自身的发展和壮大,而且比竞争对手发展得更快、更强大。

稀有性或独有性。这种能力是企业独有的还是大家都有的? 如果竞争者也广泛拥有这种能力,那么这种能力就不是核心能力,因为它不能使企业产生竞争优势。

持久性。这种能力具有持久性吗? 这又包括两个方面:难以模仿性与难以替代性。难以模仿性是与核心能力的三个特征相联系的,即构成复杂性、因果模糊性和路径依赖性。一个能力具有这样的特点,它才难以被模仿。替代性指的是这个能力是否可以被其他的能力所替代。例如,IBM 公司的计算机业务曾经因为销售量很大而具有很强的规模优势,可是后来康柏利用全球化,把制造基地转移到低劳动力成本的国家和地区,一下子就把成本降低到一个很低的水平,抵消了 IBM 计算机由规模经济性而获得的成本优势。后来的戴尔公司则创造了大规模定制的商业模式,把康柏和 IBM 都打败了。这可以看成用一种能力替代另一种能力的典型例子。绝对意义上,没有任何一种能力会是具有永远的持久性的。企业在采用这个标准检验企业的核心能力的时候,不能走极端,但是 5~10 年的周期还是要考虑的。

一种能力要成为竞争优势,必须能:①使企业以一种优于竞争对手的方式完成特定的作业。②使企业开展一种任何竞争对手都不能进行的价值创造作业。只有这两种情况能使企业为顾客创造更高的价值并取得持久竞争优势。这通常意味着以独一无二的方式重新形成或重新组合价值链上的作业。美国的联邦快递公司就是重新组织了基础性作业和支持性作业从而创造了昼夜服务,并改变了邮递业务的本质。许多新的竞争对手已开始学习联邦快递公司创造的这种价值链重组方法,企图打破它的竞争优势。

4.4.2　基于关键成功要素的竞争能力比较

1. 找出关键成功要素

从表象上看,企业同竞争对手的竞争是在关键成功要素上的竞争,而实质上,表象的背后是与之相对应的关键能力的竞争,可以说,找到了关键成功要素就找到了企业的主战场,但如何拔得头筹还需要运筹帷幄,找到企业所需的竞争能力。那么在实际应用中,企业如何能够揭去关键成功要素的面纱,发掘背后的核心能力呢?我们知道,关键成功要素是动态的,它会随着行业的不同而不同,甚至在相同的行业中,也会因行业驱动因素和竞争环境的变化而变化,因此我们的首要任务就是先找到关键成功要素。下面我们以零售行业为例,分析其关键成功要素。

我国拥有世界上最大的消费者市场。随着经济成长和居民收入的提高,消费水平也同步上升。尤其自 2002 年加入 WTO 后,我国更成为世界众多投资者眼中最具吸引力的市场,然而为了保护国内幼小的产业,在进入 WTO 之后并未立刻全面开放,对于外商投资企业所在地、股权、进入模式及数量都有严格的规定,直至 2004 年 12 月 11 日,按照中国加入 WTO 的承诺,零售业全面对外开放,取消过多的限制,外资开始可以在中国任何一座城市开设独资店铺。中国零售业“入世过渡期”宣告结束,迎来了“后 WTO”时代。研究发现,下列因素对零售企业非常重要:

(1) 降低成本。低价是零售业最重要的战略之一,如天天平价、天天低价、买贵退差价等,这些都是利用促销活动以吸引人潮。可是在天天低价的背后所隐藏的真正意义是如何降低企业成本,将其利润给予顾客,这样企业才会永续经营。

(2) 顾客导向。要使顾客能放心地购买商品,关键在于不断地为顾客创造价值,要让顾客价值实现最大化,提高商品品质和服务品质,降低商品价格,加强与顾客的沟通,了解他们的价值取向,提供对顾客至关重要的商品和服务并常常超出顾客的期望。

(3) 供货商关系。零售商场一般对于供货商的合约,常把对自己有利的权利写得满实满载——赊销、退货、换货、供货商自己查货,对自己的义务却一笔代过,甚至只字不提,愿不愿意供货由你自便。供货商把各种风险算进供应价,商家再层层加价,零售价格自然就上去了。这并不是一种好的做法,唯有与供货商培养好供货关系,如此长期合作下来,双方在品质与成本上方能互相配合,从而降低企业的投资与成本。

(4) 发展自有品牌。在市场竞争益趋惨烈的现况下,发展自有品牌商品是制胜的利器。因为这项策略最能够让消费者享受到高品质、低价位的利益,重点是本土厂商也能从中获利。委托知名厂商代工再贴上自有品牌,除了品质有保障外,售价也可以便宜 15% 至 20%,对消费者最有利。何况自有品牌商品竞争力强,可以照顾到基本毛利,所以发展自有品牌具有重要意义。

2. 比较企业与竞争者在关键成功要素上的竞争能力

找到关键成功要素的目的是为了找到与之相对应的竞争能力。其实,对于某个特定的行业来说,在某一特定时候,极少有超过三四个关键成功要素,这些要素又会同产品创新能力、营销创新能力、服务创新能力等相对应,因此,确定关键成功要素以后,找到与之相对应的支持企业在某一特定的关键成功要素上取胜的竞争能力是企业成功的关键。只有不断培育并强化这些能力,才能使企业获得相对于竞争对手的竞争优势。下面我们来进一步理解企业应如何寻找与关键竞争要素相匹配的竞争能力。

从零售行业的案例中,我们找到了零售行业的四个关键成功要素,即降低成本、顾客导向、保持与供应商的关系以及发展自有品牌。为了在关键成功要素上取胜,零售企业需要通过各种方式培育与之相匹配的竞争能力。

（1）成本控制能力。使用领先的信息技术和后勤系统不断地大幅降低其运营成本，并通过集中采购获得规模经济性，同时增加大量采购，提高与供货商之间的谈判筹码，压低进货成本，使商品更便宜、更具竞争力。

（2）供应链协同能力。与供应商一起进行流程改造，使他们同样致力于降低成本的运作，同时改进物流配送体系，加速存货周转，既保持了与供应商的良好关系，也为"天天低价"提供最有力的支持。

（3）顾客服务能力。将顾客导向的理念在企业中贯彻执行，通过提升顾客价值进而实现利润增长，拥有良好的顾客关系管理系统，通过会员制等方式进一步绑定顾客以达到顾客忠诚，并通过利润分享制度和有效的团队以提升员工的积极性进而提高服务质量。

（4）自有品牌构建能力。通过贴牌生产等方式打造自有品牌产品，减少中间环节让利顾客。

如果关键竞争要素体现在产品的差异化上，那么与之相对应的竞争能力可能包括产品创新能力、技术创新能力、市场创新能力等等，例如，Apple公司在行业中竞争的关键就是其产品的差异化，为此企业投入巨额的研发费用以培育产品和技术创新的能力，不断地推陈出新，为不同的消费者提供适应其需求的产品，同时其卓有成效的市场创新能力保证了企业成功的发掘目标市场并将产品交付给目标顾客。

在这里也要提醒读者注意，由于关键竞争要素是动态的，与之相对应的竞争能力也要随之变化，这样才能获得持久竞争优势。

例如，当产品质量作为关键竞争要素时，小幅度的质量提升就会给消费者带来较大幅度的满足感，质量对顾客购买决策的影响非常大。但是随着质量水平的提高，对消费者而言，质量会从对顾客购买的高激励因素，变为低激励因素，再变为保健因素。至此，它就不再作为关键竞争要素，而成为进入竞争竞技场的最低门槛。其实不只是质量，产品或服务等其他属性也是如此。企业必须随着关键竞争要素的变化及时调整企业资源的流向以形成新的竞争能力。

3. 得出结论——强项、弱项与综合能力

找到了关键成功要素以及与之相对应的竞争能力，那么最后我们需要根据与竞争者的比较，得出企业的强项和弱项。

强项，不是指企业具有什么能力，而是指企业较之竞争对手在某些方面所具有的不可匹敌、不可模仿的独特能力。一个企业的强项，不仅是指能做什么，更重要的是指在哪些方面能比竞争对手做得更好。

弱项，指的是企业较之竞争者在某些竞争能力上的缺点与不足。例如国内的零售企业较之国外竞争者，弱项是多方面的，如成本控制能力不强、供应商协同能力差、自有品牌产品少等等。

如果认为仅仅比较企业较之竞争者在关键能力上的强弱还不够的话，还可以对关键能力做综合评价。这需要通过专家法来实现：第一，确定他们的权重；第二，为本企业和

竞争者在这些能力上的表现评分。然后就可以做出表 4-4,得出本企业较之竞争者的综合能力评分。

表 4-4 竞争能力评价表

关键竞争能力	权重 $\sum=1$	本 企 业		竞争者 1		竞争者 2	
		评价值	加权评价值	评价值	加权评价值	评价值	加权评价值
成本控制能力	0.2	3	0.6	2	0.4	1	0.2
供应链协同能力	0.1	2	0.2	4	0.4	3	0.3
顾客服务能力	0.3	5	1.5	4	1.2	5	1.5
自有品牌构建能力	0.4	5	2	5	2	3	1.2
综合得分		4.3		4		3.2	

从表 4-4 最后一行的综合得分可以看出,本企业的综合竞争能力相对其他竞争者是最强的。

 ## 本章小结

首先,本章从行业结构和行业生命周期角度阐述了行业的演进趋势,并依据从行业外、行业内和宏观环境的角度分析了影响因素。波特五力模型在分析行业外影响竞争的因素方面具有很高的应用价值。

其次,阐述了依据关键成功要素识别竞争对手的原理、意义。可能的关键成功要素可以从与顾客价值相关联的要素、与行业相联系的要素、与企业竞争地位相联系的要素等,并可以依据顾客价值调查法、产业/企业专家调查法、产业结构分析法、竞争分析法等识别关键成功要素。

最后,介绍了依据关键成功要素法确定竞争者,并进行竞争力和竞争能力的比较。只有在关键成功要素上具有竞争能力,才能维持企业战略的持续性。

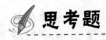 ## 思考题

1. 为什么行业分析时要考虑行业结构和行业生命周期?
2. 影响行业演进的几种力量是什么?
3. 关键竞争要素是什么?
4. 如何识别竞争对手?
5. 资源、能力、竞争能力与竞争优势分别指什么?
6. 如何从关键竞争要素中找出竞争能力?
7. 举例说明企业如何同竞争对手进行竞争优势比较?

案例分析

OPhone 与 iPhone 对决中国 3G 市场

2009年1月7日,中国工业和信息化部颁发 3G 牌照。之后,中国电信市场的两大运营商中国移动和中国联通便迅速展开了战略对决。

4月15日,中国移动发布 G3 笔记本;

4月28日,中国联通推出其全业务品牌"沃";

5月4日,中国移动启动 TD-SCDMA[A]三期招标,三期工程预计覆盖 328 个城市;

5月17日,中国联通宣布在全国 55 个城市启动 3G 业务试用商服务。

在 3G 手机用户市场,移动与联通的竞争尤其激烈。8月28日,中国联通与苹果公司达成 iPhone 手机销售协议,意欲通过引入强势终端产品合作者打开 3G 手机用户市场。紧随其后的 8月31日,中国移动也高调宣布,将携手谷歌和国内一些手机软件、硬件厂商推出 OPhone 手机。

一场 3G 手机大战拉开序幕,鹿死谁手,众人拭目以待。

1. 企业简介

(1) 中国移动

中国移动通信集团公司(简称中国移动),于 2000年4月20日成立,全资拥有中国移动(香港)集团有限公司,后者是中国在境外上市公司中市值最大的公司之一。

截至 2009年6月30日,中国移动资产总额为 7 239.89 亿元人民币,拥有客户 4.98亿人,是全球网络规模、客户数量最大的电信运营企业。

中国移动主要经营移动话音、数据、IP 电话和多媒体业务,并具有计算机互联网国际联网单位经营权和国际出入口局业务经营权。除提供基本话音业务外,还提供传真、数据、IP 电话等多种增值业务,拥有"全球通""神州行""动感地带"等著名业务品牌。

2009年1月7日上午,中国移动获得 TD-SCDMA 制式 3G 牌照。就在当天,中国移动推出了 G3 品牌标识和 3G 专属 188 号段。当其他运营商忙于制定 3G 商用时间表之际,中国移动再度抢先,公布了 2009年 TD-SCDMA 发展规划。1月中旬,中国移动又将 TD-SCDMA 网络建设提速,将此前的"到 2011年,TD-SCDMA 网络将覆盖全国 95% 的地级城市"修订为"到 2011年覆盖全国 100% 的地级城市"。紧接着 7月底,中国移动完成 TD-SCDMA 三期网络设备招标。按照规划,10月底中国移动将开通所有三期城市。2009年春节前,中国移动为 TD-SCDMA 市场发展制定了"3+1"策略["3"包括 TD-SCDMA 上网卡、TD-SCDMA 笔记本、家庭信息机(TD-SCDMA 无线市话);"1"指 TD-SCDMA 手机]。在这个策略中,上网本和上网卡成为中国移动发展 TD-SCDMA 用户的急先锋。电信咨询机构 BDA 分析师石磊表示,中国移动下半年会将大部分精力放在 TD-SCDMA 手机的销售上,而不再是 TD-SCDMA 数据卡和上网本。8月31日,中国移动正式发布基于 Google Android 源代码的 OPhone 平台[B],并计划在下半年推出 30 多款 TD-SCDMA 手机。

（2）中国联通

中国联合网络通信集团有限公司(简称中国联通)是 2009 年 1 月 6 日经国务院批准在原中国网通(2002 年 5 月经国务院批准组建而成)和原中国联通(1994 年 7 月经国务院批准正式成立)的基础上合并成立的国有控股特大型电信企业。中国联通在中国内地 31 个省(自治区、直辖市)和境外多个国家和地区设有分支机构,该控股公司是中国唯一一家在香港、纽约、上海三地上市的电信运营企业。

截至 2008 年底,资产规模达到 5 266.6 亿元人民币,员工总数 46.3 万人。截至 2009 年 7 月底,中国联通用户总数为 3.2 亿户,居世界第五。

中国联通拥有覆盖全国、通达世界的现代通信网络,主要经营:固定通信业务,移动通信业务,国内、国际通信设施服务业务,卫星国际专线业务、数据通信业务、网络接入业务和各类电信增值业务,与通信信息业务相关的系统集成业务等。

2009 年 1 月 7 日下午,中国联通获得 WCDMA[C]制式的 3G 牌照。4 月 28 日,中国联通正式推出其全业务品牌,新品牌口号"精彩在沃",以全新的品牌概念拉开了中国联通划时代的品牌序幕,同时还标志着中国联通 3G 时代的正式来临。5 月 17 日,中国联通正式启动 55 个城市的 3G 试商用。同日,中国联通网上营业厅开通"3G 在线客服",提供包括 3G 产品、资费标准、网络覆盖、增值业务、国际漫游等咨询,并为首批 186 号段友好体验用户提供话费查询、交费充值、业务办理等服务。8 月 28 日,联通与苹果公司达成 iPhone 手机的销售协议。

2. OPhone VS iPhone

中国移动于 2007 年启动 OPhone 平台的研发,并用两年时间完成了商业应用平台的开发工作,许多终端厂商,包括联想、LG、飞利浦、海信等都加入到 OPhone 手机研发行列中。除此以外,全球主流的芯片厂商以及 TD 芯片厂商都与中国移动开展 OPhone 方面的合作。OPhone 为全球厂商和芯片厂商提供开放、高性能的软件平台,缩短了业务开发周期,提高用户体验的一次性,把内容供应商、开发者与消费者联系在一起。中国移动坚持开源、开放的合作模式,希望通过开展更多的合作来推动 OPhone 平台的发展。

OPhone 手机就是指采用中国移动 OPhone 平台(操作系统)的手机终端,内置了中国移动的服务菜单、音乐随身听、手机导航、号簿管家、139 邮箱、飞信、快讯和移动梦网等特色业务。另外,OPhone 是中国移动携手多家厂商联合推出的产品,因此对于不同的终端厂商,OPhone 有不同的产品代号,如联想 OPhone 的代号为 O1,戴尔 OPhone 的代号为"Mini 3i"等。

iPhone 手机是由美国苹果公司发明的一款新型移动电话。它将创新的移动电话、可触摸宽屏 iPod®以及具有桌面的电子邮件、网页浏览、搜索和地图功能的突破性因特网通信设备等三种产品融为一体。iPhone 引入了基于大型多触点显示屏和领先性新软件的全新用户界面,用户通过手指即可控制 iPhone。中国联通于 8 月 28 日与苹果公司就未来三年内 iPhone 手机合作销售达成协定。另外在合作模式方面,常小兵表示中国联通 iPhone 手机的销售收入不会与苹果公司分成。苹果公司也表示 iPhone 不会通过与中国联通签署独家供货协议实现在华销售,即中国联通与苹果公司的销售协议并不具有排他性。

2009年9月16日,首款3G OPhone O1(联想手机)在京发布。同时,代表"时尚""领先科技"以及移动互联网应用的全新产品品牌——MIRO 正式推出,并首次使用在联想 O1 手机上。随着中国移动发布 Mobile Market 移动应用商场及 OPhone 平台,联通引入 iPhone,焦点也越来越集中到移动互联网市场的争夺上。联想 O1 的推出,标志着 OPhone 和 iPhone 的竞争已经全面上演,3G 终端大战正式拉开帷幕,移动互联网市场争夺战进一步深入。

那么,OPhone 与 iPhone 究竟是如何争夺中国 3G 移动互联网手机市场的呢?

(1) 硬件

OPhone(以联想 O1 为例)使用的硬件配置相比普通智能手机有明显优势,不仅具备了 624MHz 的高性能处理器,而且屏幕分辨率达到 320×480 的等级,2：3 的宽高比更加适合浏览网页、观看宽屏电影。内置最少 8GB 的闪存可以满足多数用户需求,而且还可以插 MicroSD 卡进行扩充。O1 的电池是可拆卸设计,用完后可直接更换新电池。O1 在支持 TD-SCDMA 网络的同时,还具备了 CMMB[D]数字电视模块及 Wi-Fi[E]无线模块,并同时兼容国内的 WAPI[F],这是本土手机的独特优势。

联通版 iPhone3GS,在 3G 无线通信模块、CPU 和图形加速器上都做了升级。HSDPA[G]的加入使 iPhone 的理论下载速度提升到 14.4Mbps。虽然联通版 iPhone 的 CPU 工作频率略低于 O1,但 ARMCortex-A8 处理器使用了比 PXA930 更加先进的架构,实际性能表现将优于 O1。PowerVRSGX 图形加速器能对电影播放、2D/3D 游戏提供加速,而仅靠 CPU 处理这些任务的 O1 在这些应用效果上将会大打折扣。多点触控屏和各种感应装置使 iPhone 的操作极为便利。另外,iPhone 只提供一块电池,并且不具备 Wi-Fi 无线模块。

(2) 软件

中国移动于 2009 年 8 月 17 日召开发布会,正式发布中国移动软件商店 Mobile Market,并鼓励开发者开发游戏、软件、主题等多种手机应用商品。Mobile Market 是中国移动在 E 时代搭建的增值业务平台,由广东移动和卓望科技负责共同建设。Mobile Market 平台的运作流程,是用户通过客户端接入运营商的网络门店下载应用,开发者通过开发者社区进行应用托管,运营商通过货架管理和用户个性化信息进行分类和销售。开发者在 Mobile Market 销售的软件将可获得七成收益,开发者也可在中国移动允许范围内自主定价。网易科技曾于 7 月 3 日、8 月 11 日率先报道其网站版本两次短暂上线。根据 Mobile Market 最后一次短暂上线时显示的数据,该商店已有 1 218 项应用商品,其中包括适合所有机型的 205 个软件、459 个游戏以及 554 个主题。

苹果公司则于 2008 年 7 月 10 日正式推出在线软件商店 App Store。到目前为止,App Store 上的软件数量达到 65 000 个,下载量高达 15 亿次。在提升 iPhone 软件竞争力的同时,还给苹果带来了额外的巨大利润。联通版 iPhone 已经确定在 10 月推出,但 App Store、iTunes[H]等苹果特色服务的上线时间未定。但是针对联通版 iPhone,据知情人士透露,基于中国对电信增值业务的严格保护,App Store 的上线时间以及业务都将受到限制,初期将不会包括音乐和游戏内容。但是到 2010 年第一季度之前,中国联通很可能将和苹果在华成立合资公司,解决音乐和游戏在 App Store 上的应用程序问题。由于行货 iPhone 的 App Store 短期无法上线,为了避免正版 iPhone 发布后成为"半裸机",联通正在开发自己独立的手机软件商店,目前已经有消息称该商店命名为 Wo Store。

（3）产品结构

OPhone 平台是中国移动联合运营商主导开发的第一个面向移动互联网智能终端的软件平台,并且已经有多家终端厂商在开发 OPhone 手机,包括联想、LG、飞利浦、海信等。除了终端厂商之外,全球主流的芯片厂商以及 TD-SCDMA 芯片厂商,都与中国移动在开展 OPhone 方面的合作。另外,OPhone 开发者社区上线之后,短短三个月,已经注册了 8 000 多应用开发者。OPhone 手机首先分 TD-SCDMA 和 EDGE[I]两版本,中国移动更鼓励厂商研发 TD-SCDMA 制式的 OPhone 手机。更多的厂商会推出众多硬件和功能各异的 OPhone 产品,适合不同的人群。而联通 iPhone 则只有 3G 和 3GS 两个款型(3G 版 iPhone 是第二代产品,3GS 版 iPhone 是最新一代产品),用户的选择范围较小。

（4）产品定位

OPhone 重视对手机电视、GPS、WAP 浏览、彩信的支持,对于喜欢功能丰富的普通消费者具有较大的吸引力,因此其更倾向于中低端的产品定位。同时,由于 OPhone 并不是单一的品牌构成和产品结构,因此不同品牌在各自的定位上会存在不同。

而 iPhone 的定位则十分明确,它立足于高端产品,消费群主要诉求为顶级的外观设计、强大的网络功能及强大的应用源支持,因此它面向的是追求个性化的特殊人群。

（5）品牌

iPhone 由美国苹果公司于 2007 年 6 月在美国上市,主要针对美国用户的生活习惯而设计。由于其在技术和用户体验上的大胆突破和创新,赢得了较强的品牌影响力。许多 iPhone 的用户之所以花费数千元购买该产品,主要是被其强大的用户体验功能所吸引。在中国市场上,iPhone 最被人称道的移动互联网功能却很少被深入使用。

而中国移动联合多家运营商推出的 OPhone 手机具有多个品牌,如联想、戴尔、LG 等,这些品牌在国内外市场上都具有一定的知名度和影响力。虽然在具体的品牌战略上,中国移动主推运营商品牌、边缘化甚至淡化终端厂商品牌,但是由于各个厂商仍会尽量争取自己的品牌宣传,也带来了 OPhone 的快速发展。

（6）价格预测

中国移动和中国联通都表示将对 3G 手机给予一定的价格补贴,但是具体的补贴政策如何,目前都还没有明确的官方消息。

中国移动将投入 60 亿元用于终端的补贴和营销,其中有部分将用于 OPhone 手机,并曾提出希望 TD-SCDMA 手机能够降至 1 000 元左右,而联想 CEO 吕岩表示,联想支持千元机趋势,不过实际市场价格不会降至千元。2009 年 9 月 16 日的中国国际信息通信展上,中国移动推出的 OPhone 手机型号为联想 O1,联想官方的建议预售价格为 3 999 元,加之移动的补贴政策(有消息称移动将补贴 50%,但未经官方证实),大多数消费者都能够消费得起一部 OPhone 手机。

关于 iPhone 手机的补贴是多少,中国联通董事长常小兵则说,"中国联通在(与苹果公司)谈判的过程中,我们也一直在酝酿参考国外同行的一些做法,结合中国市场的实际情况,以便设计 iPhone 引入中国后的市场营销方案。我坦诚地告诉大家,我们会借鉴国际惯例,在用户承诺了消费门槛基础上,给出合理的补贴","这个方案也没最后敲定,我只能告诉大家,我们肯定是给补贴的"。2009 年 9 月 17 日,据消息人士称,联通版 iPhone 的销售价格已经确定,并采取手机和资费捆绑销售的形式。iPhone 3G 版本的费用是绑定月最低消费 186 元的套餐两年,销售价格为 1 999 元一台,而 iPhone 3GS 版本的价格则是绑定 186 元套餐两年,销售价格为 2 999 元一台。除此之外,假如用户对两种绑定的 iPhone 套餐价格都不太满意,也可以通过预存 6 000 元,使用 18 个月,免费获得 iPhone 3GS 版手机。

(7) 本土化优势

OPhone 有着较强的本土化优势,它基于谷歌 Android 平台开发的操作系统 OMS,并且将中国移动的多项业务内置在手机里,比如飞信、快讯、手机邮箱、GPS、CMMB 等,比较适合中国用户的需求。同时,借助于中国移动强大的客户群,OPhone 也容易收到更多的客户反馈意见而进一步加强完善。而许多联通 iPhone 的应用一时间还不能完全植入联通定制的 iPhone 中,且许多 iPhone 原有功能模块和软件服务都将或被取消或被推迟采用。

(8) 营销力度

从目前各种市场营销手段来看,中国移动表现的要比中国联通更加积极主动。从 8 月 31 日高调宣布推出 OPhone 平台到 9 月 16 日中国国际信息通信展上推出联想 O1 型号 OPhone 手机,都体现了中国移动在营销方面的大力度投入。同时,中国移动采取强化 OPhone 手机的运营商品牌,逐渐边缘化甚至淡化终端厂商品牌的战略模式,也解释了它在营销力度上的强势。

而由于联通版 iPhone 在软硬件方面都尚未准备充分,因此在市场上,联通始终保持着比较低调的姿态,在 9 月 16 日的中国国际信息通信展上也未见到联通的 iPhone 产品。9 月 22 日联通才明确表示将于 10 月推出正版 iPhone 手机。

3. 未来势态

中国移动与中国联通向市场推出的 3G 手机终端产品值得关注,OPhone 与 iPhone 的市场前景也值得期待。

在 2009 年 9 月 17 日的北京国际通信展上,Mobile Monday 北京论坛组织者薄益群表示了对 iPhone 在中国发展的不看好。据他所说,其原因包含三方面:其一是应用虽多但出自相对极少量用户;其二是 iPhone 体系产生的价值在中国可能仅是非常小的部分;其三是包括 Orange 在内的各国运营商均拥有应用程序商店,而下载量、价值和开发者均比苹果应用程序商店多,同时在市场推广销售等的成本方面,iPhone 平台也显得逊色。代表日本 3G 发展的移动互联网上市企业 DeNA 中国区 CEO、天下网 CEO 王勇表示对 OMS 十分看好,同时也希望通过这一平台将社区服务传递给中国用户。

而此时的市场反应和消费者偏好也值得引起重视。在 2009 年 9 月 16~20 日的"3GPK 台:腾讯百万用户大调查"中,有 52.63%(583 122)的被调查者表示更看好 iPhone 的软件商店,26.02%(299 701)的被调查者表示更看好 OPhone 的软件商店。

尽管业内人士和市场对 OPhone 与 iPhone 市场前景看法不同,但都没有否认两者之间的竞争关系。然而针对这个一直被关注的焦点问题,移动和联通内部人士的看法却值得深思。

2009 年 9 月 10 日,中国移动通信集团总裁王建宙在大连达沃斯论坛上接受媒体采访时表示:"我们的 OPhone 不是跟 iPhone 竞争的,OPhone 是不同的概念,(是)适合客户需要的,(如果)你用了 OPhone 以后会发现,OPhone 是非常有特点的手机操作平台,竞争当然是很激烈的,竞争对消费者有好处,但是作为运营商来说,我们还要考虑投资者的利益,还要考虑公司的长期赢利,所以说作为管理层来说,就是如何来平衡这两者的关系。"

而联通内部似乎有着不同的看法。联通内部人士表示,中国移动在智能手机操作系统上虽然走在了前面,但是这并不代表 OPhone 会对 iPhone 形成很大的竞争力,毕竟 iPhone 的品牌效应不可忽略,并且中国联通提前公布引进 iPhone 一定会抢得市场先机,让想买 OPhone 的人产生观望情绪。另据联通相关人士表示,中国联通引进 iPhone 只是权宜之计,如果与 iPhone 合作产生巨大效益的话,肯定也要自己开发手机操作系统,这个事情并不难,只要联通把自己成熟的业务整合交给厂家开发商,很快就会出来,而且今后联通还会开发很多业务和应用,都可以叠加上去。另外,联通也可以看看 OPhone 发展如何,学习其操作经验。之前也曾有消息称,中国联通已经在准备推出自有操作系统 UniPlus,并在此基础之上推出 uPhone 手机。

OPhone 与 iPhone 在战略和市场策略上显然存在很大差异,但市场前景如何,还需进一步关注。

讨论题:

1. 中国移动与中国联通的竞争战略分别是什么?具体的策略是什么?
2. 哪个企业未来的市场前景会更好?
3. 结合本章知识,谈谈中国 3G 市场竞争未来的发展、变化情况。

第 5 章 目标市场选择决策

引 例

ABB 电气公司——尝到市场细分的甜头

ABB 电气公司威斯康星分公司成立的第三年,行业面临销售额下降 50% 的状况。公司主要是向北美的电力公用事业公司销售中档的电源变压器、电流断路器、开关设备和继电器等。这是一个被通用电气公司、西屋公司和爱迪生公司主导的行业,ABB 电气公司得想方设法从这些强大的竞争者手里赢得顾客,否则就无法生存。

1974 年,ABB 公司聘请了一位咨询顾问丹尼斯·詹什帮自己重新认识并深入了解顾客。詹什进行了顾客调查,并采用顾客选择模型来理解 ABB 公司顾客的偏好和决策过程,然后帮助 ABB 公司采用基于选择行为的市场细分法对市场进行细分,为其设计新产品,制定相应的服务计划,以便更好地满足目标顾客的需求。

ABB 公司成功的关键是它对顾客有了深刻的了解,知道怎样对市场进行细分和为自己的产品和服务选择目标市场。首先,詹什和 ABB 公司找出了顾客选择供应商时考虑的 8~10 个属性,然后用这些特征来预测顾客的选择行为,并按照顾客对这些特征的不同看法划分了细分市场。他们将顾客分为以下 4 个细分市场:

(1) ABB 公司忠诚顾客。选择 ABB 公司的概率比选择其他竞争者的概率高得多。

(2) 竞争性顾客。选择 ABB 公司的概率最高,但同选择次优品牌概率之间不存在统计上的显著差异。

(3) 可转换顾客。倾向 ABB 公司的竞争者,ABB 公司对他们是第二位的选择,并且两者的差距在统计上并不显著。

(4) 竞争者忠诚顾客。选择 ABB 公司的某个竞争者,偏好程度在统计上十分显著。

ABB 公司选择竞争性顾客和可转换顾客作为目标市场,在其他细分市场上维持以前的营销努力。结果,在一年之后对进行试验的三个销售地区中,采纳了咨询顾问建议的两个销售地区的销售额分别提高了 18% 和 12%,而沿用旧方法的第三个地区的销售额则下降了 10%。

明确市场细分的主要变量,掌握市场细分的主要方法,理解细分市场评估的主要内容以及目标市场的战略形式。

主要知识点

市场细分　市场细分变量　市场细分方法　细分市场评估　目标细分市场战略

在前面的内容中,我们基本上是将顾客看做是一个"均质"的整体,而实际上,顾客与顾客之间在价值需要、决策过程、产品购买与使用习惯等方面是千差万别的。也正因为存在这些差别,因此也就有了数不胜数的各种产品、不同的定价、多样的分销渠道和各显神通的促销方式。现代商战已反复证明,任何企业都不能包打天下,满足所有顾客的所有需要与欲望,只有集中兵力聚焦于一个或少数几个细分市场,才能够建立局部竞争优势,更好地满足顾客需要。本章的任务是介绍如何细分市场、如何评估细分市场、如何选择目标细分市场的有关方法。

5.1　市场细分

5.1.1　市场细分的目的与原则

1. 市场细分的目的

市场细分(segmenting,或 market segmentation),就是把整体市场划分为有意义的,在其内部具有较强相似性而对其外部又有较大差异性的,可以识别的较小的顾客群的过程。每一个这样的顾客群称为一个细分市场或细分(market segment,或 segment)。

市场细分有 3 个主要目的:

(1) 市场细分的过程也就是企业深入了解市场的过程,特别是,这个过程有助于企业加深对顾客需要差异化和多样化的认识。

(2) 基于企业对顾客需要深入地了解,才有可能制定规划出既具有市场前瞻性又具有策略针对性的营销战略。

(3) 有助于企业在不同细分市场有效地分配资源投入,以构建细分市场上的竞争优势,并使顾客满意和忠诚。

2. 市场细分的原则

把市场看做是一个无差异的整体(无差异市场),或是把市场细分为每一个个体(一人市场),是对待市场的两种极端情形。通常,考虑到无差异市场营销常常会使营销策略失效,而一人市场营销又需要强大的营销资源和能力,所以通常情况下,市场细分的任务就是要在两种极端中寻找一种折中。它应遵循以下 5 个原则。

1) 可度量性

经过市场细分后,每一个细分市场的规模及其潜力是可以用数字来度量的。例如,某一个细分市场上一个年度的市场规模为 7 328 台销售量,销售额为 23 亿元;据预测,未来 5 年的平均增长率为 12%。

2) 可赢利性

细分市场应有一定的规模,有(相对于企业的希望)足够的利润,值得企业为该市场制定专门的战略、策略和为此投入资源。如果细分到每个细分市场的规模都很小,企业从每个细分市场中可获得的预期收入都不足以抵消企业为开发这个市场所付出的成本,那么,这个细分过程就没有意义了。

3) 可进入性

如果发现了一个既有规模又有潜力的细分市场,但是企业并不能为这个细分市场提供有效的服务,那么这种细分也没有意义。例如,在每个居民区中都有睡得很晚的人,但由于这些人人数很少,因此为这些人提供夜宵,虽然是一个好的想法,但较难操作。但在南方,晚睡是一种生活习惯,所以提供夜间大排档服务就是一个很好的餐饮细分市场。

4) 可识别性

各个细分市场在概念上应当是可以区分的,并且应当对市场营销者的营销策略有不同的反应。例如,高档饭店市场、夜间大排档市场,就是两个不同的概念,消费行为不同,前者要排场,后者要方便便宜,相应地,针对两个细分市场的营销策略也不相同。

5) 可行动性

市场细分工作应当是有管理意义的。在理论上,我们可以按地理范围把世界市场分为亚洲市场、北美市场和欧洲市场等。但对一家刚刚起步的酒店企业,这种细分并没有意义,因为这家酒店企业远远没有达到要进入国际市场的程度。

5.1.2 市场细分的程序

实际上,我们每个人都有市场细分的经验,买西装要到大商场,买袜子则随便哪家小百货店都可以。所以,谈及市场细分都比较容易理解,但真正要让大家为某种产品,如彩电进行市场细分,可能就不像想象中的那么简单。有些产品市场比较容易细分,有些市场则要困难得多。一般地,市场细分应遵守如下 5 个步骤。

1. 选择准备研究的产品市场范畴

市场可能是企业已经为之提供产品和服务的,也可能包括企业正准备开发的。产品可能是企业已在营销的,也可能是正在开发准备投入市场的,还可能包括更为广泛的相关产品。范畴的确定视企业市场细分的目的而定。

2. 探察确定市场细分变量

这个阶段也称为尝试性调查阶段,目的是探察可能影响顾客购买决策的因素。调查方法有很多种,有时可以采用对消费者一对一的开放式访谈,有时则需要焦点小组访谈,有时可通过观察消费者的产品使用方式。以这些调查结果为基础,再加上企业相关人员的经验、判断力、直觉和创造力,从中选择较为重要的因素,作为进一步深入、定量调查的变量。

3. 正式调查

根据上述调查研究基础上找出的主要变量,开发设计正式的调查问卷,设计抽样样本,开展正式调查。

4. 统计与预测分析

对正式调查的问卷进行分析。一方面要找出各个细分市场之间的差别,主要方法是因子分析和聚类分析;另一方面要预测各个细分市场的潜力。

5. 描绘细分市场轮廓

应当包括细分市场的规模、增长潜力、品牌状况、潜在利润等,还应当包括各种变量,如个性变量、心理变量、社会变量、文化变量、顾客决策行为等在各个细分市场中的重要性和影响方式。最后,要为每个细分市场用最显著的差异进行命名。

5.1.3 市场细分的主要变量

找出和确定市场细分变量是市场细分能否成功最关键的环节。形象的比喻,市场细分变量,就像卖豆腐的刀,横着切是一个样子,竖着切就是另一个样子。因此,在市场细分过程中,对细分变量的甄选一定要慎之又慎。

由于消费者市场的细分变量上与经营者市场有较大的差异,所以下面分别介绍细分这两种市场可能使用的细分变量。

1. 关于两类细分变量的权衡

企业营销的基本原理,就是要首先识别企业的潜在顾客,包括这些顾客在什么地方? 长什么样子? 有哪些需要? 然后才是努力找到这样的顾客,努力接近这样的顾客,并通过向这样的顾客有针对性地传递企业能够为其提供的价值,引发顾客的购买反应。

在市场细分过程中,我们实际上暗含这样一种假设:消费者特征与消费者行为存在统计意义上的对应性,即什么样的顾客就会对营销刺激有什么样的反应。反之,不同营销反应的消费者也一定具有不同的消费者特征。因此,消费者市场细分,就可以采用消费者特征因素或者消费者行为因素两类变量来操作。

问题是,究竟是采用消费者特征因素来细分,还是采用消费者行为因素来细分,在实际操作中是存在较大争议的,也要视一些不同的情况来决定。总的来说,以消费者特征作为细分变量的优点是,消费者特征,特别是外在特征(地区、性别、年龄等)很好识别,但其缺点是,具有某一消费者特征(如同为 30 到 40 岁年龄的人)却可能有不同的营销反应。例如对购买手机来讲,同一个年龄段的消费者,有的注重上网功能,有的则根本不在意上网功能,因而这样的细分常常使企业找不出营销的重点。以消费者行为反应为细分变量的优点是,它能够较为直接地抓住顾客的行为反应要点(例如关注质量还是关注价格),从而为企业营销决策提供明确的方向,但是它也有缺点,就是企业并不清楚具有某种营销反应的顾客是什么样子,在什么地方,因而也就无法向这些顾客沟通和传递价值。

从操作的难易程度和操作成本角度考察,采用消费者特征变量来细分比较直观、简单,成本也较低,而采用行为反应变量来细分由于要使用较为系统的方法和技术,操作难度大,成本也高一些。所以,目前中小企业的市场细分大都采用消费者特征变量来细分。不过,我们还是建议企业努力掌握行为变量细分方法并在实践中尝试运用。

上面我们虽然是以消费者行为为背景来讨论两类变量的权衡问题,但其基本思想同样适用于经营者市场。

2. 消费者市场的主要细分变量

1) 消费者特征变量

这类变量包括消费者所在国别、省份、城市等地理变量;性别、年龄、职业、收入等人口统计变量;个性、生活方式、人生价值观念等心理特征变量等。

企业可以尝试选择这些变量中的一个变量来细分市场,然后再检验一下这样细分以后的市场是否在营销反应上具有一定的差异。例如,按照消费者的收入水平,将手机市场划分为上网手机市场、非上网手机市场。如果各个细分市场的营销反应具有明显的差异性,则说明上述细分是有效的。反之,对上例来说,假如是否购买上网手机与收入并没有显著的关联,那么则要重新选择细分变量,重新进行市场细分(消费者特征细分变量详见表 5-1)。

2) 消费者行为变量

消费者行为变量又可分为两种类型——外在的行为与行为意向。外在的行为指的是可以明显观察到的行为。例如,麦当劳把顾客光顾率作为市场细分的一个主要变量,他们发现,光顾率较高的顾客通常都是大人带着孩子(或者确切地说,是孩子带着大人)多次光顾麦当劳,因而,麦当劳把家庭用餐作为一个细分市场。行为意向,确切地说,不是真正的行为,而是可能的行为。心理学研究发现,行为意向,也就是消费者想要怎么样行动,尽管不是真正的行为,但是它与真正的行为之间存在较高的一致性(例如,用行为意向来预测最终的行为至少可以有 70%的把握)。所以,行为意向就在较高的程度上也视为一种行为。近些年的研究发现,当我们把消费者看做是一个"理性决策者"的时候,顾客价值及其判断,是消费者最重要的一种行为意向。例如,研究发现,消费者购车市场中有一部分消费者是第二辆车的购买者,他们把家庭用车看做是一种生活方式,期望在周末或大长假能够驱车远行到另一个与所在居住的城市完全不同的另一个地方,去观光、去休闲,哪怕仅仅是去转一转,那么这样的顾客就一定会期望(至少会优先考虑)买一辆城市越野车。如果消费者有这样的价值期望,又恰好有功能质量合适、价格可以接受的产品,消费者就很可能购买这样的汽车。表 5-1 也包括了消费者市场细分的一些主要的行为变量。

表 5-1　消费者市场细分的主要变量

变　量	典型的细分市场
1. 地理变量	
地区	华东、华南、西南、西北、东北、华中
城市或标准都市统计区大小	5 000 人以下；5 000~20 000 人；20 000~50 000 人；50 000~100 000 人；100 000~250 000 人；250 000~500 000 人；500 000~1 000 000 人；1 000 000~4 000 000 人；4 000 000 人以上
密度	都市；市郊；农村
气候	北部气候；南部气候
2. 人口统计变量	
年龄	6 岁以下；6~11 岁；12~19 岁；20~34 岁；35~49 岁；50~64 岁；65 岁以上
性别	男；女
家庭人口	1~2 人；3~4 人；5 人以上
家庭生命周期	年轻、未婚；年轻、已婚、未生育；年轻、已婚、小孩在 6 岁以下；年轻、已婚、小孩在 6 岁以上；年纪大、已婚、有小孩；年纪大、已婚、小孩在 18 岁以上；孤老；其他
收入（月）	300 元以下；300~1 000 元；1 000~2 000 元；2 000~5 000 元；5 000~10 000 元；10 000~50 000 元；50 000 元以上
职业	专业技术人员、经理、职员、业主；办事员、售货员；工匠、领班、技工；退休人员；学生；家庭主妇；失业者
教育	小学以下；中学肄业；中学毕业；大学肄业；大学毕业
宗教	佛教、天主教、基督教、犹太教、其他
种族	白种人、黑种人、黄种人
国籍	中国、美国、英国、法国、德国、斯堪的纳维亚、意大利、日本
3. 心理变量	
社会阶层	下层；中层；上层
生活方式	朴素型；时髦型；高雅型等
个性	好强迫人的；爱交际的；独裁的；有权力欲的
4. 行为变量	
使用场合	一般场合；特殊场合
追求利益	质量；服务；经济
使用者状况	未使用者；以前使用者；潜在使用者；初次使用者；经常使用者
使用率	轻度使用；中度使用；重度使用
忠诚程度	无；中等；强烈；绝对
准备阶段	不注意；注意；知道；感兴趣；想买；打算购买
对产品的态度	热心；肯定；漠不关心；否定；敌视

3. 经营者市场细分的主要变量

　　关于消费者市场细分变量选择与使用的许多思想方法也可以应用到经营者市场细分中来。同时,经营者市场细分也有一些自己的特点。大的方面,经营者市场可以分为生产者市场、中间商市场、机构市场和政府市场四个大的细分市场。但这还不够,还要进行更为深入的细分。

经营者市场细分变量可以划分为两大类别：宏观细分变量与微观细分变量。宏观细分变量是那些外在的、易于识别的变量，而微观细分变量则是与经营者购买决策紧密相关的变量（见表 5-2）。

表 5-2　经营者市场细分的主要变量

变　　量	具 体 内 容
1. 宏观变量	
地理变量	东北、西北、华东、华中、华南
顾客类型	药品企业、保健品企业、普通饮料企业
顾客规模	大、中、小
产品用途与使用	主要原材料、辅助材料
采购量	大、中、小
顾客的资信	信用好、信用一般、信用差
2. 微观变量	
采购标准	质量、交货及时性、供应商声誉
采购策略	最优化决策、满意决策
采购的重要性	高、中、低
个人特征	
(1) 人品特征	年龄、教育背景
(2) 决策风格	规范的、守旧的、混合方式的
(3) 风险态度	冒险者、保守者
(4) 自信心	高、中、低
(5) 职务	采购部、生产部、工程部

5.1.4　市场细分方法

1. 消费者市场的细分方法

1）聚类分析方法

聚类（clustering）是指将数据分组成多个类，在同一个类内，对象之间具有较高的相似度，不同类之间的对象差别较大。

聚类是无指导的分类方法，它区别于分类。分类是按照一定的标准或规则，将事物归属到某个事先已知的类别之中，而聚类是分析事物的内在特点或规律，根据最大化类内的相似性和最小化类间相似性的原则，对事物进行分组。

与分类方法相比，聚类分析方法有两大优点：①它是一种定量的分析方法，能做到客观、公正；②与简单地以性别、年龄、职业等人口统计特征作为标准的分类方法相比，它能更好地体现出不同群体的特征，可信度高。

聚类分析的基本原理为：

对于 p 个变量的 n 组样本数据$(x_i1, x_i2, \cdots, x_ip), i=1, 2, \cdots, n$，利用聚类分析，可以对样本进行聚类（称之为 Q 型聚类），也可以对变量进行聚类（称为 R 型聚类）。例如，以全国 32 个省、直辖市、自治区作为样本（R＝32），选择若干具有代表性的统计指标，把这些省、直辖市、自治区分为几类，即为 Q 型聚类法。又如选取若干企业的指标值对这些指标进行分类,即为 R 型聚类法。聚类分析方法多种多样,有系统聚类法、有序样品聚类法、动态聚类法、模糊聚类法、图论聚类法以及聚类预报法等。

下面以系统聚类法为例介绍其基本原理。

(1)首先在要进行聚类的样本或变量之间,定义一种能够反映它们之间亲疏程度的量,常用的方法有两个,即距离和相似系数。距离常用来对样本进行分类,它把样本中的每个样品看成 P 维空间的一个点,并在空间定义距离,距离较近的点归为一类,距离较远的点归为不同类。相似系数常用来对变量进行分类,性质越相近的变量,相似系数的绝对值越接近于 1,反之越接近于 0。将相似系数较大的变量归为一类,相似系数较小的变量归为不同类。

(2)以这些量为聚类的依据,将一些相似程度较大的个体聚为一类,另一些彼此之间相似程度较大的个体聚合为另一类。以此类推,最终将关系密切的个体聚合到一个小的分类单位,关系疏远的个体聚合到一个大的分类单位,直到将所有的个体都聚合完毕,形成一个由小到大的分类系统。

(3)直到所有个体都聚合完毕,最后把聚类过程画成一张图表示出来(聚类图或谱系图),以直观表现各个体之间的亲疏关系。

例如,某家汽车公司运用聚类分析技术对消费者进行市场细分。该公司要求被调查的消费者在 10 个属性上对汽车产品进行打分,然后企业采用 SPSS 等分析软件,根据分层聚类的原则,将性质相似的顾客归为一类。产品属性从消费者角度讲,是指消费者可以从产品上获得什么,或称为顾客的价值要素,比如,洗手液的产品属性之一为 pH＝7,消费者价值要素就是不刺激皮肤。这里,汽车产品的属性主要有舒适性、安全性、品牌、价格、耗油量、动力、外形、车内空间、售后维修服务、保值率等。在同一类别内部,顾客对产品属性的打分也是类似的,而在不同类别之间,顾客的打分是有显著差别的。这样,企业就将整个市场划分为三个各具特点的细分市场,从而可以对不同的细分市场制定不同的营销策略。最后得到的三个细分顾客群,如图 5-1 所示。

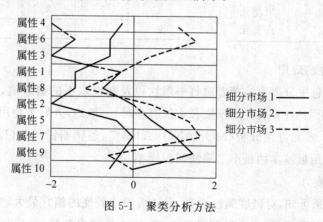

图 5-1　聚类分析方法

2)联合分析的方法

联合分析技术最早于 1964 年由统计学家 Luckey 和心理学家 Luce 提出。1972 年

Green·Wind 和 Jain 将其应用于商业领域并取得了较好的效果。其后联合分析技术在欧洲和美国得到了广泛的应用,各种联合分析模型也日趋成熟。

联合分析的基本原理为:

联合分析技术就是通过对现实产品进行模拟,提供具有不同属性水平的组合产品,让消费者根据自己的偏好对这些产品进行评价、比较和选择,并采用数理统计方法将这些属性和属性水平的效用进行分离,从而得出产品每一个属性及属性水平的重要性指标,获得消费者偏好程度最高的组合产品。

我们使用一个比较简单的例子来说明联合分析的方法。通过定性的研究确定了旅游鞋的三个属性是突出的:鞋底、鞋面和价格。每种属性分三个水平定义,见表 5-3。这些属性及其水平将用于构造联合分析的产品模型。

A. 采用的方法——全轮廓法

全轮廓法也叫多项法(或多因子评价法,multiple-factor evaluations)。由全部属性的某个水平构成的一个组合叫做一个轮廓(profile)。每个轮廓分别用一张卡片表示,如下列组合产品:鞋底:橡胶;鞋帮:皮革;价格:45 美元,像这样旅游鞋属性水平的轮廓组合就有 $3^3 = 27$ 种,即消费者要对 27 种轮廓作评价。

表 5-3 皮鞋的属性水平

属性	水平	名　称
鞋底	1	塑料
	2	聚氨酯
	3	橡胶
鞋帮	1	猪皮
	2	牛皮
	3	羊皮
价格	1	15 美元
	2	30 美元
	3	45 美元

表 5-4 某消费者的评价

组合产品	鞋底	鞋帮	价格	偏好打分
1	1	1	1	9
2	1	2	2	7
3	1	3	3	5
4	2	1	2	6
5	2	2	3	6
6	2	3	1	6
7	3	1	3	5
8	3	2	1	7
9	3	3	2	6

B. 计算属性的效用

从收集的信息中分离出消费者对每一属性以及属性水平的偏好值,这些偏好值也就是该属性的"效用"。计算属性的模型和方法有多种,一般地,人们主要用一般最小二乘法回归(OLS)模型、多元方差分析(MONANOVA)模型、逻辑斯谛回归(LOGIT)模型等方法。这里我们采用最基本的最小二乘法回归模型。

C. 解释结果

由表 5-5 结果可知,对鞋底属性而言,受访者对橡胶底的偏好最大,其次是塑料底,最后是聚氨酯。对鞋帮属性,牛皮鞋帮最受欢迎,其次是猪皮鞋帮,最后是羊皮鞋帮。对价格属性,15 美元的效用最高,45 美元的效用最低(这并不代表价格越低越好,而是在这种情况下的最优)。

表 5-5　不同属性水平的效用和相对重要性

属性	水平	描述	效用	相对重要性
鞋底	3	橡胶	0.778	
	2	聚氨酯	−0.556	0.286
	1	塑料	−0.222	
鞋帮	3	牛皮	0.445	
	2	猪皮	0.111	0.214
	1	羊皮	−0.556	
价格	3	15 美元	1.111	
	2	30 美元	0.111	0.500
	1	45 美元	−1.222	

从相对重要性上看,价格是第一位的,第二位是鞋底,第三位是鞋帮。由于价格是该消费者最关注的因素,可标记此消费者为价格敏感型。

3) 基于选择模型的方法

基于选择模型的市场细分法目前应用越来越广,尤其是在直销(也称为数据库营销)中。基于选择模型的市场细分法要求在个体的层次上进行分析,将个体购买的可能性(或对营销活动的反应)同公司数据库中的变量(如地理人口统计变量、过去购买相似产品的行为和态度或心理特征等)联系起来。个人选择模型能在这些变量同选择的可能性之间建立关联。

对于新产品,直销者要从一个大型数据库中选择样本并将产品信息发送出去。于是企业就可观察谁购买(购买了多少)该产品,并用这一信息来估计反应函数的参数:

$$购买概率 = f(地理人口统计变量、过去购买行为、心理特征等) \qquad (5\text{-}1a)$$

$$购买概率 = \frac{1}{1 + \exp(b_0 + \sum b_i x_i)} \qquad (5\text{-}1b)$$

其中,b_i 为第 i 个基变量、地理人口统计变量、过去购买行为等的权重;x_i 为第 i 个变量的值。

公司于是将数据库中的数据代入方程(5-1a)右边的变量,得到预计购买概率。方程(5-1b)称为二元分对数模型。

然后公司可用这一购买概率信息计算期望顾客利润率。它只对方程(5-2)中的期望顾客利润率高于送达该细分市场所需成本的那些细分市场开展营销活动。

$$期望(总)顾客利润率 = 购买概率 \times 购买时可能购买量$$
$$\times (此顾客)边际利润 \qquad (5\text{-}2)$$

表 5-6 是公司完成之前建立的选择行为模型后得出额外直销数据库。建立选择模型为该数据库的 A 栏提供了购买概率数据。接下来要解决的就是公司定位于哪

种顾客？

表 5-6　数据库营销中基于选择模型的市场细分举例

顾客	A 购买概率（%）	B 平均购买量（美元）	C 利润率	D 顾客利润率＝A×B×C（美元）
1	30	31	0.70	6.51
2	2	143	0.60	1.72
3	10	54	0.67	3.62
4	5	88	0.62	2.73
5	60	20	0.58	6.96
6	22	60	0.47	6.20
7	11	77	0.38	3.22
8	13	39	0.66	3.35
9	1	184	0.56	1.03
10	4	72	0.65	1.87

平均预期利润＝3.72 美元

假设送达其中一个顾客的总成本是 3.5 美元。公司常用的方法有以下两种：

第一种方法是，若公司注重平均预期利润，它会把所有的 10 个细分市场都当做目标市场，这样只会获取较低的利润 10×(3.72－3.50)＝2.20 美元。

第二种方法是，把顾客 1、3、5 和 6 当做目标顾客，获得的利润为 6.51＋3.62＋6.96＋6.20－(4×3.50)＝9.29 美元。

注意，通过建立基于选择行为模型的方法选择目标顾客，公司能将利润率提高 400% 以上。

2. 经营者市场的细分方法

经营者市场一般采用多重属性细分法。以一家铝制品企业为例（如图 5-2 所示）。第一步，研究本产品的最终用户市场：汽车业、住宅业或饮料罐业。经过分析，这家企业选择住宅业作为自己的服务市场。第二步，在住宅业中可以服务的市场又可以进一步分为半成品材料、建筑构件以及活动铝房等细分市场，这家企业在分析了各个细分市场的吸引

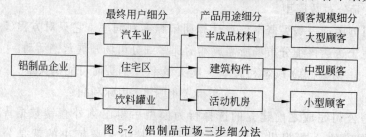

图 5-2　铝制品市场三步细分法

力后,选择了建筑构件企业作为自己的服务对象。第三步,建筑构件企业中又有大、中、小之分,公司根据自己的实力,最后选择中型顾客作为自己的服务对象。

以上我们介绍了市场细分的概念和主要方法。在进行市场细分时必须综合运用市场调查与预测等市场研究方法、手段和工具。

5.2 细分市场评估

目标市场(target market),就是企业准备向其传递价值,满足其需要和欲望的细分市场。目标市场选择(targeting)就是企业在诸多细分市场中选择最为合适的细分市场作为目标市场的过程。

承接上一节市场细分,本节主要讨论如何在众多的细分市场中选择企业的目标市场的程序、方法和战略。这个选择过程的核心是对各个细分市场的评估,包括企业对细分市场规模及其潜力、企业在细分市场上的竞争能力、企业在细分市场上的赢利性和细分市场与企业战略一致性等 4 个方面的评估。

5.2.1 评估细分市场规模及其潜力

拟作为企业目标市场的细分市场必须具有一定的规模和增长潜力。这里说的"具有一定的规模",指的是该细分市场要足够大,"够企业吃的",但又不能太大了,太大了企业不仅"吃不下",而且还会遭遇很多的竞争者,难以形成竞争优势。这里的"增长潜力",指的是该市场是有前景的,企业如果身处其中的话,可以与市场一起成长。

想当年,苹果公司是最早发现个人计算机(PC)细分市场的公司。当时,IBM 等计算机公司都把精力投到了大型计算机市场,甚至认为个人计算机只是年轻人的玩具,成不了大气候。但是,就连发现这一细分市场的苹果计算机公司 CEO 乔布斯都没有想到,苹果无意插柳却闯入了一片"蓝海",个人计算机市场以爆炸般的速度增长,就连开始对这一事物持否定态度的计算机巨人 IBM 公司也加入了这个细分市场的竞争。苹果公司终因身单力薄无力抵御 IBM 的反扑而败下阵来,乔布斯也被董事会赶出了公司。而后,苹果公司只得退居一隅,专注于另一个更为狭小的、专门面向广告公司等制图所需要的个人计算机市场,直到乔布斯复出,推出 iPod 这一轰动性的创新产品,苹果公司才重现当年的辉煌。

下面,我们以一个虚拟的公司——东方机电设备公司为例,说明细分市场规模与潜力评估的方法。

东方机电设备公司是一家大型公司,生产各种机电设备及其配件,包括水泵、油泵、离合器、联轴节、软隔膜、航天设备配件、安全阀等产品。主要销往 A、B、C 三个地区。

为了规划公司今后几年的营销战略,该公司按产品的地区市场对市场进行细分,并对每个细分市场的规模和潜力进行调查和预测。在调查过程中,东方机电设备公司发现,除原有的 A、B、C 三个市场,D 地区的市场增长非常迅速,是一个新兴市场。因此,东方机电设备公司将 D 地区也作为备选的细分市场列入考察范围。

根据调查和预测,东方机电设备公司市场营销部制成的细分市场规模与潜力列表见

表 5-7。表中规模为目前的市场需求量,潜力以未来若干年的年可能平均增长率表示(正为增长,负为下降)。

表 5-7   东方机电设备公司对各产品——细分市场规模与潜力的评估

产　品	市场规模/万元				合计/ 万元	市场潜力/%			
	A 地区	B 地区	C 地区	D 地区		A 地区	B 地区	C 地区	D 地区
1. 水泵	2 000	1 000	1 500	500	5 000	1	2	5	4
2. 油泵	1 600	1 400	700	300	4 000	9	10	11	12
3. 安全阀	1 200	1 000	1 000	800	4 000	2	2	—1	3
4. 软隔膜	1 000	800	600	500	2 900	6	5	10	15
5. 联轴节	800	700	600	500	2 600	12	14	18	12
6. 航天设备配件	800	600	600	700	2 700	3	2	4	6
7. 离合器	650	450	300	200	1 600	6	8	5	4
合计/万元	8 050	5 950	5 300	3 500	22 800				

为清楚起见,将市场潜力按年度逐年列出也非常重要。例如,以"软隔膜——D 地区"细分市场(表 5-7 中框选部分)为例,可以再细化为表 5-8 所示的每年度规模与增长。

表 5-8   软隔膜——D 地区未来五年的市场增长与规模

年度	市场增长(预测值)/%	市场规模(预测值)/万元
第 1 年	12	560
第 2 年	13	633
第 3 年	15	728
第 4 年	16	844
第 5 年	19	1 005

东方机电公司对其他的细分市场也一一做了如上的分析和预测,在此基础上把 D 地区等少数几个细分市场作为公司的"准目标市场"。

5.2.2   评估本企业在细分市场的竞争能力

具有适当的规模和发展潜力的细分市场,并不足以确定为企业的目标市场。这主要是因为,企业看好的市场,可能也正是众目睽睽之地,甚至不乏虎视眈眈之辈。因此,还必须对"准目标市场"进行竞争能力评估。为此,我们可以把竞争能力分析方法拿到这里来运用。

1. 找出细分市场的关键竞争能力要素

由于各个细分市场中的顾客需要不同,相应地,不同的细分市场就需要不同的竞争能力。与市场细分过程相对应,在这里还要对不同细分市场的关键竞争能力进行逐一地分析,要找出该细分市场的关键竞争要素,例如产品创新能力、低价格能力和顾客服务能力等,并确定这些关键竞争能力的权重。

2. 比较企业与竞争者在准目标市场上的竞争能力

为简洁明了,我们假设"软隔膜——D地区"细分市场上需要表5-9中的几种关键竞争能力及其权重。

表5-9 多种因素表示的竞争能力评价方法竞争能力

关键竞争能力	权重 $\sum=1$	本 企 业		竞争者 1		竞争者 2	
		评价值	加权评价值	评价值	加权评价值	评价值	加权评价值
产品创新能力	0.2	5	1.0	2	0.4	2	0.4
低价格能力	0.3	4	1.2	4	1.2	1	0.3
服务能力	0.2	2	0.4	1	0.2	4	0.8
品牌声望	0.2	4	0.8	3	0.6	3	0.6
资金能力	0.1	3	0.3	3	0.3	3	0.3
综合加权评价值		3.7		2.7		2.4	

评价值是各种因素在竞争者之间比较的结果,一般采用相对表示法。具体方法是,首先设定评价尺度,如5分评定尺度,5表示最强,3表示中等,1表示最弱,然后根据调查统计或判断评出具体分数。

加权评价值是评价值与权重相乘的结果。

最后对加权评价值纵向累加得出综合加权评价值,数字大小表示竞争能力强弱。从表5-9结果显示,本企业在这个细分市场上具有最强的竞争能力。

评估结果显示,在"软隔膜——D地区"这个细分市场上,本企业的竞争能力得分为3.7分,比两个竞争者都高,因而得出结论:本企业在该细分市场有较强的竞争能力,可以把它作为目标市场的备选。

对其他细分市场也要采用如上的分析评估过程。如此,我们就可以遴选出若干个企业具有竞争能力的细分市场。

5.2.3 评估本企业在细分市场的赢利性

接下来,我们可以进一步对已经通过竞争能力分析遴选出来的细分市场进行赢利性分析。方法如下:

首先,把竞争能力转换为市场份额。一个方法是依据表5-9最后一栏"综合加权评价值"来计算本企业可能得到的市场份额,计算方法是:

本企业预期的市场份额 ＝[本企业得分 ÷(本企业得分 ＋ 竞争者 1 得分
＋ 竞争者 2 得分)]× 100%

在本例子中,本企业预期的市场份额 ＝[3.7÷(3.7＋2.7＋2.4)]× 100% ＝ 42%。这是一个很高的市场份额。

然后再把市场份额乘以前面已经知晓的市场规模(单位:万元),就可以得出企业可以在该细分市场得到的销售收入:500 万元×40% ＝ 200 万元。

最后,预估本企业的成本并予以扣除,就可以得到本企业在该细分市场的赢利额,例如成本为 160 万元,则赢利为 40 万元。

5.2.4 细分市场与企业战略目标的一致性检验

企业的目标有长远目标(即战略目标)和短期目标两种,在评估细分市场时,先要看它是否与本企业的长远目标相一致,不能"什么来钱就干什么"。假如东方机电设备公司将"软隔膜——D 地区"作为"准目标市场",还要检验在这个细分市场上的发展是否与公司的发展方向(产品、地理范围)相一致、相协同,如果它正是公司所要开发储备的产品技术和正待开发的地理市场,那么这个准目标市场就可以保留,否则就要考虑撤退。

假如目标一致,企业就要规划设计一套在这个市场中谋取竞争优势的战略,并为此进行资源预算,如招聘人员、开发和购买专利技术、扩大生产规模、进行广告和促销活动等。如果企业资源足以支持为谋取竞争优势而进行的投入,这个"准目标市场"就可以最后确定为目标市场。如果企业并未拥有足够的资源,最后可能还是要放弃这个市场。

最后,关于目标市场选择过程还需要补充说明:首先,上述决策过程是循环的,在没有最优方案的情况下,只能考虑满意方案。其次,上述决策的每一步都要进行横向的各个细分市场之间的比较。目标市场"选择"有一定的客观标准,但更多的是"比较的选择"。再次,关于资源问题,管理者可以将其看做是一个边界,但并非是不可突破的边界。在很大程度上,管理者或称之为企业家,就是要创造性地突破边界,通过合众连横整合资源,既为我用,也为他用,联盟共赢市场。

5.3 目标细分市场战略

5.3.1 静态目标市场战略

经过上述 4 个步骤的细分市场评估,会有一个或多个细分市场通过所有的检验,而成为企业的目标市场。这时,企业就要考虑是进入一个还是同时进入多个细分市场的问题。

如果是优中选优只进入一个细分市场,那么决策就非常简单了——为这个目标市场开发一套营销战略与策略组合。如果有多个细分市场对企业都很有吸引力,而且它们对企业的吸引力又不分伯仲,企业就有可能做出同时进入多个细分目标市场的决策。在这种情况下,如果企业资源与能力充足,则可采用"一个市场一个战略"的决策,这是最理想的目标细分市场战略模式。不得已,也可采用一个战略对应两个或多个目标细分市场的战略模式。如果是后者,则特别需要分清主次,否则,前面的细分与评估过程将全无意义。

5.3.2 动态目标市场战略

依据企业的资源与能力情况,企业还可以从动态的角度考虑目标市场进入战略。通常,由于创业期的企业资源能力有限,因而适宜选择和进入单一且规模较小的细分市场,特别是较少竞争的细分市场(也称之为"利基市场")。随着企业发展壮大,资源充足能力强盛以后,再选择较大的细分市场作为目标市场,或是同时进入多个细分目标市场。以发生在20世纪60年代到90年代期间经典的"本田对哈雷之战"为例:

本田公司面对日本本土日益激烈的摩托车竞争,不得不考虑国际化经营之路。为此,公司派人专门到美国考察研究美国的摩托车市场情况。得出的结论是:美国人人高马大,骑的都是大型摩托车;本田要进入美国市场,只能选择进入美国的大型摩托车市场。本来,那时的本田公司只有小型摩托车,也只会生产小型摩托车。但是面对美国市场的状况,不得不加紧研发和生产大型摩托车,投放美国市场。结果可想而知,一个不擅长大型车的公司闯入了一个陌生的市场,虽然卖出了几辆车(而且返修率很高),但实在难以为继。就在本田公司准备从美国市场撤出的时候,西尔斯百货集团公司给本田的美国分公司打来电话,表达了想与本田在美国市场合作推广小型摩托车的愿望。原来,西尔斯的顾客在街上看到了一种小摩托,就找到西尔斯打听和购买这种小车。西尔斯一看顾客很热心购买这种小车而商场却没有,就四处调查,后来发现那是本田公司用于办公交通的"轻骑",因而就表达了与本田合作的愿望。

而当时的本田公司却很犹豫,一来对这种小车在美国是否有充分的市场规模和潜力没有信心,二来也担心以这样的"轻骑"进入美国市场会形成不好的品牌形象。但是后来考虑到日本国内的竞争实在太激烈,产能30％过剩,加上西尔斯是当时美国最大的连锁百货公司,很有实力、渠道也广,最后还是下了决心尝试一下。

出乎所料,小型车在美国大获全胜,简直就是进入了一片"蓝海"!而哈雷呢,却不以为然,甚至"欢呼"本田的进入:"我们根本不与小型车竞争,而且我们认为,一旦他们掌握了小型车的驾驶技术,他们会转而购买我们的大型车。"

但是本田可不这样想。本田在小型车市场站稳脚跟以后,立即用积蓄的资源和能力研发中型车,开始蚕食哈雷的市场,逼得哈雷节节败退,最后不得不收缩战线固守大型车市场。尽管这样,原本属于哈雷的大型车市场还是被本田抢走了一大块,公司几乎破产。

从这个例子可以看出,本田的细分目标市场进入过程是动态的,尽管并不是事前严密的"规划",但是路径却的确如此:先进入小型车市场,然后小、中并举,最后是小、中、大通

128

吃,不同市场的战略与策略也有所不同。借用兵法可以概括为:迂回进攻、侧翼进攻、正面进攻、合围进攻,就差一种游击进攻了(图 5-3)。

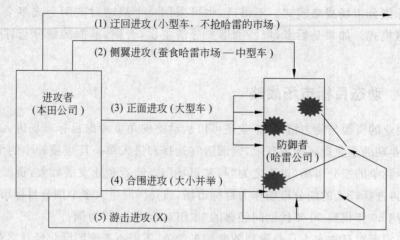

图 5-3 本田公司的目标市场战略

本章小结

在市场细分的过程中,我们将市场分为不同的顾客子集,其中每个子集对广告和产品都有不同反应。要想正确地对市场进行细分,必须先确定细分研究的目的,然后选择准备研究的产品市场范畴、探察确定市场细分变量、正式调查、统计与预测分析、描绘细分市场轮廓。常采用的市场细分方法有聚类分析方法、联合分析方法、基于选择模型的分析方法等。

通过市场细分后,企业就可对各个细分市场进行四个方面的评估,最后选定一个或几个细分市场作为企业的目标市场,进而选择适合目标市场的营销战略。

思考题

1. 市场细分的主要变量有哪些? 消费者市场和经营者市场的细分变量有什么不同?
2. 市场细分主要有哪些方法?
3. 细分市场评估包括哪些方面的内容?

案例分析

"精确细分" 成就动感地带

中国移动作为国内专注于移动通信发展的通信运营公司,曾成功推出了"全球通""神州行"两大子品牌,成为中国移动通信领域的市场霸主。但市场的进一步饱和、联通的反击、小灵通的搅局,使中国移动通信市场弥漫着价格战的狼烟,如何吸引更多的客户资源,提升客户品牌忠诚度,充分挖掘客户的价值,成为运营商成功突围的关键。

根据麦肯锡对中国移动用户的调查资料表明,中国将超过美国成为世界上最大的无线市场,从用户绝对数量上说,到2005年中国的无线电话用户数量达到1.5~2.5亿个,其中有4 000~5 000万用户使用无线联网服务。资料还表明,25岁以下的年轻新一代消费群体成为未来移动通信市场最大的增值群体。

中国移动敏锐地捕捉到这一信息,将以业务为导向的市场策略率先转向了以细分的客户群体为导向的品牌策略,在众多的消费群体中锁住15~25岁年龄段的白领,产生新的增值市场。

锁定这一消费群体作为自己新品牌客户,是中国移动"动感地带"成功的基础。

(1)从目前的市场状况来看,抓住新增主流消费群体。15~25岁年龄段的目标人群正是目前预付费用户的重要组成部分,而预付费用户已经越来越成为中国移动新增用户的主流,中国移动每月新增的预付卡用户都是当月新增签约用户的10倍左右,抓住这部分年轻客户,也就抓住了目前移动通信市场大多数的新增用户。

(2)从长期的市场战略来看,培育明日高端客户。以大学生和公司白领为主的年轻用户,对移动数据业务的潜在需求大,且购买力会不断增长,有效锁住此部分消费群体,三五年以后将从低端客户慢慢变成高端客户,企业便为在未来竞争中占有优势埋下了伏笔,逐步培育市场。

(3)从移动品牌策略来看,形成市场全面覆盖。"全球通"定位高端市场,针对商务、成功人士,提供针对性的移动办公、商务服务功能;"神州行"满足中低端市场普通客户通话需要;"动感地带"有效锁住以大学生和公司白领为主的时尚用户推出语音与数据套餐服务,全面出击移动通信市场,牵制住了竞争对手,形成欲置性威胁。

选定了目标市场,接下来就是如何建立符合目标消费群体特征的品牌策略并进行传播。因此,品牌名称、品牌个性、广告用语等都应符合年轻人的心理特征和需求。中国移动通信的品牌策略是这样的:

(1)品牌名称。"动感地带"以奇、特彰显,充满现代的冲击感、亲和力,易传播、易记忆。

(2)独特的品牌个性。"动感地带"被赋予"时尚、好玩、探索"的品牌个性,同时为该消费群体提供以娱乐、休闲、交流为主的内容。

(3)炫酷的品牌语言。"我的地盘,听我的""用新奇宣泄快乐"等时尚语言,将追求独立、个性、更酷的目标消费群体的心理感受描绘得淋漓尽致,与其产生情感共鸣。

(4)犀利的明星代言。周杰伦阳光、健康同时又带有"酷"的行为与该品牌特性非常契合,从而更好地回应和传达动感地带品牌的内涵。

(5)整合的营销传播。选择目标群体关注的报媒、电视、网络、户外、杂志、活动等,进行立体传播轰炸,在所有营销活动中,都让目标群体参与进来,产生情感共鸣。

　　"动感地带"凭借其市场细分和品牌策略,将中国电信市场从资源竞争带入了营销竞争时代。

　　讨论题:

　　1. 细分市场的主要变量是什么? 中国移动是怎样进行市场细分的?

　　2. 选择目标市场时主要考虑哪些因素? 中国移动为什么把目标市场锁定在15～25岁年龄段的学生、白领?

第 **6** 章　价值定位与品牌化决策

引　例

　　星巴克(Starbucks)成立于1971年,成立之初是一家出售咖啡豆的小公司。1987年,星巴克原市场与零售营运总监霍华德·舒尔茨收购了星巴克,并将其转型为一家专门出售咖啡饮品的咖啡厅,此时的星巴克只有17家门店。然而,在随后短短的几十年的时间里,星巴克开始了其奇迹般地快速发展,从西雅图一家名不见经传的小企业迅速成长为在全球30多个国家和地区拥有13 000多家连锁店的超级企业。

　　星巴克的成功源于该品牌基于顾客体验的品牌定位的巨大成功。就像麦当劳一直倡导销售欢乐一样,星巴克把典型美式文化逐步分解成可以体验的元素:视觉的温馨、听觉的随心所欲、嗅觉的咖啡香味等。透过巨大的玻璃窗,看着人潮涌动的街头,轻轻啜饮一口香浓的咖啡,营造出一种"雅皮士"的感觉体验! 在星巴克人看来,他们的产品不单是咖啡,咖啡只是一种载体,通过咖啡这种载体,星巴克把独特的格调传送给顾客,从而令咖啡的消费在很大程度上变成了一种感性的文化层次上的消费。星巴克从1998年进入台湾市场开始,先后在中国内地、香港、台湾和澳门等地开设了500多家专门店。在中国,一杯星巴克的卡布奇诺咖啡,零售价格为32元人民币,其中为星巴克所支付的品牌溢价就高达16.5元,但是星巴克体验之旅还是令中国的都市白领和富裕阶层所向往。雅斯培·昆德(Jesper Kunde)在《公司宗教》(*Corporate Religion*)一书中提出,星巴克的成功在于,在消费者需求的重心由产品转向服务,再由服务转向体验的时代,星巴克成功地创立了一种以创造"星巴克体验"为特点的"咖啡宗教"。

　　伴随星巴克的快速成长,其品牌价值也不断提升,并连续多年跻身《商业周刊》全球最佳品牌之列。2003年2月,美国《财富》杂志评选出全美10家最受尊敬的公司,星巴克排在第九位。在《商业周刊》和Interbrand公布的2009年度全球最佳品牌排行榜中,星巴克排名第90位,品牌价值高达32.6亿美元。

本章目的

　　本章主要研究价值定位和品牌化决策的相关问题,具体包括价值定位的基本知识及原理、品牌化决策。通过本章的学习,要掌握定位的基本原理及基本操作过程,掌握品牌化决策的有关内容及进行品牌化决策的方法。

价值定位　品牌化决策

6.1　价值定位及其原理

6.1.1　价值定位的含义

这一概念最早由阿尔·瑞斯(Al Ries)和杰克·特罗(Jack Trout)两位广告人所提出的。早期主要是针对广告设计与制作中的大量雷同和无特色而提出的。提醒广告人在"信息爆炸"的社会里,为增加人们对广告信息的接受性,必须要突出差别,建立独特形象。这一思想后来被不断丰富和提炼,并发展成为营销战略中的一个核心概念。

通俗讲,就是对企业所提供的标的和企业形象进行策划,并通过制定和实施有效的营销组合策略,使其能在目标市场的顾客头脑中建立起独特的和有价值的位置的努力过程。从定义可以看出,定位可以在三个层面进行。首先,定位可以指向具体的产品或服务,例如,为不同排气量和内饰标准的奥迪 A6 轿车进行定位。其次,定位也可以指向具体品牌,例如,对奥迪 A6 和桑塔纳进行定位。再次,定位可以指向提供特定产品或服务的公司,如对迈凯乐商场或者大众汽车公司进行定位。当企业产品已经非常多样化并且拥有众多品牌的时候,对公司的形象进行定位就显得更为重要。在市场营销学中,主要研究产品(服务)和品牌定位,关于总体企业形象的定位则主要是企业总体战略规划的内容。

定位的目的非常明确,就是要在顾客头脑中建立企业的产品形象、品牌形象和企业形象,要使顾客在一提及某种产品时就能优先想到本企业或者本企业的某个具体产品或品牌。正如阿尔·瑞斯和杰克·特罗两人所指出的,"定位并不是针对你自己某一产品所做的事情,而是面向你的顾客的心灵所向往做的事情"。因此,定位的核心就是找到说服顾客为什么购买本企业(品牌)的产品而不是竞争者产品的理由。

之所以要进行定位,主要有以下两方面的原因:

首先,当今社会是一个供大于求的买方市场,消费者拥有充分的选择权。而对于消费者而言,由于受到认知能力的限制,不可能对大量的冗余信息进行处理,只有有限的产品(服务)信息能被消费者所加工。因此,企业必须为"在消费者脑海中抢占阵地"而战。

其次,对于企业而言,在充分竞争的背景下,任何一家企业都不能也不可能包打天下,即使在一个细分市场中,也仍然会有竞争者。要能够向顾客传递其价值主张,就必须与竞争对手区分开,把最能够打动顾客的价值主张展现给顾客。

6.1.2　价值定位的过程

从根本上说,定位就是要寻找对顾客有意义的差异点。寻找不同于市场上现有产品、品牌和企业形象的差异点,这些差异点可以是实际的,也可以是感觉和态度方面的。大致而言,要实施一项品牌定位要经历以下几个过程:

1. 确定目标顾客

对于不同的目标市场而言,顾客的利益诉求会有所不同,因而进行市场细分,并在众多的细分市场中进行选择,以确定目标顾客是进行定位的前提。市场细分的方式有很多种,对于消费品市场来说,可以根据行为、心理、人口统计因素和地理区域或者是上述多项因素的结合来进行细分;对于工业品市场,可以通过产品性质、购买条件、地理因素等方面进行细分。进行市场细分之后,企业可以根据不同市场的吸引力和战略意图来选择拟进入的目标市场。关于市场细分和细分市场选择的相关内容,本书前面部分已经进行过讲解,此处不再予以展开。

2. 确定竞争对手

在确定目标市场之后,基本上也就确定了竞争对手。然而,需要指出的是,依据竞争层面的差异,竞争对手会有所不同。以农夫山泉为例,从狭义层面看,是在与娃哈哈、康师傅、冰露、依云等矿泉水品牌竞争;稍广义一点,竞争对手不仅包括矿泉水品牌,也包括可口可乐、雪碧、百事可乐等碳酸饮料、统一等茶饮料、汇源果汁等果汁饮料品牌;如果更为广义一点,还可以将其看做是在与各种家庭水净化设备生产商在竞争。竞争对手应当以企业的资源与能力为基础,不宜过于狭窄也不宜过于宽泛。对于一些行业领导者而言,在定义竞争对手时应当更为宏观一些,因为,作为市场领导者如果对潜在竞争者的威胁反应迟钝,会对其造成致命的威胁。知名营销学者西奥多·莱维在其经典文献中提出营销近视症的观点,批评一些行业和企业将竞争定义的过于狭窄,例如,美国的铁路运输行业没有意识到来自同样提供运输服务的航空业的竞争导致其衰败。因此,像可口可乐这样的市场领导者不仅仅会将百事可乐作为竞争对手,也会积极关注非碳酸行业的一些竞争对手的情况。但是,竞争对手的确定也不能过于宽泛,例如,对于一家小果汁饮料厂商而言,将所有饮料企业都看做是其竞争对手,意义就不大。

3. 确定与竞争品牌之间相似性和差异性

相似点是指那些对于目标市场中所有竞争者而言都具有的特点,这些特征是消费者定义一个特定大类的产品的前提,缺乏这些特征,消费者就不会认为一个品牌与该品牌所确定的竞争品牌之间具有进行比较的基础。而差异点则是指那些目标品牌与竞争品牌相比的不同之处。差异点为目标品牌确定其定位提供了基本的元素集合。当然,并非所有的差异点都可以构成品牌定位的基础,恰当的差异点需要具备以下两个条件:相关性和独特性。相关性是指差异点是与消费者有所关联的,对于消费者而言是有意义并且重要的;不相关的差异点,往往不会得到消费者的认同,甚至容易被消费者看做是吹毛求疵的。独特性是指,差异点对于消费者而言是醒目的和具有优越性的。定位的最基本原则就是必须在某些方面与竞争对手有所区别,因而差异点仅仅是相关的对于确定一个恰当的品牌定位并不够,因为相关但是不具备足够的优越性或者不够醒目,仍然难以让消费者将目标品牌与竞争品牌区分开。

通过上述定位过程,一家企业就可以确定市场缝隙,而这些市场缝隙就成为品牌可供选择的定位要素。企业可以从这些可供选择的要素中依据市场前景、市场容量及可赢利性等方面对这些要素进行筛选,从而最终确定产品(服务)、品牌或者企业的定位。

营销领域常利用感知图来描述现有竞争者及其定位情况,用于帮助企业识别有利可图的定位。图 6-1 是关于美国六大商学院的感知图,该感知图使用了声望与课程性质两个维度对六所商学院的定位进行了区分。该图清楚地表明,哈佛、斯坦福和沃顿商学院是彼此相近的一组,卡内基-梅隆与麻省理工也比较接近。而麻省理工与哈佛则被认为是大相径庭,感知图右下方的区域可以成为一些商学院可供选择的定位区域。

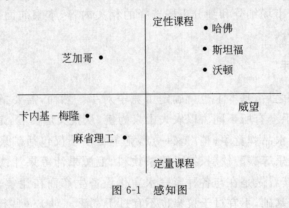

图 6-1　感知图

6.1.3　价值定位的方法

定位的具体方法非常多,且在不断开发之中,这里介绍几种常见的定位方法以供参考。

1. 根据产品的特性定位

产品特性包括生产制造该产品的技术、设备、生产过程以及产品的功能等,也包括与该产品有关的原料、产地、历史等因素,这些特质都可以作为定位要素。例如,日本电器、瑞士手表强调的是产地及其相关因素,国窖 1573 是以历史定位,裘皮大衣是以原料定位,而"本产品是引进德国先进设备制造的"广告词所强调的重点则在产品制造的设备上。利用产品特性进行定位的缺点是,一些具体的产品特性很容易被竞争者所复制。例如,如果企业使用"产品是引进德国先进设备制造的"来定位,一旦很多企业都采用国外先进设备进行制造,该定位就会失去优势。因此,除非用于定位的核心产品特性由于其稀缺性、技术复杂性或者受到专利保护难以被竞争对手所模仿,否则根据产品属性特征来进行定位很难具有较长的持续性。

2. 根据产品能给顾客提供的利益定位

产品利益定位不是告诉顾客本企业(品牌)的产品(服务)具备什么样的特性,而是告诉顾客,这些属性对于顾客具备什么样的功效,或者能够给顾客带来什么利益。经常采用的产品功效或利益层面定位包括适用性(移动全球通——随时随地传信息)、可靠性(日丰管——保用 50 年)、安全性(沃尔沃——最安全的汽车)、性价比(沃尔玛——天天低价)等。

3. 根据质量和价格定位

质量和价格本身就是一种定位。人们一般认为,高质就对应高价,所以高质高价就可以作为一种定位方式。但也有的企业反其道而行之,例如,日本汽车,质高而价不高,使顾客价值得到提升,提高了竞争力。

4. 根据企业的竞争地位定位

这种定位已超出了产品定位的范畴,是一种更为广泛意义上的定位。根据企业在市场上的竞争地位,可以将企业分为市场领先者、市场挑战者、市场追随者和拾遗补缺者。竞争地位的差别也提供了一种定位方式。例如,我们可以说出世界第一高峰,世界第一深海洋,但可能说不出第二或第三,就像我们只知道 IBM 是世界最大的计算机公司,而不知道谁是第二大计算机公司一样。所以,"第一"就是一种重要资源,让人们记得你,就是成功的一半。尽管一般认为,取得第一位的企业必有独到之处,但人们也有所担心,巨大的企业由于其垄断性,官僚僵化性,就会不那么具有创新精神,甚至会"欺行霸市"。这就为以市场挑战者形象出现的企业提供了有利的定位机会。美国一家叫艾飞斯(Avis)的出租汽车公司,成功地运用了这种定位战术,它在广告中声称:"在出租车行业中,艾飞斯不过是第二位,那么为什么顾客还要租用我们的车呢? 因为我们更加努力啊!"这种公开承认自己是第二,并表示自己决心的促销策略,得到了顾客的广泛支持。从此,艾飞斯告别了连续 13 年的亏损历史,走上了快速发展之路。第一年赢利 120 万美元,次年赢利 260 万美元,第三年赢利达到 500 万美元。然后这家公司以较高的市价卖给了国际电话电报公司(ITT)。

5. 根据核心意愿进行定位

核心意愿,即根据信念、价值或情感等抽象层面进行定位。正如品牌专家马克·戈贝(Marc. Gobe)所指出的那样,成功的品牌必须带领消费者进入一个更深层次的、普遍的情感空间。一些卓越的品牌往往在这一层面进行定位,如联邦快递——使命必达;海尔——真诚到永远;戴比尔斯(DeBeers)——钻石恒久远,这些企业都是根据核心意愿进行定位。

除了上面的 5 种定位方法,企业还可以根据顾客类型来定位(如饮料),根据偏好定位(如香烟),也可以综合运用上述各种方法。

定位不是一成不变的,可以从一种定位转换到另一种定位,这被称为重新定位。例如,一家出售高级润滑油的企业,过去定位在"高质量"上,经营效益一般。后来这家企业认真分析了顾客,发现顾客多是大型设备使用者,如高层建筑汽车吊。他们最关心的是什么呢? 是时间价值,即设备的完好运转,因此,这家润滑油企业改变经营方式及相应的定位,宣称:"使用本企业润滑油的设备,如果润滑油出现故障,本企业将承担顾客的损失。"从而将自己的定位由"高质量"转移到"服务保险"上来,取得了成功。

重新定位也有危险。在艾飞斯卖给国际电话电报公司后不久,它不再满足于第二位,而将广告词改为"艾飞斯将是第一了"。这种自我陶醉在心理学上是一种失误,人们不再同情这位弱者。同时,也是策略上的失误,要改变人们头脑中已形成的观念,不仅要有充分的事实和理由,还要有足够的说服力。在重新定位时,企业切不可忘记"我们过去是如何取得成功的"。

6.1.4　价值定位与市场营销组合策略的关系

企业设计的定位构想还须通过有效的措施传达给顾客(包括潜在顾客),这些主要措施,概括起来,就是市场营销组合策略。

1. 市场营销组合策略的概念

市场营销组合策略有几十种。麦卡锡(McCarthy)将其概括为 4 个要素的组合,即产品策略(Product)、价格策略(Price)、销售渠道策略(Place)和促销策略(Promotion)的有机结合(如图 6-2 所示)。

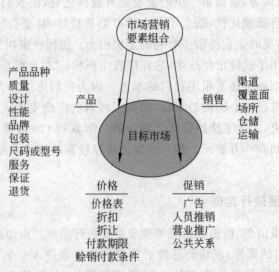

图 6-2　市场营销要素组合的 4P

在这 4 个要素中,每一个要素又包含许多变量,因此可形成无数的组合。每个组合就是一种向顾客和公众传达企业产品和形象定位的策略。

2. 定位与市场营销组合策略的关系

深刻、细致、富有创意的定位构思是制定市场营销组合策略的基础,而有效的市场营销组合策略将使定位形象更鲜明。正如定位的定义所表达的那样,定位是通过营销组合策略来实现的。市场营销组合策略,可以看做是一套由 4 种颜色组成的舞台组合灯,这 4个灯同时照射在一个特定的区域,即目标市场,以使在这个区域中表演的演员(企业及其产品)更加突出、鲜明,在顾客的心灵上留下更加深刻的印象(即定位)。

以康佳公司为例,在产品策略上,康佳公司推出了瞄向农村市场的彩霸彩电,为了适应边远农村的特点,减掉了国际线路等农村不必要的功能,增加了对边远农村特别重要的信号接收功能;在价格策略上,通过降低成本,使其定价较之一般彩电略低,以吸引看重实惠的农民顾客;在销售策略上,在注重农村合作社这一传统渠道的同时,还组织大篷车送货下乡;在促销策略上,选择喜获丰收的农民作为广告宣传的主角,突出农民生活水平的提高和对幸福生活的向往。概括为一句话,即彩霸的定位:彩霸是迈向幸福生活的农民的理想选择。

成功的市场细分、准确的目标市场选择、恰当的定位以及有效的市场营销组合,构成了达成营销目标最重要的基础。这一思想可以概括为"STP-4P"(即 Segmenting-Targeting-Positioning 和 4P 组合策略)。

6.2 品牌化

强势品牌所具有的战略价值令品牌化的问题成为企业战略的重要组成部分。那么究竟如何进行品牌化呢? 根据不同企业的实际情况,可以选择创建自有品牌、使用许可品牌、建立合作品牌、并购其他品牌或者无品牌等品牌化路径。

6.2.1 品牌的含义

品牌一词来源于斯堪的纳维亚语"brandr",原意为燃烧,是牲畜所有者用来识别他们的动物的工具。品牌以各种各样的形式已经存在了几个世纪,品牌化的初衷是手工艺人等用以识别他们的劳动成果,以便顾客能轻而易举地认出它们。我国古代的瓷器,古希腊、古罗马的陶罐以及公元前 1300 年的印度商品上都发现了类似品牌的标记。到了中世纪,除了陶器以外,印刷品、纸张、面包等产品上都出现了品牌的标记,以用来吸引买主忠实于个别手工制造者,同时用来管制侵害行业垄断的人以及找出低劣产品的制造者。1266 年,英国还通过了一项法律,要求面包师在每一块出售的面包上标上记号,"目的是如果有人短斤少两,马上就可以知道是谁",金匠和银匠也被要求在商品上做标记,并对金属材质的质量加以说明。

到了 19 世纪中后期,新式生产工具不断涌现,生产流程也不断得以改进,从而令大规模生产成为可能,并且随着铁路、航空等交通运输工具的出现以及通信条件的改善,制造商所生产的产品逐渐摆脱地域限制,在更广阔的市场区域内进行销售。而高质量产品的生产商也逐渐意识到品牌在推动产品的销售方面所具有的重要影响。例如,宝洁公司在辛辛那提生产蜡烛,并将产品运送给俄亥俄州和密西西比河沿岸各城市的销售商,从1851 年开始,码头工人开始在宝洁产品的纸箱上标上一个简单的星形。公司很快注意到,购买者把这个星形记号当做质量的象征,销售商一旦在纸箱上找不到星形标志,就会拒绝接受蜡烛。结果,宝洁在所有蜡烛产品的包装上都标上了一个更正式的星形标记,由此"星星"品牌得以诞生,并且开始拥有忠诚的客户。随着近代工业的不断发展,李维斯、福特、克房伯、亨氏、可口可乐、立顿、高露洁、好时、柯达、箭牌、吉列、通用电气、西门子、博世、奔驰、大众、丰田、本田、三菱、雅马哈等一些品牌开始登上历史舞台,并随着全球化进程的发展,走出国门,成为在全球范围内具有广泛影响力的市场领导者。在当今社会,品牌在人们的生活中产生了日益深刻和广泛的影响,人类社会的衣食住行都深深打上了品牌的烙印,小到拉链、别针,大到汽车、飞机,可以说品牌无处不在。

那么,如何对品牌进行定义呢? 对这一问题,一些学者和机构给出了不同的看法。Gardner 和 Levy 两位学者在其开创性的研究中指出,品牌是一个反映了丰富多彩的内容和特质的复杂的标识,品牌不仅通过所宣传的内容和文字表述告诉消费者很多事情,更重要的是,在一段时期内,它会建立并巩固某种形象,使之成为公众关注的焦点。戴维·阿克将品牌定义为:用来标示某个销售商或销售集团的产品或服务,并将之成为与竞争对手的产品或服务区分开来的特有名称和标志(如标志语、商标或外形设计)。而根据美国市场营销协会(AMA)的定义,品牌是一个名称、专有名词、标记、符号或设计,或是上述元素的组合,用于识别一个销售商或销售商群体的商品与服务,并且使它们与其竞争者的商品与服务区分开来。尽管表述各有不同,但通俗地说,一个品牌就是在某些方式下能将它所代表的产品或服务与用于满足相同需求的其他产品或服务区别开来的一些特性。这些特性可以与品牌的产品性能相关,如功能方面的、理性方面的,或是有形的;也可以与品牌所代表的观念有关,如象征性、感性,或是无形的。

6.2.2　品牌与产品的关系

从对品牌的定义的讨论可以看出,品牌与产品之间存在着紧密的联系,但又具有显著的区别。一方面,品牌源于产品(服务),一个成功的品牌一定是以一个伟大的产品或服务作为载体,例如,吉列品牌是依靠其在剃须刀产品方面几十年来持续创新的基础上建立起来的。而另一方面,品牌一旦建立,又会在消费者脑海中形成远比产品(服务)更为广泛的含义。人们购买品牌既有功能方面(即品牌的产品属性方面)的考虑,也有情感方面(即品牌的非产品属性方面)的因素。例如,劳斯莱斯汽车既是一种交通工具,也象征了个人身份和财富。苹果品牌不仅让人产生易于使用、昂贵但可靠和适合图形处理这些与产品具体属性相关的联想,也让人产生创新、叛逆、不拘小节等非具体属性方面的联想。

在物质充裕的当今社会,人们购买一个品牌的产品,不再仅仅限于其功能性含义,同时也用于展示自己的生活方式、性格、身份、价值或者财富。用马斯洛的需求层次理论的观点来解释,消费者基于自身的需要来选择品牌,但是这些需要不再囿于基本的物质或者经济方面,而更多的是关于个人价值的实现和尊重,或者获得归属感。对于一些强势品牌而言,一些与产品不相关的特征却往往成为竞争优势的源泉。下面关于可口可乐的一则经典案例,可以让我们加深对这一问题的理解。

作为软饮料市场的霸主可口可乐不得不面对来自百事可乐公司的挑战。20 世纪80 年代,百事可乐的一项名为"百事挑战"的促销活动对可口可乐公司的市场地位构成了强有力的威胁。在这项始于得克萨斯州的促销活动中,百事可乐针对顾客进行了大规模的随机口味测试,结果表明,自己的产品更受欢迎。可口可乐公司高层对这一结果深感恐慌,担心百事的这一大规模的促销活动会令公司受损。为此,可口可乐公司于 1985 年4 月做出了反击,推出了在盲试中更受欢迎的新配方来代替原有的可口可乐产品。然而,令公司始料不及的是,这一战略不但没有取得预想中的成功,反而引起了消费者的愤怒,公司总部每天要收到 1 500 多个电话及大量的信件对公司的行为表示谴责。在经过几个月的销量下跌之后,可口可乐公司不得不在市场上重新启用了其经典配方。可口可乐公司的这次溃败,令公司在品牌方面接受了一次很好的教训,同时也这让公司深刻意识到对于消费者而言,可口可乐已经远远超出了软饮料或者提神解渴的饮料产品的范畴,更多的是代表了美国的形象,其大部分吸引力不在于原料或成分,而在于其所表现的美国文化、怀旧情结、传统以及与顾客的关系。

6.2.3 品牌的战略意义

品牌所具有的广泛内涵赋予了品牌重要的战略意义。就如桂格燕麦公司的创始人之一约翰·斯图亚特(John Stuart)所述:"如果公司被分拆,我愿意给你厂房、设备等有形资产,而我只需要品牌和商标,但相信我一定会比你经营的更好。"具体说,品牌的战略意义主要体现在以下几个方面:

1. 获取超额利润

强势品牌可以帮助企业赢得市场份额,获取超额利润。

联合利华首席执行官尼尔·菲兹杰拉德(Niall FitzGerald)曾经指出:"对我们而言,市场份额是通往利润之路,而我们的品牌是通往市场份额之路,这就是联合利华优先进行品牌战略投资的原因。"强大的品牌拥有较高的市场份额,在成熟的市场中,一个居于领导地位的品牌,其市场份额大约是位居第二位的品牌的 2 倍,而位居第二位的品牌其市场份额是位居第三位的品牌的大约 2 倍。高市场份额可以提高资产利用率和实现规模经济。同时成功的品牌拥有很强的销售特权,对零售商或者分销商具有更高的议价能力。此外,拥有忠诚的客户还意味着较低的营销成本。因为与保持现有的那些感到满意的顾客相比,赢得新顾客要在广告、促销和销售方面花费更多。一份研究表明,争取新顾客的费用是保留现有顾客的 5 倍。这些因素综合到一起,表明强势品牌会拥有超额利润,著名的 PIMS 研究项目通过对 2 600 家公司进行深入研究发现,一般来说,拥有 40% 市场份额的品牌,其投资回报率是仅有 10% 市场份额品牌的 3 倍(如图 6-3 所示)。而对于快速消费品市场而言,这种市场份额与利润之间的关系则更为显著,如表 6-1,对美国和英国的研究表明,一般来说,处在领导地位的品牌的销售回报率约为 18%,而在市场中居于第二位的品牌的销售回报率不到 3%,而剩余其他品牌则没有什么利润。

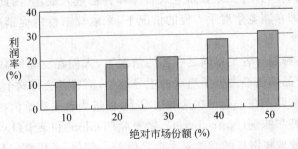

图 6-3 市场份额与收益率的关系

表 6-1　日用品品牌的市场份额与销售回报率排名

品牌排名	销售回报率（%）	品牌排名	销售回报率（%）
1	17.9	3	−0.9
2	2.8	4	−5.9

案例分析

　　丰田汽车与通用汽车在加州弗里蒙特的一家合资厂生产两种完全一样的小汽车，一种用丰田花冠的牌子，另一种用通用杰傲·普林斯（Geo Prizm）的牌子。它们的生产成本相同，都是 10 300 美元。但是，出厂后丰田车的卖价比它的孪生兄弟贵 10%。由于它贬值更慢，所以 5 年后二手车的价格要比通用高将近 18%；而其市场份额也是通用的两倍多。在 5 年内，估计丰田可以从合资工厂赢得比通用多 1.28 亿美元的利润。许多市场都是如此，品牌的魅力比生产成本或者质量的差别更重要。

　　资料来源：The Economist，6，January，1996，p.61.

2. 建立起强有力的行业壁垒

　　强势品牌可以帮助企业建立起强有力的行业壁垒。

　　如果一家企业可以从某个特定的市场获取稳定的高额利润，那么就会有新公司涌入到这个市场来分享这部分高额利润。一段时间后，新公司的不断进入会降低这个市场的整体利润而且可能不断地吞噬着整个市场中老企业的市场份额。今天，竞争使得那些高端技术和产品配方可以被快速复制。然而，就如彼得·多伊尔教授所指出的那样，竞争对手可以很容易地再生产一种香烟、软饮料或战略咨询业务，但是他们却不能复制万宝路、可口可乐或麦肯锡的品牌个性。拥有强势品牌的公司可以凭借强大的品牌优势建立起行业壁垒，有效阻止新进入者的入侵。强势品牌之所以能够成为行业壁垒，有以下几个原因：

　　首先，新竞争者进入一个行业后，经常会引发价格大战。强势品牌都具有最高的市场份额和最高的利润回报，并且无须像新进入者那样补偿进入成本，因此在大多数情况下，足可以支持这些品牌在新竞争对手入侵的情况下，采取攻击性的促销或者创新活动将竞争对手赶跑。

　　其次，当现有品牌领导者足以满足顾客的情况下，人们在交易时总是会排斥新品牌。在一些市场上，一个品牌已经占据了绝对的主导地位，消费者会将这个品牌与它所提供的产品或者服务紧密的联系在一起。在这种情况下，新进入者很难给消费者留下什么印象。像杜比（Dolby）、纽特甜味剂（NutraSweet）、特氟隆（Teflon）和莱卡（Lycra）这种以产品成分命名的品牌都有效地将潜在的竞争对手拒之门外。例如，孟山都（Monsanto）花费了大量的广告费用来宣传减肥可乐（Diet Coke）。箭牌公司（Wrigley）的益达（extra）口香糖以纽特甜味剂作为产品成分,纽特甜味剂的宣传如此成功,不但迅速成为低卡路里软饮料的行业标志,甜味剂市场的竞争对手也不得不选择与之合作。纽特甜味剂在自己的市场里获得了独一无二的地位,并有效阻止了新进入者。

再次,强势品牌通常为品牌的建设投入了巨额的广告费用,作为一种沉没成本,广告费用一旦投入,就无法逆转。对于新进入者而言,要说服消费者购买自己的产品,就必须在广告上投入至少与现有品牌相等的广告支出。因此,新进入者如果必须花费巨额的广告费用才能进入一个新市场,那么除非有十足的把握自己能够成功,否则就不会愿意进入新市场。正是基于这样的原因,在一些类似食品、洗涤用品这样生产成本低廉,技术含量不高的行业,市场份额长期为少数几个品牌所占据。例如,据估计,在英国,一个肥皂粉品牌的广告成本总计高达 10 亿英镑左右。单纯是广告这一巨额的投入就足以阻止新的入侵者。

3. 帮助企业轻松打入新市场

强势品牌可以帮助企业轻松打入新市场。随着全球化进程的加快和互联网技术的快速发展,人们足不出户就可以了解到全球动态。对于一些强势品牌而言,其一举一动往往可以成为全球媒体关注的焦点,这些信息又可以通过互联网等媒体快速传播到世界各地。这令一些强势品牌在尚未进入一些国家或地区之前,就已经在目标客户群中建立了广泛的知名度,这无形中为强势品牌向新市场的渗透提供了巨大的优势。并且,由于强势品牌所具有的广泛客户基础,这些品牌在进入新市场时,可以争取到更优质的中间商和零售商,并且在同渠道其他企业的合作中具备更高的讨价还价能力,这些因素都有助于提高强势品牌的分销能力和资本回报率。看一看苹果手机在中国市场的情况就可以知道强势品牌在进入新市场时所拥有的巨大优势了。作为智能手机市场的领导者,苹果的 iPhone 手机一经推出就在全球范围内受到年轻消费者的热捧。然而,在中国,由于与移动通信运营商之间合作方式的谈判仍处于僵持状态,苹果手机一直未能通过正常渠道进入中国内地市场。但是,这并没有妨碍中国年轻消费者对苹果手机的了解和喜爱。尽管苹果手机没有在中国内地市场进行过任何形式的广告宣传,但是对于中国的年轻消费者而言,却几乎是无人不知、无人不晓。一些时尚、富裕的年轻人甚至愿意支付高额费用和承受一定的风险从水货市场购买苹果手机。

总之,对于企业而言,强势品牌是一笔巨大的无形资产。该资产能够影响消费者的行为,能够进行买卖交易,并且能够为未来提供安全、稳定的收益来源。根据戴维·阿克教授的推算,宝洁公司的象牙品牌从 1887 年投放市场开始,到 20 世纪 90 年代初,在大约100 年的时间里共创造了大约 250 亿美元的销售额,为宝洁公司带来了 20 亿~30 亿美元的利润。正是由于这些原因,拥有强势品牌的企业资产定价更高,在英国和美国市场上,普通英美公司的价值都反映在股票市场上,大约是资产负债表中净资产的两倍。但是,如果公司拥有强有力的品牌组合,它在股票市场上所反映的价值就是净资产的 4 倍(彼得·多伊尔)。而在企业的兼并和收购活动中,为获得一些强势品牌,往往需要支付更高的金额。雀巢为购买 Rowntree 品牌支付了 25 亿英镑,这一价格是其净资产的 6 倍。菲利普·莫里斯在购买卡夫品牌时,花费了 129 亿美元,也超出了其账面价值的 6 倍。对于一些快速消费品品牌而言,品牌的价值往往构成了企业总资产的主要部分,表 6-2 展示了 2008 年《商业周刊》和 Interbrand 对全球 10 大最有价值品牌的品牌价值估算。

表 6-2　2008 年商业周刊和 Interbrand 全球最有价值品牌排行

排名	品牌名称	2008 年品牌价值(百万美元)
1	可口可乐	66 667
2	IBM	59 031
3	微软	59 007
4	通用电气	53 086
5	诺基亚	35 942
6	丰田	34 050
7	英特尔	31 261
8	麦当劳	31 049
9	迪斯尼	29 251
10	谷歌	25 590

资料来源:2008 年商业周刊。

20 世纪 90 年代以来,学术界提出了品牌资产(Brand Equity)的概念,并将品牌资产定义为与品牌、品牌名称和标志相联系的,能够增加或减少企业所销售产品或提供的服务的价值和顾客价值的一系列品牌资产与负债。品牌资产的概念和深刻内涵如今已经被理论和学术界所广泛接受。一些研究机构和研究学者还提出了相应的品牌资产模型,用以对品牌资产进行评估和管理,其中比较著名的有扬雅广告公司和 Interbrand 公司的品牌资产评估模型以及品牌管理研究先驱戴维·阿克教授的品牌资产模型。在此,我们不再一一赘述。

6.2.4　品牌化决策

1. 创建自有品牌

品牌化的第一种方式是创建自有品牌。长期以来,制造商品牌构成了零售领域的主体。像 Sony、宝洁、雀巢、IBM、飞利浦等公司一直都是使用自己的品牌来销售产品。自有品牌的建设层面,又可以包括单一品牌、多品牌和系列品牌三种形式。

单一品牌(公司品牌)。即使用公司名称作为一个公司旗下的所有产品的品牌标识。如通用电气(GE)涵盖从飞机引擎、金融服务到医疗设备在内的产品,这些产品都使用了通用电气这一公司品牌。有时公司名称仅与产品的编号同时使用,来对不同产品加以区分,如奔驰 S320、S600。有时公司品牌与产品品牌同时使用,如丰田花冠汽车(Toyota Corolla)及惠普激光打印机(HP LaserJet)。单一品牌战略的优点是在所有市场和所有产品中使用统一的品牌标识有利于资源的集中利用,令公司与品牌在相关的活动中具备规模经济和范围经济的优势。不利之处在于,使用单一的品牌为企业的所有产品作担保,一旦某一类产品出现问题,就会令顾客对公司旗下的其他产品产生怀疑和担忧,影响该品牌其他产品的销量。

多品牌。即公司的不同产品、服务使用不同的品牌名称。宝洁和联合利华这样的消费品企业是采用多品牌战略的典型代表。以宝洁为例,光在洗发水领域就拥有包括海飞丝、沙宣、伊卡璐、潘婷和飘柔在内的多个品牌。多品牌战略优点是,可以根据不同类别的产品或者同一类别的不同细分市场提供不同属性的产品、服务,满足不同动机的消费者的需求,并占领更多的货架空间。同时多品牌战略还可以避免在某一品牌出现问题时累及该公司的其他产品或服务。多品牌战略的缺点是需要单独对每个品牌进行维护,品牌建设费用投入会比较高,并且由于品牌众多容易分散资源,易遭到其他使用单一品牌的企业的围攻,令每个品牌市场份额都不高。另外,品牌数量过多也会为品牌的管理带来困难。

系列品牌。系列品牌是介于单一品牌和多品牌之间的一种品牌化方式,即将其产品分别归在不同的系列下面,并对同一系列的产品使用相同的品牌名称。如松下公司将电子产品划入 National、Panasonic、Technics 和 Quasar 这 4 个品牌下面。通用汽车使用了雪佛莱、别克和凯迪拉克等系列品牌来分别涵盖其低、中、高端产品系列。

2. 使用许可品牌

许可品牌是指通过授权的方式使用由其他制造商所创造的名称或标识、名人的姓名或者流行电影和书籍中的角色来作为产品或服务的品牌名称。许可品牌相当于"租借"他人品牌来帮助自己的产品创造品牌资产。作为创建品牌资产的一条捷径,许可生产的方法在服饰等产品中非常流行。许可品牌的范围也非常广泛,一些组织如美国马球协会(US Polo)、烟草品牌(Marlboro、Camel)、汽车品牌(Jeep)、重工机械品牌(Caterpillar)、迪斯尼卡通人物(米奇老鼠、唐老鸭、怪物史莱克)以及像《星球大战》、《变形金刚》等电影中的角色都会经常出现在衣服、文具、玩具等很多产品上。有统计表明,北美市场上许可品牌的零售额从 1977 年的 40 亿美元上升到 2005 年的 720 亿美元。

许可品牌往往能够为生产商带来超额利润。例如,在中国市场,一件 Jeep 的普通 T恤标价高达近千元人民币,而一个成本不超过几十元的迪斯尼动画人物的儿童背包竟然能够卖到二三百元的高价。许可品牌的缺点是需要向授权方缴纳一笔不菲的许可费用,随着许可品牌市场的成长,许可费用也水涨船高。

3. 采用合作品牌

合作品牌(也称品牌联合)是指分属不同公司的两个或更多品牌的联合或组合。其直观表现就是在单一的产品或服务中使用了多个品牌名称或者标识。例如,手机品牌 Sony Ericsson 就是索尼和爱立信两家巨头的合作品牌。合作品牌的一种特殊形式是成分品牌,即一个品牌的产品作为另一个品牌产品的成分或构成。例如,诺基亚手机使用蔡司的摄像头,或者联想的计算机使用英特尔的芯片都是使用成分品牌的形式。使用合作品牌的优点是,由于合作品牌中的每个品牌在各自领域都具备一定的优势,通过合作的方式可以提升新产品的价值,从而令新产品更具有吸引力。合作品牌的缺点是,这种合作往往需要签订复杂的法律协议,即品牌许可协议,并且合作方必须要对广告、促销等营销活动加以协调。索尼和爱立信的合作品牌 Sony Ericsson 就曾传出,由于双方战略目标发生变化、合作品牌的手机市场表现欠佳等原因,准备分手的传闻。

4. 并购其他品牌

对于一些产品类别而言,由于市场结构、竞争者等方面的原因,进入壁垒很高。尤其是在一些成熟市场中,现有各品牌各据一方,市场份额基本稳定,新品牌的进入往往扰乱市场格局,遭受行业内品牌的围攻与清剿,要成功立足非常困难。而通过并购的方式进入新市场,既可以避免引起行业内企业的激烈反应,又可以省去建设新品牌所需的时间和财务投入,因而,也成为企业经常选择的品牌化路径。全球化进程的加快令并购市场持续保持活跃。当一些行业中的品牌价值被低估,或者并购能够带来协同效应,可以提升营销能力时,采用并购的方式更有效。一些成功的品牌并购令企业获得了巨大的收益。例如,通过对旁氏(Pond's)和法巴芝(Faberge)的收购令联合利华从化妆品市场的无名小卒一跃成为处于领导地位的企业。宝洁公司 20 世纪 80～90 年代对 Noxell、Max Factor、Ellen Betrix 等一些化妆品和香料公司的收购为其在快速增长的化妆品市场建立了桥头堡。

然而,收购其他企业的品牌投入也很惊人。在欧美成熟市场上,一家上市公司的市值大约是公司净资产的 2 倍左右,然而要收购一家拥有知名品牌的公司,需要支付 4～6 倍于净资产的金额,有时这一数字甚至会更高。2005 年,宝洁公司收购吉列耗资 540 亿美元,2008 年,玛氏收购箭牌支付了 230 亿美元。而且,很重要的问题是,耗费如此巨大代价所进行的并购有时并非如一些企业所预想的那样成功。尤其是在一些跨国并购中,失败的案例远比成功案例要多。忽视不同企业的文化差异和不同国家之间法律、法规的差异,对并购可能带来的影响的盲目乐观,往往令一些并购企业陷入泥潭。1998 年,戴姆勒-奔驰公司耗费 360 亿美元巨资收购了美国第三大汽车厂商克莱斯勒,然而,这桩曾被喻为"天作之合"的联姻,并没有形成预期中的协同效应。拥有 Jeep、克莱斯勒、大捷龙等众多知名品牌的克莱斯勒连年亏损,令其成为一只烫手山芋。仅仅时过 9 年之后,戴姆勒-克莱斯勒公司作价 74 亿美元卖掉了克莱斯勒 80.1% 的股权,估值仅为当年的 1/4。而我国企业在跨国并购过程中也经历了惨痛的家训,TCL 收购汤姆逊公司、明基收购西门子手机业务部、上汽收购双龙汽车等并购都耗费巨资,却都招致惨败。而联想耗资17.5 亿美元收购 IBM 的计算机业务后也连年亏损,其成功与否仍有待进一步观察。

5. 采用贴牌生产

尽管拥有强大的品牌能够为企业带来很多好处,但是要创立品牌代价也很高昂。以美国为例,根据一些学者的估计,早在 20 世纪 90 年代,一些消费品市场中引入一个新品牌的费用就已高达 5 000 万至 1.5 亿美元,考虑到通货膨胀、媒体费用上升及竞争加剧等因素,如今的新品牌导入费更是高得惊人。品牌导入所需的巨大开支令很多中小企业难以承受,因而在包括中国在内的一些新兴经济体针对发达国家的对外贸易中,选择不使用品牌的贴牌生产方式就非常普遍。

贴牌生产又称代工或 OEM,是指一家厂商根据其他厂商的要求,为其生产使用委托方品牌名称的产品或者产品配件。贴牌生产的发展主要是由两方面的原因所引起的。

首先，从发达国家的情况看，一方面，在欧美等发达国家，随着国内劳动力成本的攀升，制造业及产品的生产制造环节成本高企，在与一些国外低成本制造商的竞争中，深受打击。为了扭转预势，一些生产商纷纷选择将低利润率的生产制造环节向生产成本更低的新兴市场国家转移，选择一些新兴市场中的生产技术成熟的生产企业为其贴牌生产，而自己则专注于研发、设计和销售等利润率较高环节。而另一方面，零售商品牌（又称为中间商品牌或私有品牌）近年来在欧美市场快速发展。由于相比制造商品牌而言，零售商自有品牌的利润率水平较高，沃尔玛、西尔斯等零售巨头纷纷提高了自有品牌的销售比重。以沃尔玛为例，到 2005 年底，在全球范围内拥有 40 个自有品牌，自有品牌的商品高达 19 万种，其中，惠宜(Great Value)品牌已经成为美国食品市场销售量最大的品牌。由于这些巨型零售商自己不从事生产活动，因此会选择一些具有成本优势的新兴国家企业为其自有品牌进行贴牌生产，仅 2004 年，沃尔玛在中国采购的金额就高达 180 亿美元，而其中 90％以上为自有品牌商品。

其次，从新兴经济体来看，对于中国等一些新兴经济体而言，经过多年的快速发展，国内市场集聚了大量的过剩产能。而由于通过自有品牌的方式进入发达国家市场门槛太高，令一些中小企业无力承担自有品牌高昂的市场推广费用，因而通过为一些信誉可靠的知名厂商或零售商进行贴牌生产的方式进入发达国家市场就非常有吸引力。一些国家和地区还通过贴牌生产的方式形成了各种产业集群，如台湾的半导体行业和中国内地的纺织服装加工行业等。除了制造业外，服务行业的贴牌生产即服务外包，近年来发展也非常迅猛。印度的班加罗尔、中国的上海、大连等地迅速发展成为世界级的服务外包中心，催生了一大批利用新兴市场廉价的工程技术人员为国际软件厂商贴牌的中小软件企业。

贴牌生产的优点是，只需按照委托方的要求进行生产即可，无须承担高昂的品牌推广和研发费用，只要委托方发展平稳，双方合作融洽，就能获得稳定的利润来源。一些企业还可以通过专注于生产制造环节，不断提升产品质量和生产工艺，培育自身的核心竞争力。如为苹果 iPod 等产品进行代工的鸿海精密和为 Tommy Hilfiger、Polo、Hugo Boss 等知名成衣品牌代工的香港溢达集团，都通过贴牌生产的方式发展成为巨型企业集团。然而，贴牌生产的缺点也很明显。由于采用贴牌生产的企业只能隐居幕后，缺乏对高利润的研发及销售环节的控制力，除了少数一些在制造环节具备核心能力的企业，一般的贴牌企业利润水平都较低，并且失去了培育自有品牌的机会，成为一些国外知名厂商的影子或附庸。正是由于这样的原因，一些现今已经成为全球顶级品牌的企业，在发展之初就拒绝贴牌的诱惑，坚持自主品牌的发展道路。1955 年索尼踏上美国市场时，也像今天的很多中国企业那样，没有人知道索尼品牌的产品，也找不到经销商。结果在多方接洽后，一家名为布罗瓦的经销商抛出了 10 万台收音机的大单，条件是使用布罗瓦这一品牌进行贴牌。对于当时的索尼来说，这一订单非常具有诱惑力，订单的总额甚至超过当时索尼的流动资本总额。然而创始人盛田昭夫却不惜以辞职相威胁，力排众议，拒绝了这样的大单。在他看来，最要紧的不是短期收益，而是要索尼的名字响彻全球。若干年后，盛田昭夫仍然认为拒绝 10 万台的订单是他职业生涯中所做的最好的商业决策。对于热衷于贴牌的中国企业来说,盛田昭夫的决定发人深省。

6.2.5 新产品开发过程中的品牌化策略

新产品开发是一家企业谋求长期发展的基础,新产品导入过程中,就品牌化决策而言有两种选择,一种是建立新品牌,另外一种是进行品牌延伸。

传统上,许多公司都采用了和宝洁这样的大型消费品生产商相类似的做法,即常常使用新的品牌名称来推出新产品。这样一来,可以独立的为新产品进行品牌定位。尤其是当新产品与现有产品差别较大,或面对截然不同的客户群时,使用新品牌的方式似乎尤为恰当。例如,丰田在面向高端市场推出豪华车时,就采用了新品牌的方式,并且为了与其现有产品区分开,丰田公司一改以往使用公司品牌的命名方式,直接使用雷克萨斯这一品牌名称,刻意将豪华车与丰田公司生产中低端车的品牌形象区分开。

然而,传统的为每个新产品使用新的品牌名称受到了日益严峻地考验。首先,就如我们先前所指出的,建立一个全新的品牌,要支付巨额的费用。以英国的食品市场为例,2 000 万英镑的费用也许只是成功发展新品牌的最低要求。中国市场上新品牌推广的费用也急剧攀升,仅以广告成本来看,中央电视台广告收入从 2000 年的 19.2 亿猛增到2009 年的 92.56 亿(如图 6-4 所示)。

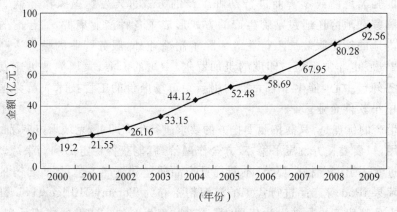

图 6-4　2000—2009 年中央电视台黄金时段广告收入

其次,新产品开发的失败率也非常高,有研究表明,不到 1% 的新产品创意在市场上能够拥有令人满意的赢利,就算是品牌教父宝洁,在推出新品牌时也难以避免马失前蹄。2002 年 6 月,宝洁公司在中国市场推出其激爽(Zest)沐浴露。(将其定位于"清爽加振奋",大打清凉牌,目标直指该细分市场老大六神。然而,在经历 3 年时间,耗费 10 亿广告费用之后,激爽品牌的市场占有率始终维持在 3% 左右,表现差强人意,与宝洁公司预期相差甚远。最后不得不于 2005 年上半年退出市场。)因而采用新品牌来推出新产品的方式具有相当高的风险,作为沉没成本,新品牌推广一旦失败,为推出新品牌所支付的广告等品牌推广费用就会损失掉。

基于上述原因,越来越多的公司在推出新产品时将目光聚焦于已建立的品牌,使用品牌延伸的方式来推出新产品变得越来越流行。品牌延伸就是公司利用一个已有的品牌名称推出新产品的品牌化方式。

相比导入新品牌,品牌延伸具有许多优点。

首先,品牌延伸可以有效降低产品导入的成本。借助品牌延伸来推出新产品的成本则会低很多。一项针对11个市场的98种消费品所进行的研究发现,成功的品牌延伸相比使用新品牌在广告上的支出更少。据估计,在美国市场,一个公司如果通过品牌延伸的方式来推出新产品,能够节省40%~80%的成本(战略品牌管理)。

其次,可以有效降低消费者对新产品的感知成本,增加消费者对新产品的接受程度。由于一些知名品牌在消费者心目中具有极高的声誉。而通过在新产品中使用这些高质量的品牌名称可以增加消费者对新产品的信心,有效降低消费者的感知风险,令消费者更愿意试用并接受新产品。

当然,品牌延伸也并非万能,不恰当的品牌延伸不仅无助于新产品的推广,还会令企业蒙受损失,并对已建立的品牌造成伤害。例如,作为行业领导者,李维斯在牛仔裤市场具有极高的声誉,于是公司试图利用李维斯品牌打开中产阶级男士高档西装市场。然而,李维斯品牌粗斜纹布、经久耐用、工人、矿工和物有所值的含义对于其建立在男士高档毛料西装市场的形象没有任何帮助。尽管投入巨资,但是新产品却遭受了失败,公司不得不在一年之后取消了促销活动。

因此,企业在进行品牌延伸时,应当格外谨慎。有个关于品牌延伸的研究发现,当一个品牌延伸满足以下两个基本条件时,延伸更容易成功:

(1) 母品牌的质量要足够高。之所以能够进行品牌延伸是因为一些母品牌具有丰富、积极的品牌联想,而这种联想能够在延伸是传递到拟进行延伸的产品类别中,从而引起消费者对延伸产品的喜爱。因此,母品牌具备高质量是进行品牌延伸的一个基本前提,如果一个品牌在消费者中毫无名气,或者是充斥了负面影响,对于品牌延伸毫无帮助。

(2) 母品牌与拟进入的延伸类别之间具备足够的匹配性。母品牌相关联想向延伸类别的传递受到母品牌与延伸类别之间的匹配性的影响。两者之间越匹配,关于母品牌的联想就越容易传递到延伸产品中。匹配性可以是以产品属性或利益联想为基础的,也可以是以非产品属性或利益联想为基础的。例如,德芙作为高质量的巧克力生产商,如果延伸到巧克力蛋糕类别中,就可以因其高质量的产品属性而令延伸产品得到高评价;而劳力士作为顶级手表制造商,在进入珠宝首饰类别时,消费者对其所具有的高声望的联想可能也会令品牌延伸受益。

6.2.6 品牌化决策中的原产地效应

作为品牌联想的一个构成要素,原产地因素对消费者的品牌选择具有重要影响。在一项针对巴西、中国、埃及、法国、印度、印度尼西亚、日本、波兰、南非和土耳其等全球10个国家进行的研究表明原产地与消费者的产品质量判断之间具有非常强的关联度。就如约翰·奎尔奇(John A. Quelch)教授所指出的,可口可乐、麦当劳和万宝路香烟之所以如此闻名,都与世界各地的人们希望感受美国的生活方式和美国的文化娱乐有着密切的关系。有时原产地往往成为一些品牌竞争优势的重要来源。法国的香水、日本的消费电子产品、美国的电影、计算机和快速消费品,德国的汽车、意大利的服装、瑞士的名表等等,在消费者心目中常常成为质量和声誉的象征,这为这些国家的品牌进入国际市场产生重要的促进作用。但是对于一些拥有负面原产地联想的品牌而言,原产地形象成为这些品牌进入国际市场的障碍。以我国为例,经过多年的长期发展,中国已经成为名副其实的世界工厂,但是由于背负劣质低价的原产国形象,令即使像海尔、联想这样一些优秀的国产品牌在一开始进入欧美市场时也难以打开局面,海尔当年进入美国时选择小冰箱这样的利基市场,尽管成为品牌定位的典范,但是也实在是不得已而为之。

原产地形象尽管影响大,持续时间长,但是也并非难以改变。日本和韩国的发展就为我们提供了有益的启示。包括索尼、丰田、本田、三星、LG、现代汽车在内的一些日韩企业,在进入美国市场之初都异常艰难,也曾被标上劣质的标签,但是通过不断改善产品质量,提升产品的创新性,一些品牌的形象不断得以提升,并突破原产地联想所造成的不利影响,令品牌得到欧美消费者的认可。同时这些领导品牌的努力也提升了日本和韩国的原产国形象,令日本制造和韩国制造的形象大为改善,日本的家电产品甚至形成了强有力的原产地形象,成为高质量的代名词。就如约翰·奎尔奇教授所指出的,中国制造就如同20世纪60年代的日本制造一样,从现在开始的未来20年,中国会成为又一个日本。而海尔、联想、格力、美的这样的品牌则肩负改善原产地形象的使命。

在我国国内市场,原产地效应往往成为一些企业提升品牌形象的重要手段。在我国服装行业,这一现象尤为明显。一些服装企业故意用英文来命名自己的品牌,以刻意淡化中国制造的标签,并通过将专卖店开在一些国外品牌旁边或通过其充满欧洲风情的广告画面和洋模特来向消费者传递原产地有关的暗示。还有一些企业则通过将部分设计或生产环节设在一些具有原产地优势的地区来创造原产地形象。不可否认,以原产地形象为手段来塑造品牌形象,具有一定的合理性,但是必须要以高质量的产品作为前提。国外的研发中心不应该仅仅成为营销工具,而是应当以真正吸收和消化原产地背后所体现的核心能力,提高研发和设计水平为目的。单纯希望通过与洋文化沾边来吸引消费者是不可取的。

6.2.7 跨文化的品牌命名问题

随着越来越多的中国品牌走向国际市场,品牌名称的国际化问题也成为品牌化决策的重要组成部分。如何保护已建立的品牌名称,如何避免品牌名称的翻译在目标国市场带来负面的品牌联想等问题都是品牌国际化过程中要重视的问题。

品牌名称的保护。品牌名称承载了一家企业为建立该品牌的大部分投资,一旦品牌被抢注不仅会带来法律问题,还会招致为品牌建设过程中资金投入方面的巨大浪费。很多企业在进入国际市场过程中在品牌名称的保护方面都有过惨痛教训。台湾著名计算机生产商宏基在1976年创立时最初使用了Multitech这一品牌名称。但是,在1986年,美国一家厂商指控宏基侵犯该公司的商标权,这家名为Multitech的厂商不仅在美国拥有商标权,在欧洲许多国家也都先行一步完成登记。不得已,宏基于1987年起用了如今所使用的Acer品牌。1998年,海信集团的"HiSense"商标在德国被同业竞争对手博世-西门子公司抢先注册,令海信公司无法进入德国市场,在与博世-西门子公司进行了长期协商之后,到 2005 年问题才得以解决。20 世纪 90 年代至今,包括康佳、五粮液、红塔山、同仁堂在内的大量的国内知名品牌在海外遭到抢注。2003 年,联想放弃 Legend 这一英文名称也与该名称在许多国家都已经被注册有关。2004 年,北京集佳知识产权代理有限公司与境外多家律师事务所联手对世界品牌实验室和世界经济论坛所共同评出的《中国 500 最具价值品牌》中的前 50 名品牌在中国香港、美国、澳大利亚、加拿大和欧盟五地的注册情况进行了调查,结果发现,这 50 个品牌商标在所调查的 5 个国家和地区的未注册比率高达 53.2%,并且约有 10% 的品牌被抢注。在国际化过程中,品牌名称的保护问题需要国内企业予以足够的重视。

品牌名称的翻译。品牌具有深刻的文化内涵,当一个品牌进入国际市场后,面对不同的语言文化环境,如何准确体现品牌的含义,并避免翻译不当对品牌造成负面影响就具有重要的现实意义。很多的知名品牌在国际化过程中都出现过翻译不当的问题。埃克森(Exxon)公司旗下的 Esso 商标在日本市场时惨遭失败,原因是日语中的 Esso 意为熄火、抛锚的车。伊卡璐(Clairol)推出 Mist Stick 卷发器,在德国市场遇到了麻烦。因为德语中 stick 表示棍、棒,而 mist 表示粪便、肥料。对于中国企业,由于在语言类型、文化习俗及宗教等方面与西方国家存在巨大差异,品牌名称的翻译更是应当谨慎。例如,新疆啤酒,翻译为 Sinkiang,与英文中 sinking 发音接近,含义是下沉、沉没,白象电池直译成英文为 White Elephant,在英文里表示大而无用。这样的翻译在进入英语国家势必产生不利的品牌联想。

一般而言,品牌名称的翻译可以采用以下几种方法:第一种是采用音译,如海尔(Haier)、华为(Huawei)均使用了音译的方式,通常采用音译的品牌名称不宜太长,并且要便于发音。第二种是使用意译,一些不具有深刻文化内涵的品牌如中国石油(Petro China)或者中文和外文的内涵相似的品牌如网易(Netease)可以采用这一翻译方式。第三种是采用谐音意译,这一模式不强调品牌中英文意义完全相同,而是强调发音的相似性以及发音在英文中的积极、正面的联想,例如,方正(Founder)便是采用了这一翻译方式。第四种就是使用缩写的方式,如中远(COSCO)、中海油(CNOOC)、中国工商银行(ICBC),一般这类企业直译后的英文名称比较长,采用缩写会比较简洁。第五种就是使用不具有文化含义的自造词,如联想(Lenovo),索尼(Sony)的品牌名称也是典型的自造词,使用自造词的好处是可以避免在不同文化下引起负面联想。

本章小结

市场营销计划的目标在于识别和创建可持续的竞争优势,它是实现企业既定的营销目标的战略与战术形式。市场营销计划主要包含 9 个方面的内容:计划摘要、当前市场与行业状况、竞争情况、目标市场情况、拟定营销目标、营销策略、行动计划、营销预算和营销控制。

定位的目的就是对企业所提供的标的和企业形象进行策划,并通过制定和实施有效的营销组合策略,使其能在目标市场的顾客头脑中建立起独特和有价值的位置。定位主要包括 4 个方面的内容:定位的含义、定位的过程、定位的方法以及定位与市场营销组合决策之间的关系。

品牌是一个名称、专有名词、标记、符号或设计,或是上述元素的组合,用于识别一个销售商或销售商群体的商品与服务,并且使它们与其竞争者的商品与服务区分开来。品牌化主要包括 7 个方面的内容:品牌的定义、品牌与产品的关系、品牌的战略意义、品牌化决策的种类、新产品开发过程中的品牌化决策、品牌化决策中的原产地效应、跨文化的品牌命名问题。

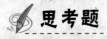 思考题

1. 价值定位包括哪些过程?
2. 有哪些定位方法?
3. 定位与市场营销组合策略有什么联系,有什么不同?
4. 什么是品牌,品牌与产品具有什么样的关系?
5. 品牌化决策的内容有哪些?

案例分析

星巴克的品牌营销

1. 公司背景

星巴克成立于 1971 年,早期只是一家向顾客销售成袋的咖啡豆的小店。1986 年,因经营不善,被曾经担任公司零售业务和营销总监的霍华德·舒尔茨收购,并将其转变成出售咖啡饮品的连锁店。经过 30 多年的发展,星巴克由当年西雅图街头小店,一跃成为在全球拥有 13 000 多家分店的咖啡业超级巨人。按照霍华德·舒尔茨的设想,星巴克的目标是要在全球开设 4 万家门店。

2. 星巴克的定位

星巴克(Starbucks)的名字来自麦尔维尔的小说 *Mobby Dick*(中译名为《白鲸》)中一位处事极其冷静,极具性格魅力的大副,这位大副的嗜好就是喝咖啡。麦尔维尔被海明威、福克纳等美国著名小说家所推崇,在美国和世界文学史中有很高的地位,但麦尔维尔的读者并不算多,主要是受过良好教育、有较高文化品位的人士,没有一定文化教养的人不可能读过《白鲸》这部书,也不可能知道 Starbucks 其人。因此,星巴克咖啡的名称本身就暗含其定位,即它不是像劳当劳那样面向普通大众,而是面向有一定社会地位、有较高收入、有一定生活情调的人群。星巴克诞生之初正是美国咖啡销量从持续多年的下滑中开始恢复的年代。尽管美国社会饮用咖啡的历史由来已久,但是在美国并没有真正的咖啡文化。绝大部分咖啡店都是一些散落在街头的小店,而咖啡无非是与可乐一样提神的饮品罢了。星巴克独特的价值主张就如同东方的茶道文化一样,将自己的品牌定位于一种独特的文化体验,将优质咖啡和意大利咖啡屋式的体验带到了美国,也很好地迎合了美

国城市精英对生活品质的追求。星巴克能有今天的成功与舒尔茨赋予星巴克的独特的定位密切相关,正如美国《语境》杂志所指出的,舒尔茨改变了人们"对于咖啡的想象力"。

为了向高端人群出售"对咖啡的体验"以营造自己的"咖啡之道",星巴克在产品、服务和体验上下足了工夫。

首先,在产品质量方面,星巴克对产品质量的要求达到了近乎疯狂的程度。无论是原料豆及其运输、烘焙、配制、配料的掺加、水的滤除,还是最后把咖啡端给顾客的那一刻,一切都必须符合最严格的标准,都要恰到好处。

其次,在服务方面,为了让员工更好地与顾客沟通,星巴克要求员工们接受"大胆地与顾客进行眼神接触"的训练,使得星巴克与顾客的互动有一种类似于一见钟情似的独特的情人般的关系。除此之外,星巴克公司要求员工都掌握咖啡知识及制作咖啡饮料的方法,以便在顾客需要时能够提供专业的服务。星巴克还专门提供了一项咖啡教室的服务,即如果三四个人去喝咖啡,星巴克就会为这几个人配备一名咖啡师傅。顾客一旦对咖啡豆的选择、冲泡、烘焙有任何疑问,咖啡师傅会耐心细致的讲解,使顾客在找到最适合自己口味的咖啡的同时,体味到星巴克所宣扬的咖啡文化。

在体验方面,星巴克人认为自己的咖啡只是一种载体。透过这一载体,星巴克把一种独特的格调传送给顾客。这种格调就是"浪漫"。星巴克努力把咖啡变成人们的一种情感体验——让咖啡豆浪漫化,让顾客浪漫化,让所有感觉都浪漫化。而在环境布置上,无论是起居室风格的装修,还是仔细挑选的装饰物和灯具,煮咖啡时的嘶嘶声,将咖啡粉粉沫从过滤器敲击下来发出的啪啪声,用金属勺子产出咖啡发出的沙沙声,这些都是顾客熟悉的、感到舒服的声音,都力图烘托出一种星巴克格调。在这种时尚且雅致、豪华而亲切的浓郁环境里,人们可以在繁忙的工作之余放松心情,稍事休息或是约会,获得心理上的莫大满足。咖啡对他们而言,已经成为一种传递文化的符号,一种沟通心灵的道具。

为了创造顾客体验,星巴克对选址也极其挑剔,绝大部分店面都选在了大饭店、大商场等高档区域。例如,星巴克在维也纳的店设在市中心老区,紧邻极为著名的全国歌剧院;在东京的店则设于最繁华热闹的银座区,并且现在在该区已经有14家店;在上海只要是繁华地段,就能找到星巴克的影子。这些高档区域成为第三空间的无形围墙,保证了星巴克的高贵品质,并且为星巴克披上了时尚和高品位的外衣,使星巴克和巷道中散乱的咖啡馆严格区分开。明亮的落地玻璃窗增加了星巴克的通透感,使这个空间脱俗于一般咖啡馆的神秘和暧昧。知名品牌学者凯文·凯勒教授曾于20世纪90年代中期担任星巴克的顾问,在他看来开店地点的选择是星巴克成功的关键因素之一。

星巴克也非常重视店内音乐在营造顾客体验方面的作用,事实上音乐在星巴克已经上升到仅次于咖啡的位置,因为星巴克的音乐已经不单单只是"咖啡伴侣",本身已经成为星巴克的一个很重要的商品。星巴克播放的大多数是自己开发的拥有自主产权的音乐。迷上星巴克咖啡的人很多也迷恋星巴克的音乐。在美国,星巴克将这些音乐摆到货架上并且不断更新,为星巴克还带来了不菲的收入。

星巴克一流的产品品质和令人难忘的咖啡体验,形成了强大的口碑效应。与一些奢侈品不惜版面、时间、金钱进行品牌传播不同,星巴克几乎很少投放广告。过去20年,星巴克在广告上的支出大约是2 000万美元,平均每年仅100万美元。而宝洁公司仅是旗下纸尿裤品牌帮宝适每年的广告支出就高达 3 000 万美元。但是这种强大的口碑效应却令星巴克独特价值定位深入人心,达到了绝佳的广告效果。

3. 星巴克的国际化

1996 年,星巴克开始向全球扩张,它的第一个海外连锁店选址日本东京,在日本这个全民皆习惯饮用绿茶的地方,星巴克靠着成为生活的一部分的理念再次获得成功。日本的成功证明,这个理念适用于不同的文化之后,星巴克大力开拓亚洲市场,随后先后进入包括中国在内的 13 个亚洲区域市场。1998 年,星巴克兼并了英国的西雅图咖啡公司,并接收了该公司的 60 家店,现已将其增加至 300 家。2001 年,星巴克首度跨入欧洲大陆,在瑞士苏黎世开设欧洲的第一家店。不久,又进入已拥有 300 多年咖啡馆历史和咖啡文化的维也纳。2002 年陆续挺进西班牙、德国。

在国际化拓展过程中,星巴克也会在国际化和本地化体验之间寻求一个自然的融合。例如,在东京、维也纳或悉尼,无论是咖啡产品组合,还是其他饮品,星巴克所提供的服务,基本上差别不大。典型的星巴克产品组合约有 20～25 种咖啡,并赋予每种咖啡以动听的名称,如巴西伊波尼玛·波本咖啡、可摩多龙调和咖啡等。但是同时,星巴克也会根据不同的地域及文化,面向当地消费者提供一些具有文化特色的饮料或点心。例如,星巴克会在中国人的传统节日中秋节期间,向消费者提供月饼。

连续多年的快速发展令星巴克利润快速攀升,2007 年,净利润达到了创纪录的 6.7 亿美元。星巴克的股价相比 1992 年上市之初也上涨了近 50 倍,为投资人提供了丰厚的回报。

4. 星巴克的困境

尽管多年以来,星巴克一直被看做是品牌建设的典范,然而,经过多年快速发展之后,星巴克的现有经营模式也面临着一系列的危机。

(1) 快速扩张带来市场饱和之痛

经过多年的快速增长之后,星巴克在美国本土业务趋于饱和。截至 2009 年初,星巴克在美国和加拿大已建了 4 000 多家店面,其中门店数量最多的加利福尼亚州拥有 1 400 多家。尽管在美国还有 8 个州没有星巴克的连锁店,但大城市已经没有发展空间。在星巴克的发源地西雅图,平均每 9 400 人就有一家星巴克,公司创始人舒尔茨认为,这已经是最密的限度了,再在西雅图建店就将是一种浪费。星巴克在美国的过分密集已经成了笑话,媒体不时嘲讽说再开就要开到星巴克的厕所里了。

尽管舒尔茨并不认同美国市场饱和的说法,并反驳说,星巴克在北美咖啡市场的份额只有 7%,表明增长空间还很大。同时提出,星巴克在北美市场的目标是开设 2.5 万家咖啡厅。但是这一解释并无法令人满意,因为,星巴克的定位是能够体验得起 4、5 美元的咖啡的高端顾客,而并非面向所有饮用者。并且,面对这样一个宏大的计划,星巴克是否有足够财力来实现还是一个问题。由于在美国本土,星巴克为了加强其对每家店面的控制,坚持采用直营模式,相比麦当劳的特许经营,要耗费更多的资金,而到目前为止麦当劳在美国的店面数量也不过才 3 万多家。事实上,由于受到次贷危机的影响,星巴克在美国本土的增长情况不容乐观,为应对危机所带来的挑战,2008 年,早已退居幕后多年的霍华德·舒尔茨重新出山,宣布放缓在美国的开店速度,并关闭一些赢利情况不佳的美国本土分店,将把原本发展于美国本土的扩张计划,转于发展国际市场。

然而,星巴克在海外市场的表现也不容乐观。截至 2006 年,星巴克在海外的 1 800 多家门店才首次实现赢利。

日本作为星巴克目前最大的海外市场,到 2009 年初为止拥有 460 多家门店,但是在 2006 和 2007 年连续赢利之后,2008 年星巴克全年在日本亏损了 390 万美元,销售额仅为 4.67 亿美元。

星巴克在欧洲的发展则更难。在欧洲同行看来,星巴克不过是一种价格昂贵的貌似咖啡的仿制品,无论在咖啡文化传统方面还是在价格上都不具备竞争优势。星巴克在德国市场的发展就印证了这一点,作为咖啡消费大国,德国平均每人每年的咖啡消费量约为 158 升。2001 年,星巴克和德国卡尔施泰特百货和旅游集团合资成立卡尔施泰特咖啡公司,卡尔施泰特集团占 80% 股份,星巴克占 20%。双方原计划在 2006 年前开 200 家店,但到年底仅开设了 43 家门店,直到 2007 年仍未达到原计划的 200 家店合资之初的规模。双方表示销售利润率有望达到 9%,而实际上,开业两年后星巴克在德国的咖啡厅仍未摆脱亏损。

到 2008 年底,星巴克在海外的 6 600 多家门店中,约占公司海外门店数量 23% 的 1 532 家海外分店只贡献了海外收入的 9%,相当一部分门店处于亏损状态。鉴于海外市场的发展情况,星巴克公司所提出的至少在全球开设 1.5 万家分店的计划也受到了质疑。

(2)来自竞争者的挑战

在过度扩张的同时,星巴克无论是在美国本土还是在海外市场都受到来自竞争对手的攻击。首先,在美国本土,美国"国家咖啡协会"预计,从 2007 年到 2011 年 4 年间,美国咖啡市场每年增长至少 4%,会成为除水以外最受欢迎的饮料。庞大的咖啡市场吸引了麦当劳、可口可乐等大批行业巨头的加入。

2006 年 2 月,麦当劳推出了极品咖啡,之后又在美国 800 家分店增加了咖啡饮料产品,并宣布到 2009 年会在美国所有店面增加饮料品种。麦当劳推出的饮料价格比星巴克低约 50 美分,同时又有质量的保证。现在在美国,如果一个消费者想要喝一杯白巧克力拿铁咖啡,他会走向麦当劳咖啡吧而不是星巴克。在 2007 年 3 月的美国《消费者报告》中,麦当劳的滴馏咖啡获得了测试员的一致好评,在味道和价值两方面的受欢迎度都超过了星巴克、汉堡王和唐金品牌公司。

除了麦当劳,庞大的咖啡市场也吸引了另一位行业巨人——可口可乐公司的加入。可口可乐北美公司在加拿大温哥华的约克维尔区租下了 4 000 平方英尺的店铺,开设第一家咖啡店,出售咖啡类产品并设有热咖啡饮料专柜。并且可口可乐北美公司还开始向客户提供一种名叫"远岸"的新热饮,它是一种融合茶、拿铁和咖啡的混合热饮,其最新推出的混合了自然口味与咖啡香浓味道的咖啡口味汽水饮料 Blak 也已在美国上市。

在海外市场,一些强大竞争对手也对星巴克的地位构成了强大威胁。例如,在被星巴克看做是美国之外全球第二大市场的中国市场,巨大的市场容量吸引了美国香啡缤、加拿大百诺咖啡和英国 Cost、中国台湾上岛咖啡、日本真锅咖啡等强大的竞争对手。在中国台湾,星巴克在2004年就拥有140多家门店,但如今已被名不见经传的后起之秀85度C打败。从零开始的85度C在短短的三四年时间里,就发展到340多家门店,全年营业收入逾15亿元人民币,超越了星巴克的200多家门店。台湾连锁加盟促进协会理事长王国安说:"85度C在台湾地区一年可以卖1亿杯咖啡,星巴克在台湾应该距离这个数字还很远。"

5. 星巴克的应对措施

面对严峻的竞争形势和咖啡市场饱和的问题,星巴克采用了一系列的应对措施。

首先,改变公司形象,向更多的普通大众兜售星巴克产品。为适应全球金融危机后长期低迷的经济形势,星巴克试图改变其往日高端咖啡品牌的形象,以吸引更多收入阶层的消费者来消费其产品。一直以来,人们都认为星巴克销售的是4美元的高价咖啡,然而星巴克正试图采取措施改变消费者对星巴克的印象。星巴克正对服务员进行培训,通过他们告诉消费者,星巴克饮料的平均价格其实还不到3美元,星巴克90%的饮料价格都低于4美元。

其次,进行产品线延伸和品牌延伸。

在产品线延伸方面,除了推出罐装咖啡饮品和冰淇淋等产品之外,最重要的举措就是向速溶咖啡市场进行渗透。根据估计,目前全球速溶咖啡市场的年销量高达170亿美元,尤其是在英国等海外市场,速溶咖啡作为市场主流,占据了咖啡市场80%以上的份额。为摆脱经营状况下滑的危机,星巴克决定向庞大的速溶咖啡市场挺进。2009年初星巴克开始在北美的一些门店内销售名为Starbucks Via的速溶咖啡产品,3袋装售价为2.95美元,12袋装售价为9.95美元。开始和速溶咖啡市场行业领袖雀巢、卡夫和Smucke(此前收购了宝洁的著名咖啡品牌Folgers)等公司展开正面肉搏。星巴克公司强调,过去一段时间的市场测试证明,人们很难分辨星巴克门店供应的咖啡和速溶产品之间拥有同样的口味和品质。然而现在平均只需要花费不到1美元就可以随时随地享受到一杯星巴克咖啡。

星巴克的品牌延伸由来已久,并且多以失败告终。早在1998年,星巴克曾开设了5家小餐馆,最后全军覆没。1999年,星巴克与时代公司合作出版名为Joe的咖啡厅杂志,结果该杂志只出版了3期就不得不停刊了。现在,舒尔茨还特地在办公室里放了一架子的Joe杂志,以不断警醒自己。就在同一年,舒尔茨还曾宣布星巴克要开展因特网业务,在网上销售厨房用具,结果令该公司股价顿挫28%。而星巴克和百事可乐合作推出的Mazagran碳酸咖啡饮料也没有获得成功。为了扭转业绩下滑的局势,星巴克又开始了大规模的品牌延伸。首先,从2006年开始,星巴克进入午餐市场,在北美的多家店面中陆续推出午餐三明治和沙拉。2009年初,星巴克开始进入早餐市场,并使用快餐连锁店惯用的促销模式,宣布将以3.95美元的折扣价销售咖啡早餐套餐。根据促销活动,顾客可以以3.95美元获得一份12盎司的拿铁咖啡和一块燕麦饼或咖啡蛋糕,或者也可以是一杯12盎司煮好的咖啡搭配一份早餐三明治或是卷饼。这是星巴克首次将食品和饮料搭配并以折扣价出售。

不仅如此,星巴克还开始利用其庞大的客流量向音乐业务进军。舒尔茨认为星巴克庞大的客流量能够颠覆整个音乐零售行业,令其成为音乐零售行业巨头。早在 1999 年,星巴克就收购了 Hear Music 音乐公司,开始在它的店里销售 Hear Music 编辑的 CD。尽管有些 CD 如《艺术家精选》销量不错,但音乐业务并没有达到预期设定的目标。时隔 5 年之后,星巴克又开始对其音乐业务模式进行了调整。2004 年 8 月在西雅图的 10 个咖啡厅安装可制作 CD 的个人音乐欣赏台。2005 年 3 月,星巴克首家联合其全资子公司 Hear Music 推出的音乐零售与咖啡厅二合一的新型咖啡厅"赏乐咖啡馆"(Hear Music Coffeehouse)在加利福尼亚州西南部城市圣莫尼卡开张。在赏乐咖啡馆中,顾客除了可以喝咖啡外,还可以购买旧光盘,或者在店里的计算机数据库存的数千首歌曲中选择自己喜欢的歌曲,做成非常个性化的光盘。只要花 6.99 美元,就能买 5 首歌曲,超过 5 首的每首加 1 美元。星巴克准备将这种模式在北美市场推广。

6. 对星巴克的批评

星巴克现有发展模式和近年来的一系列举措也招致了不少批评。

首先,星巴克的品牌精髓在于其"咖啡体验"的品牌定位。霍华德·舒尔茨曾说过:"星巴克不是提供服务的咖啡公司,而是提供咖啡的服务公司。"从 1986 年开第一家店起,星巴克的使命就是尽自己最大的努力让消费者感到它卖的不只是咖啡,而是一种休闲细致的生活方式。《经济学人》指出,光鲜的桌子和舒适的椅子,再配以用咖啡豆冲泡而来的咖啡香气,顾客可以随意为他们身上的手提计算机或音乐播放器充电,这些都是旧有的"星巴克体验"。然而随着分店数目大幅扩展,大量加装自动咖啡机来取代手工制作,并开始售卖熟食、杯子、甚至唱片,这些举措正在令"星巴克体验"逐渐消失。市场研究专家、品牌关键策略咨询公司创始人罗伯特·K. 帕斯科夫(Robert K. Passikoff)表示:"更糟糕的是,浓咖啡机和密封袋装咖啡粉取代了现磨咖啡豆,星巴克咖啡屋不再富有情调,而这正是星巴克的核心价值所在。"而星巴克进军速溶咖啡的举措更是被很多消费者看做是在自贬身价,一名市场分析人士则尖锐地指出星巴克公司是在"给消费者一个不再光顾星巴克的借口"。星巴克创始人霍华德·舒尔茨(Howard Schultz)在一封被曝光的内部邮件中也承认星巴克的门店"丧失了过去的灵魂,不再能够反映一家连锁店对一家温馨社区店的优势","我们的顾客已无法再有热情细细感受我们的咖啡了","回过头来看,这些决定导致了星巴克体验的稀释,甚至于可以说成是星巴克品牌的廉价化"。

哈佛商学院教授约翰·奎尔奇认为星巴克过分追求增长所引起的过度扩张和新产品开发从以下 3 个方面破坏了星巴克品牌。

第一,喜欢在俱乐部般的氛围中喝着一杯高质量咖啡放松自我的早期顾客,发现自己成了少数人。为了增长,星巴克不断去吸引"买了带走"的顾客,对这些顾客来说,服务就意味着买咖啡的速度,而非被柜台后的服务员认出并愉快交谈。星巴克引进了新的门店模式,试图在为第二类顾客提供服务的同时不会影响第一类顾客。但是,星巴克的许多老顾客现在转向了 Peets、Caribou 以及其他独特的品牌。

第二,星巴克推出了许多新产品来扩大自己的影响力。这些新产品削弱了星巴克的品牌,并且给服务员带来了挑战,他们必须努力记住越来越复杂的饮料菜单。由于半数以上的顾客对饮料有个性化的需求,那些因社交技巧和对咖啡充满激情而被招聘来的服务员,不再有时间与顾客交谈。随着等候时间的增加,品牌体验削弱了。此外,随着麦当劳和唐金以更低价格提供更好的咖啡,星巴克的高价咖啡对于"带走族"来说就不太合理了。

第三,开设新的门店并推出大量新产品,只会带来表面上的增长。该策略使最高管理层忘记了要年复一年提高单个门店的销售额。这其实是零售业务的艰巨任务,某地的门店经理必须在门店周边逐个地赢得顾客的品牌忠诚,增加顾客购买的频率。一旦附近增开了门店,该经理的努力就会大受影响。最终,当地达到饱和状态,现有门店的销售额被吞噬,这不仅伤害了品牌,也削弱了经理的士气。

约翰·奎尔奇教授认为,星巴克品牌价值的自我摧毁正令其变成一个试图为不再特别的体验收取高价的大众品牌。

到目前为止,星巴克的业务状况仍然没有得到好转。2008年度,星巴克赢利只有540万美元。而新公布的2009年半年报数据显示,星巴克的赢利较2008年同期降低了77%。星巴克究竟能否扭转颓势,延续其神化,还是像约翰·奎尔奇教授所指出的那样正在摧毁自身价值还有待进一步的检验。

讨论题:

1. 星巴克的定位出现了什么问题?

2. 结合本章知识,谈一谈星巴克如何才能重新赢回顾客?

第 **7** 章　产品策略

R-W-W：筛出好的创新项目

在公司的研发项目组合中，既有小创新，又有大创新，而且前者往往占到了绝大多数。虽然小创新对公司的持续改善很有必要，但并不能给公司带来竞争优势，对公司的赢利能力也没有多大帮助。而那些高风险的大型创新项目虽然回报期可能很长，却能推动公司进入邻近市场，或带来全新的技术，为公司创造利润。即便如此，许多公司对高风险项目还是退避三舍，结果反而抑制了公司增长。

要解决上述问题，更好地平衡创新风险，公司可以依次采用两个工具，建立一个严格而系统的评估筛选流程。这两个工具就是风险矩阵和 R-W-W（现实、胜出、值得）筛选表。尽管这两个工具及其包含的各个步骤有先后顺序，但在实际使用时并不需要按部就班。

要平衡创新组合，公司需要清楚了解各个项目的风险水平。风险矩阵用图解形式揭示出公司整个创新组合的风险分布情况，它借助独特的评分系统和风险量度，根据公司实施每个项目的难度大小，对项目的失败概率做出估计。公司对目标市场以及产品或技术越不熟悉，风险就越大。风险矩阵提供了一个直观的平台，使公司能够不断审视项目组合及其与公司战略和风险容忍度的契合性。

R-W-W 筛选表是一个简单而强大的工具，它可以帮助公司评估每个项目的风险和回报潜力。这个工具包含一系列问题，涉及创新概念或产品、潜在市场，以及公司的能力和竞争状况。

为简单起见，本文着重阐述在创新项目初期阶段运用 R-W-W 筛选表来检验产品概念的可行性。但在实际情况中，某个特定产品在研发过程中会反复接受筛选。通过反复评估，筛选者能够将日益详尽的产品、市场和财务分析综合起来，对筛选问题做出更为准确的回答。

公司在进行创新项目筛选时，需要回答三大方面的问题："创新项目现实吗"这个问题探究了潜在市场的特性以及产品生产的可行性；"我们能胜出吗"这个问题考问的是产品创新和公司是否有竞争力；"值得去做吗"这个问题则分析了项目的利润潜力以及产品创新是否符合公司战略。在这三大问题的框架下，R-W-W 筛选表将引导研发小组进行深入分析，对更深层次的 6 个基本问题做出回答，即市场可靠吗？产品可行吗？产品有竞争力吗？我们的公司有竞争力吗？在可接受的风险范围内，产品能带来利润吗？推出该产品符合公司战略吗？

要解答这些疑问,研发小组还要探究得更细。他们要确定对每个问题的回答是"绝对是""绝对不",还是"不确定"。如果对前5个基本问题中的任何一个回答"绝对不",一般就会终止项目。例如,当问及"产品能有竞争力吗",如果研发小组一致给出完全否定的回答,而且想不出有什么办法能够使其变为肯定的回答(甚至是"也许"这样的回答),那么继续研发也就没有意义了。但是,当某个项目通过了筛选表中前5个问题的检验,显示出很大的商业投资价值时,即使第6个问题,即"推出该产品符合公司战略吗?"得到的是否定的回答,公司有时也会对项目网开一面。

资料来源:乔治·戴.商业评论网.2009-09-29.

本章目的

了解产品整体概念的内涵,明确产品生命周期、新产品及产品组合策略等概念,掌握在产品生命周期各个阶段应采取何种营销策略,以及如何进行新产品的开发和扩散,能够掌握服务策略。

主要知识点

产品整体概念　产品的生命周期　新产品的开发和扩散　产品组合的评价与策略　服务策略

企业的市场营销活动是以满足市场需要为中心,而市场需要的满足只能通过提供某种产品或服务来实现。目标市场确定以后,企业就要根据目标市场的需求来开发和生产满足市场需求的标的,企业只有在标的上不断创新,使之富有特点和个性,才能在激烈的市场竞争中立于不败之地。有了产品,企业还要利用合理的产品组合,根据产品在市场上的寿命状况运用各种营销策略,以使企业的产品能受到消费者的欢迎。没有适合顾客需要和具有竞争力的产品,企业的其他营销组合策略就无从谈起。因此,产品策略是整个市场营销组合策略的基础。

7.1　产品及产品整体概念

研究产品策略,必须明确产品的概念。产品,是指能提供给市场,用于满足人们某种需要和欲望的任何事物,包括实物、服务、场所、组织和观念等。由此可见,产品的概念已经超越了传统的有形实体的范围。

顾客根据产品特性和质量、服务组合和质量,以及合适的价格三个基本标准来判断市场供应品的吸引力(如图7-1所示)。

7.1.1　产品整体概念

多年来学术界一直用三个层次来表述产品整体概念,即核心产品、形式产品和附加产品。但近年来,菲利

图7-1　市场供应品的构成

普·科特勒等学者更倾向于使用五个层次来表述产品整体概念,认为五个层次的表述方式能够更深刻和更准确地表述产品整体概念的含义。产品整体概念的五个层次如图 7-2 所示。

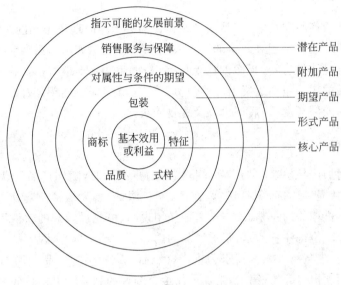

图 7-2　产品概念的五个层次

1. 核心产品

最基本的一层是核心产品层。核心产品是指向购买者提供的基本效用或利益,是顾客真正要买的东西,是产品整体概念中最基本、最主要的部分。顾客购买某种产品,并不是为了获得产品本身,而是为了满足某种特定的需求。例如,人们购买洗衣机,并不是为了买到装有电动机、开关按钮的大铁箱,而是为了通过洗衣机的洗涤功能,使其代替人工洗衣,减轻家务劳动,方便日常生活。顾客愿意支付一定的费用来购买产品,首先就在于购买它的基本效用,并从中获得利益。因此,营销人员向顾客推销的任何产品,都必须具有反映顾客核心需求的基本效用或利益。

2. 形式产品

第二层是形式产品层。在第二层,营销者必须将核心产品转化为产品的基本形式。形式产品是指核心产品所展示的全部外部特征,即向市场提供的实体或服务的形象,主要包括产品质量、特色、款式或式样、品牌、包装等。具有相同效用的产品,其存在形态可能有较大的差别,有的造型美观,有的造型粗糙。顾客购买某种产品,除了要求该产品具备某些基本功能,能提供某种核心利益外,还要考虑产品的品质、造型、款式、颜色以及品牌声誉等多种因素。产品的基本效用必须通过某些具体的形式才能得以实现。因此,企业进行产品设计时,应着眼于用户所追求的核心利益,同时也要重视如何以独特形式将这种利益呈现给顾客。例如,一个酒店的客房包括床、浴室、毛巾、桌子、衣橱、厕所等;冰箱除了制冷以外,还要考虑品质、外观、颜色、品牌等。形式产品呈现在市场上,可以为顾客所识别,是顾客选购产品的直观依据。产品的基本效用只有通过形式产品有效地实现,才能满足顾客的需求。

3. 期望产品

第三层是期望产品层,期望产品是指顾客在购买产品时期望得到的东西,期望产品实际上是顾客购买时通常希望和默认的一组属性和条件。例如,入住酒店的客人对酒店服务产品的期望是整洁的房间、干净的床上用品、新的毛巾、24 小时供应洗澡热水等;顾客对购买冰箱产品的期望包括送货上门、质量可靠、维修保证。期望产品层未被满足时,会影响顾客对产品的满意度、购后评价以及重复购买率。

4. 附加产品

第四层是附加产品层。附加产品是指顾客购买产品时,随同产品所获得的全部附加服务与利益,包括提供信贷、免费送货、保证、安装调试、售后服务等。例如,IBM 的附加产品包括与计算机相关的一整套服务,诸如使用说明、事先设计好的软件程序,维护修理,质量安全保证等。值得注意的是,附加产品的内容并非越多越好,因为每一个附加利益都会提升成本,企业应坚持以顾客需求为中心,做到:第一,附加产品所增加的成本是顾客愿意承担并且能承担得起的;第二,附加产品给予顾客的利益将很快转变为顾客的期望利益;第三,在重视附加产品时,要考虑顾客的差异性需求。

在发达国家,竞争主要发生在附加产品层次。在发展中国家,竞争主要发生在期望产品层次。许多情况表明,新的竞争并非凭借各公司在其工厂中所生产的产品,而是依靠附加在产品上的包装、服务、广告、顾客咨询、资金融通、运送、仓储及其他具有价值的形式。能够正确发展延伸产品的公司必将在竞争中赢得主动。

5. 潜在产品

最后一层是潜在产品层。潜在产品即该产品最终可能会实现的全部附加部分和将来会转换的部分,换句话说,潜在产品指出现有产品的可发展前景或可带来的额外利益。例如,电视机可能会发展成计算机终端。

核心产品、形式产品、期望产品、附加产品和潜在产品作为产品的五个层次,是不可分割并紧密联系的,它们构成了产品的整体概念。其中,核心产品是基础,是本质;核心产品必须转变为形式产品才能得以实现;在提供产品的同时,还要提供广泛的服务和附加利益,形成附加产品;而潜在产品则意味着产品的发展前景。

产品整体概念的五个层次,十分清晰地体现了以顾客为中心的现代营销观念。对企业的营销活动具有多方面的意义。

（1）它向企业昭示,明确顾客所追求的核心利益十分重要。女性购买化妆品,并非为了占有口红、粉饼、眉笔之类的具体物品,而是体现了一种爱美的愿望。企业如果不明白这一点,顾客需求不可能真正满足,企业也不可能获得成功。

（2）企业必须特别重视产品的无形方面,包括产品形象、服务等。顾客对产品利益的追求包括功能性和非功能性两个方面,前者更多地体现了顾客在物质方面的需要,后者则更多地体现了顾客在精神、情感等方面的需要。随着社会经济的发展和人民收入水平的提高，顾客对产品非功能性利益越来越重视，在很多情况下，甚至超越了对功能性利益的关注。因此，要求企业摆脱传统的产品概念，重视产品非功能性利益的开发，以更好地满足顾客的需要。

（3）企业在产品上的竞争可以在多个层次上展开。对于成熟产品，在功能、品质上极为接近，难以创造大的差异，是否意味着企业间只有在价格上相互厮杀呢？产品整体概念的提出，给企业带来了新的竞争思路，那就是可以通过在款式、包装、品牌、售后服务等各个方面创造差异来确立市场地位和赢得竞争优势。

7.1.2　产品分类

在市场营销中，要根据不同的产品制定不同的营销策略，而要做到科学地制定有效的营销策略，就必须对产品进行科学的分类。产品分类的方法很多，从而划分出许多不同的产品类别。

1. 按产品用途划分

按产品的用途可将产品划分为消费品和产业用品（工业品）两大类。消费品直接用于最终消费；产业用品则由企业购买后，用于生产其他产品。消费品和产业用品两者在购买目的、购买方式及购买数量等方面均有较大的差异。

2. 按购买习惯划分消费品

按消费者的购买习惯可将消费品划分为耐用品、半耐用品、非耐用品和非渴求商品。

（1）耐用品。耐用品又称特殊品，包括电视机、照相机、空调、小轿车等。这类产品的最大特点在于可以使用很长一段时间，具有独特的特征和品牌标志，且价格比较昂贵。所以，消费者在购买时十分慎重，重视产品的质量及品牌和生产企业，对产品的附加利益要求较高。这类产品的生产企业，应特别在产品的质量或服务上下工夫；应选择比较有名的大型零售店进行产品的销售。

（2）半耐用品。半耐用品也称选购品，包括大部分纺织品、服装、鞋帽、一般家具等。这类产品的最大特点在于可以使用一段时间。顾客不需要经常购买和立即购买，但在购买时，对产品的适用性、质量、价格等基本方面要进行有针对性的比较、挑选。这类产品的生产企业，应生产出更多的花色品种，以供顾客选择；应选择比较繁华的商业区进行产品的销售。

选购品可进一步分为同质选购品和异质选购品。同质选购品是指消费者认为在有关的产品属性，如质量、外观方面无差别的产品，但价格却明显不同；异质选购品是指消费者认为产品在有关属性方面具有差别，要按照自己的偏好进行挑选。

（3）非耐用品。非耐用品也被称为方便品，包括卷烟、牙膏、肥皂、日用杂货和报纸等。这类产品有的是一次性消耗，有的使用时间很短，消费者购买时几乎不作比较即刻购买，因此，消费者需要经常购买，且希望能方便地、及时地购买。这类产品的生产企业，若想扩大其产品的销售量，就应在居民比较集中的地区或职工上下班的交通要地设置零售网点。

非耐用品又可进一步分为日用品、冲动品和急用品。日用品是指那些消费者经常购买的产品,如消费者可能经常要买高露洁牙膏等;冲动品是指消费者没有经过事先计划或寻找而购买的产品,如口香糖被放置在超市的结账台旁边,消费者原来没打算要购买它,可能在结账时随机购买;急用品是当消费者的需求十分急迫时购买的产品,如在下雨时购买雨伞。

(4)非渴求商品。非渴求商品是指消费者未曾听说过或即使听说过一般也不想购买的产品。包括人寿保险、墓地、墓碑、百科全书等。非渴求商品需要广告和推销人员的支持。

3. 按进入生产过程和相对昂贵程度划分产业用品

按进入生产过程和相对昂贵程度可将产业用品划分为原材料与零部件、资本项目和供应品与服务。

(1)原材料与零部件。原材料与零部件是指完全进入产品制造过程的产业用品。可细分为原材料和零部件。原材料是指从未经过加工,但经过加工制造即可成为产品的那部分产业用品。零部件是指已经过部分加工,尚需经过进一步加工方可成为成品或已经过加工不需作进一步改变,但要装配于产品之上的那部分产业用品。

(2)资本项目。资本项目是指涉及制造过程、部分进入产成品的那部分产业用品,它分为主要设备和辅助设备。主要设备是指购买者投资的主要支出,包括建筑物、主要装备等。这类产品的特点是:价值高、使用时间长、售前谈判时间长。辅助设备是指在生产过程中起辅助作用的设备,包括手用工具、办公设备等。

(3)供应品与服务。供应品与服务是指维持企业生产经营活动所必需,但其本身不会形成最终产品的那部分产业用品。供应品可分为一般供应品(如润滑油、复印纸、铅笔等)和维修供应品(如油漆、钉子、笤帚等)。服务作为产业用品的服务包括维修服务(如清洗窗户、修理打字机等)和咨询服务(如法律咨询、管理咨询等)。

4. 按产品之间的销售关系划分

按产品之间的销售关系可将产品划分为独立品、互补品、替代品。

(1)独立品。独立品是指一种产品的销售不受其他产品销售变化的影响。如烟灰缸与日光灯互为独立品。

(2)互补品。互补品是指两种产品的销售互为补充,即一种产品销售量的增加,必然引起另外一种产品销售量的增加,反之亦然。如汽车与汽车轮胎,钢笔与墨水均为互补品。互补品的互补程度一般可以通过两种产品间的交叉价格弹性衡量。

(3)替代品。替代品是指两种产品存在相互竞争的销售关系,即一种产品销售量的增加会减少另外一种产品的潜在销售量,反之亦然。如牛肉与猪肉、机械表与石英表、白炽灯与日光灯均互为替代品。替代品与互补品是相互对立的概念,可以用两产品间交叉价格弹性系数来衡量,替代品的交叉价格弹性系数为正,互补品的交叉价格弹性系数为负。

7.2　产品的生命周期

7.2.1　产品生命周期的概念

1. 产品生命周期的概念

产品生命周期是指一种产品在市场上的销售情况及获利能力随着时间的推移而变化的过程。这种变化规律正如人和其他生物的生命一样,从诞生、成长到成熟,最终走向衰老死亡。这个过程在市场营销学中指从产品试制成功投入市场开始,直到产品被市场淘汰,最终退出市场为止所经历的全部时间。

产品生命周期是指产品从进入市场到退出市场所经历的市场生命循环过程,其长短受顾客需求变化、产品更新换代的速度等因素的影响,而不是产品的使用寿命。产品的使用寿命是指产品从投入使用到损坏报废所经历的时间,受产品的自然属性和使用频率等因素的影响。这是两个不同的概念,不要将两者混淆起来。例如,火柴、蜡烛等产品的使用寿命很短,但其产品的生命周期很长;黑白电视机等产品的生命周期不长,但其使用寿命可以很长。

产品只有经过研制开发、试销,然后进入市场,它的生命周期才算开始。产品退出市场,标志着产品生命周期的结束。产品生命周期一般可划分为四个阶段,即介绍期、成长期、成熟期和衰退期。在整个生命周期中,销售额和利润额的变化表现为类似S形的曲线(如图7-3所示)。

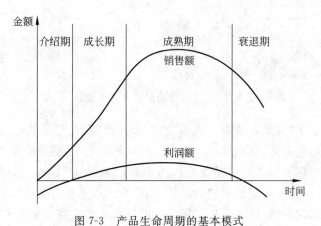

图 7-3　产品生命周期的基本模式

2. 产品生命周期的说明

(1) 产品生命周期各阶段的划分是相对的。一般来说,各阶段的分界以产品销售额和利润额的变化为根据。在介绍期,产品销售额和利润额增长缓慢,利润多为负数;当销售额迅速增长,利润由负变正并快速上升时,进入成长期;当销售额增长放慢,利润额增长停滞时,则进入了成熟期;当销售额快速递减,利润额也较快下降时,说明产品已经进入衰退期。

（2）不同的产品，其生命周期常常各不相同。如某一款式时装的产品生命周期可能只有几个月，而汽车的产品生命周期已长达 100 余年。各种产品的生命周期曲线形状也有差异。有的产品一进入市场就快速成长，迅速跳过介绍期；有的产品可能越过成长期，直接进入成熟期；还有的经历介绍期后，未成长起来，直接迈向衰退期。

（3）产品的生命周期通常是按国家和地区来划分的，即同一种产品在不同的国家或不同的地区，其生命周期可能处于不同的阶段。如在我国，经济发展不平衡，城市和农村经济发展水平相差较大，数码照相机在大城市已为成长后期甚至成熟期，而在边远农村却仅为介绍期。

（4）产品生命周期和产品定义范围有直接关系。产品可区分为产品种类、产品形式和产品品牌三种。产品种类是指具有相同功能及用途的所有产品（如电视机）。产品形式是指同一种类产品中，辅助功能、用途或实体销售有差别的不同产品（如彩色电视机）。产品品牌则是指企业生产或销售的特定产品（如星海牌电视机）。产品种类具有最长的生命周期，有的产品种类生命周期的成熟期可能无限延续；产品形式的生命周期次之，产品形式一般表现出比较典型的生命周期过程，常常经历四个阶段；而具体产品品牌的生命周期最短，且不规则，它受市场环境、企业营销决策、品牌知名度等多种因素影响，品牌知名度高，其生命周期则长，反之亦然。

（5）产品生命周期的特殊形态。并非所有的产品其生命周期都有四个阶段，产品生命周期的三种特殊形态如图 7-4 所示。

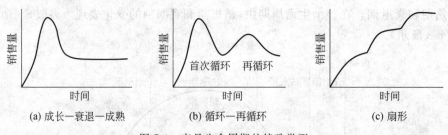

图 7-4　产品生命周期的特殊类型

图 7-4(a)显示了"成长—衰退—成熟"的形态。例如，几年前的电动剃须刀在首次进入市场时的销售迅速上升，然后就稳定在一定的水平之上了，稳定的原因是因为后期采用者的初次购买与早期采用者的产品更换。图 7-4(b)显示了"循环—再循环"的形态。例如，新药的销售。制药企业积极推销其新药，于是乎出现了第一个循环，后来销售量下降，制药企业进行第二次促销，因而产生了第二个循环期。图 7-4(c)显示了"扇形"的形态，它基于企业产品发现了新的特征或用途。例如，尼龙的销售。从降落伞到尼龙袜，到地毯、船帆，再到汽车轮胎。

7.2.2　产品生命周期各阶段的主要特点

1. 介绍期阶段的特点

产品的介绍期是指新产品首次正式上市的最初销售阶段，新产品投入市场，便进入导入期。这个阶段主要有如下特点：

（1）新产品刚投入市场，顾客对产品不太了解，只有少数追求新奇的顾客可能购买，销售量很低。

（2）由于产品技术不够稳定，不能批量生产，生产成本高。

（3）为了扩大销路，需要大量的沟通和促销投入。

（4）销售网络还没有全面、有效地建立起来，销售渠道不畅，销售增长缓慢。

（5）由于销售量少，各种成本高，企业通常处于亏损或微利状态。

（6）同类产品的生产者较少，竞争不激烈。

2. 成长期阶段的特点

产品的成长期是指产品转入成批生产和扩大市场销售阶段。这个阶段主要有如下特点：

（1）销售额迅速增长，顾客对产品已经熟悉，大量的新顾客开始购买，市场逐步扩大，形成较大的市场需求，销售量大增。

（2）产品基本定型，性能趋于稳定，企业具备批量生产的条件。

（3）随着生产规模的扩大，生产成本显著降低。

（4）由于顾客对产品熟悉，广告宣传费用相对降低，即促销费用与销售额的比率不断下降。

（5）由于产量和销售量迅速增加，成本下降，企业扭亏为盈，利润迅速上升。

（6）竞争者看到有利可图，进入市场参与竞争，使同类产品供给量增加。

（7）需求的迅速增长，使产品价格维持不变或略有下降，市场竞争逐渐加剧。

3. 成熟期阶段的特点

产品的成熟期是指产品进入大批量生产，而在市场上处于竞争激烈的阶段。成熟阶段还可以分为三个时期：成长、稳定和衰退。第一时期是成长中的成熟，此时由于分销饱和而造成销售增长率开始下降，销售额增长缓慢；第二时期是稳定中的成熟，市场已经饱和，大多数潜在消费者已经试用过该产品，竞争空前激烈；第三时期是衰退中的成熟，此时销售的绝对水平开始下降，顾客开始转向其他产品或替代品。这个阶段主要有如下特点：

（1）市场需求量逐渐趋于饱和，产品的销售量增长缓慢直至转而下降。

（2）生产批量很大，生产成本降到最低程度。

（3）产品的服务、广告和促销工作十分重要，销售费用不断提高。

（4）利润达到最高点，并开始下降。

（5）很多同类产品进入市场，市场竞争十分激烈。

4. 衰退期阶段的特点

产品的衰退期是指产品已经逐渐老化，转入更新换代的阶段。这个阶段主要有如下特点：

（1）顾客的消费需求发生改变，转向其他产品。

（2）已有新产品进入市场,正在逐渐代替老产品。

（3）产品销售量迅速下降,甚至出现积压。

（4）市场竞争突出表现为价格竞争,产品价格不断下降。

（5）企业获利很少,甚至亏损,部分企业因无利可图,被迫退出竞争。

7.2.3　产品生命周期各阶段的营销策略

1. 介绍期阶段的营销策略

在产品介绍期,企业的营销重点是提高新产品的生命力,使产品尽快为顾客所接受,促使其向成长期过渡。企业可选择以下几种营销策略:

（1）快速掠取策略。即采取高价格、高促销费用的方式推出新产品。以迅速扩大销售量,取得较高的市场占有率,快速收回投资。这种策略的适用条件是:产品有特色、有吸引力,但其知名度不高;市场潜力大,目标市场和顾客求新心理强,急于购买该新产品;企业面临潜在竞争对手的威胁,需尽快使顾客对产品形成偏好,提高产品的知名度。

（2）缓慢掠取策略。即采取高价格、低促销费用的方式推出新产品。目的是使企业获得更多的利润。这种策略的适用条件是:市场规模有限;产品具有独特性并有一定的知名度;潜在顾客愿意支付高价;潜在的竞争威胁不大。

（3）快速渗透策略。即采取低价格、高促销费用的方式推出新产品。以争取迅速占领市场,然后随着销售量和产量的扩大,使产品成本降低,取得规模效益,获得尽可能高的市场占有率。这种策略的适用条件是:市场潜量很大,顾客对此产品不了解;潜在顾客对价格十分敏感;潜在竞争对手的威胁较大;产品单位成本可随着生产规模和销售量的扩大而大幅度下降。

（4）缓慢渗透策略。即采取低价格、低促销费用的方式推出新产品。低价格可扩大销售量,低促销费用可降低营销成本,增加利润,以最快的速度进行市场渗透和提高市场占有率。这种策略的适用条件是:市场潜量很大,顾客对此产品比较熟悉;顾客对价格十分敏感;存在某些潜在的竞争对手,但威胁不是很大。

2. 成长期阶段的营销策略

在产品成长期,市场的需求规模和增长速度均无问题,但旺盛的需求,高额的利润,会引来竞争对手的参与。所以产品成长期企业的营销重点是扩大市场占有率和巩固市场地位。企业可以采取以下几种营销策略:

（1）改进和完善产品。从质量、性能、品种、式样等方面,对产品进行改进和完善。通过改进产品,不仅可以提高产品的竞争能力,满足顾客更广泛的需求,吸引更多的顾客,而且可以使产品的成长期保持长久一些。

（2）开拓新的市场。随着销售量的增加、竞争的激烈,企业应进一步细分市场,找到新的尚未满足的细分市场,并迅速进入、占领这一市场。

（3）改变营销沟通的重点,树立产品形象。把广告宣传的重点从介绍期的提高产品知名度,转到以树立产品形象为中心,大力宣传和推广产品特色,目的在于建立顾客品牌偏好,维系老顾客,吸引和发展新顾客。

(4) 增强销售渠道功效。增加销售网点和经销代理机构,注视新的流通渠道,扩大产品的销售面,采取多种方式推销产品。同时,加强产品的销售服务工作,以巩固市场、提高市场占有率。

(5) 适时降价。选择适当的时机降低产品的价格,既可以争取那些对价格比较敏感的顾客,又可以冲击竞争对手。

3. 成熟期阶段的营销策略

处于成熟期的产品,企业只要保住市场占有率,就可获得稳定的收入和利润。但企业不应满足保持既得利益,而应积极进取,进攻就是最好的防御。所以产品成熟期企业的营销重点是维持市场占有率并争取利润最大化。企业可以采取以下几种营销策略:

1) 市场改良

这种策略不是要改变产品本身,而是发现产品的新用途和寻求新用户等,以扩大产品销售。市场改良的主要方式有:

(1) 寻求新的细分市场。发现产品新用途,将产品打入新的细分市场,应用于其他领域。例如,美国杜邦公司生产的尼龙产品,最初只用于军用市场,生产降落伞、绳索之类的产品。第二次世界大战以后转入民用市场,企业开始生产尼龙衣料、蚊帐等日用消费品。后来又用来生产轮胎、地毯等产品,使尼龙产品进入多循环周期,为企业赢得了长期稳定的利润。

(2) 寻求能够刺激顾客,增加产品使用率的方法。使目前使用某种品牌的顾客增加该产品的使用量,亦可增加销售量。例如,露露生产企业通过"冬天喝热露露"的广告宣传,改变了顾客认为饮料只在夏季饮用的意识,从而增加了露露的销售量。

(3) 市场重新定位,寻求新的顾客。每种产品都有吸引顾客的潜力,因为有些顾客或是不知此产品,或是因某些原因不想买此产品。生产企业可以利用市场渗透策略寻求顾客。例如,可将婴儿使用的洗发水推荐给成年女性;向顾客介绍爽身粉不仅儿童可以使用,成年人也可以使用。产品经过重新定位,可进入更多的细分市场。

2) 产品改良

这种策略是通过产品自身的改变来满足顾客的不同需求,以扩大产品的销售量。整体产品概念中任何一个层次的改良都可视为产品的再推出。产品改良的主要方式有:

(1) 品质改良。对产品的质量进行改良,注重增加产品的功能特性,提高产品的耐用性、可靠性。实施品质改良的条件是:产品质量有改善的余地,多数顾客期望产品质量的提高。

(2) 特色改良。即扩大产品的使用功能,增加产品新的特色(例如,尺寸、重量、材料、附件等),以此扩大产品的多方面适用性,提高产品使用的安全性、方便性。特色改良有其优点,如花费成本少、收益大,形成创新企业的形象。其主要缺点是,极易被模仿,只有率先革新才能获利。

(3) 式样改良。随着社会的发展,人们对美的追求越来越强烈。通过改变产品的外观、款式,增强美感,可提高产品对顾客的吸引力,从而扩大销售。

（4）附加产品改良。服务是产品的重要组成部分,提供新的服务也是进行产品改良。适当增加服务内容对提高产品的竞争能力,扩大产品的销售量,具有一定的促进作用。

3）市场营销组合改良

这种策略是通过改变市场营销组合的因素,即通过对产品、定价、渠道、促销四个市场营销组合因素加以综合调整,刺激销售,达到延长产品的成长期、成熟期的目的。市场营销组合改良的主要方式有:降低价格吸引顾客,提高产品的竞争能力;提高促销水平,采用更有效的广告形式,开展多样化的营销推广活动;改变销售途径;扩大附加利益和增加服务项目等。

4. 衰退期阶段的营销策略

处于衰退期的产品,企业应进行认真的研究分析,决定应采取什么策略,在何时退出市场。企业可以选择以下几种营销策略:

（1）维持策略。企业继续沿用过去的策略,仍按照原来的细分市场,使用相同的销售渠道、定价及促销方式,直到这种产品完全退出市场。

（2）集中策略。企业把能力和资源集中在最为有利的细分市场,最有效的销售渠道和最易销售的品种上,以最有利的局部市场获得尽可能多的利润,这样有利于缩短产品退出市场的时间。

（3）收缩策略。企业抛弃无希望的顾客群体,大幅度降低促销水平,尽量减少销售和推销费用,以增加目前的利润。这样可能导致产品在市场上的衰退加速,但又能从忠实于这种产品的顾客中得到利润。

（4）放弃策略。对于衰退比较迅速的产品,企业应该当机立断,放弃经营。可以采取完全放弃的形式,如把产品完全转移出去或立即停止生产;也可采取逐步放弃的方式,使其所占用的资源逐步转向其他产品,力争使企业损失减少到最低限度。

7.3 新产品的开发策略

新产品的开发是满足新的需求、改善消费结构、提高人民生活水平的物质基础,也是企业具有活力和竞争力的表现。科技进步日新月异,文明发展一日千里,各种新知识、新产品、新技术不断产生,一些传统、方法和技术,不是被淘汰,就是被大幅地改进。产品生命周期迅速缩短,已成为当代企业不可回避的现实。这种现实迫使企业不得不把开发新产品作为关系企业生死存亡的战略重点。新产品开发既会给企业的市场营销带来机会,也会给企业的经营带来风险。新产品上市之日,就是顾客开始采用新产品和新产品市场扩散过程之时。

7.3.1 新产品的概念及分类

市场营销学中所说的新产品是从市场和企业两个角度来认识的,它与因科学技术在某一领域的重大发展所产生的新产品不完全相同。对市场而言,第一次出现的产品即为新产品;对企业而言,第一次生产销售的产品也称新产品。

1. 新产品的概念

新产品是相对于老产品而言的。我国规定"在结构、材质、工艺等某一方面或几方面,比老产品有明显改进,或者是采用新技术原理、新设计构思,从而显著提高产品性能或扩大使用功能"的产品被称为"新产品"。按照上述规定,那些只改变花色、外观、包装,而在性能上没有改进的产品,不能列入新产品的行列;那些用进口元件、零部件组装的国内尚未生产的产品,或根据顾客要求生产的单台非标准设备,也不能列入新产品的行列。新产品一般具有新颖性、先进性、经济性和风险性等特点。

2. 新产品的分类

新产品的名目繁多,可按不同的标准进行分类。常用的分类方法有以下两种。

1) 按地域范围划分

按地域范围划分,新产品可分为:

(1) 世界级新产品。是指在全世界第一次试制成功并投入市场的新产品。这种新产品如有重大价值,国家应予以保护与支持,企业应申请专利以防其他国家的侵犯,从而维护企业的竞争优势。

(2) 国家级新产品。是指其他国家已经试制成功并投入使用,而在本国尚属首次设计、试制、生产,并投入市场的新产品。这种新产品能够填补国内空白,提高本国产品的竞争能力。

(3) 地区级新产品。是指在国内其他地区已经试制成功并投入市场,而在本地区尚属首次设计、试制、生产,并投入市场的新产品。发展这类新产品要特别慎重,要进行详细的市场调研,防止重复生产,导致供大于求。切记我国在洗衣机、电视机、电冰箱等若干家电产品上盲目发展,重复引进,造成这些产品的供大于求,使国家和企业蒙受重大损失的深刻教训。

2) 按新颖程度划分

按照新颖程度划分,新产品可分为:

(1) 全新型新产品。是指采用新原理、新结构、新技术、新材料制成,开创全新市场的新产品。比如,汽车、飞机、电视机等的第一次出现,都属于全新型新产品。全新型新产品的出现往往伴随着科学技术的重大突破。据说,在美国市场上,此类新产品约占新产品总数的 10%。

(2) 换代型新产品。是指在原有产品的基础上,采用或部分采用新技术、新材料、新工艺研制出来的新产品。比如,洗衣机从单缸洗衣机发展到双缸洗衣机,又发展到计算机程控的全自动洗衣机。又如,电子计算机自从面世以来,已经过多次换代,从电子管、晶体管、集成电路到大规模集成电路。相对于原有产品而言,更新换代产品在性能上有一定的改进,在质量上有一定提高,它顺应时代发展的要求。

(3) 改进型新产品。是指对老产品的性能、结构、功能等加以改进,使其与老产品有比较明显的差别。与换代型新产品相比,改进型新产品受技术限制较小,成本较低,便于在市场上推广。如电熨斗增加了蒸汽喷雾功能;电视机有多画面的功能等。

(4) 仿制型新产品。是指对市场上已经出现的产品进行引进或模仿生产的产品。仿制可以是部分仿制、局部仿制,也可全部仿制。这类新产品的开发,一般不需要太多的资金和尖端的技术。企业在仿制时,应注意改造原有产品的缺陷或不足,不应全盘照搬。

7.3.2 新产品开发的意义

新产品开发虽然需要很多的投入,并且具有较大的风险,但企业若想在竞争激烈的市场上求得生存与发展,必须高度重视新产品的开发。

1. 产品生命周期的客观存在要求企业不断开发新产品

企业同产品一样,也存在着生命周期。如果企业不开发新产品,当产品走向衰退之时,企业也走到了生命周期的终点;反之,如果企业能不断成功地开发出新产品,就可在老产品退出市场时,让新产品占领市场,用新产品弥补因老产品进入衰退期而导致的产品销售量的降低。企业要谋求生存与发展,保持旺盛的生命力,就必须不断地去开发新产品,并以新产品的新特性抵御竞争对手的冲击。

2. 新产品开发是消费需求变化的要求

随着社会经济的快速发展,人们生活水平的不断提高,消费需求也发生了较大的变化,方便、健康、轻巧、快捷的产品越来越受到顾客的青睐。消费结构的变化、消费选择的多样化,使顾客对产品的需求,不仅是数量的膨胀、质量的提高,而且对花色品种亦提出了更高的要求。企业要满足广大人民群众不断增长的、日新月异的需求,就必须推陈出新,创造更多更好的新产品。

3. 新产品开发是科学技术发展的要求

科学技术的迅猛发展,导致许多高新技术产品的出现,加快了产品更新换代的速度。比如,光导纤维的出现,对通信产品的信息处理设备的更新换代起到了推波助澜的作用。科技的进步有利于企业淘汰老产品,创造新产品。企业只有不断地开发新产品,不断地用新的科学技术改造自己的产品,才能振兴与发展。

4. 新产品开发是市场竞争的要求

企业之间的市场竞争日趋激烈,而企业的竞争能力体现在产品的竞争能力上。企业若想保证在市场上的优势地位,就必须不断创新,开发新产品,为市场提供适销对路的新产品。企业定期推出新产品,可以增强企业的活力,提高企业在市场上的信誉和地位。

总之,在科学技术迅猛发展的今天,在瞬息万变的市场环境中,在竞争激烈的条件下,开发新产品是企业生存与发展的最重要保证。

7.3.3 新产品开发的方式

新产品开发的方式很多,归纳起来有以下三种类型。

1. 自行研究和设计制造

自行研究和设计制造是新产品开发的一种重要方式。可分为：

（1）从基础理论研究开始，经过应用研究和开发研究，直到试制成功新产品，并投放市场。采用这种方式开发新产品，一般需要花费大量的人力、物力和财力，且时间也比较长。因此，技术力量强大、资金雄厚的大型企业，才有条件采用。

（2）利用已有的基础理论，进行应用研究和开发研究，直到试制成功新产品，并投入市场。采用这种方式开发新产品，比前一种难度小，所需投入的人力、物力和财力也相对少，所用时间亦较短。所以，一般的大中型企业都有条件采用。

（3）利用已有的基础理论和应用研究成果，进行开发性研究，直到试制成功新产品，并投入市场。采用这种方式开发新产品，所需投入的人力、物力和财力都不算多。所以，一般的企业都有条件采用。

2. 引进先进技术或移植生产

引进先进技术或移植生产是新产品开发的又一重要方式，也是经济技术比较落后的国家，发展经济、赶超世界先进水平的成功经验。第二次世界大战结束后，日本用较短的时间，在一片废墟上，建立了一个全新的日本。今天的日本已经成为世界一流的经济强国，其经济技术发展如此之快，主要原因之一就是大量引进国外的先进技术。通过技术引进，可以使新产品开发的进程加快，费用减少。日本的合成尼龙生产技术是从美国引进的。美国杜邦公司用了 11 年时间，耗资 2 500 万美元。而日本只用了 700 万美元就购买到此项专利。

近年来，我国通过多种形式引进国外技术。有些技术确实填补了国内空白，提高了我国的技术水平，但有的技术水平并不先进。另外，需要指出的是，在引进的基础上，企业必须做好引进项目的吸收与消化工作，决不能总跟在别人的后面跑。

3. 对原有产品进行改进

对原有产品进行改进，使之具有新的功能和新的用途，亦是新产品开发的又一重要方式。这种方式投资少、见效快。

各个企业可以根据自己的实际情况，选择不同的新产品开发方式。可以重点选择某一种方式进行新产品的开发，也可以同时选择几种新产品开发的方式。

7.3.4　新产品开发的程序

开发新产品是一项很复杂的工作，不仅投资大而且要冒很大的风险。为减少失误，企业开发新产品必须遵循一定的程序进行。

1. 新产品的构思

新产品的开发是从寻求构思开始的。所谓构思，就是开发新产品的设想。一个成功的新产品，首先来自一个有创造性的构思。虽然并不是所有的构思都能变成产品，但寻求尽可能多的构思却能为开发新产品提供较多的机会。

新产品构思的来源很多,企业应集思广益,从多方面寻求产品的构思。主要构思来源有:顾客、科学家与技术人员、竞争对手、推销员、经销商、企业管理人员、营销咨询公司、广告公司等。有资料表明,在美国,除军品外,成功的技术革新和新产品有 60%～80%来自顾客的建议或顾客使用时提出的改进意见。

2. 筛选构思

筛选构思就是对大量的新产品构思进行评价,研究其可行性,选出可行的构思进一步开发,剔除不可行或可行性较低的构思。对构思的筛选要避免两种失误:一是误舍,即将有希望的新产品构思舍弃;二是误用,即将没有前途的新产品构思付诸开发。不论是误舍还是误用,都会给企业造成重大损失,必须从本企业的实际出发,根据企业的具体情况决定取舍。

甄别构思时,一般要考虑企业发展目标与资源条件:①要考虑该构思是否与企业的战略目标相适应,如利润目标、销售目标等;②要考虑企业的资源是否有能力开发该构思,如资金能力、技术能力、人力能力等。

3. 产品概念的发展与测试

产品构思是企业从自身角度考虑希望提供给市场的产品设想。而产品概念是企业从顾客角度对这种构思进行的详细描述。例如一块手表,从企业角度看,它是齿轮、轴心、表壳及制造过程、管理方法与成本的集合。而对顾客来说,只考虑手表的外形、价格、准确性、保修期、适合谁使用等。企业必须根据顾客在上述几方面的要求,把产品构思发展为能被顾客理解,能用文字、图形或模型予以具体描述的产品概念。

4. 制定营销计划

对已经入选的产品概念,企业需要制定一个初步的营销计划,这个营销计划将被不断地完善。营销计划一般包括三部分内容:①描述目标市场的规模、结构和行为,产品的定位、销售量和市场占有率,产品投放市场开始几年的利润目标等;②描述新产品的最初价格策略、分销策略以及第一年的营销预算;③描述预期的长期销售额和目标利润以及在不同时期的市场营销组合策略。

5. 商业分析

商业分析的任务是在初步拟定的营销计划基础上,对新产品从财务上进行分析,看它是否符合企业目标。具体内容有:估计销售额;推算成本与利润。

6. 产品开发

产品开发是将产品概念转交给有关部门进行研究开发,将产品概念转化为具体的产品。与前面几个阶段相比,产品开发阶段的投入较多,时间较长。试制出来的产品如果符合下列要求,则被视为在技术和商业上具有可行性:①在顾客看来,产品具备了产品概念中列举的各项属性；②在正常使用条件下，可以安全地发挥功能；③能在规定的成本预算范围内生产出来。

7. 市场试销

产品投放市场后，能否受到顾客的欢迎，企业并无把握。为此，需要通过市场试销，即将产品投放到有代表性的小范围进行试验，观察其市场反应，以确定是否将产品正式投放市场。

在试销的过程中，应注意取得有关的销售渠道、广告宣传、价格、产品质量等方面的信息资料，以便为以后的营销决策提供依据。

8. 正式上市

在产品正式上市这一阶段，企业高层管理者应当做以下决策：

何时推出新产品；

何地推出新产品；

向谁推出新产品；

如何推出新产品。

在试销基础上，企业可获取大量信息资料，决定是否将产品全面推向市场。一旦决定大批投产上市，就需要再次大量投资，购置设备、原材料，支付广告费等。

实际上，一个项目可以同时展开以上的几个阶段，或是略去其中的一个，而且在开发过程中可能要不止一次地回过头来重新循环一遍。但这种框架还是有用的，它提出了一个新产品开发过程应经过的阶段，应进行的检测工作；企业的高层领导者应当以全面、客观的态度参与以上各个阶段。

7.3.5　新产品扩散

新产品扩散，是指新产品上市后，随着时间的推移不断地被越来越多的顾客所采用的过程。扩散与采用的区别，仅在于看问题的角度不同。采用过程是从微观角度考察顾客个人接受新产品的问题；而扩散过程是从宏观角度分析新产品如何在市场上传播并被市场广泛采用的问题。影响新产品扩散，即影响顾客接受新产品的因素，主要有两个：一是顾客的个人态度差异；二是新产品自身的特征。分析影响新产品扩散的各种因素，据此制定适宜的营销策略，对加快新产品的扩散，具有十分重要的意义。

1. 顾客个人态度的差异

企业在推出新产品时，通常采用面向大众的方法，即利用所有可能的销售渠道，进行家喻户晓的广告宣传。这种做法的基本假设是，绝大多数顾客都是潜在的购买者，通过企业的营销刺激，他们将会试用或购买该产品。采用这种做法，使企业在新产品推出的过程中，投入大量的营销费用，且不加甄别地面向潜在和非潜在的顾客传播信息、进行推销，必然造成部分营销资源的浪费。其实，在新产品的市场扩散过程中，由于顾客受个人性格、文化背景、受教育程度和社会地位种种因素的影响，不同的顾客对新产品接受的程度不同,从接触新产品到最后采用该产品所需要的时间也不同。有的人总是喜欢率先购买新产品,有的人却要很晚才采用新产品。美国学者罗杰斯根据顾客接受新产品的快慢程度,将新产品采用者分为五种类型。采用过程随时间的变化呈正态分布(如图 7-5 所示)。

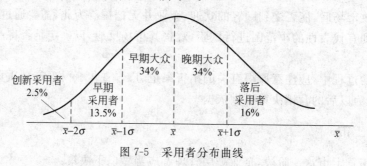

图 7-5　采用者分布曲线

(1) 创新采用者。任何新产品都是由极少数创新采用者率先使用,创新采用者占全部潜在采用者的 2.5%。这类消费者一般是年轻人,极富冒险精神,收入水平、社会地位和受教育程度较高,且交际广泛,信息灵通。企业推出新产品时,应将营销重点集中于创新采用者身上,通过他们的影响,促进新产品的市场扩散。

(2) 早期采用者。早期采用者占全部潜在采用者的 13.5%。他们大多数是某个群体中具有较高威信的人,受到周围朋友的拥护和爱戴。早期采用者富于探索性,对新事物、新环境有较强的适应性,多在产品的介绍期和成长期采用新产品,并对后面的采用者影响较大。与创新采用者相比,他们的态度较为慎重,他们对新产品的扩散有着决定性的影响。

(3) 早期大众。早期大众约占全部潜在采用者的 34%。他们的基本特征是:深思熟虑,态度谨慎,较少保守思想,受过一定的教育,有较好的工作环境和固定收入。他们虽不甘落后于时尚,却在早期采用者认可后再购买,成为赶时髦者。由于这部分顾客比重较大,研究他们的消费心理和消费习惯,对于加速新产品的扩散有重要的意义。

(4) 晚期大众。晚期大众约占全部潜在采用者的 34%。他们的基本特征是:对新事物持怀疑态度,他们的信息多来自周围的同事或朋友,较少借助宣传媒体,他们的受教育程度及收入状况比较差,从不主动采用或接受新产品,当大多数人都已使用过新产品,确信该产品具有良好反响之后,他们才会购买。因此,对这类顾客进行新产品的市场扩散极其困难。

(5) 落后采用者。落后采用者约占全部潜在采用者的 16%。他们的基本特征是:思想保守,拘泥于传统的消费观念,对新事物持怀疑、反对的态度,极少借助宣传媒体,他们的社会地位和收入水平最低,只在产品进入成熟后期甚至衰退期时才会购买。

新产品能否扩散,关键在于能否做好创新采用者和早期采用者的工作,他们约占顾客总数的 16%。争取他们对新产品的认可,由他们带头试用,早期大众和晚期大众就有可能跟进。这是一般新产品进入市场,并获得成长和发展的普遍规律。必须指出的是,成功地辨认创新采用者并非易事,在某方面他们或为创新采用者,而在另一方面却可能是落后采用者。

2. 新产品的特征

除个人特性因素外,产品特征对其扩散也有较大的影响。有的产品可能在一夜之间遍及大街小巷,如呼啦圈、随身听;而有的产品要经过相当长的时间,才被众多顾客所采用,如洗碗机。以下产品特征对新产品扩散有着重要影响:

(1) 优越性。新产品越具有优越性,相对于现行产品的独特性越好,被顾客采用得就越早,在市场上的扩散速度就越快。

(2) 适应性。新产品与顾客原有的观念、习惯及经验相吻合、相一致的程度越高,越容易被顾客所采用。

(3) 复杂性。新产品的复杂性是指新产品的使用困难度。新产品如被视为使用困难,即复杂性高,其扩散速度就慢,反之亦然。

(4) 可试性。新产品的可试性是指在一定条件下,新产品可能被试用的程度。例如,一些企业采用租赁和购买相结合,以及试用后再购买等方式,以加快新产品的扩散速度。

(5) 传播性。新产品在使用时,越容易被观察和描述,就越容易被顾客所采用,市场扩散速度就比较快;反之,扩散速度就比较慢。

(6) 明确性。指创新产品在使用时,是否容易被人们观察和描述,是否容易被说明和示范。创新产品的消费行为越容易被感知,其明确性就越强,采用率也就越高。

3. 新产品扩散过程管理

新产品扩散过程管理是指企业通过采取措施使新产品扩散过程符合既定营销目标的一系列活动。企业扩散管理的目标主要有:

(1) 导入期销售额迅速起飞,需要派出销售队伍,主动加强推销;开展广告攻势,使目标市场很快熟悉创新产品;开展促销活动,鼓励消费者试用新产品。

(2) 成长期销售额迅速增长,需要保证产品质量,促销口头沟通;继续加强广告攻势,影响后期采用者;推销人员向中间商提供各种支持;创造性地运用促销手段使消费者重复购买。

(3) 成熟期产品渗透最大化,需要继续采取快速增长的各种策略;更新产品设计和广告策略,以适应后期购买者的需要。

(4) 尽可能维持一定水平的销售额,需要使处于衰退期的产品继续满足市场需要;扩展分销渠道;加强广告推销。

7.4 产品组合策略

7.4.1 产品组合的概念

现代企业为了满足目标市场的需要,扩大销售,分散风险,增加利润,往往生产经营的产品不止一种,这些产品在市场的相对地位以及对企业的贡献有大亦有小。随着外部环境和企业自身资源条件的变化,各种产品会呈现新的发展态势。因此,企业如何根据市场需要和自身能力,确定经营哪些产品,明确产品之间的配合关系,对企业兴衰有重大影响。企业需要对产品组合进行认真的研究和选择。

产品组合是指企业生产经营的各种产品及其品种、规格的组合或相互搭配,是指一个企业生产经营所用的产品线和产品项目的组合方式,即全部产品的结构。

产品线是指能满足同类需求,在功能、使用与销售等方面具有类似性质的一组产品。产品项目是指产品线内各种不同的产品。

产品组合通常由几种产品线组成。如果一条产品线包含较多数量的产品,我们就称这条产品线较深,反之则较浅。一般来说,规模大一些的公司要比较小的公司拥有深一些的产品线,当然也并不总是这样,例如像可口可乐这样的大公司的产品线却很浅。

企业的产品组合有一定的广度、深度和关联性。产品组合的广度,亦称宽度,是指一个企业拥有多少条不同的产品线。产品线越多,说明企业经营范围越广;产品组合的深度,是指企业各产品线上拥有的产品项目数;产品组合的关联性,是指产品线在最终用途、生产条件、销售渠道等方面的密切相关程度。

企业增加产品组合的宽度,即增加产品线和扩大经营范围,可以充分发挥企业的特长,使企业,尤其是大企业的资源、技术得到充分利用,亦可以分散企业的投资风险;企业增加产品组合的深度,会使各产品线具有更多规格、型号和花色的产品,更好地满足顾客的不同需要与爱好,从而扩大产品的市场占有率;企业增强产品组合的关联性,则可提高企业在某一地区、行业的信誉。

7.4.2　产品组合的评价

为了优化产品组合,使每一产品线及每一产品线下的产品项目都能取得良好效益,企业应经常对现行产品线及各产品项目的销售与利润情况进行分析、评价和调整。分析、评价产品组合的方法很多,常用的有:产品项目分析法和产品定位图分析法。

1. 产品项目分析法

产品线下的每一个产品品种对总销售额和总利润额所作的贡献是不同的。产品项目分析法用于分析、评价产品线下各产品项目的销售与赢利水平。图 7-6 展示了一条拥有 5 个产品项目的产品线以及各产品的销售与赢利情况。根据图示,第一个产品项目的销售额、利润额分别占整个产品线总销售额和总利润额的 50% 和 30%;第二个产品项目的销售额与利润额占总销售额和总利润额的 30%。这两个项目的销售额共占总销售额的 80%,利润额共占总利润额的 60%。如果这两个项目遇到激烈的竞争,整条产品线的销售额和利润额将急剧下降。为此,企业一方面应采取切实措施,巩固第一、第二个产品项目的市场地位;另一方面应根据市场环境变化加强对第三、第四个产品项目的市场营销。第五个产品项目只占整个产品线总销售额和总利润额的 5%,如发展前景不大,企业可考虑停止这种产品的生产,以便抽出力量加强其他产品项目的营销或开发新产品。

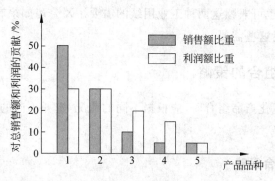

图 7-6　产品品种对产品线总销售额和利润的贡献

2. 产品定位图分析法

产品定位图分析法是一种有效的分析工具,适用于分析企业,了解自己的产品线与竞争对手产品线的对比情况,全面衡量各产品与竞争产品的市场地位。现举例说明如下:

X 造纸公司有一条纸板产品线。纸板的两大属性是纸张重量和成品质量。纸重通常分为 90,120,150 和 180 四个级别,质量则有高、中、低三个等级。图 7-7 是纸板产品线的产品定位图,表明 X 公司和 A、B、C、D 四个竞争者的纸板产品线中各产品项目的定位情况。如 A 公司有两个产品项目,均为超重级,成品质量一个在中上,一个在中下。

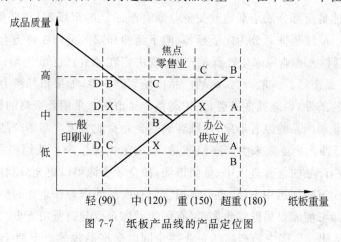

图 7-7　纸板产品线的产品定位图

根据定位图,X 公司可作如下分析:

(1) 可以明确与本公司对抗的竞争产品。如 X 公司轻重量、中等质量的纸板与 D 公司的纸板相互竞争,而高重量、中等质量的纸板则没有直接竞争对手。

(2) 可以发现新产品项目的开发方向。如高质量和低质量的纸板均无中、低重量型,如果市场对这些类型纸板确有需求,企业应积极组织力量进行开发。

(3) 企业还可借助产品定位图,并根据各类用户的购买兴趣和需要来识别细分市场。X 公司的产品较适合于一般印刷业的需要,但由于某产品同时定位于办公用纸和焦点零售业用纸的边界上,也可兼顾这两种工业用纸的需要。X公司如果有能力,应考虑生产更多的纸板类型以满足这些需要。

7.4.3 产品组合的策略

企业在调整和优化产品组合时,应根据不同的情况,选择不同的产品组合策略。有以下几种策略可供选择。

1. 扩大产品组合策略

扩大产品组合策略包括拓展产品组合的宽度和加强产品组合的深度两方面的内容。即在原产品组合中增加一个或几个产品线;在现有产品线内增加新的产品项目。当企业预测现有产品线的销售与利润在未来有可能下降,或不足以实现企业的发展目标时,就应考虑在原产品组合中增加产品线,扩大产品经营范围。新增产品线可以与原有产品线有紧密联系,也可以与原有产品线关联不大或没有关联性。当企业打算增加产品特色,或为更多的细分市场提供产品时,则可通过在现有产品线内增加新的产品项目来实现。此时,企业应使新增产品项目与原有产品项目有显著差异,以避免新旧产品间自相残杀。扩大产品组合可使企业充分地利用企业资源,分散风险,提高企业的竞争能力。

2. 产品线延伸组合策略

产品线延伸是指部分或全部地改变企业原有产品线的市场定位,即把产品线延长超出原有范围。产品线延伸可分为向上延伸、向下延伸和双向延伸3种类型。

(1) 向上延伸。企业原来生产低档产品,现决定在原有产品线内增加高档产品线项目,进入高档产品市场。一般而言,高档产品市场利润丰厚,如果市场潜力比较大,而且企业又具备进入的条件,则应抓住机遇,开拓高档产品市场。采用此策略的最大障碍可能在于如何改变企业和产品的原有形象,使顾客确信企业有能力生产高档产品。

(2) 向下延伸。企业原来生产高档产品,现决定增加生产中低档产品。采用此策略有利于利用高档产品的信誉进入中、低档市场,使企业资源得以更充分利用和进一步分散经营风险。但此策略如运用不当,也可能损害原有产品的声誉和企业的整体形象。另外,由于中低档产品可能需要另辟销售渠道,有可能增加企业营销费用支出。

(3) 双向延伸。生产中档产品的企业决定同时向产品线的上下两个方向延伸,既生产高档产品,也生产低档产品,扩大市场阵地。

产品线延伸是增加新产品的最容易的方法,因为它们一问世就可以借助原有品牌的名称和声誉。有一种说法是这些产品实际上接受了过去的成功给它们的投资。但对此也有很多不同看法:过多地依靠品牌延伸会削弱原有品牌的力量,特别是当新增加的产品在市场上失败后,会大大损伤品牌原有的形象和信誉,因此有很大的风险。甚至有些人认为对一个强有力的品牌所做的任何延伸都是危险的,还有人提出了"品牌陷阱"的说法。但是由于正反两方面的实例都存在:一些超强品牌几乎从未做过任何延伸,一直维持其原有市场地位;也有一些品牌成功地进行了延伸。品牌延伸是不可能有所定论的,只能视具体情况具体分析,个别情况区别对待。如果一个品牌延伸能够满足客户或消费者的真正所需,并且保证与原有产品具有相当的技术水平,那么这种品牌延伸就是可行的。应当避免开发那些与竞争者雷同的产品,简单地模仿竞争产品,对购买者来说没有什么特别可言;这样的产品至多是为竞争者获取销售额和利润设置了一道障碍,而且常常也只是企业的一相情愿,事实上对竞争者几乎毫发无伤。

3. 缩减产品组合策略

当市场繁荣时,较长、较宽的产品组合会给企业带来较多的赢利机会;当市场不景气或供应紧张时,缩减产品组合反而能使总利润上升。因此,当整条产品线或产品线中的某些产品获利甚微或已无获利希望时,企业可以考虑采用此策略,以便集中资源经营那些获利大或经营前景看好的产品线与产品项目。当然,做出缩减产品的决策还是需要三思而后行的。首先要考虑该项产品在整个产品线或整体产品中的地位。如果客户和消费者已经习惯于某种产品的存在,或将其视为企业不可或缺的部分,那么尽管这种产品不能赢利,仍有保留下来的必要。也就是说它存在于产品线中本身就是它的价值所在,比如说批发商和零售商需要经营一条产品线中的各种产品而不愿缺项,这样老产品仍对企业有着积极的贡献,将其取消掉是不明智的。在撤销某种产品前还应做的一项检查是看一看这种产品能否被拯救而得到再生。一些过去开发出的产品项目已经被忽视了很多年,而且,它们中的很多长期以来几乎未受到管理者的任何重视。有时,发挥你的想象力,为它们追加一些投资就可以使它们获得重生。

7.5 服务策略

当今社会,企业所做的一切努力,一切有效行为,均是为了不断地使顾客满意,增加顾客的忠诚度。而客户的满意可以通过许多种途径来实现,但当众多企业通过对有形产品追求差异化来实现顾客满意感觉困难时,它们开始转向服务差异化。这就要求企业营销人员必须重新审视所面临的市场营销环境,以便制定正确的市场营销方案。

7.5.1 服务的含义

市场营销学界对服务的研究大致是从 20 世纪五六十年代开始的。区别于经济学界的研究,市场营销学者把服务作为一种产品来进行研究。

据统计,目前在美国从事服务行业的工人数大约占美国总工人数的 76%,范围涉及政府部门、研究部门、邮电部门、银行、医院、餐饮娱乐等。传统的营销对服务的研究也主要集中于这些领域,但事实上却忽视了制造业中的服务成分,低估了服务经济的规模。在制造行业中,有 65%~75% 的工作人员从事着与服务相关的工作。所以,从这个意义上来讲,服务活动所覆盖的面是非常之广的,它已经构成了一个"服务工厂"。

有许多著名学者或组织对服务下过定义。在 1960 年美国市场营销学会最先给服务下定义为："用于出售或者是同产品连在一起进行出售的活动、利益或满足感。"

1963 年著名学者雷根对服务下的定义是："服务是直接提供满足（交通、房租）或者与有形商品或其他服务一起提供满足的不可感知活动。"

著名的服务营销学家克里斯廷·格罗鲁斯（Christian Groroos）则认为："服务由一系列或多或少具有无形特征的活动所构成的一种过程，这种过程是在顾客与员工、有形资源的互动关系中进行的，这些有形的资源（有形产品或有形系统）是作为顾客问题的解决方案而提供给顾客的。"

艾德里安·佩恩认为："服务是一种设计某些无形性因素的活动，它包括与顾客或他们拥有财产的相互活动，它不会造成所有权的变更。条件可能发生变化，服务产出可能或不可能与物质产品紧密相连。"

营销学者菲利普·科特勒对服务的定义是："服务是一方能够向另一方提供的基本上是无形的任何攻效或礼仪，并且不导致任何所有权的产生，它的生产可能与某些有形产品联系在一起，也可能毫无联系。"

归纳上述定义，服务包含如下要点：

（1）服务提供的基本上是无形的活动，有时也与有形产品联系在一起。

（2）服务提供的是产品的使用权，并不涉及所有权的转移。如自动洗衣店等。

（3）服务对消费者的重要性足以与物质产品相提并论。但有些义务性服务如教育、治安、防火等政府服务，消费者则无须直接付款。

7.5.2 服务的特点

为了将服务同有形商品区分开来，20 世纪 70 年代末至 80 年代初，市场营销学界的许多学者从产品特征的角度来探讨服务的本质。对于大多数服务而言，具有如下共同特征。

1）无形性

无形性是服务最为明显的一个特征。一方面，它是指服务若与有形的产品比较，服务的特质及组成服务的元素往往是无形无质的，让人不能触摸或凭肉眼看见其存在。另一方面，它还指服务不仅其特质是无形无质，甚至使用服务后的利益也很难被察觉，或者要等一段时间后享用服务的人才能感觉到利益的存在。例如，接受整容服务的顾客在整容之前是无法看到整容的结果；心理诊所的病人无法知道治疗的结果。

为了降低购买的不确定性，消费者将会寻找一些可以作为评价服务质量依据的信号或证据。他们可以根据看到的购买地点、人员、设备、材料、标志和价格等因素，对服务质量做出判断。因此，服务提供者的任务就是"管理各种证据"，并且"将无形产品有形化"。产品营销者面临的挑战是增加抽象概念，而服务营销者面临的挑战是如何给无形的提供品添加有形的证据，并通过想象力将无形产品有形化。

2）不可分离性

服务的生产和消费是同时进行的,这与有形产品不同,后者往往是要先被制造出来、仓储,再销售,最后被消费的。如果服务是由个人提供的,那么对于服务来说,提供服务的人本身就是服务的一部分。而且由于服务在生产时,顾客已经存在了,因此提供者与顾客之间的互动关系是服务营销的一个特殊属性——提供者和顾客同时影响服务的结果。所以在服务的过程中消费者和生产者必须直接发生联系,从而生产的过程也就是消费的过程。也就是说,服务人员提供服务于顾客时,也正是顾客消费服务的时刻,两者在时间上不可分离。服务的这种特性表明,顾客只有而且必须加入到服务的生产过程中才能最终消费服务。

3）易变性

易变性是指服务的构成成分及其质量水平经常变化,很难统一界定。由于服务的生产依赖于提供者以及提供的时间和地点,因此服务是非常容易变化的,它无法像有形商品那样实现标准化,每次服务带给顾客的满意感、效用、利益都可能存在一些偏差。

4）不可储存性

由于服务的无形性以及服务的生产与消费同时进行,使得服务不可能像有形的产品一样储存起来,以备未来出售,而且消费者在大多数情况下也不能将服务携带回家。当然,提供服务的各种设备可能会提前准备好,但生产出来的服务如不当时消费掉,就会造成损失,例如,一旦飞机起飞或电影开始,没有销售出去的座位就不能用作未来的销售。当需求稳定时,服务的不可储存性也许不是问题,但是这一性质在需求波动时就会引起很多问题。例如,公共交通服务企业不得不根据高峰时间的需求计算应当购买的设备。服务提供者可以通过不同的方法解决服务不可储存的问题。

7.5.3 服务质量管理

1. 服务质量

服务产品的质量水平并不完全由企业所决定,而同顾客的感受有很大关系即使被企业认为是符合高标准的服务,也可能不为顾客所喜爱和接受。因此,可以认为服务质量是一个主观范畴,它取决于顾客对服务的预期质量同其实际感受的服务水平(即体验质量)的对比。通常顾客主要是从技术和职能两个层面来感知服务质量,从而服务质量也就包括技术质量和职能质量两项内容。技术质量是指服务过程的产出,即顾客从服务过程中所得到的东西。对于这一层面的服务质量,顾客容易感知,也便于评价。

2. 服务的过程

服务的过程同时受到可视因素和不可视因素的影响(如图7-8所示)。假设一个顾客去银行申请贷款(X服务)。这个顾客看到其他顾客也在等候该项服务或者银行提供的其他服务。顾客也会观察周围的环境(建筑物、内部条件,设备、家具等)和工作人员。顾客不能观察到的是所谓的"黑箱子",包括支持业务的生产流程和组织系统。因此,人们是否满意于服务的结果,最终能否成为忠实的顾客,会受到多种因素的影响。

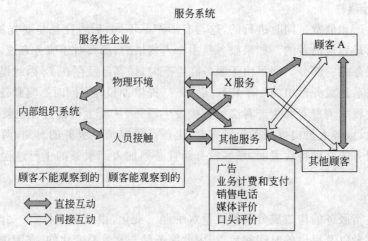

图 7-8　服务过程涉及的因素

7.5.4　服务策略

1. 提高服务质量

为了弥合前述服务上的差距,企业应追求高质量的服务。关于提高服务质量的方法和技巧有许多,诸如,树立高层管理者的责任感、制定服务的高标准、提供自助服务技术、建立监督制度、妥善处理顾客的投诉等。

2. 提高服务效率

许多服务性企业都面临着提高生产率的同时降低成本的压力。可以提高服务效率的方法有提高服务提供者的技能、通过放弃一些质量而增加服务数量、通过增加设备和生产标准化来实现自动化、通过发明一种产品来降低或者淘汰某种服务需求、设计更有效的服务、鼓励顾客用自己的劳动代替企业的服务、通过采用新技术提供给顾客更好的服务。

3. 提高产品支持服务

越来越多的产品制造型企业也开始为顾客提供服务。诸如设备制造商(小家电、计算机、汽车)一般都需要提供产品支持服务。事实上,产品支持服务已经成为企业竞争优势的重要组成部分。许多设备制造企业,近一半的利润来源于服务。在全球市场中,那些产品质量好,但是当地售后服务差的企业将面临很大的挑战。

📄 本章小结

产品整体概念包含核心产品、形式产品期望产品、附加产品和潜在产品五个层次。产品组合的宽度、长度、深度和关联性在市场营销策略上具有重要意义。

产品生命周期是指产品从进入市场到退出市场所经历的市场生命循环过程。产品生命周期一般可划分为四个阶段,即介绍期、成长期、成熟期和衰退期。企业往往根据产品所处不同的生命周期阶段,制定并实施不同的市场营销战略。

新产品,是指与旧产品相比,具有新功能、新结构和新用途。新产品开发过程由八个阶段构成,即新产品的构思、筛选构思、产品概念的发展与测试、制定营销计划、商业分析、产品开发、市场试销、正式上市。

服务策略是标的策略的一部分,菲利普·科特勒对服务的定义是:服务是一方能够向另一方提供的各种基本上是无形的活动或利益,且不导致任何所有权的产生。它的生产可能与某些有形产品联系在一起,也可能无关联。

思考题

1. 产品整体概念的内容是什么? 以手机、冰箱为例,分析构成产品整体概念的五层含义。

2. 产品生命周期理论对企业市场营销管理有何意义? 试分析手机、电风扇、传呼机可能处于产品生命周期的哪个阶段?

3. 如何扩散新产品?

4. 企业产品组合的评价方法有哪些?

5. 服务的特点是什么?

案例分析

海尔的星级服务

海尔应像海。唯有海能以博大的胸怀纳百川而不嫌弃细流;容污浊且能净化为碧水。正如此,才有滚滚长江、浊浊黄河、涓涓细流,不惜百折千回,争先恐后,投奔而来。汇成碧波浩淼、万世不竭、无与伦比的壮观!一旦汇入海的大家庭中,每一分子便紧紧地凝聚在一起。不分彼此形成一个团结的整体,随着海的号令执著而又坚定不移地冲向同一个目标,即使粉身碎骨也在所不辞。因此,才有了大海摧枯拉朽的神奇。海尔是海。

——海尔CEO:张瑞敏

海尔企业的发展史可以说是一个商业奇迹,如今海尔集团已经成为世界第四大白色家电制造商,并成为扩展海外市场的中国企业之一,海尔打入中国其他市场(青岛以外的城市)所倡导的服务就是如何赢得中国消费者的心呢?

在中国的家电市场上,海尔一直有点独来独往的味道,每次的价格大战几乎都很难看到海尔的身影,而且很少对国内的价格大战发表评论,这使许多消费者疑惑不解:海尔何以能置身事外呢? 海尔的首席执行官张瑞敏揭开了这个谜底:海尔主张要打价值战,而不要打价格战;要搞价值竞争,不要搞价格竞争。关于"价值战""价值竞争",对于我们消费者来说,还是一个很陌生的词,很难领悟其内在的深刻含义,但是,通过海尔的"星级服务",人们又不难理解这一点。

在这个品牌至上的年代，众多企业都争先恐后的打造自己的品牌来吸引更多的顾客，然而由于产品同质化日益严重，许多企业都在售后服务上大做文章，依靠良好的售后服务来留住消费者的心，提高消费者的满意度是最直接和有效的方法。在这方面海尔无疑是做得最出色的，也是做得最早的。海尔在售后服务方面积累了大量实战经验，再加以科学合理的改进，其服务模式已经成熟稳定，深得消费者认可，也是众多企业争效模仿的对象之一。

同样一件家用电器，从购买、上门安装到以后的维修，海尔以其独有的"星级服务"，使其产品的价值得以提升，使消费者享受更多的实惠，从而赢得消费者的信任，进而赢得更多的市场。这大概就是张瑞敏先生所说的"价值竞争"。

海尔的核心价值是"真诚"，品牌口号是"真诚到永远"，其星级服务、产品研发都是对这一理念的诠释和延展。"服务支持品牌"这个策略成功地为海尔打开了中国市场并形成了自己的品牌，海尔良好的售后服务堪称国内一流，一度成为我国企业效仿的对象。海尔的亲民服务难道真的有如此大的魔力吗？海尔之所以发展得这么快，除了它拥有一个创新的企业文化和一个团结的领导班子之外，其良好的服务体系是功不可没的。消费者买产品最注重的就是产品的质量，其次就是产品的售后服务。海尔的售后服务一直是有口皆碑，其理念是在销售之前，先把服务做好，售后服务先于销售。"随叫随到，到了就好，创造感动，信息增值"，这简单的 16 个字囊括了海尔服务理念的精华，海尔始终坚持"用户第一"的思想。名牌要靠用户和市场认可，名牌更要靠优良的服务来创造和维护。因此，海尔把售后服务看成创造名牌、宣传名牌、维护名牌、发展名牌的重要环节和首要领域。

海尔的服务宗旨是用户永远是对的，并承诺只要你拨打一个电话剩下的事由我来做。当电话那头出现海尔客服人员甜美柔和的声音，并在得知你所遇到的问题后立刻表示了非常诚恳地道歉："对不起，我们给您添麻烦了"，然后主动询问具体情况，并提供各种的服务选择方式。在这种情况下，即使你有多懊恼的情绪，听到这样亲切的话语也会气消三分。所以说态度决定一切。海尔意识到对于服务，并不单纯只停留在售后服务上，还应该包括售前的产品咨询和售中的送货上门。服务也不单是指上门安装维修，还包括征求用户的意见和需求。海尔的差别化服务，就像海尔的产品一样标新立异。海尔追求的是你无我有，你有我精的差别化服务。别的厂家没有，海尔要有，别的厂家有的，海尔要做到精。

都说海尔上门服务有些规定已接近苛刻了，海尔过分强调顾客意识，几乎到了吹毛求疵的地步。可是仔细观察，却能发现每一个环节都是想客户所想，急客户所急，并且在最大程度上维护了客户的利益。这样的服务怎么会不深入人心呢？细节决定成败，这些情感化服务正是海尔的特别之处，到用户家服务自带鞋套以免弄脏用户家的地；维修完了以后，用抹布把维修的电器擦干净，然后把电器安装到原处，送客户圆珠笔等一些小礼物作为情感交流，这些细微的小事看起来微不足道，实际上却为海尔品牌赢得了信任。海尔企业准确地把握住消费者的心理，把一件件小事体现在细枝末节上，体现在他们的制度里，给客户留下了良好深刻的印象。现在看来，正是这种强调服务、销售、顾客的发展路径让海尔被更多的消费者所接受，与此同时，品牌的知名度也与日俱增。

值得一提的是，海尔特别注重客户关系的管理，正所谓知己知彼才会百战百胜。了解用户的需求就必须知道拓展客户难,维持客户更难。海尔企业积极了解竞争对手的服务水平,并不断提高自己的服务质量。为了真实地掌握终端的服务质量,发现服务中存在的问题,从2003年10月份开始,海尔集团在全国各地招聘了上千名神秘顾客,主动地捕捉服务终端缺陷,全方位、各角度的挑服务上"刺",找自己的问题,揭自己的"短",以推进服务体系的完善及服务人员服务意识的提升。其实这种"神秘顾客暗访"的做法在国外早已屡见不鲜,品牌服务是否名副其实,不但消费者想知道,企业内部也一直在不断地自我检查和防范。对所有的企业而言,企业的管理客户关系的能力,就是要把一次性客户转化为长期客户,把长期客户转化为终身忠诚客户。只有真正创新并满足了用户的需求,其制造才有生命力。

现在海尔遍布全国各地,这么多分厂,全国仅仅服务部就有上万家,他们的服务模式能不能保证一致化呢?海尔原来是一个厂的时候,服务方式是一致的而且容易贯彻到位,现在扩大了经营范围为了保证服务模式的一致化,一方面海尔对服务人员加强教育和培训,合格后,发上岗证,才有上岗服务资格;另一方面,海尔还有一个监控系统。比如说,在给用户服务的时候把用户卡交给用户填,满意不满意可以填意见,用户签上名,回来后把用户卡交给领导,以此作为工作服务的依据。为了杜绝维修人员自己填卡的舞弊行为,海尔还采取电话回访服务,致电用户对服务是否满意,如果用户说不满意,但卡上写的是满意,甚至有的在用户家喝了水,吃了饭,那么解雇的危险就会降临在他身上,这就保证了海尔服务的一致化。海尔觉得通过良好的服务,同用户保持零距离的接触,和用户的心越近那么和竞争对手的距离也就越远。也就是说海尔和竞争对手不但是产品质量的竞争,也是服务质量的竞争。特别是在家电行业产品供大于求的情况下,服务的竞争则显得特别重要。

海尔的售后服务获得了众口称赞,一些感人的事例吸引了消费者的眼球,口碑相传,一传十十传百,海尔就这样壮大了,同时也成为了民族产业的骄傲。然而随着海尔逐渐的壮大,一些优良的服务也在萎缩,如今,对海尔售后服务也开始产生了质疑,人们已经厌烦了无数次听到抱歉话语但问题却没有得到根本性的解决,虽然企业追求利益的最大化,但是从长远发展来看,海尔更应该提高产品质量与服务品质的问题,要做到持之以恒,贵在坚持。服务是一个长期性的过程,留住客户的心比什么都重要!

附 录

海尔"星级服务"相关内容

1.海尔"星级服务"内容

首先是售前服务。实实在在地介绍产品的特性和功能,通过不厌其烦的讲解和演示,为顾客答疑解惑。让顾客心中有数,以便在购买时进行比较与选择。其次是售中服务。在有条件的地方实行"无搬动服务",向购买海尔产品的用户提供送货上门、安装到位、现场调试、月内回访等项服务。最后售后服务。通过计算机等先进手段与用户保持联系,出现问题及时解决,以百分之百的热情弥补工作中可能存在的万分之一的失误。海尔星级服务的"一、二、三、四":

一个结果:服务圆满。

二个理念:带走用户的烦恼,留下海尔的真诚。

三个控制:服务投诉率、服务遗漏率、服务不满意率控制在十万分之一。

四个不漏:不漏地记录用户反映的问题;不漏地处理用户反映的问题;不漏地复查处理结果;不漏地将处理结果反馈至设计、生产、经营部门。

2. 海尔"星级服务"的目标

用户的要求有多少,海尔的服务内容就有多少;市场有多大,海尔的服务范围就有多大。

海尔集团执行总裁杨绵绵说,"星级服务"的内涵是确切的,即通过真诚的服务,不断满足用户对产品服务方面的一个又一个新的期望,使消费者在得到物质享受的同时,还得到精神上的满足;其外延则是不确定的、动态的,必须不断满足用户层出不穷的合理要求,并通过具体措施使服务制度化、规范化。即使出现极个别用户的不合理要求,我们宁愿发"委屈费",也决不允许与用户对着干。

海尔星级服务的新要求:一是不断向用户提供意料之外的满足;二是让用户在使用海尔产品时毫无怨言。海尔明确宣布把"星级服务"作为自己新世纪宏伟工程的核心,并以此驱动市场份额的持续拓展和不断领先的产品创新,实现二次创业的总体战略目标——造就一个现代化的大型跨国集团企业。

3. 海尔星级服务的 e 条龙

消费者只需点击海尔网站,就可享受到海尔空调的星级 e 条龙服务。中国第一家以 e 服务形象出现并服务于社会的服务模块在网上推出,立刻引起巨大反响,页面点击次数超出平时的 5 倍多。进入 www. Haier.com,点击"海尔星级服务 e 条龙",海尔网站会立刻将个性化的空调服务模块呈现在你面前,让用户浏览选择所需的服务模块,输入的要求马上会反馈到海尔,海尔星级服务 e 条龙在全国形成联动,并立刻上门服务到位。这种网上 B2C 的服务模式,更能体现和满足消费者的个性化需求,即"您给我一个想法,我还您十分满意"。海尔星级服务 e 条龙让消费者轻轻一点,海尔操办余下的全过程。

资料来源:摘编自钢铁大市场第 44 期.

讨论题:

1. 谈谈你对海尔"真诚到永远"的看法。

2. 你认为海尔的服务,还有哪些需要进一步完善。

第 **8** 章　定价策略

　　国际原油价格一年时间由 70 美元/桶狂涨到 140 美元/桶,产生了"多米诺"效应,日化企业面临成本困局。2008 年 7 月 8 日,宝洁(全球)宣布旗下产品全面提价,包括纺织品、家居清洁产品、护发用品、香皂、剃须用品、卫生用品等,涨幅最小为 2%,最大为 16%。这是宝洁公司一年半以来最大幅度的提价行动。

　　专家说,涨价是风险最大的决策,客户不接受涨价就是找死,而成本高居不下又不涨价则是等死。

　　宝洁意识到涨价的市场风险,尤其是联合利华等竞争对手都看着,所以它针对不同产品的市场定位,圈出价格敏感产品,分批、多次逐步提价。对不同品类的产品,宝洁采取了多样化的提价策略。在宝洁的产品体系中,原本利润空间有限的洗衣粉、洗衣皂产品最先受到原材料涨价的冲击,宝洁的提价也从这里开始。2008 年宝洁洗衣粉价格已经调过几次了,但是都采取减量不减价的方式,如 520g 包装降为 508g,1.8kg 包装降为 1.7kg。因为消费者对这类产品的价格太敏感了,宝洁要用影响最小的方式来实现涨价,宝洁的一位经销商如是说。

　　而宝洁产品有计划地全线涨价从 6 月份开始。6 月 16 日宝洁洗衣粉再次提价近5%,潘婷洗发水提价 5%,潘婷护发素提价 2.5%,以及玉兰油沐浴露的不同规格产品也不同程度上调价格。在这次提价产品选择上,宝洁考虑最多的是消费者的价格敏感产品。在洗发水品牌中,宝洁为什么最先拿潘婷试水呢?因为潘婷的定位是营养、头发健康亮泽,比较高端,这部分消费者对价格不是很敏感。而对于飘柔、海飞丝这两个面向大众消费者的品牌,宝洁对涨价就相当谨慎,近 2 个月内可能不提价。

　　此外,即使是统一品牌的产品也有不同的敏感度。在这次玉兰油沐浴露涨价过程中,不同档次、不同规格产品的涨价幅度是不一样的。如在某个地级市,200ml 包装的玉兰油沐浴露是消费者的价格敏感产品,所以在这次调价过程中,厂家给分销商在这类产品上有一个上下浮动空间。而对于价格敏感低的玉兰油护肤品等,宝洁则调整包装升级来提价。

本章目的

价格是企业市场营销策略中最为活跃的因素,同时也是十分敏感的因素。它不仅影响着消费者购买行为的实现,并且是企业参与竞争,实现企业经济利益重要影响因素。通过本章学习,明确影响企业定价的因素,掌握企业定价的基本方法,能够运用企业定价的各种策略与技巧。

主要知识点

影响定价的因素　定价目标　定价方法　定价策略

尽管非价格因素在现代市场营销过程中的作用越来越突出,但价格依然是一个决定性的因素。价格的变化直接影响着市场对产品的接受程度,影响着市场需求和企业利润,涉及生产者、经营者、消费者等各方面的利益价格,是市场竞争的重要手段。随着现代市场营销环境的变化,价格变得十分敏感而又难以控制,这就要求生产经营者更加重视产品的价格策略问题。定价是一门科学,又是一门艺术,科学而艺术地制定产品的价格及价格策略既有利于吸引和保持顾客,扩大市场份额,又能使企业获得最佳的经济效益。

8.1　影响定价的因素

影响产品定价的因素是多方面的,我们从企业外部和内部两个角度进行分析。

8.1.1　企业外部因素对定价的影响

1. 供求关系

在市场经济中,价格变化决定市场供求,同时也影响供求关系的变化。在充分竞争的市场条件下,若市场供给超过市场有购买力的需求,就会引起卖者之间的竞争,消费者在自身利益的驱动下,倾向于购买价格较低的商品,竞争的结果必然导致价格下降。而当市场需求大于市场供给时,供不应求刺激消费者的购买竞争,会推动价格上升。供不应求引起价格上涨和供过于求迫使价格下降都是供求影响价格的表现形式。供求关系若发生严重失衡,就会导致价格的大幅波动,引发经济震荡。只有市场供求基本平衡,价格才会围绕商品的价值适度偏离、上下波动地调节市场经济的相对平稳地运行。

价格的高低直接反映买者与卖者的利益关系,购买者对价格的承受能力表现为两个方面:第一,购买者的货币支付能力,反映出购买者对价格的接受程度,而货币支付能力又取决于购买者的收入状况;第二,购买者对价格的心理承受能力,在有些情况下,即使购买者具有货币支付能力,由于价位太高,也会极大地限制购买者的购买。

顾客需求对产品定价的影响,还通过需求强度、需求层次反映出来。需求强度是指顾客想获取某种商品的程度。如果顾客对某种商品的需求比较迫切,则对价格不敏感,企业在定价时,可定得高一些。反之,则应低一些。不同的需求层次对定价也有影响,对于能满足较高需求层次的商品,价格可定得高一些,反之,则应低一些,这样才能满足不同层次顾客的需求。

供求规律是市场经济的基本经济规律,即产品价格与市场需求成反方向变动,与市场供给成正方向变动。当产品供过于求时价格下降,供不应求时价格上涨。企业应根据市场供求变化,灵活定价。

2. 购买力水平

顾客的购买力水平也在影响着产品价格的变化。社会经济周期性的变化直接影响市场的繁荣和疲软,并决定价格总水平的变化。一般来说,经济高速发展,人们收入增长较快,购买力水平在提高,易出现总需求膨胀,引起物价总水平上涨;而经济调整时期,经济发展速度放慢,人们收入增长减缓甚至减少,直接导致顾客的购买力水平平稳或下降,则易出现有效需求不足,使物价总水平基本稳定或降低。

另外,在经济繁荣时期,人们收入水平增长快,货币购买力较强,人们对价格变动的敏感性减弱,有利于企业自由地为产品定价,反之亦然。

3. 顾客心理因素

顾客的消费心理因其随机性较大,是营销者制定价格时最不易考察的一个因素,但又是企业定价必须考虑的重要因素之一。顾客对商品一般都有客观的估价,如果企业定价高于顾客心理期望值,就很难被顾客接受;反之,低于期望值,又会使顾客对商品的品质产生误解,甚至拒绝购买。顾客的心理行为存在着"便宜无好货,好货不便宜"的价值判断与追求价廉物美商品的最大利益的矛盾,既想购买价廉物美的商品,又担心吃亏上当。企业定价时,应充分把握这一购买心理的矛盾,制定适宜的定价策略。当商品的品质难以直观判断时,消费者常以价格高低评判商品的品质。在炫耀性消费心理的驱使下,某些消费者为获得优质产品而不介意价格的高低。企业应充分利用这一心理来制定某些产品的价格。

4. 竞争者行为

价格是竞争者关注的焦点和竞争的主要手段,定价是一种挑战性行为,任何一次价格制定与调整都会引起竞争者的关注,并导致竞争者采取相应对策。在这种对抗中,竞争力量强的企业有较大的定价自由,竞争力量弱的企业定价的自主性就小,通常是追随市场领先者进行定价。另外,竞争者定价行为也影响本企业产品的定价,迫使本企业做出相应的反应。

根据市场的竞争程度,市场结构可分为四种不同的市场类型,即完全竞争市场、完全垄断市场、垄断竞争市场和寡头垄断市场。不同类型的市场有不同的运行机制和特点,对企业行为有不同的约束力,因而在定价方面表现出显著的差异性。

5. 政府干预

为了维护国家与顾客利益,维护正常的市场秩序,政府会制定了一系列的政策和法规,对市场价格进行管理,并采取各种改革措施建立社会主义市场经济所需要的价格管理体制。这些政策、法规和改革措施,有监督性的,有保护性的,也有限制性的。它们在社会主义市场经济活动中制约着市场价格的形成,是各类企业制定商品价格的重要依据。这是企业在制定价格策略时都不能违背的。这种约束反映在定价的种类、价格水平和定价的产品品种等方面。

例如,中国从 2009 年 10 月 22 日起强制执行,国家发改委通知规定的国家基本药物的零售指导价格。本次价格调整一共涉及 2 349 个具体剂型规格品。调整后的价格与原规定价格比,有 45% 的药品降价,平均降幅是 12% 左右;有 49% 的药品价格没有做调整;有 6% 的短缺药品价格有所提高。

8.1.2 企业内部因素对定价的影响

1. 产品特征

产品特征是产品自身构造所形成的特色。一般指产品外形、质量、功能、服务、商标和包装等,它能反映产品对顾客的吸引力。产品特征好,该产品就有可能成为名牌产品、时尚产品、高档产品,就会对顾客产生极大的吸引力。顾客不仅注重产品购买后的需求满足,而且期望通过占有、使用该产品来显示自己经济上的富有或地位上的优越,以获得某种精神上的满足。这类顾客注重的是名牌效应,对其价格不太敏感,企业定价的自由度较大。

2. 产品成本

成本是影响产品价格的主要因素。产品成本包括生产成本、促销成本和分销成本。生产成本是指企业在生产过程中所支出的全部生产费用,具体指物化在产品中的直接材料、直接人工、制造费用和管理费用等。促销成本包括广告费用和在促销宣传过程中需要费用支出。分销成本包括人员推销的费用、营销渠道建设的费用,以及必需的运输和储存的费用。

这些成本构成了价格的主体部分。企业为了保证市场营销活动的不断循环,通过市场销售,企业必须收回成本,同时也要形成一定的利润。在市场竞争中,产品成本低的企业,对价格制定有较大的灵活性,在市场竞争中将占有有利地位,能获得较好的经济效益。反之,在市场竞争中就会处于被动地位。

3. 企业的整体营销战略与策略

企业在从事市场营销活动过程中,需要制定市场营销战略与策略。各个市场营销决策之间,需要协调配合,形成一个有机的整体,构成一个营销决策体系。价格策略作为市场营销决策体系的重要组成部分,既要服从于市场营销战略目标的实现,又要配合其他诸如产品策略、销售渠道策略等各项决策的制定与实施。

总而言之,只有在明确企业外部与内部因素对产品定价的影响之后,才有可能制定出科学合理的产品价格和具有竞争力的价格策略。

8.2 定价程序

适当的定价方法,是具体确定企业产品价格的过程。一般而言,企业定价的程序有 6 个步骤。

8.2.1 确定定价目标

企业的营销目标不同,定价目标则不同。不同的企业可以有不同的定价目标,同一企业在不同时期、不同市场环境下,亦可有不同的定价目标。所以,企业在定价时,要权衡利弊,慎重抉择。科学地确定定价目标是选择定价方法和确定价格策略的前提和依据。企业的定价目标主要有以下几种:

1. 利润导向的定价目标

利润是企业生存和发展的必要条件,是企业营销的直接动力和追求的基本目标之一。因此,许多企业都把利润作为重要的定价目标。

1) 利润最大化目标

以最大利润为定价目标,指的是企业期望获取最大限度的销售利润。在市场销售前景看好,市场容量很大,企业的产品在市场上占据明显的优势,甚至具有某种垄断优势时,企业期望获取最大的销售利润和投资收益。最大利润目标会导致高价策略,但价格高到什么程度,才能既保证企业利润的最大化,又能使购买者能够承受,是需要周密思考的焦点。追求最大利润并不等于追求最高价格,当一个企业的产品在市场上处于某种绝对优势时,如有专卖权或垄断等,尽管可以实行高价,但价格过高,会抑制购买、加剧竞争,产生更多的替代品,甚至会导致政府的干预。

2) 预期利润目标

以预期的利润作为定价目标,就是企业把某项产品或投资的预期利润水平规定为销售额或投资额的一定百分比,即销售利润率或投资利润率。新产品的开发与上市,畅销产品的产量增加都需要新的投资。投资的回收与报酬是企业定价必然要考虑的因素。产品定价是在成本的基础上加上适当的目标利润,企业要事先估算产品按何种价格销售,销售多少,多长时间才能回收投资并达到预期的利润目标。预期的销售利润率或投资利润率一般要高于银行存贷款利率。以目标利润作为定价目标的企业应具备两个条件:①具有较强的实力,竞争力比较强,在行业中处于领导者地位;②采用这种定价目标的多为新产品、独家产品以及低价、高质量的标准化产品。

3) 适当利润目标

在激烈的市场竞争中,企业为了保全自己,减少市场风险,或者限于实力不足,把取得适当利润作为定价目标。例如,按成本加成方法制定价格,只要加成的比率适当,就可以使企业投资得到适当的收益。而加成的比率,可以随着产销量的变化,投资者的要求和市场可接受的程度等因素进行调整。这种情况多见于处于市场追随者地位的企业。适当利润目标一方面可以使企业避免不必要的竞争;另一方面由于价格适中,顾客愿意接受,可使企业获得长期利润。

2. 销量导向的定价目标

美日企业崇尚市场占有率理论,特别是日本企业十分重视创造强大的销售声势。这对企业制定市场营销战略和策略,确实是一个值得研究的问题。先打入与占领市场,然后极力扩大市场范围,再后是巩固已有的市场份额。要实现以上各点,必须配合适当的价格策略。所以,增加销售量或扩大市场占有率就成为企业常用的定价目标。

1) 保持或扩大市场占有率

市场占有率反映企业的经营状况和企业产品在市场上的竞争能力,关系到企业的生存和发展。作为定价目标,市场占有率与利润有很强的相关性,从长期来看,较高的市场占有率必然带来较高的利润。所以,有时企业把保持或扩大市场占有率看得非常重要。再者,市场占有率一般比最大利润容易测定,也更能体现企业努力的方向。一个企业在一定时期的赢利水平高,可能是由于过去拥有较高的市场占有率的结果,如果市场占有率下降,赢利水平也会随之下降。因此,许多资金雄厚的大企业,喜欢以低价渗透的方式进入目标市场,力争较大的市场占有率。一些中小企业为了在某一细分市场获得绝对优势,也十分注重扩大市场占有率。

值得注意的是,市场份额的扩大并不总会导致利润的增加。某些着眼于未来的企业为了保持和扩大市场占有率,可以不惜降低价格,牺牲眼前利润。

2) 增加销售量(销售额)

大量的销售既可形成强大的声势,提高企业在市场的知名度,又可有效地降低成本。销售量(销售额)的增长与利润的变化有一定的关系。对于需求价格弹性较大的产品,降低价格而导致的损失,可以因销售量的增加而得到补偿。企业采取薄利多销的策略,应在总利润不低于企业最低利润的条件下,尽量降低价格,促进销售,增加赢利。有些企业过分关注销售的增长,认为销售的增长必然会带动利润的增加,这种看法是片面的。当企业成本的增加速度超过销售额的增长速度时,会引起总利润的减少,这种情况在实际中时有发生。因此,企业在采用增加销售量(销售额)为定价目标时,要考虑销售量(销售额)与利润的关系,确保企业的利润水平尤为重要。

3. 竞争导向的定价目标

生产同类产品的企业,关注竞争对手的定价政策和价格策略是十分自然的。企业往往着眼于在竞争激烈的市场上应付和避免价格竞争,大多数企业对其竞争对手的价格很敏感,在定价以前,一般要广泛搜集资料,把本企业产品的质量、特点和成本与竞争对手的产品进行权衡比较,然后再制定产品价格。以对产品价格有决定影响的竞争对手或市场领导者的价格为基础,采取高于、等于或低于竞争对手的价格出售本企业的产品。

许多企业愿意追随市场领导者的价格,随行就市,缓和和避免竞争,稳定市场。当市场存在领导者价格时,新的加入者要想把产品打入市场,争得一席之地,只能采取与竞争者相同的价格。一些小企业因市场营销费用较低,或某些企业为扩大市场份额,定价可低于竞争对手。只有当企业具备特殊优越条件,诸如资金雄厚、拥有专有技术、产品质量优良、服务水平高等,才可能把价格定得高于竞争对手。

4. 生存导向的定价目标

如果企业生产能力过剩,或面临激烈的市场竞争,或试图改变顾客的需求,或由于经营管理不善等原因,造成产品销路不畅,大量积压,甚至濒临倒闭时,则需要把维持生存作为企业的基本定价目标,此时生存比利润更为重要。为了保持企业继续开工和使存货减少,企业必须制定一个较低的价格,并希望市场是价格敏感型的。许多企业通过大规模的价格折扣来保持企业的活力。对于这类企业,只要他们的价格能够弥补变动成本和一部分固定成本,即单价大于单位变动成本,企业就能够维持生存。这种定价目标,只是企业面临困难时的短期目标,长期目标还是要获得发展,否则企业终将破产倒闭。

8.2.2 测定需求

产品价格与市场需求一般情况下是呈反比关系,即价格涨高,市场需求会减少;反之,价格降低,市场需求会提高。产品的价格会影响需求,而需求的变化也会影响企业产品的销售和营销目标的实现。因此,测定市场需求,对企业定价而言十分重要。

1. 测定需求的价格弹性

需求的价格弹性是指因价格变化而引起的需求的相应变化率,其反映需求变动对价格变动的敏感程度。需求弹性的大小一般用需求弹性系数表示,即

$$需求弹性系数＝需求变化百分比÷价格变化百分比$$

如果一种产品完全可以被替代品替代,那么这种产品需求弹性大。人们生活的必需品,需求弹性小,如肥皂、盐、火柴、墨水、急救药品等。

2. 测定需求弹性的影响

不同产品的需求弹性不同,企业的定价应该不同。要注意以下几个方面:

(1) 需求价格弹性系数大于1。这种情况表明需求降低的幅度大于价格上涨的幅度。即产品小幅度降价,销售量就会显著增加,企业的销售收入也会增加;反之,产品小幅度提价,销售量就会明显下降,企业的销售收入也会减少。对其定价时,企业应通过降低价格、薄利多销达到增加赢利。而提价则应谨慎。

(2) 需求价格弹性系数等于1。这种情况表明需求降低的幅度与价格上涨的幅度相同。即价格变化对销售收入影响不大。对于这类产品,企业不宜采用价格手段进行竞争。

(3) 需求价格弹性系数小于1。这种情况表明需求降低的幅度小于价格上涨的幅度。即使产品的价格下降很多,销售量也只有较少的增加,企业销售收入减少;相反,价格提高很多,销售量也只有较少的减少。对其定价时,较高的价格往往会增加赢利。而采用低价达不到销售量增加和效益提高的目的。

8.2.3 估算成本

企业生产经营产品的成本费用,是制定产品价格的基础。产品价格高于成本,企业才

有赢利。因此企业在制定价格时,要进行成本估算。

企业的成本包括两种:一种是固定成本,是指在一定时期,不随企业产量变化而变化的成本费用。例如,固定资产(主要指厂房,机器设备等)的折旧费,产品设计费,租金,利息,管理费用等。它不能计入某阶段的某项产品中,而是以多种费用的方式分别计入各种产品之中。另一种是变动成本,或称可变成本,直接成本,是指随着企业的产品产量和销售收入变化的成本,如原材料、辅助材料、生产用燃料、动力、销售费用、工资等。这部分成本随产品产量的变动成正比例变化,它可以直接计入各种具体的产品中。

固定成本与变动成本之和即为某产品的总成本。当企业不开工生产,产量为零时,可变成本就等于零,总成本等于固定成本。

8.2.4　分析竞争状况

现实的和潜在的竞争,对企业的定价有着极大的影响。应从三个方面对竞争状况进行分析。

1. 分析企业竞争地位

企业及其产品在市场上的竞争地位对最后定价有重要的意义,要在企业的主要市场和竞争能力方面做出基本的估计,在分析过程中考虑有关显要的非产品竞争能力,如服务质量、渠道状况、定价方式等。

2. 协调企业的定价方向

企业要通过各种公开发表的财务资料或其他资料,或者从以购物者身份所要的价目表中了解竞争对手的产品价格,以使本企业价格制定更主动,这方面工作要考虑到企业的定价目标及主要竞争对手的价格,也可以在与竞争企业的产品做全面比较后,决定高于或低于竞争企业的价格。但要注意,当企业在一个行业中率先制定较高或较低的价格,提价或降价都应意识到风险的存在,应做全面的分析,并配合以各项有力措施。

3. 估计竞争对手的反应

企业要把即将可能采用的价格及策略排列出来,进行试分析,估计和预测采用某些具体价格和策略可能引起的主要竞争企业及同行业的反应。企业的营销情报信息系统要提供有关竞争企业的材料,如财务、技术、管理方面的优势和劣势,非价格因素的优点与缺点。现行的营销策略以及对竞争的反应的历史资料,使企业的有关决策人员知己知彼,以制定相应的策略和采用适当的方法。

8.2.5　选择定价方法

在分析测定前四个步骤工作后,就应选择适当的定价方法了。常用的定价方法有成本导向定价法、需求导向定价法和竞争导向定价法三种。具体内容将在下一节介绍。

8.2.6　确定最后价格

最后的价格是面向顾客的价格。在确定了产品的基本价格以后,有时尚需使用一些定价技巧和策略,对基础价格进行调整,使其更具吸引力。

确定最后价格时必须考虑到顾客的心理、国家有关物价管理的规定、企业的定价目标和定价策略以及与企业市场营销组合策略的其他策略协调一致,互相配合。

8.3　定价方法

市场营销理论认为,产品的最高价格取决于产品的市场需求,产品的最低价格取决于该产品的成本费用,在最高价格和最低价格幅度内,企业对产品价格制定的高低,则取决于竞争对手同种产品的价格水平。定价的方法有三类:成本导向定价法、需求导向定价法和竞争导向定价法。

8.3.1　成本导向定价法

成本导向定价法就是以产品的成本为中心来制定价格,是按卖方意图定价的方法。其主要理论依据是:在定价时,要考虑收回企业在营销中投入的全部成本,再考虑获得一定的利润。

产品的成本包括企业生产经营过程中所发生的一切实际耗费,客观上要求通过产品的销售而得到补偿,并且要获得大于企业支出的收入,超出的部分表现为企业利润。常用的成本导向定价法包括以下几种。

1. 成本加成定价法

成本加成定价法,是在单位产品成本的基础上,加上一定比例的预期利润作为产品的销售价格。销售价格与产品成本之间的差额即为利润。由于利润的多少是按一定比例确定的,习惯上称为"几成",因此这种定价方法被称为成本加成定价法。其计算公式为:

$$单位产品价格＝单位产品成本(1＋加成率)$$

其中,加成率为预期利润占产品成本的百分比。

例如,某服装生产企业所生产的某种服装的单位成本是 200 元,加成率是 20%,则该服装的价格为:

$$200×(1＋20\%)＝240(元)$$

采用成本加成定价法,确定合理的加成率是关键问题。不同的产品应根据其不同的性质、特点、市场环境、行业情况等制定不同的加成比例。一般来说,高档消费品和生产批量较小的产品,加成比例应适当地高一些,而生活必需品和生产批量较大的产品,其加成比例应适当地低一些。

这种定价方法的优点在于:简单易行,因为确定成本比确定需求容易,将价格盯住成本,可极大地简化企业的定价程序,也不必经常根据需求的变化调整价格;缓和价格竞争。

这种定价方法的不足在于：它是以卖方的利益为出发点，不利于企业降低成本；其定价的基本原则是"将本求利"和"水涨船高"，没有考虑市场需求及竞争因素；加成率是个估计值，缺乏科学性。

2. 盈亏平衡定价法

在销量既定的条件下，企业产品的价格必须达到一定的水平才能做到盈亏平衡、收支相抵。既定的销量称为盈亏平衡点，这种制定价格的方法称为盈亏平衡定价法。科学地预测销量和已知固定成本、变动成本是盈亏平衡定价的前提。企业产品的销售量达到既定销售量，可实现收支平衡，超过既定销售量获得赢利，不足既定销售量出现亏损。其计算公式为：

单位产品价格＝单位固定成本＋单位变动成本

例如，某油漆生产企业计划年生产油漆 2 000 吨，总固定成本为 40 万元，单位产品变动成本为 1 000 元，在尽量保证 2 000 吨全部销售出去的条件下，该企业盈亏平衡点价格为：

400 000÷2 000＋1 000＝1 200（元/吨）

以盈亏平衡点确定的价格只能使企业的生产耗费得以补偿，而不能得到收益。因而这种定价方法，是在企业的产品销售遇到了困难，或市场竞争激烈，为避免更大的损失，将保本经营作为定价的目标时才使用的方法。

3. 目标收益定价法

目标收益定价法或称为投资收益率定价法，是在企业投资总额的基础上，按照目标收益率的高低计算价格的方法。其基本步骤如下：

（1）确定目标收益率：

目标收益率＝1÷投资回收期×100％

（2）确定单位产品的目标利润额：

单位产品的目标利润额＝投资总额×目标收益率÷预期销售量

（3）计算单位产品的价格：

单位产品的价格＝单位产品成本＋单位产品目标利润

例如，建设某电视机厂总投资额为 800 万元，投资回收期为 5 年，固定成本为 400 万元，每台彩色电视机的变动成本为 1 500 元。当企业产品销售量为 2 000 台时，按目标收益定价法制定价格，则每台彩色电视机的价格应为：

目标收益率 ＝ 1÷5×100％ ＝ 20％

单位产品的目标利润额 ＝ 8 000 000×20％÷2 000 ＝ 800（元）

单位产品的价格 ＝ 4 000 000÷2 000＋1 500＋800 ＝ 4 300（元）

即该企业只有在每台彩色电视机价格为 4 300 元时，才能获得预期的收益。

目标收益定价法有一个较大的缺点，即以估计的销售量来计算应制定的价格，颠倒了价格与销售量的因果关系，把销售量看成是价格的决定因素；忽略了市场需求及市场竞争。如果无法保证销售量的实现，那么，投资回收期、目标收益都会落空。但是，对于需求比较稳定的产品,供不应求的产品,需求价格弹性较小的产品,以及一些公用事业、劳务工程项目等,在科学预测的基础上,目标收益定价法仍是一种有效的定价方法。

4. 边际成本定价法

边际成本是指每增加或减少单位产品所引起成本的变化量。因为边际成本与变动成本比较接近,而变动成本的计算更为容易,所以在定价实务中多用变动成本代替边际成本。边际成本定价法亦称变动成本定价法。

边际成本定价法,是以单位产品变动成本作为定价依据和可接受价格的最低界限,结合考虑边际贡献来制定价格的方法。即企业定价时,只计算变动成本,不计算固定成本,只要价格高于单位产品的变动成本,企业就可以进行生产与销售。也就是以预期的边际贡献补偿固定成本,并获得收益。边际贡献是指企业增加一个产品的销售,所获得的收入减去边际成本的数值。如果边际贡献不足以补偿固定成本,则出现亏损;反之,获得收益。其计算公式为:

单位产品的价格＝单位产品变动成本＋单位产品边际贡献

例如,某制鞋厂的固定成本是 800 000 元,单位变动成本是 7 元,预计销量为 100 000 双。在当时市场条件下,同类产品的价格为 12 元/双。那么,企业是否应该继续生产呢? 其决策过程应该是这样的:

固定成本	800 000 元
变动成本	(7×100 000)700 000 元
销售收入	(12×100 000)1 200 000 元
企业盈亏	(1 200 000－700 000－800 000)－300 000 元

按照盈亏平衡定价,企业出现了 300 000 元的亏损,但是作为已经发生的固定成本,在不生产的情况下,已支出了 800 000 元,这说明按变动成本定价时可减少 500 000 元固定成本的损失,并补偿了全部变动成本 700 000 元。若低于变动成本定价,如市场价格降为 7 元/双以下,则企业应停产,因为此时的销售收入不仅不能补偿固定成本,连变动成本也不能补偿,生产得越多,亏损就越多,企业的生产活动就变得毫无意义。

边际成本定价法的基本点是:不求赢利,只求少亏。它改变了售价低于总成本便拒绝交易的传统做法。通常适用于两种情况:一是市场竞争激烈,产品供过于求,库存积压,企业坚持以总成本为基础定价,市场难以接受,其结果不仅不能补偿固定成本,连变动成本也难以回收;二是订货不足、生产能力过剩、企业开工不足,与其设备闲置,不如利用低于总成本但高于变动成本的价格,扩大销售维持生存,同时,尽量减少固定成本的亏损。但是,过低的成本有可能被指控为从事不正当竞争,并招致竞争对手的报复,在国际市场则易被进口国认定为是"倾销",产品价格会因"反倾销税"的征收而上升,失去其最初的意义。

8.3.2 需求导向定价法

需求导向定价法是以需求为中心的定价方法。它依据顾客对产品价值的感知和需求强度来制定价格,而不是依据产品的成本来定价。其特点是灵活有效地运用价格差异,对平均成本相同的同一产品,价格随市场需求的变化而变化,不与成本因素发生直接关系。其基本原则是:市场需求强度大时,制定高价;市场需求强度小时,可适度调低价格。这种定价方法综合考虑了成本、产品的生命周期、市场购买能力、顾客心理等因素。需求导向定价法主要包括感知价值定价法、需求差别定价法和逆向定价法。

1. 感知价值定价法

感知价值定价法是根据顾客对产品价值的理解度,即产品在顾客心目中的价值观念为定价依据,运用各种营销策略和手段,影响顾客对产品价值的认知的定价方法。

感知价值定价法的关键和难点是获得顾客对有关产品价值感知的准确资料。若企业过高估计顾客的感知价值,其价格就可能过高,影响销售量;反之,若企业低估了顾客的感知价值,其定价就可能低于应有水平,使企业收入减少。因此,企业必须通过广泛的市场调研,了解顾客的需求偏好,根据产品的性能、用途、质量、品牌、服务等要素,判定顾客对产品的理解价值,制定产品的初始价格。然后在初始价格条件下,预测可能的销售量,分析目标成本和销售收入。在比较成本与收入、销量与价格的基础上,确定该定价方案的可行性,并制定最终价格。

2. 需求差别定价法

需求差别定价法是指产品价格的确定以需求为依据,可根据不同的需求强度、不同的购买力、不同的购买地点和不同的购买时间等因素,制定不同的价格。这种定价方法首先强调适应顾客需求的不同特性,而只将成本补偿放在次要的地位。其好处是可以使企业定价最大限度地符合市场需求,促进产品销售,有利于企业获取最佳的经济效益。

根据需求特性的不同,需求差别定价法通常有以下几种形式。

1) 以顾客为基础的差别定价

即对同一种产品,针对不同的顾客,制定不同的价格。如大连理工大学体育馆对学生和家属实行不同的收费标准;在大连市,企业用电和居民用电按不同的电价收费。

2) 以地理位置为基础的差别定价

即对同一种产品,随着地点的不同而收取不同的价格。比较典型的例子有影剧院、体育场、飞机等,其座位位置不同,票价也不一样。

3) 以时间为基础的差别定价

同一种产品,价格随季节、日期、甚至钟点的不同而变化。例如,电影院在白天和晚上的票价有别;对于某些时令商品,在销售旺季,人们愿意以稍高的价格购买,而一到淡季,则购买意愿明显减弱,所以这类商品在定价之初就应考虑到淡季、旺季的价格差别。

4) 以产品为基础的差别定价

同一种产品的不同外观、不同花色、不同型号、不同规格、不同用途,其成本也有所不同,但它们在价格上的差异并不完全反映成本之间的差异,主要区别在于需求的不同,可根据顾客对产品的喜爱程度制定价格。例如,同等质量和规格的产品,式样新颖的可定较高的价格,式样陈旧的可定较低的价格;高档产品和低档产品的使用价值相差不大,而价格可能差别极大。

由于需求差别定价法针对不同需求而采用不同的价格,实现顾客的不同满足感,能够为企业获取更多的利润,因此,在实践中得到广泛的运用。但是,也应该看到,实行需求差别定价必须具备一定的条件,否则,不仅达不到差别定价的目的,甚至会产生负面作用。

3. 逆向定价法

逆向定价法主要不是单纯考虑产品成本,而是首先考虑需求状况。依据市场调研资料,依据顾客能够接受的最终销售价格,确定销售产品的零售价,逆向推算出中间商的批发价和生产企业的出厂价。可以通过如下公式计算价格:

$$批发价 = 零售价 \div (1 + 零售商毛利率)$$
$$出厂价 = 批发价 \div (1 + 批发商毛利率)$$

逆向定价法的特点是:价格能反映市场需求情况,有利于加强与中间商的友好关系,保证中间商的正常利润,使产品迅速向市场渗透,并可根据市场供求情况及时调整,定价比较灵活。

8.3.3　竞争导向定价法

在竞争十分激烈的市场上,企业通过研究竞争对手的生产条件、服务状况、价格水平等因素,依据自身的竞争实力,参考成本和供求状况来制定有利于在市场竞争中获胜的产品价格,这种定价方法就是通常所说的竞争导向定价法。其特点是:产品的价格不与产品成本或需求发生直接关系。产品成本或市场需求变化了,但竞争对手的价格未变,就应维持原价;反之,虽然产品成本或市场需求都没有变动,但竞争对手的价格变动了,则相应地调整其产品价格。当然,为实现企业的定价目标和总体经营战略目标,谋求企业的生存和发展,企业可以在其他营销手段的配合下,使价格高于或低于竞争对手的价格,并不一定要求和竞争对手的产品价格完全保持一致。竞争导向定价法主要包括以下两种:

1. 随行就市定价法

随行就市定价法是指企业按照行业的平均现行价格水平来定价。

在完全竞争的市场上,销售同类产品的各个企业在定价时实际上没有多少选择的余地,只能按照行业的现行价格来定价。某个企业若把价格定得高于时价,产品就会卖不出去,就会失去部分顾客;反之,若把价格定得低于时价,也会遭到其他企业的削价竞销。

在垄断性较强的市场上,企业间也倾向于制定相近的价格。因为市场上只有为数不多的几家大企业,彼此比较了解,购买者对市场行情也十分熟悉。若各企业制定的价格出现较大差异,顾客就会涌向价位较低的企业。竞相降价,任何企业都难确立绝对优势地位,得利者只能是购买者。

在异质产品市场上,企业有较大的自由度决定其价格。产品差异化使购买者对价格差异的存在不甚敏感,企业相对于竞争对手总要确定自己的适当位置,或高于竞争对手的价格,或等同于竞争对手的价格,或低于竞争对手的价格。总之,企业在制定价格时,要有别于其竞争对手,企业的市场营销策略亦要与之相协调,以应付竞争对手的价格竞争。

2. 密封投标定价法

国内外许多大宗产品、成套设备和建筑工程项目的买卖和承包以及征召生产经营协作单位、出租出售小型企业等，往往采用发包人招标、承包人投标的方式来选择承包者，确定最终承包价格。一般说来，招标方只有一个，处于相对垄断地位，而投标方有多个，处于相互竞争地位。标的物的价格由参与投标的各个企业在相互独立的条件下来确定，在买方招标的所有投标者中，报价最低的投标者通常中标，其报价就是承包价格。这样一种竞争性的定价方法就称为密封投标定价法。

招标价格是企业能否中标的关键性因素。从理论上讲，报价最低的企业最易中标。但是，报价的企业不会将价格水平定得低于边际成本。即使报价最低，中标率最高，若低于边际成本，将导致企业亏损；而报价越高，企业的利润越高，但中标的可能性则越小。

8.4 定价策略

在激烈的市场竞争中，企业为了实现自己的营销战略和目标，必须根据产品特点、市场需求及竞争情况，采取灵活多变的定价策略，使价格与市场营销组合中的其他因素更好地结合，促进和扩大销售，提高企业的整体效益。正确选择价格策略是企业取得市场竞争优势地位的重要手段。

8.4.1 新产品定价策略

新产品定价得当，就可能使其顺利进入市场，打开销路，占领市场，给企业带来利润；新产品定价不当，就可能使其失败，影响企业效益。因此，新产品定价既要遵从产品定价的一般原则，又要考虑其特殊的定价原则。常用的新产品定价基本策略有以下三种：

1. 撇油定价策略

这是一种高价格策略，是指在产品生命周期的最初阶段，将新产品价格定得较高，在短期内获取丰厚利润，尽快收回投资。这种定价策略犹如从鲜奶中撇取奶油，取其精华，所以称为"撇油定价"策略。

撇油定价策略的优点有：①在新产品上市之初，竞争对手尚未进入，顾客对新产品尚无理性的认识，利用顾客求新求异心理，以较高的价格刺激消费，以提高产品身份，创造高价、优质、名牌的印象，开拓市场；②由于价格较高，可在短时期内获得较大利润，回收资金也较快，使企业有充足的资金开拓市场；③在新产品开发之初，定价较高，当竞争对手大量进入市场时，便于企业主动降价，增强竞争能力，此举符合顾客对价格由高到低的心理。

撇油定价策略也存在以下缺点：①高价不利于市场开拓、增加销量，不利于占领和稳定市场，容易导致新产品开发失败；②高价高利容易引来竞争对手的涌入，加速行业竞争，仿制品、替代品迅速出现，迫使价格下跌；③此时若无其他有效策略相配合，则企业苦心营造的高价优质形象可能会受到损害,失去部分顾客;④价格远远高于价值,在某种程度上损害了顾客利益;⑤容易招致公众的反对和顾客抵制,甚至被当做暴利加以取缔,诱发公共关系问题。

2. 渗透定价策略

这是与撇油定价策略相反的一种定价策略,为低价格策略,即在新产品上市之初,企业将新产品的价格定得相对较低,吸引大量的购买者,以利于为市场所接受,迅速打开销路,提高市场占有率。

渗透定价策略的优点有:①低价可以使新产品尽快为市场所接受,并借助大批量销售来降低成本,获得长期稳定的市场地位;②微利可以阻止竞争对手的进入,有利于企业控制市场。

值得注意的是,采用此种定价策略,企业的投资回收期较长、见效慢、风险大,一旦渗透失利,企业将一败涂地。

所以,采用此种定价策略,应具备如下条件:①产品的市场规模较大,存在强大的潜在竞争对手;②产品的需求价格弹性较大,顾客对此类产品的价格较为敏感;③大批量生产能显著降低成本,薄利多销可获得长期稳定的利润。

3. 满意定价策略

这是一种介于撇油定价策略和渗透定价策略之间的定价策略,以获取社会平均利润为目标,所定的价格比撇油价格低,比渗透价格高,是一种中间价格。制定不高不低的价格,既保证企业有稳定的收入,又对顾客有一定的吸引力,使企业和顾客双方对价格都满意。

满意定价策略的优点有:①产品能较快为市场所接受,且不会引起竞争对手的对抗;②可以适当延长产品的生命周期;③有利于企业树立信誉,稳步调价,并使顾客满意。

对于企业来说,撇油定价策略、渗透定价策略及满意定价策略分别适应不同的市场条件,何者为优,不能一概而论,需要综合考虑市场需求、竞争、供给、市场潜力、价格弹性、产品特性、企业营销战略等因素才能确定。

另外,对于仿制也有其专门的定价策略。仿制品是企业模仿国内外市场上的畅销货而生产出的新产品。可供企业选择仿制的定价策略主要有优质高价策略、优质中价策略、优质低价策略、中质高价策略、中质中价策略、中质低价策略、低质高价策略、低质中价策略和低质低价策略九种,如果市场领导者采取优质高价策略,信赖者就应该采取其他策略。

8.4.2　折扣或折让定价策略

产品价格有目录价格与成交价格之分。目录价格是指产品价格簿或标价签标明的价格;成交价格是指企业为了鼓励顾客及早付款、大量购买、淡季购买等,在目录价格的基础上,可酌情降低其目录价格。这种价格调整叫做价格折扣或折让。

折扣定价策略实质上是一种优惠策略,直接或间接地降低价格,以争取顾客,扩大销量。灵活运用折扣或折让定价策略,是提高企业经济效益的重要途径。

1. 数量折扣

数量折扣是生产企业为鼓励顾客集中购买或大量购买所采取的一种策略。它按照购买数量或金额,分别给予不同的折扣比率。购买数量愈多,折扣愈大。数量折扣又分累计数量折扣和非累计数量折扣两种形式。累计数量折扣规定顾客在一定时间内,购买产品若达到一定数量或金额,则按其总量给予一定折扣,其目的在于鼓励顾客经常向本企业购买,为可信赖的老客户建立长期的购销关系。非累计数量折扣规定顾客一次购买某种产品达到一定数量或购买多种产品达到一定金额,则给予折扣优惠,其目的是鼓励顾客大批量购买,促进产品多销、快销,从而降低企业的销售费用。数量折扣的促销作用非常明显,企业因单位产品利润减少而产生的损失完全可以从销量的增加中得到补偿。此外,销售速度的加快,使企业资金周转次数增加,流通费用下降,产品成本降低,从而导致企业总赢利水平上升。

运用数量折扣策略的难点在于如何确定合适的折扣标准和折扣比例。如果享受折扣的购买数量标准定得太高,比例太低,则只有很少的顾客获得优惠,绝大多数顾客将感到失望;购买数量标准过低,比例不合理,又起不到鼓励顾客购买和促进企业销售的作用。因此,企业应结合产品特点、销售目标、成本水平、资金利润率、需求规模、购买频率、竞争者手段以及传统的商业惯例等因素来制定科学的折扣标准和比例。

2. 功能折扣

功能折扣又称交易折扣,是指生产企业针对经销其产品的中间商在产品分销过程中所处的环节不同,其所承担的功能、责任和风险也不同,据此给予不同的价格折扣。

功能折扣的比例,主要考虑中间商在销售渠道中的地位、对生产企业产品销售的重要性、购买批量、完成的促销功能、承担的风险、服务水平、履行的商业责任以及产品在分销中所经历的层次和在市场上的最终售价等。鼓励中间商大批量订货,扩大销售,争取顾客,并与生产企业建立长期、稳定、良好的合作关系是实行功能折扣的主要目的。功能折扣的另一个目的是对中间商经营的有关产品的成本和费用进行补偿,并让中间商有一定的赢利。

3. 现金折扣

这是生产企业对顾客迅速付清货款的一种优惠。现金折扣是对在规定的时间内提前付款或用现金付款的顾客所给予的一种价格折扣,其目的是鼓励顾客尽早付款,加速资金周转,降低销售费用,减少财务风险。

现金折扣一般根据约定的时间界限来确定不同的折扣比例。例如,顾客必须在 30 天内付清货款。若在 10 天内付清货款,则给予 2% 的价格折扣;若在 20 天内付清货款,则给予 1% 的价格折扣。采用现金折扣一般要考虑三个因素:折扣比例、给予折扣的时间限制和付清全部货款的期限。

4. 季节折扣

有些产品是常年生产,季节性消费;而有些产品是季节性生产,常年消费。生产企业为了调节供需矛盾,实现均衡生产,把产品的储存分散到销售渠道或顾客手里,便采用季节折扣的方式。规定在销售淡季给予较优惠的折扣,而在销售旺季则恢复原价。

例如,羽绒服装在冬季到来之前就被生产出来,此时生产企业可为购买其产品的中间商提供季节折扣,鼓励其提前进货。又如,旅游的淡旺季十分明显,而为旅游服务的设施一般标准都比较高,在旺季易被旅游者接受,而到了淡季,许多设施闲置,旅馆、航空公司在旅游淡季给予旅游者价格折扣,招徕顾客,可获得较好的经济效益。

季节折扣比例的确定,应考虑成本、储存费用、基价和资金利息等因素。季节折扣有利于减轻库存,加速商品流通,迅速收回资金,促进企业均衡生产,充分发挥生产和销售潜力,避免因季节需求变化所带来的市场风险。

5. 推广折让和补贴

推广折让是间接折扣的一种形式,它是指购买者在按价格目录将货款全部付给销售者以后,销售者再按一定比例将货款的一部分返还给购买者。补贴是企业为特殊目的,对特殊顾客以特定形式所给予的价格补贴或其他补贴。

例如,中间商为促进产品的销售而采取多种宣传手段,包括刊登地方性广告、设置样品陈列窗、为生产企业开辟销售专柜、举行展销会等各种促销活动时,生产企业给予中间商一定数额的资助或补贴。又如,对于进入成熟期的产品,开展以旧换新业务,将旧货折算成一定的价格,在新产品的价格中扣除,顾客只支付余额,以刺激消费需求,促进产品的更新换代,扩大新一代产品的销售。这也是一种补贴的形式。

折扣定价作为一种价格策略,长期以来一直被企业视为增加销售的有力武器,它可增强企业定价的灵活性,对于提高生产企业的收益和利润确有重要作用。但是,自从1979年美国的某公司因降价折扣导致破产后,慎重使用折扣促销已为众多企业所重视。另外,在使用折扣定价策略时,必须注意国家的法律限制,保证对所有顾客使用同一标准。如美国1936年制定的罗宾逊-巴特曼法案规定,折扣率的计算应以卖方实现的成本节约数为基础,并且卖方必须对所有顾客提供同等的折扣优惠条件,不然就犯了价格歧视罪。

8.4.3　心理定价策略

这是一种根据顾客心理要求所采用的定价策略。每一件产品都能满足顾客某一方面的需求,其价值与顾客的心理感受有很大关系。这就为心理定价策略的运用提供了基础,使企业在定价时可以利用顾客心理因素,有意识地将产品价格定得高些或低些,以满足顾客生理的和心理的、物质的和精神的多方面需求,通过顾客对企业产品的偏爱或忠诚,诱导顾客增加购买,扩大市场销售,获得最大效益。具体的心理定价策略如下:

1. 整数定价策略

对于那些无法明确显示其内在质量的商品,顾客往往通过其价格的高低来判断其质量的好坏。在定价时,把产品的价格定成整数,不带尾数,使顾客产生"一分钱一分货"的感觉。但是,整数定价其价格的高并不是绝对的高,而只是凭借整数价格来给顾客造成高价的印象。整数定价常常以偶数,特别是"0"作尾数。例如,精品店的服装可以定价为1 000 元,而不必定为 998 元。

整数定价策略适用于高档消费品或顾客不甚了解的产品,需求的价格弹性比较小、价格高低不会对需求产生较大影响的产品,譬如流行品、时尚品、奢侈品、礼品、星级宾馆、高级文化娱乐城等,由于其顾客都属于高收入阶层,愿意接受较高的价格。

2. 尾数定价策略

尾数定价策略是与整数定价策略正好相反的一种定价策略,是指企业利用消费者求廉的心理,在产品定价时,取尾数而不取整数的定价策略。它常常以奇数作尾数,尽可能在价格上不进位。

例如,一条毛巾 3.97 元比 4 元受欢迎。将台灯的价格定为 39.90 元,而不定为40 元。在顾客看来,3.97 元或 39.9 元是经过精心核算的价格,是对顾客负责的表现;另外,在直观上给顾客一种一条毛巾 3.97 元比 4 元便宜的感觉,从而激起顾客的购买欲望,促进产品销售量的增加。

3. 声望定价策略

这是根据产品在顾客心目中的声望、信任度和社会地位来确定价格的一种定价策略。声望定价策略可以满足某些顾客的特殊欲望,如地位、身份、财富、名望和自我形象等,还可以通过高价格显示名贵优质,因此,这一策略适用于一些传统的名优产品,具有历史地位的民族特色产品以及知名度高、有较大的市场影响、深受市场欢迎的驰名产品。

4. 招徕定价策略

招徕定价策略是指企业将某几种产品的价格定得非常高,或者非常低,以引起顾客的好奇心理和观望行为,然后带动其他商品的销售,加速资金的周转。这一定价策略常为综合性百货商店、超级市场,甚至高档商品的专卖店所采用。

招徕定价策略主要利用顾客的求廉心理,运用得较多的是将少数产品价格定得较低,吸引顾客在购买"便宜"产品的同时,也购买其他价格比较正常的商品。

将某种产品的价格定得较低,甚至亏本销售,而将其相关产品的价格定得较高,也属于招徕定价策略的一种运用。比如,美国柯达公司生产一种性能优越、价格极廉的相机,市场销路很好。这种相机有一个特点,即只能使用"柯达"胶卷。"堤内损失堤外补",销售相机损失的利润由高价的柯达胶卷全部予以补偿。

5. 分级定价策略

分级定价策略是指在制定价格时,把同类产品分成几个等级,不同等级的产品,其价格有所不同,从而使顾客感到产品的货真价实、按质论价。此法容易被顾客所接受。值得注意的是,采用这种定价策略,等级的划分应得当,级差太大或太小均起不到应有的分级效果。

6. 小计量单位定价

某些价格高的商品用一般的计量单位表示，会使消费者产生太贵的感觉，抑制消费者的购买。这时可改变计量单位，采用化整为零的方法，用小计量单位来计价。例如，黄金每克 90 元、人参每 10 克 150 元等。小计量单位定价会给消费者一种相对便宜的感觉，其心理上比较容易接受。这种定价策略主要适合于量少值大的商品。

最小单位定价策略的优点比较明显：一是能满足消费者在不同场合下的不同需要，如便于携带的小包装食品，小包装饮料等；二是利用了消费者的心理错觉，因为小包装的价格容易使消费者误以为廉，而实际生活中消费者很难也不愿意换算出实际重量单位或数量单位商品的价格。

7. 习惯性定价

某些商品需要经常、重复性的购买，因此这类商品的价格在消费者心理上已经"定格"，成为一种习惯性的价格。

许多商品尤其是家庭生活日常用品，在市场上已经形成了一个习惯价格。消费者已经习惯于消费这种商品时，只愿付出这么大的代价，如买一块香皂、一瓶洗涤灵等。对这些商品的定价，一般应依照习惯规定，不要随便改变价格，以免引起顾客的反感。善于遵循这一习惯确定产品价格者往往获益匪浅。

8.4.4 产品组合定价策略

大多数企业生产或营销多种产品，这些产品构成了该企业的产品组合，各种产品需求和成本之间存在着内在的相互联系。企业在制定价格策略时，要考虑到各种产品之间的关系，以提高全部产品的总收入。产品组合定价即从企业整体利益出发，为每种产品定价，充分发挥每种产品的作用。

1. 产品线定价策略

产品线是一组相互关联的产品，企业必须适当安排产品线内各个产品之间的价格梯级。若产品线中两个前后连接的产品之间价格差额小，顾客就会购买先进的产品。此时，若这两个产品的成本差额小于价格差额，企业的利润就会增加；反之，价格差额大，顾客就会更多地购买较差的产品。

2. 任选品定价策略

任选品是指那些与主要产品密切相关的可任意选择的产品。许多企业不仅提供主要产品，还提供某些与主要产品密切关联的任选产品。最常见的例子，顾客去饭店吃饭，除了要饭菜以外，还会要酒水等。在此，饭菜为主要产品，而酒水为任选品。

企业为任选品定价的策略常用的有两种方法：①把任选品价格定得较高，靠它赢利多赚钱；②把任选品的价格定得低一些，以此招徕顾客。例如，有些饭店饭菜的价格定得较低,而酒水的价位则较高;另一些饭店正好相反,饭菜的价格定得较高,而酒水的价位则较低。

3. 连带品定价策略

连带品是指必须与主要产品一同使用的产品。例如,胶卷是照相机的连带品;刀片是剃须刀架的连带品。

许多大企业往往是主要产品定价较低,连带品定价较高。以高价的连带品获取利润,补偿主要产品低价所造成的损失。例如,柯达公司给它的照相机制定较低的价格,而它的胶卷定价较高,增强了柯达照相机的市场竞争能力,销售柯达胶卷赚钱,保持原有的利润水平。而不生产胶卷的中小企业,为了获取相同的利润,就只好把照相机的价格定高,其市场竞争能力自然要受影响。

8.4.5 地理定价策略

企业的产品不仅要销售给本地顾客,还要销售给外地顾客。产品运达地点不同,需要支付的费用不同。费用由谁承担,如何承担,即对于不同地区的顾客,是制定相同的价格,还是制定不同的价格,是企业需要面对的问题。

1. 产地交货定价策略

采取产地交货定价策略,意味着企业(卖方)在自家门口索取相同的价格。顾客按照厂价购买产品,企业负责将产品运至产地的某种运输工具上并装货,交货后,由顾客承担全部费用和风险,即每个顾客各自负担从产地到销地的费用。这种定价策略比较单一,适应性较强。但对企业也有不利之处,削弱了其在远方市场的竞争能力。远方顾客为了减少费用,将会就近选择卖方。

2. 统一交货定价策略

统一交货定价策略与前者正好相反,企业的产品价格对所有的顾客,不论距离远近都是相同的。也就是说,不论顾客在何处,企业都以相同的厂价,加上平均运费定价,没有地区差价。采取统一交货定价策略,企业要把各地顾客的平均运费计入价格,实际上是由近处顾客为远方顾客承担了部分运费。这种定价策略,计算简便,但只有运输费用占总成本比重较小时,才宜使用。

3. 分区定价策略

分区定价策略是统一交货定价策略的变形,它介于前两者之间。采用这种定价策略可避免产地交货定价所引起的运费负担悬殊,也避免了统一交货定价的远近一律拉平。具体做法是:企业将各地的顾客划分为若干个价格区,对不同价格区的顾客制定不同的价格,同一价格区的顾客实行同一价格。企业采用分区定价策略也存在一定的问题,如同一价格区内,顾客离企业也有远近之分,较近的就不合算;再如,位于两个相邻价格区界的顾客,尽管彼此相距不远,但价格差别较大。

4. 减免运费定价策略

企业在向其他地区市场渗透时,为弥补产地交货定价策略的不足,全部或部分负担运输费用。这样做的目的是促进成交,增加销售量。期望通过增加销售,降低平均成本,以补偿此部分的费用。

5. 基点定价策略

基点定价策略是企业选定某些城市作为定价基点,然后按基点到顾客所在地的距离收取运费。有些企业为了提高灵活性,选定多个定价基点,按照顾客最近的基点计算运费。基点定价策略使价格结构缺乏弹性,避免了价格竞争,顾客可任意向任何基点购买,有利于企业扩大市场。

本章小结

价格是市场营销组合策略的重要组成部分。影响定价的因素主要有:企业外部因素包括供求关系、购买力水平、顾客心理因素、竞争者行为、政府干预等;企业内部因素包括产品特征、产品成本、企业的整体营销战略与策略。

企业定价的程序有 6 个步骤,分别是确定定价目标、测定需求、估算成本、分析竞争状况、选择定价方法和确定最后价格。

定价方法主要有三种选择:成本导向定价法,企业根据产品的多种成本进行比较后,制定该产品的市场价格;需求导向定价法,企业根据市场调查了解的顾客对该产品的评价和感知价值以及市场需求的状况来制定产品的市场价格;竞争导向定价法,企业根据市场供求状况和竞争对手的同类产品或替代产品的价格来作为自己制定产品价格依据和参考。

企业常用的几种定价策略包括新产品定价、折扣或折让定价、心理定价、产品组合定价、地理定价等。从产品、市场、竞争对手和消费者等不同的角度来思考和制定企业的定价策略。

思考题

1. 为什么企业定价时必须首先确定定价目标?
2. 影响企业定价的主要因素有哪些?
3. 争取最高利润是否等于制定最高的价格? 为什么?
4. 成本加成定价法的优点是什么?
5. 什么是"感知价值定价法"? 在什么条件下适用?
6. "随行就市定价法"在什么条件下适用?
7. 举例说明声望定价和尾数定价各在什么情况下适用?

案例分析

格兰仕价格战突围之惑

格兰仕集团执行总裁梁昭贤承认,格兰仕微波炉通过价格战获得了全球50％以上的市场,但利润率只有3％,做到这个份上之后,再要依靠打价格战消灭对手,对整个行业都将是致命的。

从1995年开始,格兰仕微波炉成为中国"第一",1998年之后,格兰仕微波炉成为世界冠军。然而,这些"第一"和"冠军"似乎并没有带来相应的荣耀。10多年来,秉持"总成本领先、摧毁产业投资价值"理念的格兰仕已经伤痕累累、身心俱疲。涸泽而渔的价格战无以为继,从价格到价值的战略转型却又步履蹒跚。始于2005年前后的战略转型和组织变革,目前仍阻碍重重。格兰仕变革,路在何方?

1992年,广东顺德桂洲镇,时年55岁的梁庆德毅然关闭了效益良好的桂洲羽绒厂,他要做一件更有前途的产品——微波炉。鸡毛掸子起家的格兰仕做家电,在当时是个天大的笑话,但是梁庆德力排众议、决意为之。1995年是中国微波炉市场的一个分水岭。此前格兰仕无优势可言,基本上比附着蚬华这样的知名品牌亦步亦趋,小心跟进、大胆模仿。1995年,格兰仕集团董事长兼总裁梁庆德从上海挖来了俞尧昌。俞尧昌是营销策划的好手,他提出了"价格驱动、引导消费"的概念,提倡文化营销。俞尧昌最擅长的是新闻策划,他说服梁庆德拨出30万元,在全国重点晚报上做引导消费者如何使用微波炉的软文宣传。逐渐,格兰仕微波炉在消费者中树立了品牌影响力,1996年下半年,格兰仕微波炉的市场份额超过蚬华。

"价格战"打下江山

1995年,在格兰仕进入微波炉市场之初,市场中常见的营销方式仍是电视广告,但这需要很高的资金投入。格兰仕一方面积极与报刊合作,采取宣传微波炉使用知识的"知识营销"手段;另一方面中国家电企业的"价格战"已经显露端倪,在"供过于求、产品过剩"的事实下,格兰仕通过大幅降价引起媒体广泛关注,以制造轰动效应。资料显示,一些年销售额与格兰仕相当的家电企业投入广告上亿元,而格兰仕早期每年的广告费用仅1 000多万元。格兰仕"取胜"的秘诀,就是以"价格战"名义发动的事件营销。

1996年8月,格兰仕微波炉第一次降价,平均降幅达40％,当年实现产销65万台,市场占有率一举超过35％。格兰仕的"价格战"有两大特点:一是降价的频率高,每年至少降一次,1996年至2003年的7年间,共进行了9次大规模降价;二是降价的幅度大,每次降价最低降幅为25％,一般都在30％～40％。从1993年格兰仕进入微波炉行业至今,微波炉的价格由每台3 000元以上降到每台300元左右。

1997年,格兰仕开展大幅降价和让利活动,形成了城市家庭购买微波炉的狂潮,一年之中,格兰仕微波炉由几十万台扶摇直上,产销量逼近200万台,占据国内半壁江山。按照梁庆德的思路,格兰仕要做到微波炉产品的全球市场垄断:"做绝、做穿、做烂,在单一产品上形成不可超越的绝对优势,这叫做铆足力气一个拳头打人。"而格兰仕副总裁俞尧昌则这样评说价格战:"为什么我们要这样做?就是要使这个产业没有投资价值。"

格兰仕的多次大规模降价,的确使微波炉利润迅速下降,规模较小的企业根本无法支撑。据三星经济研究院的研究资料,格兰仕在当生产规模达到125万台时,格兰仕就把出厂价定在规模为80万台的企业的成本价以下;当规模达到300万台时,又把出厂价调到规模为200万台的企业的成本线以下。1997年与1998年两年,格兰仕微波炉的利润率分别为11%和9%,1999年,格兰仕主动将利润率调低到6%。此时,中国市场的微波炉企业从100家减少到了不足30家,格兰仕的市场份额达到70%以上。

低价是格兰仕进入市场早期唯一的选择

20世纪90年代初,中国市场的微波炉渗透率很低。1992年,中国微波炉市场容量仅约为20万台,且主要集中在上海、广州和北京等大城市,其中仅上海一地就占了70%。中国家庭微波炉保有率很低,1994年不足1%,到1995年也不足4%,1997年6月上升至10.5%。价格是中国消费者购买微波炉的主要障碍。1993年,中国市场微波炉平均价格超过3 000元;而当时中国最富裕的广东省城镇居民人均收入才4 277.23元。据报道,1995年,中国城市微波炉购买者的目标价位多集中在1 000至1 600元这一区间。

微波炉使用知识的缺乏,是另外一个中国消费者购买微波炉的障碍。中式烹饪一般会把多种原料和辅料在不同时间分别放入,这与微波炉一次烹制成功的特点相异。中国消费者往往只是把微波炉作为一个加热饭菜的工具。当时,中国本土微波炉市场的厂商数量很少,并且规模都不大。1992年,中国微波炉行业主要有蚬华(国产第一)、松下(进口第一)、飞跃、水仙四个品牌。1993年,国内市场份额最大的是蚬华,约占50%,但其在国内的年销量也不过12万台。

尽管市场空间大,但由于价格和微波炉使用知识障碍,企业很少希望通过低价拓展国内市场。进入中国市场的跨国公司,产品价位都相对较高,主要针对少数城市高端消费者。1993年,松下是中国市场最大的外资微波炉品牌,产品价格多高于3 000元。对于在中国投资的跨国公司而言,出口既是当时的政策导向,又是它们的天然优势。1994年,松下、日立相继在中国投资设立微波炉工厂,但设计产能均仅为30万台。1995年,LG在中国天津投资设立微波炉工厂,其70%左右的产能都用来满足国外需求。

由于国内市场规模有限,国内微波炉厂商都把出口作为其重要的业务方向。1992年,中外合资北京新宝公司年产微波炉约10万台;由于其合资伙伴在国外有稳定的经销渠道,因此,新宝70%以上的产品都是外销。据估计,1994年微波炉国内市场规模不足100万台,而中国微波炉总产量约为200万台,其中绝大部分都出口。

通过低价拓展国内微波炉市场是格兰仕早期的唯一的选择。相对于其他企业,格兰仕既无法定位高端,又没有进入海外市场的渠道。在格兰仕进入行业之初,不具备研发能力,只能够从事生产和组装,核心部件磁控管和变压器均依赖进口。相对于国内的合资企业,格兰仕也没有可以协助其拓展海外市场的合作伙伴。即使到了1996年,格兰仕进入北欧市场仍很艰难,与海外市场的联系主要通过香港贸发局,挪威耀发公司是格兰仕在欧洲的第一个客户,一年的订单只有两三千台。

20世纪90年代初,在中国彩电、空调、冰箱行业,通过价格战,长虹等国内企业成长了起来。格兰仕很难不受这些经验的影响。与其被其他企业通过价格战赶出市场，不如做价格战的先行者。在上述背景下，格兰仕确立了通过降价并辅以大规模市场宣传手段的中国微波炉市场的战略。

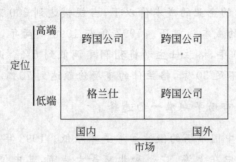

格兰仕中国微波炉市场战略图

危机初显

然而，伴随着行业的整体成熟和市场的变迁，依靠价格恶战、新闻炒作而提高销售的"土壤"逐渐不复存在。2002年，梁庆德到河南拜访经销商，经销商说："做你的代理没有钱赚，连请德叔吃饭的钱都没有了。"听完这句话，梁庆德眼圈一红，黯然神伤。

2004年开始，格兰仕的"危机"开始逐渐爆发。2004年初，上游原材料涨价的幅度可谓触目惊心，钢材从3 800元/吨上涨到7 600元/吨，钢、铜、铝等金属材料都在疯狂上涨。但为了彻底摧毁美的微波炉的贴身逼抢，继续保持垄断市场的王者地位，格兰仕付出了更大代价——微波炉售价不涨反降，2003年下半年至2004年8月，一直都处在价格下行的通道。

2004年1月到9月，格兰仕的出口出现了从未出现过的亏损，而且是小家电、微波炉、空调全面亏损。2005年，危情没有丝毫减缓，钢材大幅涨价，人力成本增加，出口退税减少，人民币升值。"外部环境把人压迫得透不过气，但我们绝不能坐以待毙，哪怕壮烈地死去都是耻辱。"梁庆德言辞铿锵。

事实上，很多人都清楚，就技术和生产成本而言，珠三角很多手工作坊都能够跨入微波炉制造的门槛。微波炉是一种低附加值、竞争强度高的产品。2002年之后，格兰仕的成本优势越来越少，反对低价策略的声音在内部开始响起，但更多的人仍坚持低价销售。

决意转型：从价格到价值

2004年7月，梁庆德与曾和平在美国邂逅。在梁庆德的盛邀之下，曾和平"空降"格兰仕担任副总裁兼新闻发言人。

曾和平曾是广东省外贸集团总经理，熟悉的人评价其儒雅而又言语深刻。曾和平"空降"后做的第一件事就是提价。在他看来，低价策略意味着自杀，他希望通过"技术创新与价值提升"让格兰仕告别价格屠夫的形象，这被认为是价格战向价值战的转型。

但是，提价策略遭遇了格兰仕元老以及属下子公司的抵触与反对，并在执行过程中大打折扣。曾和平承认，他在格兰仕遇到的挑战与问题超乎想象。他希望给格兰仕进行一次全身手术而非局部的修整。但是,当他拿起手术刀的时候,忽然发现格兰仕的病情比他想象中要严重得多,甚至无法下刀。"格兰仕的转型计划难以彻底推行的主要原因,来自执行层面的抵触与干扰。价格战已经成为公司中下层的路径依赖与思维锁定。公司要转型走增值道路,但下面的人不买账,很多方案在下达到经理层的时候都无疾而终,因为这些人是价格战的获益者。"

在格兰仕的变革中,2006年4月,俞尧昌以休假的名义退出格兰仕。2007年9月,俞尧昌回归,之后立即在媒体公开表达了对曾和平推行的价格策略的不满。对此,曾和平的回答是:"提价策略不是我做出的,我只是在管理层集体决议后执行……格兰仕从来没有改变过战略:薄利多销,但这个策略要明确好前提,一定是以薄利为前提,以多销为目的。如果以多销为前提,就会出现价格战。一个企业的经济规模扩充是有限度的,当扩大到管理成本与市场成本相等时,再扩大就会引起边际成本的增加和边际效益的减少。我们追求的是最佳规模,不是最大规模。"

5月9日做客人民网时,俞尧昌说:"格兰仕多年的策略其实不是价格战,而是价值战,即基于最高性价比的价值战。"

2007年,美的微波炉在经过2年多的卧薪尝胆之后,在国内市场占有率冲至创纪录的43%。宣扬"价值竞争取代价格竞争,共享价值链"的美的正是格兰仕的强大对手。此时,老迈的"德叔"梁庆德仍不放心职业经理人,也不放心将格兰仕的权杖完全交付梁昭贤。俞尧昌宣扬的"格兰仕是价值战而非价格战",是否依然只是托辞?随着大量元老的强势回归,他们将带领格兰仕突出重围,还是陷入更深的路径依赖?

资料来源:张翼.北大商业评论.

讨论题:
1. 对格兰仕实施价格战的看法。
2. 你若是梁庆德,如何继续推行"最高性价比的价值战"。

第 **9** 章 销售渠道策略

引 例

　　山东桑乐太阳能有限公司是专业生产太阳能热水器的企业,2005 年销售收入首次突破了 2 亿元人民币。公司多年来一直致力于太阳能热水器产品的研发,已拥有 80 多项专利。目前公司太阳能热水器产品的目标市场是城市,并采用了两种销售渠道来实现产品的销售:一种是公司针对大型连锁家电零售商的直销,如苏宁、国美、三联等;另一种是区域代理模式,即厂家选择批发商,在限制区域内独家承担批发任务,负责该区域内的分销。

　　目前,太阳能热水器生产商在各大中小城市的竞争已趋白热化,而农村市场作为太阳能热水器刚刚启动的市场,将成为行业内最后也是最大的一块"蛋糕"。我国农村幅员辽阔,人口众多,随着我国"建设社会主义新农村"政策的实施,农村城镇化的建设使得基础设施更加完善,因此农村太阳能热水器市场面临着前所未有的良好发展机遇。

　　从太阳能热水器产品本身的特点来看,由于产品属于半成品,即产品生产出来后,很大的一部分工作是在安装与售后服务上;另外,太阳能热水器还有体积庞大不易放置,需配备较大的仓储等特点,因此在选择销售渠道及销售网点的布局上就有了很多的限制。那么,对于桑乐公司来说,如何在农村市场设立渠道网络以及如何选择中间商呢?

本章目的

　　了解销售渠道的基本概念、参数、模式等相关概念,能够利用基本原理,在销售实践中加以运用。

主要知识点

　　销售渠道的概念　参数　模式

　　销售渠道策略,是企业市场营销组合策略中的一个重要策略。因为企业生产出来的产品,只有通过一定的市场销售渠道,才能在适当的时间、地点,以适当的价格供应给顾客,从而克服生产者与顾客之间的差异和矛盾,满足市场需求,实现企业的营销目标。怎样才能使销售渠道畅通无阻,并且用最高的效率和最低的费用把产品运送到顾客手中,这就是销售渠道策略所要研究的问题。

9.1 销售渠道的基本模式

9.1.1 销售渠道的概念

销售渠道(也叫分销渠道),就是我们通常所说的商品流通渠道。美国市场营销协会将其定义为:公司内部单位以及公司外部代理商和经销商的组织机构,通过这些组织机构,产品才得以上市营销。美国市场营销学者爱德华·肯迪夫和理查德·斯蒂尔认为,销售渠道是指当产品从生产者向最终顾客移动时,直接或间接转移所有权所经过的途径。著名市场营销学家菲利普·科特勒认为,销售渠道是使产品或服务能被使用或消费而配合起来的一系列独立组织的集合。

综上所述,销售渠道是指产品由企业(生产者)向最终顾客(或消费者)移动过程中所经过的一系列环节,或企业通过中间商(转卖者)到最终顾客的中间环节。在这个过程中,企业销售产品是销售渠道的起点,顾客购买产品是销售渠道的终点,处在企业与最终顾客之间,参与了产品的销售活动,或者帮助了这种销售活动的一切单位和个人,称为中间商。

9.1.2 销售渠道的参数

销售渠道的特性取决于以下三个参数。

1. 渠道的长度

渠道的长度就是产品从生产者流向最终顾客的整个过程中,所经过的中间层次或环节数。中间层次或环节越多,渠道越长;反之亦然。在产品从生产者转移到顾客的过程中,任何一个对产品拥有所有权或销售权力的机构就叫一个渠道层次。

零层渠道也叫直接市场销售渠道,是指产品流向顾客的过程中,不经过任何中间商转手的销售渠道;一层渠道是含有一个销售中间机构的渠道;二层渠道是含有两个销售中间机构的渠道等。

2. 渠道的宽度

渠道的宽度是指组成销售渠道的每个层次或环节中,使用相同类型中间商的数量。同一层次或环节的中间商较多,渠道就较宽;反之,渠道就较窄。

3. 渠道的多重性

渠道的多重性,是指企业根据目标市场的具体情况,考虑是否使用多条销售渠道销售其产品。

例如,企业可以通过一条以上的渠道,使同一产品进入两个以上的市场。棉花可卖给纺织厂作为纺纱的原材料,也可卖给消费者做棉被。显然,需要用不同的渠道进入不同的市场,方可达到目的。再如,企业可以通过一条以上的渠道,使同一产品进入同一市场,这样可使不同的渠道之间展开竞争。大连啤酒厂生产的啤酒,既通过食品商场销售,也通过饭店、酒楼经营,这有利于产品有更多的出口流向最终顾客。

9.1.3 销售渠道的基本模式

产品从生产领域出发,经过一定的中间环节,方可到达最终顾客手中。在庞大的社会流通领域,销售渠道种类繁杂多样。由于顾客自身特点所致,消费者市场与生产者市场的特点不同,消费者市场的销售渠道模式与生产者市场的销售渠道模式也各有所异。

1. 消费者市场销售渠道模式

从图 9-1 可以看出,消费者市场销售渠道模式,可以分成以下五种类型。

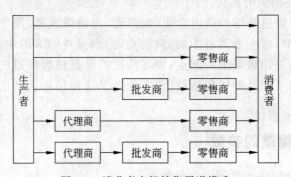

图 9-1 消费者市场销售渠道模式

(1) 生产者→消费者。生产者不通过任何中间环节,直接将产品销售给消费者。亦即生产者自派推销员,或采取邮购、电话购货等形式把产品直接卖给消费者,这是最简单、最直接、最短的销售渠道。其特点是产销直接见面,环节少,利于降低流通费用,及时了解市场行情,迅速投放产品于市场。但由于需要生产者自设销售机构,因而不利于专业化分工。

(2) 生产者→零售商→消费者。这是经过一道中间环节的渠道模式。生产者将产品先卖给零售商,再由零售商转卖给消费者。也有些生产者自己开设零售商店,面向消费者。其特点是,中间环节少、渠道短,有利于生产者充分利用零售商的力量,扩大产品销路,树立产品声誉,提高经济效益。

(3) 生产者→批发商→零售商→消费者。这是经过两道中间环节的渠道模式,生产者先把产品销售给批发商,由批发商转卖给零售商,最后由零售商再将其产品转卖给消费者。这是消费者销售渠道中的传统模式,我国的消费品多数采用这一渠道形式。它的特点是中间环节较多,渠道较长,有利于生产者大批量生产,节省销售费用,也有利于零售商节约进货时间和费用,扩大经营品种。但由于产品在流通领域停留时间较长,不利于生产者准确了解市场行情的变化,消费者急需的产品难以及时得到满足,对市场需求变化的适应性较弱。

(4) 生产者→代理商→零售商→消费者。这种渠道模式是生产者先委托代理商向零售商出售产品,最后由零售商卖给消费者。此种渠道模式的特点是中间环节较多,但由于代理商不承担经营风险,易调动代理商的积极性,有利于迅速打开销路,但如果代理商选择不当,生产企业将受到很大的损失。

(5)生产者→代理商→批发商→零售商→消费者。这是经过三道中间环节的渠道模式。生产者先委托代理商向批发商出售产品,批发商再转卖给零售商,最后由零售商卖给消费者。我国在对外贸易中较多地采用这一渠道形式。其优点是在异地利用代理商为生产者推销产品,有利于了解市场环境,打开销路,降低费用,增加效益。缺点是中间环节多,流通时间长,不利于产品及时投放市场,同时,要选择合适的代理商也不容易。

2. 生产者市场销售渠道模式

从图 9-2 可以看出,生产者市场销售渠道模式,可以分成以下四种类型。

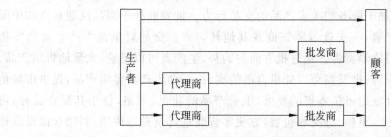

图 9-2　生产者市场销售渠道模式

(1)生产者→顾客。即生产者直接把生产资料销售给最终顾客,不经任何一道中间环节的渠道模式,也是生产者市场销售渠道的主要模式。为生产大型设备和原料的生产者所采用,如发电设备企业、钢铁企业等。其特点是产销直接见面,渠道最短,所需费用最少。

(2)生产者→批发商→顾客。这是经过一道中间环节的渠道模式。工业生产用的劳动用品、小型的附属设备以及部分原材料多采用这种渠道模式。它的特点是,渠道较短,中间环节较少,有利于减轻企业销售产品的负担,提高劳动生产率。

(3)生产者→代理商→顾客。这是一种经过代理商一道中间环节的渠道模式,比较适用于具有特种技术性能的产品和新产品。

(4)生产者→代理商→批发商→顾客。即生产者先委托代理商,再由代理商通过批发商把生产资料卖给用户。这是生产者市场销售渠道中最长、最复杂的一种渠道模式。它的中间环节较多,流通时间较长,但它有利于实现专业化分工,在全国范围内提高劳动效率,节省流通费用。

9.2　中间商

中间商是指介于生产者与顾客之间,参与商品交易业务、促使买卖行为发生和实现的经济组织或个人。它是生产者向顾客出售产品时的中间环节。中间商按其在流通过程中所起的作用,可分为批发商和零售商。

9.2.1　中间商的功能

中间商一头连接着生产者,另一头连接着终端顾客。它的基本功能有以下两个:

(1)调节生产者和终端顾客之间在产品数量上的差异。中间商一般采用化整为零和组零为整的方式来进行数量上的调整。化整为零是指中间商将搜集来的货物经过加工、分装出售给顾客的过程;组零为整是指中间商从生产企业那里搜集货物,通过集中零散的货物,成批装运,降低成本。

(2)调整生产者和终端顾客之间在花色品种和等级方面的差异。中间商以分级和聚合的方式来调整其类别差别。分级是指将产品按照一定的规格与质量分成若干等级的过程;聚合是指将各种各样的产品按照其花色品种加以搭配,聚合起来,便于顾客购买。

批发是为转售或加工服务的大宗产品的交易行为。批发商处于商品流通起点和中间阶段,它一头连着生产者,一头连着零售商或其他转卖者。交易对象是生产企业和零售商,并不直接服务于最终消费者。通过批发商的购买,生产者可以迅速、大量地售出产品,减少库存,加速资本周转;批发商可以凭借自己的实力,帮助生产者促销产品,提供市场信息。对零售商来说,批发商可按零售的要求,组合产品的花色、规格,便于其配齐品种;可对购进的产品进行加工、整理、分类和包装,方便零售商进货及勤进快销;利用仓储设施储存产品,保证零售商的货源,减轻其存货负担;还可为零售商提供各种支持,帮助其开展业务。批发商是产品流通的大动脉,是关键性的环节。

零售是指直接为最终顾客服务的交易行为。零售商在流通领域处于最后阶段。直接将产品销售给最终顾客。根据服务对象的特点,零售商在业务上有小量采购、零散供应的特点。零售商的基本任务是直接为最终顾客服务。它的职能包括购、销、调、存、加工、拆零、分包、传递信息、提供销售服务等,其根本作用在于使产品直接、顺利并最终进入顾客手中。它又是联系生产企业、批发商与顾客的桥梁,在销售渠道中具有重要作用。

9.2.2　批发商的类型

批发商主要有三种类型,即商人批发商、经纪人和代理商与制造商销售办事处。

1. 商人批发商

商人批发商又叫独立批发商,是指自己进货,再批发出售的商业企业,对其经营的产品拥有所有权。商人批发商是批发商的最主要类型。

商人批发商按职能和提供的服务是否完全来分类,可分为以下两种类型:

(1)完全服务批发商。这类批发商执行批发商的全部职能,他们提供的服务主要有:保持存货、雇用固定的销售人员、提供信贷、送货和协助管理等。按其服务范围又可分为:①综合批发商。经营不同行业并不相关的产品,服务范围很广,并为零售商提供综合服务。②专业批发商。经销的产品是行业专业化的,属于某一行业大类。例如,五金批发商经营五金零售商所需的所有产品。③专用品批发商。专门经营某条产品线的部分产品。例如,服装行业中的布料批发商。

（2）有限服务批发商。这类批发商为了减少成本费用，降低批发价格，只提供一部分服务。它们又可分为：①现购自运批发商。只经营一些周转快的食品杂货，主要卖给小型零售商，当时付清货款，不赊销，也不送货，顾客要自备货车去批发商的仓库选购货物，自己把货物运回来，很少使用广告。②承销批发商。不持有存货，不负责产品的运输，他们拿到顾客（包括其他批发商、零售商等）的订货单，就向生产者联系，并通知生产者将货物直接运给顾客。所以，承销批发商不需要有仓库和商品库存。③货车批发商。他们从生产者那里把货物装上货车，立即运送给各零售商顾客。因此，这种批发商不需要有仓库和商品库存。由于货车批发商经营的产品多是易腐和半易腐产品，故而他们一接到顾客的要货通知就立即送货上门，每天送货甚至可多达数十次。货车批发商主要执行推销员和送货员的职能。④托售批发商。他们在超市和其他食品杂货商店设置专销柜台，展销其经营的商品。商品卖出后，零售商才付给货款。这种批发商的经营费用较高，主要经营家用器皿、化妆品、玩具等。⑤邮购批发商。指那些将产品目录寄给零售商及其他顾客，全部批发业务均采取邮购方式的批发商。接到订单后再通过邮寄送货。他们主要经营食品杂货、小五金等商品，其顾客是边远地区的小零售商等。⑥生产合作社。主要是农民组建，负责组织农民到当地市场上销售的批发商。合作社的利润在年终时分给各农民。

2. 经纪人和代理商

经纪人和代理商是从事采购或销售或二者兼备，但不取得商品所有权的商业单位。与商人批发商不同的是，他们对其经营的产品没有所有权，所提供的服务比有限服务批发商还少，其主要职能在于促成产品的交易，获得销售佣金。与商人批发商相似的是，他们通常专注于某些产品种类或某些顾客群。

经纪人和代理商主要分为以下几种：

（1）商品经纪人。经纪人的主要作用是为买卖双方牵线搭桥，协助他们进行谈判；经纪人向雇用他们的一方收取费用。他们并不持有存货，也不参与融资和承担风险。

（2）制造代理商。制造代理商也称制造商代表，他们代表两个或若干个互补的产品线的制造商，分别和每个制造商签订有关定价政策、销售区域、订单处理程序、送货服务和各种保证以及佣金比例等方面的正式书面合同。他们了解每个制造商的产品线，并利用其广泛关系来销售制造商的产品。

（3）销售代理商。销售代理商是在签订合同的基础上，为委托人销售某些特定商品或全部商品的代理商，对价格、条款及其他交易条件可全权处理。这种代理商在纺织、木材、某些金属产品、某些食品、服装等行业中十分常见。在这些行业中，竞争非常激烈，产品销路对企业生死存亡至关重要。销售代理商与制造代理商一样，也和许多制造商签订长期代理合同，为这些制造商代销产品。

（4）采购代理商。采购代理商一般与顾客有长期关系，代他们进行采购，往往负责为其收货、验货、储运，并将货物运交买主。他们消息灵通，可向客户提供有用的市场信息，而且还能以最低价格买到好的货物。

（5）佣金商。佣金商又称佣金行，是指对商品的实体具有控制力并参与商品销售协商的代理商。通常备有仓库，替委托人储存、保管货物。此外，佣金商还替委托人发现潜在买主、获得最好价格、分等、再打包、送货、给委托人和购买者以商业信用（即预付货款和赊销）、提供市场信息等职能。佣金商卖出货物后，扣除佣金和其他费用，即将余款汇给委托人。

3. 制造商销售办事处

制造商销售办事处是由买方或卖方自行经营批发业务，而不通过独立的批发商进行。这种批发业务可分为：

（1）销售办事处。生产企业往往设立自己的销售分公司或销售办事处，以改进其存货控制、销售和促销业务。

（2）采购办事处。许多零售商在大城市设立采购办事处，这些采购办事处的作用与经纪人或代理商相似，但却是买方组织的一个组成部分。

9.2.3 零售商的类型

商品经济的高度发达，使零售商的变化十分显著。在资本主义国家的商业组织中，零售商的发展变化较大，其主要特点是种类繁多、网点密布，这些种类繁多、网点密布的零售商构成了错综复杂的零售商业体系。

零售商的类型千变万化，新组织形式层出不穷。我们从三个不同的角度来分析零售商的类型，即商店零售商、无店铺零售商和零售组织。

1. 商店零售商

最主要的零售商店类型有以下几种：

（1）专业商店。专业商店专门经营某一类或某几类产品，其经营的产品线较窄，但经营产品的规格、品种较为齐全。例如，服装店、体育用品商店、家具店、花店和书店均属于专业商店。

（2）百货商店。百货商店的特点是：经营产品的范围广泛，种类繁多，规格齐全，一般经营几条产品线。发达国家的大百货商店，经营的产品品种高达几十万种，并以经营优质、高档、时髦产品为主，分类组织与管理，每年的销售总额较大。

（3）超级市场。超级市场是一种规模相当大、成本低、毛利低、薄利多销、采取自动售货、自我服务的经营机构。

超级市场于1930年首先出现于美国纽约，它的出现，被誉为第二次商业革命（百货公司的出现被誉为第一次商业革命）。近年来，各国的超级市场为了应付竞争，正在向大型化方向发展，出现了一些巨型超级商店、超级市场、综合商店，经营的商品品种繁多。初级的超级市场以出售食品为主，兼营少量杂货。目前的超级市场，已逐渐向多种商品发展。超级市场经营的多属于中低档商品，价格比较便宜。超级市场的商品包装比较讲究，以替代售货员介绍商品名称、用途、用法及特点，吸引顾客购买。

（4）方便商店。方便商店是设在居民区附近的小型商店，主要销售家庭日常用的产品，诸如香烟、小百货等，但经营的品种范围有限。其特点是：营业时间长。

（5）超级商店、联合商店和特级商场。超级商店比传统的超级市场更大，主要销售各种食品和非仪器类日用品,它们提供各项服务。联合商店的营业面积比超级市场和超级商店更大,呈现一种经营多元化的趋势,主要向医药和处方药领域发展。特级商场比联合商店还要大,综合了超级市场、折扣和仓储零售的经营方针,其花色品种超出了日常用品,包括家具、大型和小型家用器具、服装和其他许多品种,其基本方法是大量的产品陈列,尽量减少商店人员搬运,同时向愿意自行搬运大型家用器具和家具的顾客提供折扣。

(6) 折扣商店。折扣商店的毛利低、销售量大。出售的商品以家庭生活用品为主。其特点是:同一商品标有两种价格,一是牌价;二是折扣价,顾客按折扣价购买商品,其售价比一般商店低;折扣商店突出销售各国品牌的商品,因此价格低廉并不说明商品的质量低下,而是保证品质;采用自动式售货,很少服务;设备简单,店址不在闹市区和租金高的地段,能吸引较远处的顾客。折扣商店以降低营业费用、薄利多销为目的。折扣方式也在不断改变。

值得注意的是,一般商店的偶尔打折和特卖不能算是折扣商店。折扣商店已经从经营普通商品发展到经营专门商品。

(7) 仓储商店。仓储商店是一种不重形式,以大批量、低成本、低售价和微利促销、服务有限的零售形式。其特点是:以工薪阶层和机关团体为主要服务对象;通过从厂家直接进货,减少中间环节,降低成本,致使价格低廉;运用各种手段降低经营成本,如仓库式货架陈设商品,选址在非商业区或居民住宅区,商品以大包装形式供货和销售,不做一般性商业广告;先进的计算机管理系统。

2. 无店铺零售商

虽然大多数货物和服务是由商店销售的,但是无店铺零售却比商店零售发展得更快。无店铺零售商的主要类型有以下几种:

(1) 直复营销(详见 9.4 节)。

(2) 直接销售。直接销售也叫直销,主要有挨家挨户推销、逐个办公室推销和举办家庭销售会等形式。推销人员可以直接到顾客家中或办公室进行销售,也可以邀请几位朋友和邻居到某人家中聚会,在那里展示并销售该公司的产品。

(3) 自动售货。使用硬币控制的机器自动售货是第二次世界大战后出现的一个主要的发展领域。在发达国家,自动售货已经被用在相当多的商品上,包括经常购买的产品(如香烟、软饮料、糖果、报纸和热饮料等)和其他产品。自动售货机被广泛安置在工厂、办公室、大型零售商店、加油站、街道等区域。

(4) 购物服务公司。购物服务公司是一种专门为某些特定顾客,如学校、医院、工会和政府机关等大型组织的员工提供服务的无店铺零售商。

3. 零售组织

尽管许多零售商店拥有独立的所有权,但是越来越多的商店正在采用某种团体零售形式。零售组织有以下几种:

(1) 连锁店。连锁商店,即在同一个总公司的控制下,统一店名、统一管理、统一经营的商业集团。少则 2～3 家连锁,多则百家以上连锁在一起,联合起来统一经营,集中进货,可获得规模经济效益,但缺点是如果权力过于集中,灵活性和应变能力就会较差。

连锁店可在以下几个方面提高其经济效益:大量进货,充分利用数量折扣和运输费用低的优势;雇用优秀管理人员,在存货控制、定价及促销等方面进行科学的管理;可综合批发和零售的功能;做广告可使各个分店受益;各分店享有某种程度的自由,以适应顾客不同的偏好,有效地应对当地市场的竞争。

(2) 自愿连锁店和零售合作组织。连锁店的竞争压力,引发了独立商店的竞争反应,它们开始组成两种联盟:自愿连锁店和零售合作组织。前者是由批发商牵头组成的以统一采购为目的的联合组织;后者是独立零售商按自愿互利原则成立的统一采购组织。这两种组织与上述连锁店的区别,只在于这两种组织的所有权是各自独立的。

(3) 消费者合作社。这是由一定地区的消费者自愿投股成立的零售组织,其目的是避免中间商的剥削,保护自己的利益。消费者合作社采用投票方式进行决策,并推选出一些人对合作社进行管理。社员按购货额分红,或低定价只对社员,不对非社员。

(4) 特许专卖组织。这是特许专卖权所有者(制造商、批发商或服务企业)与接受者之间,通过契约建立的一种组织。接受者通常是独立的零售商,根据约定的条件获得某种特许专卖权;特许专卖权所有者通常都是些享有盛誉的著名企业。特许专卖组织的基础一般是独特的产品、服务,或者是生产的独特方式、商标、专利,或者是特许人已经树立的良好声誉。如美国麦当劳、肯德基的特许专卖店遍及全美国以及世界许多国家和地区。

(5) 商店集团。这是一种商业上的垄断组织,它以集中所有的形式将几种不同的零售商品类别和形式组合在一起,并将其销售、管理功能综合为一整体。通常采用多角化经营,在一个控股公司的控制下包括各行业的若干商店,如美国的"联合百货商店"等。

9.3 销售渠道的设计与管理

要对企业的销售渠道进行设计,必须首先分析影响销售渠道设计的因素,进而进行管理。

9.3.1 影响销售渠道设计的因素

1. 产品因素

不同的产品应选择不同的销售渠道。

(1) 产品价格的高低。一般来说,产品价格昂贵,其销售渠道大多较短、较窄;产品价格较低,其销售渠道大多较长、较宽。例如,日用百货品的生产企业经常把自己的产品卖给批发商,由批发商转卖给零售商,再经零售商卖给最终顾客;而高级服装的生产企业,则愿意把自己的产品直接交给大的百货公司或高级服装商店出售给顾客。

(2) 产品的体积、重量。在选择销售渠道时,必须考虑运输和储存的费用。一般来说,较轻、较小的产品,由于运输和储存比较便利,费用也比较低,可选择较长、较宽的销售渠道。笨重和大件的产品,如重型机器、水泥及其他建筑材料,由于运输和储存困难,费用又比较高,则应选择较短的销售渠道。

（3）产品的款式。款式、花色多变,时尚程度较高的产品,如各种新式玩具和妇女时装,应选择较短的销售渠道,以减少中间层次;款式不易变化的产品,则可选择较长的销售渠道。

（4）产品的物理、化学性质。易毁和易腐产品,应尽量避免多次转手、反复搬运,以免造成严重的损失,应选择较短的销售渠道。如玻璃器皿、精密仪器、鲜鱼、蔬菜等,都要选择较短的销售渠道,以防损坏;反之亦然。

（5）产品的技术复杂程度。产品的技术复杂程度越高,对售前、售后服务要求越多,一般应选择较短的销售渠道。如各种机械设备、计算机等技术复杂的产品,最好由生产企业直接销售给最终顾客,以免中转过多而影响顾客对产品的了解,或对服务不满。

（6）产品的标准化程度。产品的标准化程度高、通用性强,可选择较长、较宽的销售渠道;而非标准化的专用性产品,则应选择较短的销售渠道。

（7）产品的新旧程度。新产品刚上市,多采用较短的销售渠道。其原因是:①销售渠道尚未畅通,企业缺乏选择的自主权;②较短的销售渠道有利于企业的促销。对已经打开销路的产品,可选择较长的销售渠道。

2. 市场因素

不同的市场情况也应选择不同的销售渠道。

（1）市场区域的范围大小。市场区域的范围较大,宜选择较长、较宽的销售渠道;市场区域的范围较小,宜选择较短、较窄的销售渠道。例如,若产品在全国范围内销售或要出口到几个国家去,则要通过批发商、代理商乃至许多零售商进行销售;若产品销售的市场范围很小,只在当地销售,则生产企业通过直销即可。

（2）顾客的集中程度。若顾客较为集中,宜选择较短、较窄的销售渠道;若顾客较为分散,则宜选择较长、较宽的销售渠道。

（3）顾客的购买量和购买频率。对于不同的产品,顾客的购买习惯和购买量存在差异。对于购买量较少、购买频率较高的产品,应选择较长、较宽的销售渠道;而对购买量较多、购买频率较低的产品,应选择较短、较窄的销售渠道。

3. 企业因素

（1）企业实力。企业实力是指企业的声誉、人力、财力和物力。若企业的实力较强,可选择较短的销售渠道,可自由选择各类中间商,甚至可以建立自己的销售系统,直接销售;若企业的实力较弱,则需要选择较长的销售渠道。如一些不出名和资金短缺的中小企业,必须依赖于中间商进行产品的销售。

（2）企业销售能力。若企业有足够的销售力量,或者有丰富的产品销售经验,就可以选择较短的销售渠道,少用或不用中间商;若企业自身销售力量不足,或者缺乏产品销售经验,就应选择较长的销售渠道,要依靠批发商或零售商来销售产品。

（3）企业服务能力。企业有较强的服务能力,能为最终顾客提供较多的服务,则可选择较短的销售渠道,甚至直接对顾客进行销售;反之亦然。

（4）企业控制能力。若企业为了有效地控制销售渠道,则应选择较短的销售渠道;反之,若企业不希望控制销售渠道,则可选择较长的销售渠道。

除了上述因素之外,企业的营销意图、国家的法律约束、中间商的特性等,亦制约着企业销售渠道的选择与设计。

9.3.2 销售渠道的设计

企业一旦选定了销售渠道,就要对其进行具体的设计。实际上,就是选择中间商并确定其相互关系的过程。销售渠道的设计,要解决以下三个方面的问题:

1. 是否使用中间商

即采用直接销售渠道还是采用间接销售渠道,这需要从销售业绩和经济效果两个方面来考虑。销售业绩就是销售额的大小,一般来说是越大越好;经济效果就是利润额的多少,当然是越多越好。这两个方面并非总是一致的,究竟以谁为重,应视企业的营销战略而定。如欲扩大市场占有率,则应重视前者;而欲追求利润最大化,则应重视后者。一种产品的销售,可以通过多种销售渠道形式来实现。企业可以自行销售,也可通过批发商、零售商、经销商等来销售。究竟选择何种销售渠道,需要进行比较、考察。

例如,营口洗衣机厂生产的洗衣机要销往大连,有如下三种销售渠道方案供其选择:①可在大连开设一个门市部,专门销售该企业的洗衣机;②可在营口找一个批发商,通过他把产品销往大连;③可在大连找几个特约经销商,由他们把洗衣机直接销售给大连的最终顾客。究竟哪一种销售渠道方案最佳,则需要通过分析比较。

方案一:假设在大连开设一个门市部,每月可销售全自动洗衣机 200 台,这种洗衣机的生产成本每台 800 元,由营口运往大连的运费每台 50 元,总成本为 850 元,在大连的零售价每台 1 100 元,每台利润 250 元,每月赢利 50 000 元。如果这个门市部的每月房租30 000 元,工作人员的工资和其他费用每月 10 000 元,则企业每月可赢利 10 000 元。

方案二:假设在营口找一个批发商,通过它把洗衣机销往大连,每月可销售 120 台,每台的售价 850 元(不包括运费),每台利润 50 元,企业每月赢利 6 000 元。

方案三:假设在大连找三家特约经销商,他们在大连每月可销售洗衣机 300 台,每台的售价 910 元(包括运费),每台利润 60 元,企业每月赢利 18 000 元。

经过分析比较可以看出,方案三的效益最佳,故营口洗衣机厂可以选择这种销售渠道。

2. 确定中间商的数目

这实际上是确定渠道的宽度,它与企业的市场营销目标和营销战略有关。常用的销售渠道策略有以下三种:

(1)独家性分销。即企业在一定地区、一定时间内只选择一家中间商经销或代理其产品。双方签订协议,中间商不得经营其他竞争对手的产品,企业也不得向其他中间商供应其产品。目的在于控制市场,彼此得到对方更积极的配合,强化产品形象。这是最窄的销售渠道形式,一般适用于特制品、名牌、高档消费品和工业用产品,其优点在于企业与中间商的关系十分密切,企业对销售情况的控制力强,中间商的积极性高,竞争力较强,对于新的竞争产品有排斥作用;缺点在于市场覆盖面较窄,而且过于依靠一家中间商,风险较大,很可能因为其经营不善而丧失该地区的全部市场。

(2)广泛性分销。又称密集性分销。即在某一市场使用尽可能多的中间商销售产品,尽可能加宽渠道,以扩大市场覆盖面或快速进入新市场,使顾客尽快买到产品。它适用于价格低、购买频率高的日用消费品和工业品中的标准件、小五金和原材料等。但应注意的是,中间商太多,企业会难以控制,中间商的积极性有限,并且营销费用也较高。

(3)选择性分销。即在同一目标市场上,依据一定的条件标准,选择一家以上的中间商经销其产品,而不是允许愿意经销本企业产品的所有中间商参与经销,这是介于上述两者之间的一种形式。这种策略的目的是维护企业及产品的形象,建立并巩固企业的市场地位。它适用于消费品中的选购品和特殊品,工业品中的零配件。

3. 中间商的选择

中间商的质量如何,将直接影响企业的产品销路及经济效益,企业选择中间商应依据以下条件:

(1)目标市场。选择的中间商,其服务对象应与本企业的目标市场相一致。一般来说,挑选的中间商一定要与本企业产品的销路相对口,这是最基本的条件。例如,生产高级服装或高级玩具的企业,一定要挑选一个专门批发或专门销售高级服装、高级玩具的商店来销售自己的产品。

(2)地理位置。零售商所处的地理位置应位于顾客流量大的地区,批发商应有较好的交通运输及仓储条件。

(3)产品经营范围。应选择经营有相互连带需要的中间商。企业一般不要选择销售竞争对手产品的中间商,但是,若本企业产品的质量确实好于竞争对手,亦可将其产品交给经营竞争对手产品的中间商,但应考虑其价格不要过于悬殊。

(4)促销措施。要考虑所选择的中间商是否愿意承担部分促销费用,如广告及其他促销活动的费用。一般来说,拥有独家经销权的中间商,会负责部分广告活动,或与企业合作共同负担促销活动及其费用。

(5)提供服务。现代产品的销售工作,往往需要各种服务相互配合。如小汽车、电视机、电冰箱、洗衣机、数码相机、计算机等产品出售以后,有一个提供配件和修理服务的问题。有些产品在销售过程中,还要提供技术指导或财务帮助(赊销或分期付款)。所以,在选择中间商的时候,就要考虑他们是否具备销售服务的各种条件。

(6)运输和储存条件。运输和储存条件对某些产品十分重要。例如,保鲜食品有没有专用的运输设备、仓库的大小及温度能否控制等,成为选择中间商的一个决定性条件。

(7)财务状况。财务力量和财务状况较好的中间商不仅可以按期结清货款,而且还可能预收货款,为企业提供某些财务帮助;反之,财务状况不好的中间商会发生拖欠货款,以致给生产企业带来某些不应有的损失。

(8)管理能力。经销商管理水平的高低对制造商产品销售有很大的影响,如果所选择的中间商其各项工作安排井然有序,说明他们可以信赖,并有条件把产品的销售工作做好。

9.3.3　销售渠道的管理

选择了销售渠道的模式并确定了具体的中间商后,企业还应对其销售渠道进行管理,即对中间商的激励、绩效评估和对销售渠道进行必要的调整。

1. 中间商的激励

销售渠道由各渠道成员构成。一般来说,各渠道成员都会为了共同的利益而努力工作。但是,由于各渠道成员是独立的经济实体,在处理各种关系时,会过分强调自己的利益。因此,对于选定的中间商,必须尽可能调动其积极性,用行之有效的手段对其进行激励,以求得最佳配合。可以采用的措施有以下几个方面:

(1) 向中间商提供物美价廉、适销对路的产品。这是激励中间商的重要措施,也为中间商创造了良好的销售条件。为此,企业应根据市场需求以及中间商的要求,经常地、合理地调整生产计划,改进生产技术,提高产品质量,改善经营管理,以更好地满足中间商的要求。

(2) 合理分配利润。企业要充分运用定价策略和技巧,考察各中间商的进货数量、信誉、财力、管理等因素,视不同情况,分别给予不同的折扣和让利。同时,企业的定价策略也应充分考虑市场需求和中间商的利益,根据实际情况的变化随时进行调整。

(3) 授予独家经营权。这种做法固然会影响市场覆盖面,但可获得中间商的积极合作。中间商将更乐于在广告、促销等方面投入资金,以独享所增获的利益。何况,如果中间商选择得当,并不会对实际销售量产生太差的影响。而且,独家销售可以为生产企业和经销商双方带来名誉上的好处。

(4) 开展各项促销活动。企业可利用广告宣传推销其产品,一般深受中间商的欢迎;对于技术性较强的产品,推销和售后服务都需专门技术,为中间商培训人员就显得十分重要;企业还应经常派人协助中间商进行营业推广,如安排产品的陈列,举办产品展销及操作表演。

(5) 资金资助。中间商一般都期望生产企业能够给予他们一定的资金资助,这可促使他们放手进货,积极推销产品。可以采取售后付款或先付部分货款,待产品出售后再结算的方式,以解决中间商资金不足的问题。

(6) 提供市场信息。市场信息是企业开展市场营销活动的重要依据。企业应将其所掌握的市场信息及时传递给中间商,使他们心中有数,以便能及时调整和制定销售策略。

2. 中间商的绩效评估

企业必须定期评估中间商的绩效是否达到某些标准。也就是说,企业要对中间商进行有效的管理,还需要制定一定的考核标准,检查、衡量中间商的表现。这些标准包括:销售指标完成情况、平均存货水平、向顾客交货的快慢程度、对损坏和损伤商品的处理、与企业宣传及培训计划的合作情况以及对顾客的服务表现等。在这些指标中,比较重要的是销售指标,它表明企业的销售期望。经过一段时间后,企业可公布对各个中间商的考核结果,目的在于鼓励那些销量大的中间商应继续保持声誉,同时鞭策销量少的中间商要努力赶上。企业还可以进行动态的分析比较,从而进一步分析各个不同时期各中间商销售状况。若某些中间商的绩效低于标准,应查找其原因,采取相应的措施。

3. 销售渠道的调整

为了适应多变的市场需求,确保销售渠道的畅通和高效率,要求企业对其销售渠道进行调整或改变。调整销售渠道,主要有以下几种方式:

(1) 增减渠道成员。这是指在某一销售渠道里增减个别中间商,而不是增减这种渠道模式。但在决定增减个别中间商时,重要的是,企业需要作经济效益的分析。分析增加或减少某个中间商,将对产品的销售、企业的收益等带来何种影响,其影响程度如何。例如,企业决定在其目标市场增加一家批发商,就要考虑这样做会给企业带来多大的赢利,有何影响,这种调整是否会引起渠道中其他成员的反应。一旦决定增减某个中间商,也要采取相应的措施,防止出现一些不必要的矛盾。

(2) 增减销售渠道。这是指增减某一渠道模式,不是指增减渠道里的个别中间商。若增减渠道成员不能解决问题,企业可考虑增减销售渠道的方式。采取这种方式时,也要对可能产生的直接、间接反应及经济效益进行广泛的分析。例如,某销售渠道销售本企业的某种产品,其销售额一直不够理想,企业可以考虑在目标市场上或某个区域内撤销这种渠道模式,而增设一种其他渠道模式。

(3) 调整销售系统。这是指改变整个销售渠道系统,即对企业原有的销售体系、制度,进行通盘调整。此类调整难度较大,它不是在原有销售渠道的基础上进行完善,而是改变企业的整个销售系统,将会引起市场营销组合的一系列变化。

增减渠道成员属于结构性调整,其着眼点在于增加或减少某个中间商;增减销售渠道和调整销售系统属于功能性调整,其目的在于将销售任务在一条或多条销售渠道的成员中重新分配。销售渠道是否需要调整,调整到什么程度,应视具体情况而定。

9.4 直复营销

传统的销售渠道绝大部分是一层以上的多层渠道,通常通过零售商把产品销售给顾客,而零售商再通过其零售商店来销售其产品,这种零售方式叫做"店铺零售"。这是一种比较被动的销售方式,零售商将产品陈列在零售商店、商场内,以各种各样的广告、吸引顾客的购物环境、店员的微笑服务等促销方式招徕顾客,销售产品。

随着市场经济的发展,科学技术的进步,各种营销方式得以逐步形成和发展。而制造商与多层中间商利润瓜分矛盾的加剧,店铺租金、店员工资和广告的种种支出,休闲活动由购物向保健娱乐的转移,则促成了无店铺零售的诞生。

9.4.1 直复营销概述

1. 直复营销的含义

直复营销的英文为(direct marketing)。美国著名营销学家菲利普·科特勒在 1988 年出版的《市场营销管理》第 6 版中,只将其视为分销的一种方法,但在 1991 年该书第 7 版中,则将直复营销纳入促销内容中,阐明直复营销是对传统营销的发展。

美国直复营销协会(ADMA)为直复营销下的定义是:一种为了在任何地方产生可度量的反应和(或)达成交易而使用一种或多种广告媒体的互相作用的市场营销体系。

这个定义说明直复营销人员和目标顾客之间是"双向信息交流"。而传统的市场营销活动中,营销人员总是将信息传递给目标顾客,却无法了解这些信息究竟对目标顾客产生了何种影响,是"单向信息交流"。在直复营销活动中,顾客可通过多种方式将自己的反应回复给直复营销人员。没有反应行为的目标顾客人数对于直复营销人员来说也是一种反应,一种不足的反应。只要某一媒体能将顾客和直复营销人员联系起来,信息双向交流就可进行。直复营销人员能很确切地知道何种信息交流方式使目标顾客产生了反应行为,其具体内容是什么,是想订货还是咨询。直复营销作为现代无店铺零售的主要形式,有其自身鲜明的特点,与传统的市场营销和直销有明显的区别。

2. 直复营销与传统市场营销的区别

直复营销与传统市场营销的区别见表 9-1。

表 9-1 直复营销与传统市场营销的区别

项　目	营　销　方　式	
	传统市场营销	直　复　营　销
1. 适合的顾客	以目标顾客群为单位进行推销。细分目标顾客群的基础是人口因素、心理因素等	以单个顾客为单位进行推销。细分顾客的基础是顾客的名字、住址及购买习惯
2. 附加价值	不具有送货上门的优点	产品具有送货上门服务带来的附加价值
3. 通过什么事情	通过零售店销售	通过媒体进行销售
4. 利用什么样的媒体	利用大众媒体	主要利用针对性很强的媒体
5. 广告的目的和作用	广告的目的在于树立企业形象,引起顾客兴趣,使顾客建立对品牌的忠诚等。是单向沟通。顾客接受广告和采取购买行为之间有一段时间间隔	广告的目的是让消费者立即订货或查询,是双向沟通
6. 促销手段是否公开	销售手段比较公开	促销手段具有隐蔽性
7. 对产品的控制	产品一旦进入销售渠道,销售人员就无法对其控制	在产品被送达消费者手中的整个过程中,营销人员都能对产品实施有效的控制
8. 决策所需的资料	很全面	不全面
9. 顾客感到受骗的可能性	很小,因顾客与产品的联系很直接	很多,因顾客无法看到产品
10. 营销手段是否富有人情味	没有	富有人情味,进一步还可利用关系营销进行营销活动

3. 直复营销与直销的区别

直复营销与直销在字面上的区别很明显：直复营销（Direct Marketing），直销（Direct Selling）。它们都是无店铺零售（制造商不需要经过中间商和零售店铺，将商品直接销售给顾客）的形式，与自动售货、购货服务共同构成了当今零售业发展的无店铺零售新潮流。也正因为如此，人们容易产生误解和混淆。

直复营销是指直复营销者利用广告介绍产品，顾客可写信或打电话订货，订购的货物一般通过邮寄交货，用记账卡付款。直复营销者可在一定的广告费用开支允许的情况下，选择可获得最大订货量的传播媒体，使用这种媒体的目的是扩大销售量，而不像普通广告那样刺激消费者的偏好和树立品牌形象。

二者的区别在于推销员介入与否，直复营销是以非个人方式向消费者推销产品，非个人方式诸如电话、电视、目录、信函等。公司与消费者之间没有推销员介入；而直销必须是以个人方式向顾客推销商品，家庭销售会也罢，推销员上门推销也罢，公司与消费者之间必须有推销员的介入。

9.4.2　直复营销的方式

直复营销是不在商店的柜台上进行销售的。它一般是通过邮寄交货，用记账卡（信用卡）付款。它的优点之一，就是顾客坐在家中就可以买到自己需要的商品。但这里就出现了这样一个问题：企业是如何了解到顾客需求的，顾客又是怎样了解到商品信息的。直复营销的方式主要有以下几种：

1. 邮购目录

邮购目录是指销售商按照选定的目标顾客名单寄发邮购目录，或者备有样品目录随时供顾客索取，达到让潜在的顾客了解商品信息的目的。在公司寄给目标顾客的邮购目录中，除了告诉顾客订货方式、付款方式等外，通常都附有顾客可以与之联系的免费回应的电话号码。此方式适宜经营完整产品线的综合商品邮购商店使用。在美国，采用邮购目录的公司每年寄出的目录高达 124 亿份，而且其种类也多达 8 500 多种，平均每户家庭每年收到的目录至少有 50 种以上。

以邮购目录作为直复营销方式能否取得成功，在很大程度上取决于企业是否了解自己的邮购目录对象，能否有效地调节库存，能否提供质量好的商品，能否形成自己的特色，以及是否为顾客着想等。有些以邮购目录作为直复营销方式的企业，通过在邮购目录中增加文学色彩或信息特征来吸引读者；有的通过寄送样品、建立热线回答问题、寄送礼物给"最佳顾客"等，加强与顾客的联系，有的企业还以某种理由捐赠一定比例的利润，使企业更显出特色。

2. 直接邮寄

直接邮寄是指企业通过向选定的目标顾客直接寄发邮件来推销产品。企业直接寄发出去的邮件，除去信函外，还有传单和广告。直接邮寄同邮购目录一样，也附有企业提供给目标顾客的免费回应电话号码。近些年来,一些企业还通过邮局直接给选定的目标顾客邮寄声、像磁带,甚至计算机软盘。例如,著名的福特汽车公司给对其所做的汽车广告有回应的潜在顾客邮寄一种计算机软盘。顾客在软盘的"菜单"上,可以找到他感兴趣的内容,了解有关的技术说明,看到吸引人的汽车图样,得到可能经常被人们提及的一些问题的答案。研究显示,直复营销人员获得的直接反应交易中,以来自直接邮寄和邮购目录者为最多,高达48%,其余来自电话营销的回应为7%,来自传单者为7%,来自报纸杂志的为6%。

在一般情况下,企业以直接邮寄作为直复营销的方式,是希望能直接销售自己的产品或服务。有时也可以是为企业的推销人员搜集线索,与顾客交流某些感兴趣的信息,或者用礼物奖赏那些对本公司忠诚的顾客。当然,使用直接邮寄作为直复营销的方式能否取得成功,邮寄对象是否选得准确是很重要的。

3. 电话营销

电话营销是指使用电话直接向顾客销售,实现企业与顾客之间的沟通。目前已成为一种主要的直复营销方式。营销人员可以使用免费电话处理顾客服务和顾客投诉,或者接收电视和广播广告,直接邮寄产品目录推销带来的订货。还可以用电话直接向顾客和企业销售,培养和选定主要销售对象,联系距离较远的顾客,或为现有的顾客或客户服务。1987年,美国的销售商为了推销其产品和劳务,仅仅在电话费上就花费大约1 420亿美元。

电话营销被大量地用于对消费者市场的营销。有人做过统计:在美国,每年平均每个家庭要收到19次征求订货的电话,并打出16次订货电话。电话营销也被大量地用于对企业的营销,使用电话营销,大大减少了同经销商直接接触的人员数。可减少差旅费,提高销售额。

4. 电视直复营销

电视(包括有线电视和无线电视)是通过网络和频道不断发展的直复营销媒体。电视主要以两种形式向顾客直接推销商品。

(1) 直复广告。企业通过电视台播放描述产品的广告节目,并提供给顾客一个免费回应的电话号码用于订货。顾客可以打免费电话订购电视广告上介绍的产品。直复广告比较适合于书籍、杂志、小型家用电器、唱片、磁带等产品的销售。

(2) 家庭购物频道。就是整个电视节目或整个频道都用于推销产品或劳务。在美国,最大的电视直复营销机构是家庭购物电视公司。该公司的电视台一天播放24小时。电视节目主持人提供的廉价产品的范围,从珠宝、电灯、娃娃玩具、服装,到电动工具和家用电器——这些产品都可以按抛售的价格从该公司购得。观众可以打一个该公司提供的免费回应电话订购商品。所订货物一般都在48小时内寄出。

5. 其他媒体营销

其他媒体营销主要指无线电广播、杂志和报纸的直复营销。企业可以通过无线电广播、杂志、报纸来推销产品,听到或读到由这些媒体传播的商品信息的人,可以拨企业提供的免费回应电话号码进行订货。

6. 电子购物

消费者可以通过视频信息系统，操作某个小型终端，用对讲式闭路电视订购电视屏幕上显示的商品；也可使用个人计算机通过网络接通中心数据库站，对提供销售的各种产品进行比较。

目前，家庭电子购物的使用者仍相当少，但是，使用的人数会随着更多的顾客拥有了有线电视和个人计算机而不断增长。

7. 订货机购物

有些企业已经设计了一种专门用于顾客订货的装置——订货机。订货机和自动售货机不同。后者是顾客只要向机中投入货币，机器即可输出，机中存有货物。而前者，输入的不是货币，而是订货指令或查询指令，输出的也不是货物，而是屏幕上的图像。订货机通常被放在商场、机场等地。

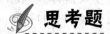 **思考题**

1. 请各举一个消费品、工业品和服务品销售渠道的实际例子。
2. 以实际例子说明中间商在制造商产品销售中所起的作用。
3. 制造商在设计家电、医疗器械、飞机以及润滑油等产品渠道时会考虑哪些因素？这些因素怎样影响渠道设计？
4. 企业怎样激励中间商？
5. 何谓直复营销？其形式有哪些？

案例分析

山东海狮公司营销模式选择策略

2005 年 5 月 1 日，山东海狮啤酒有限公司总经理路涛站在青岛国际酒店第 20 层楼上，望着下面海滨广场上的人们，正在尽情地享受着"青岛啤酒节"的快乐，畅饮着来自世界各地的啤酒。他的心情与这欢乐场面相反，公司的一些事情正困扰着他。去年全球最大的啤酒企业之一比利时英特尔集团向公司注入资金，使公司由原来与马来西亚的合资发展成为三方合资企业。经过一年多的发展，公司内部各方面已经步入正轨，但公司目前面临的最大问题是公司外部市场的问题，特别是营销渠道的建设和管理问题。

1. 山东海狮公司基本情况

山东海狮啤酒有限公司位于山东省淄博市沂源县，这里地处著名的沂蒙山区，群山环抱，气候宜人，全县平均海拔 500 米，夏季平均气温比全省平均气温低 4~6℃，由于没有污染性工业，发源此地的沂河，水质清澈甘冽，这一切都为生产优质啤酒提供了良好的环境条件。

　　公司最早为淄博亨利啤酒厂,创建于1987年,是一个职工人数不足百人、固定资产2 400万元、年生产能力只有3万吨的地方小厂。1997年1月,马来西亚金狮集团与公司合资,名称改为淄博绿兰莎啤酒饮料有限公司,1999年10月又进一步将名称改为山东省海狮啤酒有限公司。合资后公司发展的速度比较快,到2003年公司拥有职工360人,其中销售人员45人,固定资产达到2亿万元,并发展成为年生产能力20万吨的淄博市重点优势企业。以1999年到2003年的销售额为例,5年中公司年销售额从4 829万元增加到2.3亿元,年均增长率为37%,年实现利税6 650万元。

　　公司主要生产绿兰莎牌系列啤酒,有低醇型、清爽型、冰爽型、冬令型、小麦型等各种类型。2001年投资8 000万元,采用世界最新超微过滤技术,引进德国先进工艺设备,年生产能力达5万吨的纯生啤酒生产线,产品投入市场后,受到消费者的追捧。在绿色消费的倡引下,公司于2003年又开始研制生产苦瓜啤酒,成为山东省第一个向市场投放此产品的企业,产品投入市场后收到了很好的反响。

　　2004年,世界最大的啤酒集团之一的比利时英博啤酒集团向公司注入资本,使公司实力进一步得到了增强。合资后制定的市场发展战略是:近攻远拓,即将公司所在地淄博市作为重点发展基地,以淄博为基地,向淄博和潍坊一线拓展;并进一步以淄博和潍坊一线为基地,向一线的南北两侧拓展,最后拓展到全省,从而实现公司销售额和利润的快速增长。

　　三方合资后,经过近一年的磨合,公司各方面的工作都有了一定的起色,包括产品品种和质量的提高、内部规范化管理等方面,但公司还需要进一步加强营销渠道的建设和管理。

2. 山东海狮公司营销渠道现状

　　(1)渠道结构。公司自成立以来经过10多年的发展,在纵向上形成了以下三种渠道模式,如图9-3所示。

　　由图可知,海狮公司形成了生产商—一级批发商—二级批发商(或批零兼营)—零售商—消费者的三级渠道、生产商—一级批发商—零售商—消费者的二级渠道、生产商—零售商—消费者的一级渠道。公司在成立初期,由于人力、物力有限,公司主要采用多级渠道,利用中间商现有渠道网络,层层向消费终端"推"产品的策略。因此,直到目前公司在这三种纵向分销模式中,仍以三级渠道模式为主。以公司重要的淄博市场为例,三级渠道模式产生的销售额占公司销售总额的90%,而一级、二级渠道模式产生的销售额分别占公司销售总额的5%。

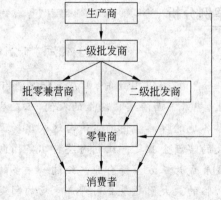

图9-3　山东海狮营销渠道结构

　　随着公司实力的增强,1998年后,公司开始尝试公司直接去做零售终端,主要在重要市场即淄博和潍坊市场中开发了中、高档酒店零售渠道,在这些饭店中除销售低端啤酒外,主要销售利润比较高的高端啤酒,而其他各种类型的零售终端例如便利店、小卖部等由一级批发商或二级批发商负责开发,主要提供针对家庭消费价格便宜的低端啤酒。经过几年的努力,取得了良好的效果,仅在淄博市区的中、高档酒店渠道占有率就达到了50％以上,成为中、高档酒店消费的第一大品牌,见表9-2。

表9-2　2003年公司在淄博零售终端类型中的市场占有率

	终端类型	市场占有率%		终端类型	市场占有率%
1	高档饭店	65	5	大排档/低档餐馆	23
2	中档饭店	65	6	超市	15
3	便利店	55	7	大卖场	15
4	小卖部/杂货店	50	8	酒吧/KTV	5

啤酒属于大众化快速消费品,消费者购买啤酒时一般以就近购买为主,购买的频率比较高,因此,啤酒产品适宜采用密集性分销渠道。但公司根据其市场发展战略和公司的实力,在不同的市场采用不同的横向渠道模式。公司目前在淄博市场采用密集性分销策略,在潍坊市场采用选择性分销策略,而在淄博和潍坊一线以外公司已进入的市场中,采用独家分销的策略。以淄博为例,公司仅在淄博地区就拥有20家一级批发商,260家二级批发商和820家零售商,形成了比较密集的分销网络,基本覆盖了所有区县,但公司在农村市场渠道覆盖度还比较低,目前是公司的一个空白点。

(2) 渠道成员的管理。在公司整个分销网络中,公司虽然在淄博市场由公司销售人员开发了中、高档零售酒店市场,但公司渠道市场开发主要还是采取由分销商逐级向下"推"的渠道策略,因此,公司非常重视一级批发商(在独家分销的市场,一级批发商又称为总经销商)的选择,一般来说,在选择一级批发商时,不仅具有一定的资金实力,还要具有一定的经销网络和良好的商业信誉。

公司在渠道管理上结合公司市场发展战略采用不同的管理方式。淄博和潍坊是公司两个重要的市场,公司渠道管理人员定期拜访一级批发商,并在订货和物流上进行协调;而在淄博和潍坊一线以外的市场,公司采取的是松散管理方式,整个地区管理权限交给总经销商负责,公司与总经销商的关系停留在订货和结款上,公司渠道管理人员有限制地去拜访总经销商。

公司目前对渠道中间商的激励措施主要是根据销售额一定的比例给予回扣,回款额越大,回扣越大。同时对公司渠道管理人员的激励也主要采取一些硬性指标,例如其所负责地区的销售额、回款额等指标。

3. 山东啤酒市场的竞争情况

山东一直有"啤酒大本营"之称,它集中了全国总产量的12％,且集中了国内最先进的设备、最知名的品牌、最大的消费市场、最激烈竞争的诸多之最。中国啤酒行业的"领头羊"——青岛啤酒除了在青岛本部占据绝对市场份额外,还先后在山东的日照、枣庄、平原收购了十几家年产10万吨以下的小厂,控制了山东啤酒市场的半壁江山。同时,山东啤酒受省外竞争对手的青睐,北京燕京啤酒从 2000 年开始,在山东先后收购了莱州、无名与三孔这 3 个品牌,整合了山东 85 万吨的啤酒生产能力,并抢到了 50 万吨的市场份额。而其余的市场份额成为其他众多品牌争夺的目标,大多采取低价竞争的方式固守一方市场,并集中在本地市场进行销售。

山东聚集了众多知名的啤酒品牌,如青岛、趵突泉、烟台、银麦、琥珀、无名、三孔、克利策、绿兰莎、克代尔等。根据市场知名度和市场占有率,这些品牌可划归为三大集团军格局。青啤属第一集团军,青啤不仅在山东市场具有绝对优势,而且在全国市场也具有一定的影响力;趵突泉、烟台、银麦、琥珀、无名、三孔、克利策属于第二集团军,这些品牌的啤酒在山东省具有影响力;绿兰莎、克代尔以及汇泉、广寒宫、柳泉等属于第三集团军,这些品牌的啤酒只在当地市场具有影响力。

路涛总经理心里清楚,作为第三集团军的山东海狮绿兰莎啤酒,要想在渠道上取得突破,面临着一定的困难。公司虽然已经开始直接做零售终端的尝试,并在淄博市场上取得了一定的成功,但在淄博以外的市场上还没有太大起色,那么公司应该怎样做好淄博以外零售终端市场呢?同时,公司对现有渠道中间商的管理还存在一些问题,特别是对渠道成员的激励上,目前仅停留在价格激励上还缺少更有效的激励手段,下一步公司应该如何更有效地激励渠道成员呢?

第 **10** 章　促销策略

引　例

蒙牛乳业集团和超级女声

　　2005 年,蒙牛乳业集团携手中国湖南卫视、上海天娱传媒联合推出的"蒙牛酸酸乳快乐中国超级女声"大型电视歌唱选秀活动,综合运用电视、报刊、互联网、手机等大众传播的工具,吸引了青少年的狂热参与和社会的巨大关注,也使"超级女声"成为有轰动效应的商业娱乐传播活动和超级营销活动。

　　据统计,"2005 超级女声"在全国的报名人数达到 15 万人;每周热心观众超过 2 000 万人;观众总数目达 4 亿人次;前三名选手的观众支持短信量超过 800 万条;谷歌相关网页数达9 650 000 项;百度贴吧相关帖子数 3 245 100 篇……"超级女生"的成功有两个因素:洞察和击中了目标消费群体"超女一族";多方联盟的价值网络聚焦促成了整合的大众传播效应,同时使联盟的多方共赢。

　　蒙牛酸酸乳选择 12～24 岁的女孩为主要目标消费群体,并以个性、前卫的"酸酸甜甜就是我"为广告口号,挑选有吸引力的"超女"广告代言人。超级女生"想唱就唱"的理念和"平民造星"运动将参与的门槛降到了最低——每一个跃跃欲试的普通女孩都可以参与"超级女生"活动。自我、自信、时尚、活力的元素,使蒙牛酸酸乳和"超女一族"的生活形态和追求紧密地契合,并产生强烈的互动体验。

　　借此场娱乐盛典,2005 年蒙牛酸酸乳的销售额从 7 亿元疯狂增长至 25 亿元,蒙牛的品牌资产明显提高。湖南卫视获得突破性收视率和广告收益,该活动决赛时每 15 秒的广告费高达 11.25 万元,超过了 CCTV《新闻联播》后黄金时段的广告标王价位 11 万元。而天娱传媒公司则获得了"超级女生"这个红遍全国的品牌,并以此进行品牌延伸,撬动更多的商机。参与"超级女生"活动的手机短信运营商、互联网网站、娱乐公司和广告商等也都大获其利。

本章目的

　　促销活动是营销过程中不可缺少的一个重要环节。通过学习本章内容,掌握促销的概念及促销组合策略,学习如何运用广告策略,学习如何运用人员推销策略,学习如何运用营业推广策略,学习如何运用公共关系策略。

促销策略　广告策略　人员推销　营业推广　公共关系策略

成功的市场营销活动不仅需要制定适当的价格、选择合适的分销渠道向市场提供令顾客满意的产品,而且还需要采取适当的方式进行促销。促销策略是市场营销组合的重要组成部分,正确制定并合理运用促销策略是企业在市场竞争中取得有利的竞争地位、获取较大的经济效益的必要保证。本章的内容就是介绍如何有效实施促销策略的方法。

10.1　促销组合策略

促销是企业对顾客所进行的信息沟通活动,通过向顾客传递企业和产品的有关信息,使顾客了解和信赖企业。再完美的产品,若不能将其销售出去,就等同于废品。为了支持和促进销售,需要进行多种方式的促销。通过广告,传播有关企业和产品的信息;通过人员推销,面对面地向顾客陈述;通过营业推广,加深顾客对产品的了解,进而促进其购买产品;通过各种公共关系及宣传手段,改善企业在公众心目中的形象。

10.1.1　促销及促销的方式

1. 促销的概念

促销是促进销售的简称,是由英文"promotion"翻译而来。它是指企业以人员促销和非人员促销的方式,向目标顾客沟通市场信息,影响和帮助顾客认清购买某项产品或劳务所带来的益处,或者促使顾客对企业及其产品产生好感和信任,从而引起顾客的兴趣,激发顾客的购买欲望和购买行为的活动。

促销的实质是企业与现实顾客和潜在顾客之间的信息沟通。通过信息上的沟通,缩短企业与顾客之间的距离。在市场竞争日趋激烈的今天,促销活动对企业的产品销售的影响已越来越明显。常见这样的情况,两个企业的生产能力、产品质量、销售价格相差无几,但运用不同的促销手段,使得企业所获得的经济效益大不相同。

2. 促销的方式

促销的方式主要有两种:人员促销和非人员促销。人员促销主要是指派出促销员进行促销活动;非人员促销又分为广告、营业推广、公共关系等多种方式。促销组合策略就是这几种方式的最佳选择、组合和运用。各种促销方式的主要特点如下:

(1) 广告。广告是一种高度大众化的信息传递方式,其渗透力强,可多次重复同一信息,便于记忆。

(2) 人员促销。人员促销适于企业与顾客的直接沟通,直接传达的信息可以随机应变。人与人之间的沟通,可以培养企业与顾客之间的感情,以便建立个人友谊及长期的合作关系,亦可迅速反馈顾客的意见及要求。

（3）营业推广。营业推广的沟通性极好,通过提供信息引导顾客接近产品;以提供奖励的方式,对顾客具有直接的激励效应;通过提供优惠,对顾客能产生招徕效应。

（4）公共关系。公共关系具有较高的可信度,其传达力较强,容易使顾客接受,可树立良好的企业形象。

10.1.2　制定促销组合策略应考虑的因素

促销组合就是把人员推销、广告、营业推广、公共关系等各种不同的促销方式有目的、有计划地结合起来并加以综合运用,以达到特定的促销目标。这种组合既可包括上述四种方式,也可包括其中的两种或三种。各种方式之所以要结合起来综合运用,是因为各种方式具有不同的特点、使用范围和促销效果。

企业在制定促销组合策略时应考虑下列几种因素:

1. 促销目标

确定最佳促销组合,需考虑促销目标。相同的促销工具在实现不同的促销目标上,其成本效益会有所不同。也就是说,促销目标不同,应有不同的促销组合。如果促销目标是为了提高产品的知名度,那么促销组合重点应放在广告和营业推广上,辅之以公共关系宣传;如果促销目标是让顾客了解某种产品的性能和使用方法,那么促销组合应采用适量的广告、大量的人员推销和某些营业推广;如果促销目标是立即取得某种产品的推销效果,那么重点应该是营业推广、人员推销,并安排一些广告宣传。

2. "推"与"拉"的策略

企业采用"推"式策略还是"拉"式策略进行促销,对促销组合也有较大的影响。"推"式策略是指利用推销人员和中间商把产品推销给顾客。"拉"式策略是指企业针对最终顾客,利用广告、公共关系等促销方式,激发消费需求,经过反复强烈的刺激,顾客将向零售商指名购买这一产品,零售商则向批发商指名采购这种产品,而批发商必然要向生产企业要货,生产企业就这样把自己的产品拉进销售渠道。

3. 市场性质

不同的市场,由于其规模、类型、潜在顾客数量不同,应该采用不同的促销组合。规模大、地域广阔的市场,多以广告为主,辅之以公共关系宣传;反之,则宜以人员推销为主。消费者市场购买者众多、零星分散,应以广告为主,辅之以营业推广、公共关系宣传;生产者市场用户少,购买批量大,产品技术性强,则宜以人员推销为主,辅之以营业推广、广告和公共关系宣传。市场潜在顾客数量多,应采用广告促销,有利于开发需求;反之,则宜采用人员推销,有利于深入接触顾客,促成交易。

4. 产品性质

不同性质的产品,应采取不同的促销组合策略。一般来说,广告一直是消费品市场营销的主要促销工具;人员推销则是产业用品(生产资料)市场营销的主要促销工具。营业推广对这两类市场是同等重要的。

5. 产品生命周期

产品生命周期阶段不同,促销目标也不同,因而要相应地选择、匹配不同的促销组合。在介绍期,多数顾客对新产品不了解,促销目标是使顾客认知产品,应主要采用广告宣传介绍产品,选派推销人员深入特定顾客群体详细介绍产品,并采取展销、示范等方法刺激顾客购买。在成长期,促销目标是吸引顾客购买,培养品牌偏好,继续提高市场占有率,仍然可以广告为主,但广告内容应突出宣传品牌和产品特色,同时也不要忽略人的口碑传播与沟通。在成熟期,促销目标是战胜竞争对手、巩固现有市场地位,须综合运用促销组合各要素,广告应以提示性广告为主,并辅之以公共关系宣传和营业推广,以提高企业和企业产品的声誉。在衰退期,应把促销规模降到最低限度,尽量节省促销费用,以保证维持一定的利润水平,可采用各种营业推广方式来优惠出售存货,尽快处理库存。

6. 促销预算

企业在制定促销组合策略时,还要考虑促销费用的限制。应根据促销预算安排促销组合。如果用于促销的预算较少,自然不能采用费用昂贵的电视广告,可考虑采用其他媒体广告,或依赖公共关系与人员推销,也可使用直接邮寄产品目录、产品说明书、订单等,向顾客传递产品信息、争得订单。对于某些小企业,特别是潜在顾客不多的小企业,使用直接邮寄,常常会获得较好的促销效果。

10.2 广告策略

广告作为一种信息传递方式,伴随着商品的产生而产生,同步于市场经济的发展而发展。如今,广告已经成为企业市场营销活动的重要手段,亦成为衡量一个国家、一个地区乃至一个行业经济繁荣与否的标志。从某种意义上说,广告已经成为产品进入市场的入场券。

10.2.1 广告的概念与作用

1. 广告的概念

广告一词源于拉丁语"advertere",意思为"诱导""注意"。美国市场营销协会定义委员会为了将广告与其他促销手段严格区别开来,曾对广告做如下定义:"广告是由明确的发起者以公开支付费用的做法,以非人员的任何形式,对产品、服务或某项行动的意见和想法等的介绍。"也就是说,广告是企业以付费的方式,将有关市场信息,通过一定的媒体向顾客进行产品宣传的一种方式。

2. 广告的作用

广告作为一种积极有效的信息传递活动,对实现"产品的惊险跳跃"有极为重要的作用。具体地说可归纳为以下几点：

（1）传送信息，沟通产需。这是广告的基本作用。现代产品的销售过程是"信息流"与"物流"高度统一的过程，如果没有有效的信息沟通，买卖双方相互隔阂，产品就难以实现销售。广告能够把产品、劳务等信息传递给可能的顾客，迅速、有效地沟通产需，缩短产需之间的距离，加速产品的流转。

（2）创造需求，刺激消费。广告通过各种传播媒体向顾客广泛介绍产品信息，不仅能提高顾客对产品的认识程度，诱发其需求和购买欲望，而且能起到强化顾客对产品的印象，刺激需求，创造需要的作用。

（3）树立形象，利于竞争。竞争是市场经济的产物，哪里有商品生产，哪里就有竞争。广告是开展竞争的重要手段，广告在竞争中为企业创名牌、树声誉而呐喊；为新技术、新工艺、新产品而摇旗。广告在竞争中可以起到鼓励先进，鞭策后进，促进社会生产发展的作用。

（4）指导购买，扩大销售。商店里商品琳琅满目，花色品种繁多，既给顾客提供了充分挑选的余地，也增加了顾客购买决策的难度。各种形式的广告不断向顾客介绍产品的性能、特色、适用范围、价格、销售地点及售后服务项目等，能帮助他们识别产品，指导购买。既满足了顾客需求，又扩大了销售，加速资金周转，增加企业赢利。

（5）美化人们生活，促进社会主义精神文明建设。一则思想性和艺术性强的好广告可以使人得到美的享受，陶冶人们的情操，提高人们的思想修养，从而起到美化人们生活，促进社会主义精神文明建设的作用。

案例分析

耐克的广告策略

耐克的营销一直以冠军运动员为特色，耐克的营销在于发挥那些取得成绩运动员的作用。耐克发现了所谓的"影响金字塔"，它认为少数超级体育明星的偏好和行为会影响人们对产品和品牌的选择。因此对于耐克来说，在广告宣传中使用专业的运动员是高效和有影响力的。

从最初开始，耐克的营销活动就以顶级运动员为代言人。1973年，与耐克签约的第一位形象代言人是短跑运动员史蒂夫·普利弗坦尼(Steve Prefontanie)，史蒂夫不羁的个性正体现了耐克的精神。1985年，耐克签约篮球后卫新手迈克尔·乔丹(Michael Jordan)作为它的形象代言人，当时乔丹的表现已经非常出色了但还是个新人。耐克公司的冒险得到了回报："飞人乔丹"这个品牌的篮球鞋在推出的第一年销售额就超过了1亿美元并脱销，乔丹更是帮助耐克在消费者的心中建立了品牌形象。

自耐克通过为杰出运动员打造高性能运动鞋而一鸣惊人之后，40多年来，耐克始终是该行业的佼佼者。目前，耐克已经主导了整个运动鞋市场。例如，10种畅销的篮球鞋中有9种是耐克公司的。耐克每年都会为30种运动推出几百款新鞋，平均每天有一款新鞋上市。耐克也延伸到手表、高尔夫球棒到旅游帽等很多产品的设计上。在《商业周刊》2008年全球最佳品牌100强排行榜上，耐克以126.7亿美元的品牌价值排在第29位。

耐克 2008 年的运营收益为 186 亿美元,净利润 18.8 亿美元。

10.2.2 广告制作的基本原则

广告的制作和传播,必须遵循以下基本原则。

1. 真实性原则

广告的生命在于真实。广告必须坚持实事求是和对顾客高度负责的原则,真实地介绍有关产品的质量、性能和特点;向顾客提出的承诺必须坚决兑现。切忌弄虚作假,夸张伪造和欺骗。这样才能取信于民,增强广告的劝说效果,发挥广告的积极作用。

2. 思想性原则

广告不仅是推销产品的工具,也是传播意识形态的工具。广告的信息内容和表现形式等各方面都必须遵循党和国家的路线、方针和政策,遵守法律,符合中国国情和民族风格,反映社会主义精神文明,鼓舞人们奋发向上。

3. 科学性原则

科学性原则就是要使广告的内容和表现形式符合人们的认识程序和适应人们接受广告的心理过程。这样不仅能使顾客乐于接受,而且能够准确无误地理解广告主所传播信息的本意。

4. 艺术性原则

真实性、思想性、科学性和艺术性是广告的基本属性。而广告的艺术性能够使得真实性、思想性和科学性得以充分的体现。广告必须在主题健康、内容真实的基础上,努力提高艺术性。在广告制作中,刻意研究广告艺术和广告心理学,通过文学、美术、摄影、录像、音乐、表演等多种艺术形式迎合顾客心理,创造出独具一格,艺术形象鲜明的广告,以其强烈的艺术性加强广告说服力和感染力,提高广告效益。

10.2.3 广告媒体的选择

广告必须通过一定的媒体传播出去,媒体的质量决定着广告的成败。广告媒体的选择,是广告策略的重要内容。选择广告媒体的目的在于:利用最佳手段输出信息,达到尽可能扩大覆盖面的宣传效果。

1. 广告媒体的种类

不同的广告媒体各具特点,各有利弊。

(1) 报纸。报纸是传递信息的最重要工具,是广告运用最多的媒体形式之一。其优点是：读者面广、稳定、宣传覆盖面大；信息传播快，时效性强，尤其是日报，当天即可知道；空间余地大，信息量丰富，便于查找；收费较低。其缺点是：保留时间短，生命力短；形象表现手段不佳，感染力差；制作简单粗糙。

（2）杂志。杂志专业性较强，目标读者较集中，是刊登各种专业产品广告的良好媒体。其优点是：读者对象明确、集中，针对性强，广告效果好；保留时间长，信息利用充分；读者文化程度高，有专业知识，易接受新事物，更适合新产品和相应专业产品的广告；版面整齐，制作精良，配上彩页，能较好地表现产品外观形象。其缺点是：发行范围小，广告覆盖面窄；周期长，不利于快速传播。

（3）广播。广播是听觉媒体，在我国现阶段也是一种广为利用的主要媒体。其优点是：传收同步，听众易收到最快最新的信息，且不受交通条件和距离远近的限制；传播空间广泛，适应性强，无论何时何地，无论男女老幼和是否识字，只要有听觉能力，都可接受；每天重播频率高，传播信息方式灵活多样，可以用音乐、对话、戏剧小品、相声等多种形式加强广告效果；广告制作费用低。其缺点是：只有信息的听觉刺激，没有视觉刺激；信息消失快，给人印象不深；难以保存，无法查找；听众分散，选择性差。

（4）电视。电视是重要的现代化媒体，它通过视觉形象和听觉的结合，综合运用各种艺术手法，融声音、图像、色彩、运动于一体，直观形象地传递商品信息，具有丰富的表现力和强烈的感染力。其优点为：表现力丰富，形声兼备，感染力极强，给人以强烈的刺激；播放及时，覆盖面广、收视率高；可以重复播放，加深印象。其缺点是：制作成本高，播放收费高；信息消失快；目标观众无法选择。

（5）互联网。"将一种传播媒体推广到 5 000 万人，收音机用了 38 年，电视机用了 15 年，而互联网仅用了 5 年。"网络广告有其得天独厚的优势，表现在：互联网传播范围广，网络广告可跨越时空，有广泛的传播力；内容详尽，互动性和针对性强，无时间约束；广告效果易于统计，广告费用较低。与此同时，网络广告的不足之处表现在：当前网络人口的覆盖面还相对较小；互联网的虚拟性致使上网者对广告心存抵触。

（6）户外广告。主要包括路牌广告、灯箱广告、交通车身广告、车辆广告、机场、车站码头广告、招贴广告、传单广告等。其优点是：传播主题鲜明、形象突出；不受时间限制，比较灵活；展露重复性较强，成本较低。其缺点是：不能选择对象，传播内容受一定的限制，创造力受到局限。

（7）其他媒体。主要包括邮寄广告、赞助广告、体育广告、包装广告等。这些媒体也各有特点和利弊，如邮寄媒体传播对象明确，传播效果明显，信息反馈快，形式灵活，费用低廉。

2. 广告媒体的选择

要使广告达到一定的促销效果，则必须注意广告媒体的覆盖面、接触频率及作用强度等。广告媒体种类繁多，并且各具特点和利弊，企业在选择广告媒体时应考虑以下因素：

（1）企业对传播信息的要求。企业对信息的传播次数、效果及达到目标顾客的最短时间限度要求不同，就要根据各种媒体的特点，选择不同的广告媒体。如要求重播次数多，立即传送到目标顾客时，可选择广播或电视媒体。

（2）产品特性。产品的性质、特点等不同，要选择不同的广告媒体。譬如，产品为高档消费品，如高档家具、电器和高级时装等，需选用较高读者层的媒体，或在较高层次的电视节目间插播；产品属于中、低档消费品，就应选择以大众为对象的读物做媒体。再如，服装、化妆品、食品等最好选用彩印或电视广告，以突出色彩，形象生动。新产品、高新技术产品可利用邮寄广告，以便详细说明，并有目的的选择目标顾客。

（3）目标顾客特点。顾客的年龄、性别、文化程度、经济收入和社会地位等不同，接触媒体的习惯也不同，企业应选择能顺利传播到目标市场的媒体。如化妆品、妇女儿童用品，在妇女杂志或电视上做广告，效果会好些。

（4）媒体特征。媒体的传播范围、效果、选择性和声誉各不相同。因此，必须根据媒体特征来选择。媒体的传播范围应与产品销售范围相一致，在全国销售的产品，适宜在全国性报纸、杂志或中央广播电台、中央电视台做广告；在地区销售的产品，可选用地方报刊、广播、电视为广告媒体；目标顾客数量较少，可采用选择性强的邮寄媒体。媒体本身的效果和声誉对广告效果有直接影响。因此，应注意选用效果好、声誉高和影响力大的媒体。

（5）媒体的成本和支付能力。不同媒体的成本不同，在选用时应考虑企业广告费用支付能力，分析费用与广告效果之间的关系，选用成本低、效果好的媒体。

10.2.4　广告预算的确定

确定广告预算，即确定在广告方面花费多少资金。企业制定广告预算的主要方法有以下四种：

1. 目标任务法

首先确定广告目标（如销售增长率、市场占有率等），再确定达到此目标所要完成的任务，然后估计要完成这些任务所需要的费用。

这种方法从促销目标任务的需要出发来决定广告费用，在逻辑程序上有较强的科学性。因此，为许多企业所采用。但这种方法也有其缺点，没有从成本的观点出发考虑广告费用。

2. 销售比例法

即企业按照销售额（销售业绩或预测额）或单位产品销售价的一定百分比来确定广告费用的预算。就是按每 100 元销售额提取多少广告费来做广告预算或按单位产品销价的若干百分比计算某产品的广告费，进而制定企业的广告预算。此法简单易行，但颠倒了广告与销售额的因果关系。

3. 竞争对等法

为了保持市场竞争地位，可比照竞争对手的广告支出水平来确定本企业的广告预算，以造成与竞争对手旗鼓相当、势均力敌的对等局面。在竞争激烈，不做广告生意就会被对手抢走时，就得设法赶上或超过竞争对手的广告水平。这种方法的最大缺点是易导致广告大战。

4. 量力支出法

这种方法首先考虑企业的支付能力,即根据企业的财力状况,能拿出多少钱做广告来确定广告预算。这种方法在新产品急需向顾客传递信息打开销路时,会因为用于广告方面的费用有限而坐失良机;另外,它不利于企业执行长期的市场开发计划。

10.2.5　广告效果的评价

广告效果的评价是指运用科学的方法来评价所做广告的效益。广告效果的评价是完整的广告活动中不可缺少的重要组成部分。重视广告的信息反馈,正确地评价广告效果,有利于降低广告费用,提高广告效益,制定出最佳广告决策。广告效果的评价一般可从广告促销效果和广告传播效果两方面进行分析。

1. 广告促销效果测定

广告促销效果是指广告对企业产品销售产生的影响。仅广告促销的一般效果是难以准确测定的,因为销售除了受广告的影响外,还受其他因素,如产品特色、价格、购买难易和竞争者行为等影响。测定广告促销效果的方法主要有:

(1) 广告效果比率法。即根据广告后销售额增加幅度与广告费用增加幅度之比测定广告效果。其公式为:

$$广告效果比率 = (销售额增加率/广告费用增加率) \times 100\%$$

(2) 单位广告费收益测定法。即根据一定时期内单位广告费用的经济效益来测定广告效果。其公式为:

$$单位广告费收益 = (广告后的平均销售额 - 广告前的平均销售额)/广告费用额$$

2. 广告传播效果测定

广告传播效果是指广告信息传播的广度、深度及影响作用,表现为顾客对广告信息注意、理解、记忆程度,一般称为广告本身效果。它可以在广告前也可以在广告后。测定广告后传播效果的方法主要有:

(1) 阅读率、视听率、记忆率测定法。阅读率指通过报纸、杂志阅读广告的人数与报纸、杂志发行量的比率,公式为:

$$阅读率 = (阅读广告人数/发行量) \times 100\%$$

视听率指通过电视机、收音机,收看、收听广告的人数与电视机、收音机拥有量的比率。

记忆率指记住广告重点内容(如产品名称、生产厂家、商标、产品特性等)的人数与阅读视听广告人数的比率。

(2) 回忆测试法。找一些看过或听过电视、广播的人,让他们回忆广告的内容,来判断其对广告的注意度和记忆力。

(3) 理解度测试法。在刊登广告的杂志读者中进行抽样调查,看有多少人阅读过这个广告,有多少人记得广告的中心内容,有多少人记得广告一半以上内容,并分别计算出百分比,从而判定读者的认识和理解程度。

10.3 人员推销策略

广告为企业产品营销创造了有利的外部条件,营业推广提供了吸引顾客的有力武器,但与顾客面对面地沟通,实现产品的销售,则要靠推销员的努力。推销员是沟通企业和顾客的纽带。对顾客而言,推销员是企业形象的代表,而推销员又从顾客那里为企业带来许多有用的信息。

人员推销是一种最古老的促销方式,也是现代产品促销的一种重要形式,尤其在生产资料的销售中,人员推销占有更加重要的地位。推销员是推销工作的第一线战士,直接与顾客打交道,通过推销员的努力工作,实现两个目标:其一是售出产品;其二是满足顾客的需要。

10.3.1 人员推销的任务和作用

人员推销是指企业通过派出推销人员与一个或一个以上可能成为顾客的人交谈,作口头陈述,以介绍宣传产品,促进和扩大产品销售。

推销人员通过人际接触,起到连接企业和顾客的纽带作用,对许多顾客来说,推销人员就是企业的象征和代表。推销人员的任务并非仅仅限于产品的推销,作为企业与顾客之间的桥梁,推销人员负有维护双方利益的责任。也就是说,推销人员的工作任务是既要使企业获得满意的销售额,又要培养与顾客的感情联系,还要搜集有关的市场信息。具体来说有以下几点。

1. 携带资料,增进了解

推销人员走访顾客,除了传递信息之外,还可以将产品的有关资料或样品、模型等带给顾客,使顾客对企业产品的技术性能、用途及使用方法等有比较全面的了解。

2. 排除障碍,促成交易

推销人员走访顾客,不仅可促进双方的了解,而且通过直接洽谈购销业务,运用推销艺术和技巧,向顾客宣传介绍产品,消除顾客疑虑,排除障碍,说服顾客购买产品,达成交易。这是广告所起不到的作用。

3. 了解市场,反馈信息

推销人员经常在市场和顾客中活动,他们对市场的动向和顾客的反应比较了解,可及时把顾客对产品性能、质量、型号、规格、价格、交货时间等意见和要求以及使用后的感受等反馈信息报告给企业,实现双方的双向信息沟通。

4. 提供服务,促进销售

推销人员在走访顾客,推销产品的过程中,可向顾客提供各种服务,例如,提供咨询意见,给予技术帮助,承担某些维修工作等。解决顾客在使用本企业产品过程中出现的问题,尽量使顾客得以满足,赢得重复购买的机会。

5．兼做调查和预测工作

推销人员不仅要承担产品推销的任务,而且要兼做市场调查工作,并对市场需求的发展变化做出预测,为企业进行市场预测提供科学的依据。

推销人员要成功地完成推销任务,必须实现五种推销:①推销自己。让顾客接受自己,对推销员产生良好的印象,发生兴趣,进而产生信任感。②推销观念。通过与顾客的双向交流与沟通,改变、强化、顾客的价值观、认识事物的思维方式,使顾客接受新的观念。③推销知识。广泛介绍与产品相关的生活、生产知识,加强顾客的认识能力。④推销企业。对企业的了解,特别是在顾客的头脑中树立起企业的良好形象,是促成顾客购买的重要条件,尤其是生产资料的购买,企业形象就显得更为重要。⑤推销产品。

要成功地实现推销任务,推销人员就应该具备较高的素质和能力。

10.3.2　推销人员的素质

推销人员直接与广大顾客接触,他们是企业的代表,更是顾客的顾问和参谋,他们要走遍千山万水,要吃尽千辛万苦,要联系千家万户,要与千差万别的顾客打交道。所以,他们必须具备良好的政治素质、业务素质及身体素质,同时,也必须具有良好的适合推销工作的仪表、礼节和品格。只有这样,才能娴熟地运用自己的业务技巧,完成推销任务。

1．政治素质

(1) 具有强烈的事业心和责任感。推销人员应充分认识到自己工作的价值,热爱推销工作,对自己的工作充满信心,积极主动,任劳任怨地去完成推销任务。推销人员应对所在企业负责,为树立企业的良好形象和信誉作贡献,对顾客的利益负责,帮助顾客解决困难和问题。

(2) 具有良好的职业道德。推销人员必须以社会主义的道德标准严格要求自己,自觉遵守国家的政策、法律,自觉抵制不正之风,正确处理个人、集体和国家三者之间的利益关系,不损公肥私,不损人利己。

(3) 具有正确的推销思想。推销思想是推销人员进行推销活动的指南。正确的推销思想要求推销人员在推销工作中要竭尽全力地为国家、为企业着想,全心全意地为顾客服务,把顾客需要的满足程度视为检验推销活动的标准。

2．业务素质

推销人员是否具有良好的业务素质,直接影响其工作业绩。一般来说,良好的业务素质有两方面:一方面要掌握丰富的业务知识;另一方面要具有一定的推销能力。

(1) 业务知识。推销人员应掌握的业务知识包括:①企业知识。要熟悉本企业的经营方针和特点、产品种类和服务项目、定价策略、交货方式、付款条件和付款方式等。②产品知识。要了解产品的性能、用途、价格、使用方法、维修方法等,了解市场上竞争产品的优劣情况。③顾客知识。了解顾客的购买动机、购买习惯、购买条件、方法及购买地点,了解由何人掌握购买的决策权等。④市场知识。要了解市场的动向、现实和潜在的顾客需求情况等。⑤法律知识。要了解国家规范经济活动的各种法律,特别是与推销活动有关的经济法律。例如,《经济合同法》、《反不正当竞争法》、《产品质量法》、《商标法及专利法》等。

(2) 推销能力。推销人员应具备以下几方面的推销能力:①观察能力。推销人员在推销活动中,需要进行市场信息的搜集和处理。为此,必须具有敏锐的观察能力。②创造能力。推销工作是一种体力劳动与脑力劳动相结合的工作,是一种综合性、复杂性的工作,是一种创造性工作。创造过程首先是自我斗争过程,要无所畏惧,相信自己的创造能力,绝不因循守旧,亦步亦趋。在推销活动中,推销人员只有创造性地运用各种促销方式,才能发展新顾客,开拓新市场。③社交能力。推销人员应是开放型的,必须具有一定的社交能力。从某种意义上说,推销人员是企业的外交家,需要同各种顾客打交道。这就要求其具备与各种各样顾客交往的能力,能够广交朋友。④应变能力。在各种复杂的,特别是在突如其来的情况下,推销人员仅用一种姿态或模式对待顾客是很难奏效的,这就要求推销人员具有灵活的应变能力,做到在不失原则的前提下,实施一定的方式,从而达到自己的目的。⑤语言表达能力。在推销活动中,为了达到推销目的,推销人员必须向顾客宣传、介绍本企业的宗旨,本企业的产品,必须善于启发顾客,说服顾客,这就要求推销人员必须具有良好的语言表达能力。良好的语言表达能力表现在语言要清晰、简洁、明了,说话要抓住顾客的心理,针对顾客的需要,促使顾客产生强烈的购买欲望。

3. 身体素质

推销工作比较辛苦,要起早贪黑地东奔西走,交涉各种推销业务。这样既消耗体力,又消耗精力,而且食宿都没规律。这些无一不需要推销人员具有健康的体魄。此外,推销人员应注重自己的仪表和不凡的举止谈吐。推销人员应尽量用自己的仪表给顾客留下深刻的第一印象,为推销活动打下良好的基础。

10.3.3 推销设计

1. 推销人员数量的确定

推销人员的数量与销售额之间存在相关关系,一般来说,推销人员增加会使企业销售额得以增加。但销售额的增加并不是随着推销人员的增加而成比例增加。

销售人员的数量确定,一般可采用以下两种方法:

(1) 工作量法。就是根据企业销售工作量来决定销售人员的数量,其计算公式为:

$$S = (C_1 + C_2)VL/T$$

式中:S——销售人员数;

$\quad\quad C_1$——现有顾客的数量;

$\quad\quad C_2$——潜在顾客的数量;

$\quad\quad V$——平均每年访问顾客(现有和潜在)的次数;

L——每次访问的平均时间(单位：小时)；

T——每个销售人员用于推销的有效工作时间(单位：小时)。

如果对现有顾客与潜在顾客每年访问的次数和每次访问平均所需要的时间不相同，并用 V_1 和 V_2 表示对现有顾客和潜在顾客每年访问的次数，L_1 和 L_2 分别表示对现有顾客和潜在顾客每次访问平均所需要的时间，则上述公式变为：

$$S = C_1 V_1 L_1 + C_2 V_2 L_2 T$$

(2) 增量法。就是随着销售地区的扩大或销售量的增加而逐步增加推销人员数量。但这种增加并不是按直线关系，而应根据企业的实际情况决定。这种方法适用于原有销售力量比较薄弱，而销售地区和销售量日益增加，需要不断增加销售力量的情况。

2. 推销人员的分派设计

推销人员的分派通常有以下四种方式：

(1) 按地区分派推销人员。就是分配每个推销人员负责一个或几个地区的销售任务，在该地区代表企业推销所有的产品。这种分派方式的优点是：责任明确，此地区由某推销人员专人负责，他必须对这个地区销售工作承担全部责任，这样有利于地区间开展销售竞赛，以提高推销效果；由于推销人员经常固定在一个或几个地区工作，比较熟悉当地目标市场情况，能同原有的顾客建立密切联系，也比较容易发现新顾客，扩大产品的销售量；由于推销人员固定在一个或几个地区活动，可节省许多交通费用。这种方式仅适用于企业产品单一，或虽有多种产品，但产品的关联性强的企业。

(2) 按产品类别分派推销人员。这是一种比较常见的方式。当一个大型企业生产很多种技术复杂的产品，各种产品在技术上又有很大差别，一个推销人员难以熟悉几种不同的产品时，可按照产品类别分派推销人员。这种分派方式的主要优点是：推销人员容易熟悉所推销的产品，适于推销技术复杂的产品。

(3) 按用户类型分派推销人员。这种方式比较复杂，可以按行业分派；按新老用户分派；按批发商或零售商分派；按用户规模分派等。这种分派方式最明显的优点是：有利于推销人员掌握顾客的购买特点和购买规律，有针对性地满足顾客的需求。

(4) 复合式分派。就是把多种分派方式有机结合起来，如地区和产品的结合、地区和用户的结合、产品和用户的结合及地区、产品和用户的结合等。这种分派方式的优点是：适用性和灵活性强。但组织管理较复杂，对推销人员的要求较高。适于产品品种繁多，顾客复杂，销售区域分散的情况。

10.3.4 推销技巧

推销人员的推销技巧，主要表现为有效的推销过程。有效的推销过程应包括以下步骤。

1. 寻找顾客

推销过程的第一步是识别潜在顾客。推销人员需要具有寻找线索的技能，诸如向现有顾客打听潜在顾客的名字；培养其他能提供线索的来源，如供应商、经销商、非竞争企业销售人员等;参加潜在顾客所在组织;查阅各种资料来源,如企业、事业名录,电话簿等寻找名字;用信函、电话追踪线索;从事能引起人们注意的公共关系活动;拜访各种企业和单位办公室等。推销人员还应对获得的潜在顾客线索进行检查,核对其对企业产品或服务是否有需要、有无支付能力、特别要求、营业量、交易的可能性等,淘汰不符合要求的线索,寻找合格的潜在顾客。

2. 接触前准备

推销人员应通过各种渠道尽可能广泛搜集潜在顾客的信息,诸如需要什么,有哪些人参与购买决策,采购人员的个性特征和购买风格等;确定访问目标,比如鉴定潜在顾客的资格,沟通信息;确定访问方法,是亲自拜访、电话访问还是写信联系,考虑最好的访问时机;制定详细的推销策略及方案等。

3. 接近顾客

这是实际推销过程的前奏。许多推销人员的经验告诉我们:成功的推销,首先应让顾客自然而然地接受你。推销人员应对顾客彬彬有礼,整个谈话的内容应明白准确,从而使双方关系有一个良好的开端,为顺利转入销售打好基础。

4. 销售介绍

寒暄过后,就要适时转入销售介绍阶段。推销人员的销售介绍应大体上遵循"AIDA"公式,通过吸引注意力、引起兴趣、激发欲望和导致行动。推销人员销售介绍应始终强调顾客利益,告知产品特点和效用。常用的销售介绍方法有以下三种:

(1) 刺激—反应法。这种方法要求销售人员事先准备好几套介绍词,通过适当的刺激性言辞、图片、条件和行动,来刺激顾客购买欲望,说服顾客购买。

(2) 需要—满足法。这种方法开始先启发引导顾客多说话,以便发现顾客的真正需要。接着再插进推销介绍词,努力证明自己的产品如何能满足这些需要。这是一种"创造性推销",对推销人员要求高,要求推销人员知识丰富、思维敏捷、熟悉产品、善于倾听别人意见,能根据顾客的爱好随时调整谈话内容,迅速解决问题。

(3) 程式法。这种方法也是以刺激—反应原理为基础,但事先已基本了解顾客的要求和购买风格,可以事先准备好相应的介绍词。开始交谈时要引导顾客说出自己的需要和态度,接着就有意识地控制谈话,应用程式化的介绍词,说明产品如何能满足他们的需要,推动达成交易。

销售介绍除推销人员讲解外,还可以借助小册子、挂图、幻灯片、录音、录像和样品等辅助工具进行示范介绍,使购买者亲眼看见或亲手操作该产品,能更好地记住产品的特点和好处。

5. 排除异议

推销人员在介绍产品或要求订货时,顾客可能会有所抵触,诸如对某些产品特点存在异议,怀疑产品的价值,不喜欢推销的条件,或表示对公司缺乏信任等。推销人员应具有面对这些抵触的能力,采用积极的方法,通过自己的介绍,排除各种异议,甚至把异议转变为购买的理由。

6. 达成交易

导致购买行为是推销介绍产品的最高目的。有些推销人员无法达成交易,常常是因缺乏信心,对要求顾客订货难以启齿或者是不会把握成交的恰当时机。推销人员应当会识别顾客发出的可以成交的信号,包括顾客的身体动作、说明或评论和提出的问题;学会几种达成交易的技巧,或者说明如果不成交顾客将会受到什么损失;也可给顾客提供各种特殊的诱因,如特价、赠送礼品等以劝导成交。

7. 售后工作

这是确保顾客满意,获得重复购买,建立长期合作关系必要的最后一步,成交后应立即着手准备好有关履约的交货时间、购买条款和其他事项等具体工作。推销人员在接到订单后,要制定售后工作访问日程表,以确保有关安装、指导、技术培训和维修等售后服务工作得到妥善安排。

案例分析

最伟大的推销员乔·吉拉德

乔·吉拉德(Joe Girard)是世界上最伟大的销售员,他连续12年荣登世界吉尼斯纪录大全世界销售第一的宝座。他所保持的世界汽车销售纪录为:连续12年平均每天销售6辆车,至今无人能打破。乔·吉拉德的推销业绩如此辉煌,他的成功秘诀是什么呢?

1. 250定律:不得罪一个顾客

在每位顾客的背后,都大约站着250个与他关系比较亲近的人:同事、邻居等。如果一个推销员在年初的一星期里见到50个人,其中只要有两个顾客对他的态度感到不愉快,到了年底,由于连锁影响就可能有5 000个人不愿意和这个推销员打交道。这就是吉拉德的250定律。因此,他得出结论:在任何情况下,都不要得罪顾客哪怕是一个顾客。

2. 名片满天飞:向每一个人推销

每一个人都使用名片,但吉拉德的做法与众不同:他到处递送名片,在餐馆就餐付账时,他要把名片夹在账单中;在运动场上,他把名片大把大把地抛向空中。吉拉德认为,每一位推销员都应设法让更多的人知道他是干什么的,销售的是什么商品。这样,当他们需要他的商品时,就会想到他,这种做法帮他做成了一笔笔生意。

3. 建立顾客档案:更多地了解顾客

如果顾客对你抱有好感,你成交的希望就增加了。要使顾客相信你喜欢他、关心他,那你就必须了解顾客,搜集顾客的各种有关资料。吉拉德中肯地指出:"如果你想要把东西卖给某人,你就应该尽自己的力量去收集他与你生意有关的情报……不论你推销的是什么东西。如果你每天肯花一点时间来了解自己的顾客,做好准备,铺平道路,那么,你就不愁没有自己的顾客。"

4. 猎犬计划:让顾客帮助你寻找顾客

吉拉德认为,干推销这一行,需要别人的帮助。他的很多生意都是由"猎犬"(那些会让别人到他那里买东西的顾客)帮助的结果。吉拉德的一句名言就是"买过我汽车的顾客都会帮我推销"。在生意成交之后,吉拉德总是把一叠名片和猎犬计划的说明书交给顾客。说明书告诉顾客,如果他介绍别人来买车,成交之后,每辆车他会得到 25 美元的酬劳。几天之后,吉拉德会寄给顾客感谢卡和一叠名片,以后至少每年那名顾客都会收到吉拉德的一封附有猎犬计划的信件,提醒他吉拉德的承诺仍然有效。如果吉拉德发现顾客是一位领导人物,其他人会听他的话,那么,吉拉德会更加努力促成交易并设法让其成为猎犬。实施猎犬计划的关键是守信用——一定要付给顾客 25 美元。吉拉德的原则是:宁可错付 50 个人,也不要漏掉一个该付的人。猎犬计划使吉拉德的收益很大。

5. 推销产品的味道:让产品吸引顾客

每一种产品都有自己的味道,吉拉德特别善于推销产品的味道。与"请勿触摸"的做法不同,吉拉德在和顾客接触时总是想方设法让顾客先"闻一闻"新车的味道。他让顾客坐进驾驶室,握住方向盘,自己触摸操作一番。吉拉德认为,人们都喜欢自己来尝试、接触、操作,人们都有好奇心。不论你推销的是什么,都要想方设法展示你的商品,而且要记住,让顾客亲身参与,如果你能吸引住他们的感官,那么你就能掌握住他们的感情了。

6. 诚实:推销的最佳策略

诚实,是推销的最佳策略,而且是唯一的策略。但绝对的诚实却是愚蠢的。推销容许谎言,这就是推销中的"善意谎言"原则,吉拉德对此认识深刻。诚为上策,这是你所能遵循的最佳策略。可是策略并非是法律或规定,它只是你在工作中用来追求最大利益的工具。因此,诚实就有一个程度的问题。推销过程中有时需要说实话,一是一,二是二。说实话往往对推销员有好处,尤其是推销员所说的,顾客事后可以查证的事。

吉拉德善于把握诚实与奉承的关系。尽管顾客知道吉拉德所说的不尽是真话,但他们还是喜欢听人拍马屁。少许几句赞美,可以使气氛变得更愉快,没有敌意,推销也就更容易成交。

7. 每月一卡:真正的销售始于售后

吉拉德有一句名言:"我相信推销活动真正的开始在成交之后,而不是之前。"推销是一个连续的过程,成交既是本次推销活动的结束,又是下次推销活动的开始。推销员在成交之后继续关心顾客,将会既赢得老顾客,又能吸引新顾客,使生意越做越大,客户越来越多。"成交之后仍要继续推销",这种观念使得吉拉德把成交看做是推销的开始。吉拉德在和自己的顾客成交之后,并不是把他们置于脑后,而是继续关心他们,并恰当地表示出来。

吉拉德每月要给他的1万多名顾客寄去一张贺卡。一月份祝贺新年,二月份纪念华盛顿诞辰日,三月份祝贺圣帕特里克日……凡是在吉拉德那里买了汽车的人,都收到了吉拉德的贺卡,也就记住了他。正因为吉拉德没有忘记自己的顾客,顾客才不会忘记乔·吉拉德。

10.3.5　推销人员的管理

1. 推销人员的招聘与选择

企业销售工作若想获得成功,关键是招聘和选择优秀的推销人员。普通的推销人员与优秀的推销人员相差甚远,若错用推销人员,所造成损失可能更大。因此,企业应慎重地招聘和选择推销人员。

(1) 推销人员的招聘。企业招聘推销人员可从以下两方面进行:①企业内部。有些本企业的员工虽然过去没有做过推销工作,但在长期的工作实践中,熟悉本企业的战略和策略,熟悉本企业的经营情况,而且品德端正,作风正派,又比较热爱推销工作,能力也比较强。企业可将其调至推销部门实践,使他们成为好的推销人员。②企业外部。可从经济类中专或大专院校毕业的学生中招聘推销人员;可从报纸杂志的人才广告中发现要招聘的推销人员;可从职业介绍所招聘推销人员。

(2) 推销人员的选择。选择推销人员,一般来说,主要应掌握以下几点:①德才兼备。"德"主要指思想品德,职业道德;"才"主要指知识水平和各种推销能力,即业务素质。②不拘一格。在选择推销人员时,应根据推销任务和工作需要,科学地、客观地进行选择,要冲破旧的、僵化的思想观念束缚,树立现代观念。为此,应明确两个问题:资历不等于能力。要考虑有一定的资历,但又不能单看资历,着重看实际推销能力;文凭不等于水平。要注意有一定的文凭,但又不唯文凭,着重看实际知识水平和工作才能。③知人善任。"知人"指既要知其长处,也要知其短处;"善任"指要善于发挥其长处,克服其短处,即用其长而避其短。

2. 推销人员的培训

在选聘工作结束之后和新推销人员上岗之前,必须进行系统的培训,使其具备本企业产品销售的基本知识和基本技能,尽快熟悉和掌握推销工作。对于原有的推销人员,为了使他们能够适应新形势的需要和不断提高他们的业务素质,也应定期加以训练。对于推销人员的培训,要有周密的培训计划和明确的培训目标,安排好训练内容,安排好师资力量,准备必要的设备和资料。培训目标是:提高推销人员的政治素质和业务素质,使每个推销人员树立全心全意为顾客服务的思想,具有顺利完成推销工作任务的基本知识和基本技能,能够以最优良的服务工作,生动、热情、耐心、周到地为顾客服务,建立企业与顾客联系紧密的新型关系。

培训内容要根据企业市场营销策略的特点和推销人员的实际情况来确定。概括地讲,推销人员的培训内容主要有:

(1) 企业知识培训。企业知识培训包括企业发展历史、经营方针和各项策略、组织结构和人事制度、经营现状和利润目标及长远发展规划等,通过培训,使推销人员对企业面貌有个概括了解,以激励他们更好地为企业发展服务。

(2) 产品知识培训。产品知识培训包括产品的设计制造过程、产品质量、产品的技术性能和主要特点、产品的用途以及产品的使用维护方法等。只有全面掌握这些知识,才能向顾客准确地宣传本企业的产品能满足他们哪些方面的特殊需要,熟练地解释和回答有关产品方面的疑虑问题,有说服力地劝说顾客购买。

产品知识介绍还包括竞争者的产品。只有熟悉竞争者产品的技术性能、优缺点等,才能在推销中实事求是地进行比较、介绍本企业产品的优点和长处。

(3) 市场知识培训。市场知识培训包括介绍企业顾客的基本情况,如顾客的地区分布、经济收入、购买动机和购买习惯,企业的市场开发战略及竞争对手的策略和政策。只有让推销人员掌握这些情况,才能继续保持同原有的顾客的联系,并寻找新顾客,提高推销效率。

(4) 推销技巧培训。这是对推销人员进行培训的关键内容。通过推销技巧的培训,使推销人员懂得如何做好推销工作,学会安排销售计划和分配时间,访问可能的顾客,揣摩顾客心理,注意推销介绍时的语言艺术和人际交往技巧,处理和应付推销时遇到的困难,听取顾客的意见,注意个人举止行为和仪表风度等。

对于推销人员的培训既要重视理论教学,又要重视现场实践教学,特别是要在有经验的优秀推销人员带领和指导下进行现场实习。

3. 推销人员的激励

企业中的任何员工都需要激励,推销人员亦不例外。企业必须建立激励制度来促使推销人员努力工作。

(1) 销售定额。企业的通常做法是订立销售定额,即规定推销人员在一年内应销售产品的数量,并将推销人员的报酬与定额完成情况挂钩。

(2) 推销人员的报酬。认真贯彻按劳付酬原则,建立合理的报酬制度,对于调动推销人员的积极性,提高推销效率,扩大产品销售有着重要作用;反之,若报酬制度不合理,则可能挫伤推销人员的积极性。推销人员的报酬应因人而异,多劳多得,对于真正优秀的、推销业绩卓著的推销人员,应实行重奖。报酬形式可采取工资制、佣金制或者两者相结合的制度。

4. 推销人员的业绩评价

推销人员的业绩评价是企业对推销人员工作业绩的考核与评估。它不仅是企业给推销人员分配报酬的依据,也是企业调整市场营销战略、促使推销人员更好工作的基础。推销人员业绩评价的主要指标有:销售数量、销售增长率、访问顾客的次数、新增顾客的数量、销售定额完成率、推销费用率等。

10.4　营业推广策略

营业推广被誉为现代营销的开路先锋,亦称销售促进或特种推销,是指除人员推销、广告和公共关系宣传之外能有效地刺激顾客购买、提高交易效率的种种促销活动。营业推广的范围较广,包括陈列、展示和展览会、示范表演和演出以及种种非常规的、非经常性的推销活动。一般用于暂时的和额外的促销活动,是人员推销和广告的一种补充。

企业在采用营业推广策略进行促销时,一般要做出三项基本决策:确定营业推广的目标;选择营业推广的形式;制定与实施营业推广方案。

10.4.1　营业推广目标

营业推广目标的确定取决于企业的整体营销战略和目标市场的类型。概括而言,企业营业推广的目标有三类:针对顾客、针对中间商和针对推销人员。

1. 针对顾客的营业推广目标

主要包括:鼓励老顾客更多地反复购买;吸引新顾客使用本企业产品;争夺竞争对手的顾客。

2. 针对中间商的营业推广目标

主要包括:鼓励中间商采购企业新产品,大批量进货,扩大库存量,特别是季节性产品;争取新的中间商;鼓励中间商长期经销本企业产品,开拓新市场,推销积压产品等。

3. 针对推销人员的营业推广目标

主要包括:鼓励推销人员积极工作,努力开拓市场;增加产品的销售量。特别需要说明的是,针对推销人员的营业推广不仅指企业对本企业推销人员的营业推广,还包括对中间商的推销人员的营业推广。

10.4.2　营业推广形式

营业推广的形式很多,主要有以下三类。

1. 对顾客营业推广的形式

(1) 样品。即向顾客赠送免费试用的产品,通过试用,使其了解产品效果,传播信息以争取扩大销售量。通常是提供少量的使用品,其分量近似顾客认识产品的利益所在。例如,小包装的洗发水。这是一种极有效的推广方式,也是费用较昂贵的方式之一。

(2) 优惠券。即送给顾客的一种购货券,持有者可按优惠价格购买某特定产品。这种优惠券可直接寄给顾客,亦可附在其他产品或广告中。

(3) 付现金折款(或称退款)。此种形式同优惠券的差别是减价发生在购买之后,顾客可把指定的"购物证明"寄给企业,由企业寄回"退还"部分购货款。

（4）特价包装。是以低于平常产品的价格向顾客供应产品,这种价格通常在标签或包装上标明,有减价的包装或组合包装。特价包装对刺激短期销售额效果很佳。

（5）礼品券。顾客购买一定金额的礼品券馈赠亲友祝贺喜庆,受礼者可持券到发券企业选购自己喜爱的同价值的产品。这种方式方便了送礼者,受礼者也得到了实惠。对企业则更为有利。

（6）赠品印花。顾客在购买产品时,商店送给一定张数的交易印花,待凑足若干张时即可兑换某一件产品。

（7）馈赠。顾客购买高档家具、电器、金银首饰时,商店馈赠一定价值的产品予以鼓励。例如,顾客购买 VCD,馈赠几张光盘。国内许多企业时常采用此方式,其效果明显。

案例分析

花旗银行的营业推广

在一个竞争越来越激烈的银行业市场上,纽约的花旗银行重新使用 10 多年来没有用过的奖赠激励。不过,为了激励忠诚顾客和留住顾客而使用奖赠激励,比对所有顾客都采用赠品要明智得多。花旗银行为新开户的顾客提供 100 美元的现金,前提是在得到该现金之前,用户必须通过在线花旗银行支付货币。银行发现,在线付款的顾客相对来说更是忠诚顾客,并且会使用公司服务,所以应该给他们一些奖励。

2. 对中间商营业推广的形式

（1）价格折扣。企业为争取中间商多购进本企业产品,在特定时间内,购进一定数量的产品,予以一定金额的折扣。

（2）推广津贴。中间商为产品作了广告宣传,企业对此给予的费用补偿。

（3）承担促销费用。企业为中间商分担部分市场营销费用,如广告费用、摊位费用等。

（4）产品展览。利用产品的展销、展示、展览及订货会等机会陈列产品。

（5）销售竞赛。根据各个中间商销售企业产品的业绩,给予优胜者不同的奖励。

3. 对推销人员营业推广的形式

对推销人员最为有效的方式是销售提成;还可以进行销售竞赛,对于销售能手在给予物质奖励的同时,予以精神奖励;为推销人员提供较多的培训学习的机会,为其进一步发展奠定基础。

10.4.3　营业推广方案

1. 营业推广方案的制定

制定营业推广方案要考虑鼓励的规模、推广的途径、持续时间、选择推广的时机以及推广经费预算等。

2. 营业推广方案的实施

在执行方案前先进行试点效果测试，来确定鼓励规模是否最佳，推广形式是否合适，途径是否有效。试点成功后再组织全面实施营业推广方案。在执行过程中，要实施有效的控制，及时反馈信息，发现问题，要采取必要措施。调整和修改原订方案。

3. 营业推广方案的效果评估

最常用的方法是比较推广前、推广中、推广后的销售额数据，以评估其效果，总结经验教训，不断提高营业推广的促销效率。

10.5　公共关系策略

良好的形象是企业宝贵的财富，公共关系就是要给企业和产品塑造出颇具魅力的形象，以引起顾客的好感。公共关系是一门研究如何建立信誉，从而使企业获得成功的学问。即企业利用各种手段，在企业和社会公众之间建立相互了解和信赖的关系，以树立其企业良好的形象和信誉，取得顾客的好感、兴趣和信赖，赢得顾客的信任和支持，为营销创造一个良好的外部环境。不断提高企业的信誉和知名度，促进企业产品的销售。

10.5.1　公共关系的概念与作用

1. 公共关系的概念

公共关系(public relations)，又称为公众关系，简称公关。它是指企业有计划地、持续不懈地运用沟通手段，争取内外公众谅解、协作与支持，建立和维护优良形象的一种现代管理职能。

从动态来看，公共关系是一种活动，即一个企业为了创造良好的社会环境，争取公众支持，建立和维护优良形象而开展的公共关系活动。当人们发现公共关系的客观存在，公共关系状态优劣关系到企业生存和发展时，便有意识地、自觉地、有计划地采取各种有效手段开展公共关系活动，改善公共关系状态，充分发挥公共关系在成就事业方面的积极作用。

从一门学科来看，公共关系则是通过揭示公共关系状态的本质和公共关系活动的规律，探索企业运用传播沟通等手段使之与自己的公众相互了解、相互协调，以实现企业目标的一种管理理论，即公共关系学。

2. 公共关系的作用

企业作为社会组织的重要组成部分,它的公共关系好坏,直接影响着企业在公众心目中的形象,影响着企业市场营销目标的实现。从市场营销角度来讲,公共关系有以下作用:

(1) 直接促销。企业公共关系可在新闻传播媒介中获得不付费的报道版面或播放时间,实现企业特定的促销目标。

(2) 间接促销。企业在把社会利益和公众利益放在第一位,在不断提高产品质量和服务质量的前提下,通过有计划地、持续不断地传播和沟通、交往与协调、咨询与引导等公共关系的职能活动,就会不断提高信誉和知名度,不断塑造优良的企业形象和产品形象,赢得公众理解和信任。企业生产的产品形象好、信誉高,必然会提高吸引力和竞争力,就能间接地促进产品销售。

(3) 发挥有效管理的职能。企业的公共关系能与内部公众和外部公众进行双向信息沟通,协调好企业与内部和外部公众的关系,能防止和缓和企业与内外公众之间的各种矛盾,真正取得谅解、协作和支持,达到"内求团结、外求发展"的目的。

3. 公共关系的对象

公共关系的对象很广,包括消费者、新闻媒体、政府、业务伙伴等。公共关系的对象是广泛而复杂的。企业开展公共关系活动,首先要认清企业公共关系的对象,然后才能有针对性地进行。

10.5.2 公共关系的活动方式

企业的公共关系与企业规模、活动范围、产品类别、市场性质等密切相关,不同的企业不可能有相同的模式。概括起来,企业公共关系的活动类型常见的有以下几种方式。

1. 新闻宣传

主要是把具有新闻价值的企业活动信息和产品信息通过新闻媒介予以宣传报道,以引起顾客对企业和企业产品的注意。这种免费促销手段不仅比广告节省开支,而且由于新闻报道的客观公正性,也比广告可信度高,其效果会远远超过广告。所以,企业要特别注意协调好与新闻媒介的关系。

2. 建立广泛的联系

企业应与各界建立广泛的联系,这是企业为增进与各界相互了解,协调好与各界关系的联络与活动。通过举办展览会、各式招待会、舞会、宴会,组织参观游览,邮寄节日卡和贺年卡以及往来接待等,加强联系。开展好这些活动有利于塑造企业形象,而且有利于消除误解和分歧。

3. 赞助和支持公益活动

这是以改善形象为目的的公共关系活动。作为社会的一员,企业有义务在正常的范围内,参与社会公益事业和赞助活动。诸如,关心城市建设和环境保护、赞助体育和文艺活动、节日庆祝、给教育及学术研究等基金会捐赠、为希望工程捐款等。这些活动为万众瞩目,新闻媒体会广泛报道,企业从中得到特殊利益,以赢得各界的信任,提高企业知名度和美誉度。

4. 提供特种服务

企业的营销目的是在满足顾客需求的基础上获得利润。为此,企业应提供特种服务,满足顾客的特殊需求。例如,向顾客提供安全可靠性服务,为顾客办理产品质量保险,为顾客排忧解难,提供及时性服务等。

案例分析

吉利汽车的公关策略

中国民营汽车制造商吉利汽车公司为谋求发展,在 2001 年,有针对性策划了两次新闻公关活动,以消除消费者对吉利汽车空间小、安全性差的偏见。2001 年 1 月,车厢体积为 8.42 立方米的吉利汽车装进了 20 人,仍然能平稳启动,创下了该项目的吉尼斯世界纪录;2001 年 3 月,吉利美日 MR6370A 经济型轿车在清华大学成功完成安全碰撞试验,成为中国第一辆顺利通过碰撞试验的配置双安全气囊经济型轿车。这两次策划,具有很强的新闻性,因而被媒体广泛报道,这使吉利汽车赢得了不少好的口碑。也正是从 2001 年起,吉利汽车进入了一个快速发展期。

本章小结

促销作为一项重要的营销活动,其实质与核心就是沟通信息,目的是引发、刺激消费者产生购买欲望。促销的方式多种多样,主要有广告、人员推销、营业推广和公共关系等四种形式。各种促销形式各具特色,企业应根据促销目标、产品、市场、促销预算等因素予以组合,形成适合本企业的促销组合策略,并应根据客观环境的变化而进行动态的调整。

思考题

1. 什么是促销组合? 企业制定促销组合策略应考虑哪些因素?
2. 广告媒体有哪些? 如何选择广告媒体?

3. 人员推销的任务和作用是什么？

4. 营业推广的形式有哪些？

5. 公共关系有哪些积极作用？

案例分析

维 珍 集 团

20 世纪 70 年代,著名的传统颠覆者理查德·布兰森(Richard Branson)以他首创的维珍唱片公司(Virgin Records)在英国舞台上掀起了一阵风暴。他签下了许多不知名的艺术家,开始了一场延续至今的"马拉松公开赛"。虽然理查德·布兰森已经售让出维珍唱片(1992 年以近 10 亿美元的价格卖给了 Thorn EMI 公司),但他已在世界范围内创办了超过 200 家公司。2005 年维珍集团(Virgin Group)财报显示总销售额为 25.751 亿美元,比上年同期增长 37.3%;净利润为 4 070 万美元,增长 889.6%;员工总数为 7 479 人,增长 10%。

作为英国最大的私营公司,维珍集团涉及的行业达 220 多个,"维珍"(Virgin)这一品牌(英国最受尊敬品牌榜第 3 位),以及布兰森的个人风格,已经在其 200 多家公司中刻下了深深的烙印。"维珍"的名字出现在各种各样的产品和服务中,比如航空、铁路、金融、软饮料、音乐、移动电话、度假、汽车、酒、出版甚至婚纱业。维珍品牌在英国的认知率为 96%。尽管涉足多个产业,但在金钱、质量、创新、娱乐和竞争理念上都体现着它们的共同价值。维珍集团仍然在顾客因竞争者自满而没有得到充分服务的市场中寻找新的机会。布兰森习惯于将这些与顾客敌对的竞争者称作"大灰狼"。他说:"只要我们找到他们,我们就有很大的机会在这一领域中比竞争对手做得更好。我们将给予顾客竞争者所没有的信赖、创新和友谊。"

举例而言,布兰森开创了维珍大西洋航空公司(Virgin Atlantic)以取代之味的、价格过于昂贵的英国航空公司(British Airways)。作为一位常常有惊人表演的推广大师,布兰森在一个极好的场合宣布了开创这家航空公司的消息,从而达到了免费广告的效果:1984 年 2 月 28 日,他身穿第一次世界大战时的飞行服,宣布维珍大西洋航空公司的开张。1984 年 6 月 22 日,他乘坐满载媒体人士和祝贺人士的飞机开始了新航线的首次飞行。此次飞行配备了铜管乐队,打着白色领结、穿着燕尾服的来自 Maxim 公司的服务员,以及免费香槟。这场空中派对吸引了世界媒体的争相报道,相当于做了价值百万美元的免费广告。布兰森了解记者的工作,如果他能给他们一个可以接受的理由,他们是很乐意报道他的新闻的。

同样,当 1988 年布兰森在美国推出他的维珍可乐(Virgin Cola)时,他更是把军用坦克开上纽约第五大道,因此成为各大网络早间电视节目的采访对象。2002 年,布兰森为了宣传他的移动电话业务,把自己吊在起重机上跳进了时代广场。2004 年,为了将一种被称作维珍脉搏(Virgin Pulse)的 CD 随身听引入市场,他在纽约一个夜总会身穿颜色鲜艳的紧身衣,手中拿着 CD 随身听,模仿成宝石家族,再次成为中心人物。

维珍集团就是在这一次次的商业冒险中成长起来的。"当维珍进入一个行业时,我们不是延续一个传统，而是进行一次全新的再造过程，"布兰森说，"我们本质上就是一个冒险型的投资机构：这是一种烙印。"维珍集团不仅给布兰森新兼并的公司以财务上的支持，更重要的是为其提供了强大的品牌资源和管理支持。布兰森通常持有以维珍为品牌的公司51%的股权，但他始终坚持高度分权的扁平化的组织结构，以保证他的员工能参与决策。

虽然布兰森避免采取传统的市场研究的方法，代之以"想到了就去做"的态度，但他还是与长期的顾客保持着紧密的联系。最初建立大西洋航空公司的时候，布兰森每月会邀请50位顾客与他进行交流和反馈。他还经常在机场与顾客进行交流，并且每当航班延误时，他总会为顾客送上礼品，不是维珍卡就是某一航班的折扣券。

维珍的营销攻势包括出版物和电台广告、直邮以及销售点资料。比如维珍手机，就是以明信片的广告方式为顾客购买新产品提供折扣。

为了识别维珍网络电台的听众群，维珍集团特意创建了一个VIP俱乐部。听众只要提供他们的邮政编码就可以加入俱乐部，这样维珍网络电台就可以像地方性电台那样针对特定的听众群体以及特定的地区进行推广活动了。理查德·布兰森曾经作为"嬉皮士资本家"而广为人知，虽然他现在已被英国皇室授予了爵位，但他依旧以其不同凡响的风格出现在各种场合并寻觅新的商业机会。2005年英国《金融时报》公布了最新的"全球最受尊敬商业领袖"排名，维珍集团的理查德·布兰森在全球50位顶尖企业家中排名第七位。布兰森常常援引他朋友的一句忠告："如果你没有给别人以足够的重视，他们就不会再关注你的下一次表演了。"

讨论题：

1. 维珍集团在实施促销时具体包括哪些营销组合策略？

2. 你认为维珍集团可能存在哪些问题？你将会给维珍集团的高级营销人员什么样的建议？

第**11**章 营销活动的管理

惠普公司的组织结构调整

惠普公司在全球拥有 400 多个分公司,80 多种产品。其企业组织结构按产品类别建立,再根据职能划分部门,如市场、销售、服务、研究开发等。80 多种主要产品就有 80 多个销售总经理、80 多个生产厂厂长、80 多个市场总经理、80 多个财务总经理。1999 年,44 岁的卡莉·菲奥莉娜出任惠普 CEO,开始了惠普的改革,她决心按照客户种类和需求把组织结构改造为全面客户体验的服务模式。经过 2 个多月,卡莉将惠普的销售部门按不同客户重新划分为全球客户、大客户、中小客户等部门;把从事技术研究和生产的部门重组成三个大的部门,即与计算资源与计算设备相关的计算系统部,与图像处理及打印相关的图像及打印系统部,与信息终端相关的消费类电子产品部。改革后,每一位销售人员所代表的都是惠普公司全线的产品和服务,在客户从选购到安装、调试、培训、使用,再到升级、发展整个过程中都有专人与客户保持互动关系。

组织结构调整后,卡莉开始进行另一项大动作。2001 年 9 月 4 日,惠普对外宣布并购康柏。备受世界关注和争议的并购案历时 8 个月后,2002 年 5 月 6 日,HPQ 新代码在纽约证券交易所正式挂牌交易,开始了新惠普时代。合并后的新惠普成为全球最大的计算机和打印机制造商,同时也是全球第三大技术服务供应商。新惠普在 2002 年的营业额达到 817 亿美元,仅次于蓝色巨人 IBM 的 900 亿美元。

事实印证了"1+1>2",新惠普比合并前两个公司单纯相加更好。2003 年 5 月 6 日,在加州圣何塞市举行的惠普与康柏合并一周年庆祝会上,新惠普推出了一项新战略——"动成长企业"战略,主要瞄准惠普的最大客户群,强调在多变的商业环境中协助企业找寻更可靠灵活且具有最高 IT 投资回报率的方案,包括服务、软件、解决方案及一套参考性架构,让企业以科技系统适应新的商业环境。新惠普表示,公司现已取得 P&G、诺基亚、阿尔卡特等大客户的认同,并争取到思科、SAP、甲骨文等公司加入到"动成长企业"的行列。"动成长企业"战略是"惠普科技、成就梦想"宣传计划的跟进战略,在未来惠普还将推出一系列新的战略。

本章主要研究营销活动的管理,具体包括营销计划管理、营销组织管理、营销绩效管理等内容。通过本章的学习,掌握市场营销计划的基本内容,了解市场营销组织的基本类型,掌握如何控制市场营销绩效,以及如何进行市场营销审计。

主要知识点

市场营销计划　市场营销组织　市场营销控制　市场营销审计

营销活动的管理就是对企业已经确定的市场营销战略和市场营销策略组织实施的过程,以确保已制定的市场营销战略和各项策略的实现。通过制定切实可行的营销计划,建立合理、高效的营销组织、对营销计划的执行实施有效的控制及其审计。

11.1　市场营销计划

营销活动涉及什么人在什么地方、什么时候、怎么做的问题。营销需要制定有效的营销计划。编制营销计划是企业营销管理的重要任务之一。市场营销计划的目标在于识别和创建可持续的竞争优势,它是实现企业既定营销目标的战略与战术形式。

企业的市场营销计划,在企业的计划体系中,处于极其重要的地位。也就是说,企业内部的各种计划,如生产计划、财务计划、原材料供应计划、技术改造计划等,都要以市场营销计划为依据,都要以市场营销计划为中心。例如,编制生产计划时,要根据市场营销计划,决定在计划期内,企业应生产何种产品及生产的数量。

制定企业营销计划要与企业的整体战略保持一致。例如,企业发展战略中将建立跨行业、跨地区的企业集团作为发展目标,那么,企业的营销计划就必须在营销计划中充分体现该战略思想。

11.1.1　营销计划的内容

不同的企业,其市场营销计划的基本内容不同、计划的详略程度不同,但就大多数企业而言,市场营销计划应包含以下 9 个方面的内容:

1. 计划摘要

计划摘要是对营销目标和措施的简短说明,目的是使企业高级管理层迅速抓住营销计划的要点。例如,红日商店年度营销计划摘要是:2009 年度计划销售收入为 1 000 万元,利润是 120 万元,比 2008 年增长 8%。此目标经过改善服务,调整营销策略,是可实现的。为达到此目标,预计 2009 年的营销费用要达到 20 万元,占销售收入的 2%,比2008 年提高 10%。

2. 当前市场与行业状况

这部分主要展现市场、行业以及宏观环境因素影响有关的情况。具体包括:

（1）市场基本情况。市场的规模、增长率，顾客需求状况。例如，大连服装市场近年的销售额及年增长率，大连消费者对服装需求的变化情况等。

（2）行业基本情况。主要包括行业的现状及其未来发展趋势有关方面的概况。

（3）宏观环境情况。描述宏观环境的现状及其发展趋势。诸如人口环境、经济环境、政治法律环境、科技环境、自然环境和社会文化环境。特别是这些宏观环境因素对市场与行业趋势的影响。

3. 竞争情况

识别行业关键竞争，并根据行业内企业在关键竞争要素方面投入与能力识别主要的竞争对手；描述主要竞争对手的营销目标、目标市场、市场占有率、产品质量、销售价格等营销战略与策略等状况；在关键竞争要素方面比较企业与竞争者的竞争能力。

4. 目标市场情况

描述企业选定的目标市场的主要情况，包括市场规模及其潜力，顾客行为的主要特点、分销渠道的可达性等内容。

5. 拟定营销目标

拟定企业的营销目标是营销计划的核心。需要建立两类目标即财务目标和营销目标，这些目标要用数量化的指标表示出来，尚需注意是否符合实际、是否合理。

（1）财务目标

财务目标是指各类财务报酬目标，具体有投资回报率、利润及利润率等。

（2）营销目标

财务目标必须转化为营销目标。营销目标具体可由以下指标构成：销售收入、销售量、销售增长率、市场占有率、品牌知名度、顾客满意度等。

营销目标又可分为总体目标和细分目标。总体目标反映企业总体应实现的目标，细分目标应按产品线与产品项目分别编制。

6. 营销策略

营销计划的此部分是描述企业为达到营销目标而将采用的营销策略，包括目标市场的选择、市场定位、市场营销组合策略等。即明确企业准备服务于哪一个或哪几个细分市场，如何进行市场定位，确立何种市场形象；企业在目标市场上拟采用何种产品策略、价格策略、促销策略和渠道策略。

7. 行动计划

行动计划是指企业要执行营销策略，必须对各种营销策略的具体实施制定详细的行动方案。明确规定应干什么，由谁干、如何干、何时干。

整个行动计划包含一系列从属计划（下节将详细介绍），从属计划具体说明每一时期应执行和完成的营销活动的时间安排和费用开支等。

8. 营销预算

营销预算即开列一张营销计划所预期的损益表。在收益的一方要说明预计的销售量及平均实现价格,预计出销售收入总额;在支出的一方说明生产成本、实际分销成本和营销费用,以及再细分下去的明细支出,预计支出总额。然后得出预计利润,即收入与支出之差。制定出营销预算后,要报送上层主管审批,经批准后,此营销预算就成为材料采购、生产调度、劳动人事等各项营销活动的依据。

9. 营销检查与控制

营销计划的最后一部分是检查与控制,用以监督营销计划的进程。为了便于监督与检查,一般来说,会将营销目标和营销预算分解成月目标、月预算或季目标、季预算。营销主管按期审查营销各个部门的营销业绩,检查是否实现了预期的营销目标。若未完成营销计划的部门,应分析问题说明情况,提出整改措施,以争取实现预期目标,保证整个营销计划能有效地付诸实施。

11.1.2 从属计划

11.1.1 节我们已经说过整个营销计划包含一系列从属计划,从属计划与企业的营销活动密切相关,它具体说明每一时期应执行和完成的营销活动。当然,企业不同,营销活动不同,从属计划的内涵也不同,主要包括以下几个方面。

1. 市场开拓计划

市场的广度和深度直接影响和决定着企业产品的销路,而企业在市场开拓方面的努力度则决定市场的广度和深度。为了保证主体销售目标的实现,企业必须在市场的广度和深度方面做出努力,制定相应的市场开拓计划。

2. 产品(产品线)计划

针对不同的目标市场,应有与其相适应的产品及产品线。产品(产品线)计划要制定特定的产品以及产品线的营销目标和营销方法。

3. 品牌计划

品牌计划要规定某个品牌的营销目标及树立品牌形象的手段方式。

4. 定价计划

定价计划要根据企业的竞争战略及市场特点,确定具体的价格策略,是高价策略还是低价策略,制定价格的调整和变化策略,规定每个市场价格制定的基础及方法。

5. 促销计划

促销是销售过程的基本环节之一。促销计划主要包括:①销售人员计划(含销售人员的选拔培训、分配、考核、奖惩等);②广告宣传计划(含广告策划、媒体选择、广告费用、宣传品等）；③营业推广计划；④公共关系计划等等。

6. 销售渠道计划

销售渠道计划的主要内容有：①中间商队伍建设计划；②销售网络建设计划；③流通渠道的疏通计划（含仓储、运输、银行、保险、商检等）；④销售渠道计划的主要指标：中间商数量、中间商业绩、中间商分布、自销网点数以及分销公司数等。

7. 销售技术服务计划

销售技术服务计划的主要内容有：①技术培训计划（含培训内容、培训方式、培训人数、实习场所、培训经费等）；②咨询服务计划（含业务服务、技术咨询、访问顾客、现场交流服务等）；③售后服务（含安装调试服务、维修保养服务、零配件提供服务、维修网点建设计划等）；④产品租赁服务与特种服务计划。

8. 目标顾客调整计划

为保证营销总体目标的实现，经常要根据市场需求状况的变化特点，在目标顾客调整计划中列出现有顾客明细，包括：顾客历年的购买量及变化趋势，顾客购买品种、规格及对服务的评价等。在目标顾客调整计划中也要给出潜在顾客的明细，列清顾客相关产品的需求量，并在可能发展为本企业顾客的名录下，列出争取的方法；涉及的主要指标：发展新顾客数，巩固老顾客数等。

9. 销售力量分配计划

销售人员的数量配置要根据销售任务来确定，在计划期间要做出增减安排。要根据目标市场的调整和产品结构的调整，列出销售力量的布局计划。另外，还要有销售人员的培训计划。

10. 销售费用计划

销售费用计划包括市场调查与信息费用计划；广告宣传费用计划；销售人员报酬及差旅费用计划；销售渠道费用计划；销售技术服务费用计划；销售业务管理费用计划等。

11. 合同管理计划

合同管理计划主要为预计新的签约量、已有合同的履约率等。

11.1.3　营销计划中常见的问题

制定了市场营销计划未必就能够保证取得预期的效果、实现预期的营销目标，也不能将其全部归于营销计划，而应反思审查当初制定营销计划时的决策依据，吸取教训，及时调整营销策略，开始下一轮的营销计划。营销计划中比较常见的问题有以下几点：

1. 对营销现状缺乏足够的分析

营销现状分析是完整的营销计划的基础，若缺乏对本企业、对主要竞争对手的分析，缺乏对整个行业乃至对国家宏观环境的了解,就会导致营销计划的短视。

2. 营销目标不切实际

过高或过低的营销目标,对企业的营销计划贯彻执行都会带来糟糕的后果。

3. 细节不够

企业的营销目标可能很不错,但在具体的行动措施细节上不够完备,使得营销计划的执行难以进行。

4. 维持现状

企业的营销战略年复一年,营销计划没有改进,却指望营销效果大不相同。

5. 营销计划未被执行

营销计划是制定了,但是未被贯彻执行,若不执行制定的营销计划毫无意义。

6. 竞争对手出人意料

竞争对手可能推出出人意料的竞争举措,令企业措手不及。绝不可低估竞争对手的能力,在营销计划中应留有充分的余地。

7. 对营销计划执行缺乏监督

对营销计划的控制不利,使得营销计划的执行力薄弱。应加强对营销计划的监督控制。

11.2 市场营销组织

管理的实质在于使人们为了共同目标而有效地合作,因而,它离不开组织。企业的市场营销活动是由组织中的人来完成的,企业市场营销自然离不开特定的组织结构,这个组织结构的构成和运行程序,必须适应市场环境的变化而做出相应的调整。合理的组织有利于市场营销人员的协调和合作,因此,设计一个有效的市场营销管理组织,就成为营销活动管理的基础。

建立市场营销组织是每一位市场营销经理的重要任务之一。市场营销经理从事管理的前提是进行组织规划,包括设计组织结构和人员配备等。而组织结构建立起来之后,随着企业自身的发展与外部环境的变化,要适应市场的需要,市场营销经理需不断地对组织进行调整和发展。近年来,许多企业都改变了它们市场营销组织原来的形式,改变的原因主要来自产品需求、购买类型、竞争对手行为、政府政策等方面的变化。

11.2.1 市场营销组织的概念

市场营销组织是指企业内部涉及市场营销活动的各个职位及其结构。理解这一概念必须注意以下两个问题：

1. 并非所有的市场营销活动都发生在同一组织岗位

例如，在拥有很多产品线的大公司中，每个产品经理下面都有一支销售队伍，而运输则由一位生产经理集中管辖。不仅如此，有些活动甚至还发生在不同的国家或地区。但它们属于市场营销组织，因为它们都是市场营销活动。

2. 不同企业对其经营管理活动的划分也不同

例如，信贷对某个企业来说是市场营销活动，对另一个企业而言则可能是会计活动。同时，即使企业在组织结构中正式设有市场营销部门，企业的所有市场营销活动也不是全部由该部门来完成。因此，市场营销组织的范围是难以明确界定的。

有时，市场营销组织也被理解为各个市场营销职位中人的集合。因为企业的各项活动是由人来承担的，所以，对企业而言，人的管理比组织结构的设计更为重要。判断市场营销组织的好坏主要是指人的素质，而不单单是组织结构的设计。这就要求市场营销经理既能有效地制定市场营销计划和战略，又能使下级正确地贯彻执行这些计划和战略。

11.2.2 市场营销组织的演进

企业的成长历程是组织结构不断演进和优化的过程，组织结构的演进和创新是克服企业成长危机、推动企业可持续发展和延长企业寿命的重要途径。在企业生命周期的创业期，企业的营销组织结构相对简单，而随着企业的成长、成熟、衰退，其营销组织也变得越来越复杂。因此，企业在生命周期的不同阶段，组织结构应根据环境的变化做出不同的调整，确保组织结构的时效性，不断提高企业管理效率，才能使企业持续生存和协调、健康成长。

同时，企业的市场营销部门也随着市场营销管理哲学的不断发展演变而来的。大致经历了单纯的销售部门、兼有附属职能的销售部门、独立的市场营销部门、现代市场营销部门和现代市场营销企业 5 个阶段。

1. 单纯的销售部门

20 世纪 30 年代以前，西方企业以生产观念为指导思想，大部分都采用这种形式。一般来说，所有企业都是从财务、生产、销售和会计这四个基本职能部门开展的。财务部门负责融资，生产部门负责制造，销售部门通常由一位副总经理负责，管理销售人员，并监管若干市场营销研究和广告宣传工作，如图 11-1(a)所示。在这个阶段，销售部门的职能仅是推销生产部门生产出来的产品。产品生产、库存管理等完全由生产部门决定，销售部门对生产的种类、规格、数量等问题，几乎不过问。

2. 兼有附属职能的销售部门

20 世纪 30 年代经济大萧条以后，市场竞争日趋激烈，企业大多以推销观念作为指导思想，需要进行经常性的市场营销研究、广告宣传以及其他促销活动，这些工作逐渐变成

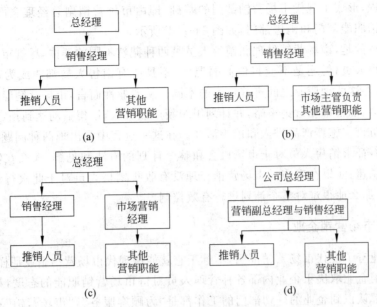

图 11-1　企业市场营销组织的演进

专门的职能,当工作量达到一定程度时,便会设立一名市场营销主任负责这方面的工作。

当公司业务拓展至新的地区或增添了新的客户类型时,公司此时需要增加某些新的营销职能。销售经理此时就需要请这方面的专家来处理这些营销活动,或许他会设立一个营销部来负责诸如市场调研、广告等营销活动,如图 11-1(b)所示。

3. 独立的市场营销部门

随着企业规模和业务范围的进一步扩大,原来作为附属性工作的市场营销研究、新产品开发、广告促销和为顾客服务等市场营销职能的重要性日益增强。于是,市场营销部门成为一个相对独立的职能部门,作为市场营销部门负责人的市场营销副总经理同销售副总经理一样直接接受总经理的领导,销售和市场营销成为平行的职能部门,如图 11-1(c)所示。但在具体工作上,这两个部门是需要密切配合的。这个安排常常用在许多工业企业中,他向企业总经理提供了一个从各角度分析企业面临的机遇与挑战的机会。

公司的持续发展增加了他在营销职能上的投入,如市场调研、新产品开发、广告和促销、售后服务,这些都和营销人员的活动有关。公司总经理发现了单独设立营销部的好处,营销经理直接向总经理或执行副总经理汇报有关工作,这一阶段,营销和销售两部门成为组织中两个独立的但工作又必须紧密联系的部门。

4. 现代市场营销部门

尽管销售副总经理和市场营销副总经理需要配合默契和互相协调,但是他们之间实际形成的关系往往是一种彼此敌对、互相猜忌的关系。销售副总经理趋向于短期行为,侧重于取得眼前的销售量;而市场营销副总经理则多着眼于长期效果,侧重于制定适当的产品计划和市场营销战略,以满足市场的长期需要。销售部门和市场营销部门之间矛盾冲突的解决过程,形成了现代市场营销部门的基础,即由市场营销副总经理全面负责,下辖所有市场营销职能部门和销售部门,如图 11-1(d)所示。

需要注意的是,市场营销经理和销售人员是两种截然不同的群体,尽管市场营销经理很多来自销售人员,但还是不应将他们搞混,并不是所有销售人员都能成为市场营销经理。事实上,在这两种职业之间有着根本的不同。从专业性而言,市场营销经理的任务是确定市场机会、准备市场营销策略,并计划组织新产品进入,销售活动达到预定目标,而销售人员则是负责实施新产品进入和销售活动。在这一过程中常出现两种问题:如果市场营销经理没有征求销售人员对于市场机会和整个计划的看法和见解,那么在实施过程中往往会事与愿违;如果在实施后市场营销经理没有收集销售人员对于此次行动计划实施的反馈信息,那么他很难对整个计划进行有效控制。

5. 现代市场营销企业

一个企业有了现代市场营销部门,不等于它就能像现代市场营销企业那样经营企业。现代市场营销企业取决于企业内部各种管理人员对待市场营销职能的态度,只有当所有的管理人员都认识到企业的一切部门的工作都是"为顾客服务","市场营销"不仅是一个部门的名称而且是整个企业的经营哲学时,这个企业才能算是一个"以顾客为中心"的现代市场营销企业。

11.2.3　建立组织职位

进行组织职位决策时要弄清楚各个职位的权力和责任及其在组织中的相互关系,它包括三个要素:职位类型、职位层次和职位数量。

1. 职位类型

每个职位的设立都必须与市场营销组织的需求及其内部条件相吻合。职位类型的划分常用以下三种方法:

(1) 直线型和参谋型。处于直线职位的人员行使指挥权,能领导、监督、指挥和管理下属人员;而处于参谋职位的人员则拥有辅助性职权,包括提供咨询和建议等。事实上,直线和参谋之间的界限往往是模糊的。一个主管人员既可能处于直线职位,也可以处于参谋职位,这取决于他所起的作用及行使的职权。

(2) 专业型和协调型。显然,一个职位越是专业化,它就越无法起到协调作用。但是各个专业化职位又需要从整体上进行协调和平衡,于是,协调型职位就产生了,像项目经理或小组制就是一例。

(3) 临时型和永久型。严格地说,没有任何一个职位是永久型的,永久只是相对而言。临时型职位的产生主要是由于在短时期内企业为了完成某项特殊任务。有时,组织进行大规模调整时也要设立临时职位。

2. 职位层次

职位层次是指每个职位在组织中地位的高低。不过,有时也难以准确划分。比如,公共关系和销售管理的地位孰高孰低,对于不同的企业其情况可能大不一样,它取决于这些职位所体现的市场营销活动与职能在企业整个市场营销战略中的重要程度。

3．职位数量

职位数量是指企业建立组织职位的合理数量。它同职位层次密切相关。一般地,职位层次越高,辅助性职位数量也就越多。很明显,市场营销经理在决策时就需要大批市场分析专家和数据处理专家的帮助。职位决策的目的,是把组织活动纳入各个职位。因此,建立组织职位时必须以市场营销组织活动为基础。企业可把市场营销活动分为核心活动、重要活动和附属性活动三种。核心活动是企业市场营销战略的重点,所以首先要根据核心活动来确定相应的职位,而其他的职位则围绕这一职位依其重要程度逐次排定。

11.2.4　设计组织结构

组织结构的设计和选择,同组织结构模式类型密切相关。设计组织结构的首要问题是使各个职位与所要建立的组织结构相适应。一般的市场营销组织模式可分为以下几类。

1．职能型组织模式

职能型组织模式是最常见的市场营销机构的组织形式。它由营销副总经理领导的各种营销职能专家构成。营销副总经理负责协调各营销职能专家的关系,如图 11-2 所示。

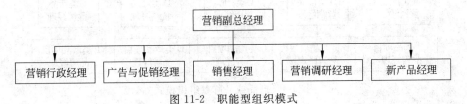

图 11-2　职能型组织模式

职能型组织模式的主要优点是行政管理简单。当企业只有一种或很少几种产品,或者企业产品的市场营销方式大体相同时,按照市场营销职能设置组织结构比较有效。不过,随着产品品种的增多和市场的扩大,这种组织模式就暴露出发展不平衡和难以协调的问题。由于无专人对产品和市场负责,而产生营销管理不细、规划不周以及部门间需要做过多的协调工作等问题。

2．地区型组织模式

如果一个企业的市场营销活动面向全国,那么它会按照地理区域设置其市场营销组织,如图 11-3 所示。该组织设置包括一名负责全国销售业务的销售经理,若干名区域销售经理、地区销售经理和地方销售经理。从全国销售经理依次到地区销售经理,其管辖的下属员工的数目即"管理幅度"逐级增大。

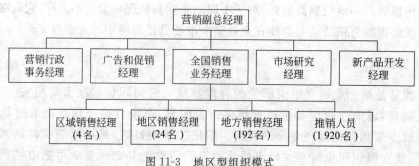

图 11-3　地区型组织模式

3. 产品或品牌型组织模式

产品或品牌型组织模式是指在企业内部建立产品经理组织制度,以协调职能型组织中的部门冲突。生产多种产品和拥有多个品牌的企业,常常建立一个产品或品牌管理组织。此种管理组织并未取代职能型组织,只是增加了另一个管理层面而已。产品经理负责管理几个产品类别经理,产品类别经理之下再设具体的产品项目经理或产品品牌经理,如图 11-4 所示。

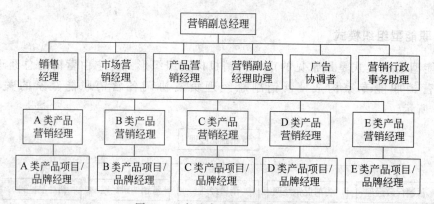

图 11-4　产品或品牌型组织模式

如果企业生产的产品间差异很大,产品品种繁多,按职能设置的市场营销组织无法应付和处理,建立产品经理组织制度是比较适宜的。

产品或品牌管理有时可作为一个独立中心,产品或品牌经理独立地与各个部门打交道。(如图 11-5 所示)产品或品牌经理的职责是:

(1) 制定产品的长期营销和竞争战略;

(2) 编制年度营销计划和进行销售预测;

(3) 与广告代理商和经销代理商一起研究广告和促销方案;

(4) 激励推销人员和经销商经营该产品的积极性;

(5) 搜集市场信息,改进产品,适应不断变化的市场需求;

(6) 经常与其他部门沟通和协调。

产品或品牌型组织模式的优点是:产品经理可协调产品的营销组合策略;能及时反

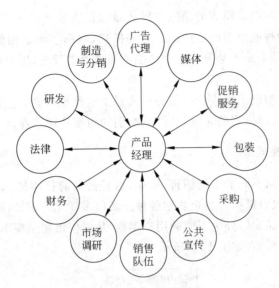

图 11-5　产品或品牌经理相互关系

映产品在市场上出现的问题,对市场变化做出积极反应;由于有专门的产品经理,那些较小品牌产品可能不会受到忽视。这种模式也存在一些问题,较为突出的有:缺乏整体观念,在产品或品牌型组织模式中,产品(品牌)经理注重产品的技术方面,而忽视营销的其他功能;部门冲突,产品经理与其他营销部门经理协调困难,冲突、摩擦不断发生;多头领导,由于权责划分不清楚,下级可能会得到多方面的指令。例如,产品广告经理在制定广告战略时接受产品或品牌经理的指导,而在预算和媒体选择上则受制于广告经理,这就有可能产生不协调;产品或品牌经理。使得企业的重点放在建立市场占有率上,而不是建立在顾客关系上。

　　建立产品或品牌型组织模式的第二种模式是将产品项目或品牌经理的方式改成产品小组的方式。在产品管理组织中的产品小组结构有三种类型:垂直型产品小组、三角型产品小组和水平型产品小组(如图 11-6 所示)。三角型产品小组和水平型产品小组偏好于由它们来管理品牌资产,认为每一个主要的品牌都应该有专门的品牌资产管理团队来运作,品牌资产管理团队由几位关键的品牌代表组成。企业组建好品牌管理团队,它们对品牌管理团队委员会负责,该委员会又向企业的首席品牌执行官负责。

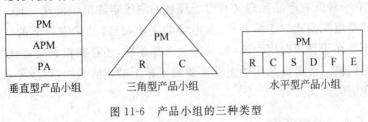

图 11-6　产品小组的三种类型

注:PM:产品经理　　　　　R:市场调研人员　　　D:分销专家
　　APM:助理产品经理　　C:信息传播专家　　　F:财务/会计专家
　　PA:产品助理　　　　　S:销售经理　　　　　E:工程师

建立产品或品牌型组织模式的第三种模式是取消次要产品的产品项目或品牌经理，让其余的经理兼管两种或更多的小产品。这种模式，对那些满足相似需要的一组产品颇为适用。例如，化妆品企业不必分设各个产品项目或品牌经理，因为化妆品可满足共同的需要，即美容。

建立产品或品牌型组织模式的第四种模式是引进类别管理，企业集中在产品类别上管理它的品牌，采用此种模式的企业，从产品类别的角度管理品牌。

4. 市场型组织模式

许多企业把产品向不同的市场销售，例如，惠普公司的打印机，既销售给一般的消费者，也销售给企业或政府机构。当企业把各种产品向多样化的市场销售，而客户可以按照不同的购买行为或产品偏好分为不同的用户类别，从而使市场呈现不同特点时，设立市场型组织模式是比较理想的（如图 11-7 所示）。

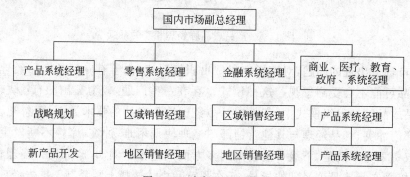

图 11-7　市场型组织模式

市场型组织模式的优点在于：企业可围绕特定顾客的需要开展一体化的营销活动，而不是把重点放在彼此隔开的产品或地区上，这有利于企业加强销售和市场开拓。其缺点是：存在权责不清和多头领导的矛盾，这点和产品型组织模式相类似。

5. 矩阵型组织模式

面向不同的市场、生产不同产品的企业，在确定营销组织结构时，面临着两种抉择：是建立产品型组织模式，还是建立市场型组织模式？其实，企业可以建立产品—市场型组织模式，即建立一种既有产品经理又有市场经理的两维矩阵组织模式（如图 11-8 所示）。

这种矩阵型组织模式对于多品种、多市场的企业而言，是非常合适的。但是，该矩阵组织模式的不足在于管理费用太高，极易产生内部矛盾，还存在权利与责任如何落实的问题。矩阵型组织模式的出现是因为企业需要扁平精干的团队组织，以业务过程为中心，并能减少水平职能的交叉。

6. 公司事业部组织模式

随着多产品、多市场企业经营规模的扩大，企业常把各大产品或市场部门升格为独立的事业部。事业部下在设自己的职能部门和服务部门。这样就产生了另一个问题，即企

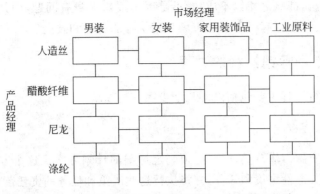

图 11-8　杜邦公司纺织纤维部的产品—市场管理矩阵

业总部应保留哪些营销服务和营销活动。即使实现了事业部化的企业也回答不一。

　　企业不设营销部门。有些企业不设企业一级的营销部门。他们认为,各事业部设有自己的营销部门,设立企业一级的营销部门无实际作用。

　　企业保持适当的营销部门。有些企业,在企业一级设有规模很小的营销部门,主要承担以下职能:第一,协助最高管理层全面评价营销机会;第二,应事业部的要求向事业部提供咨询方面的协助;第三,帮助营销力量不足或没有营销部门的事业部解决营销方面的问题;第四,促进企业其他部门的营销观念。

　　企业拥有强大的营销部门。有些企业设立的营销部门,除负担前述的营销活动外,还向各事业部提供各种营销服务。例如,专门的广告服务、销售促进服务、营销调研服务、销售管理服务。

11.3　市场营销执行

　　执行是一门如何完成任务的学问,一个企业成功与否,可以说是"三分战略,七分执行"。如果没有牢固的执行理念和强劲的执行力,任何的决策和计划都不可能贯彻落实到底。

　　企业运营的完整流程为:选择行业(项目)→制定计划→明确目标→制定战略→组织实施→具体运营→产生结果。在这一系列流程中,执行贯穿于每一个环节和整个流程的始终。

　　执行就像横在目标、战略与结果之间的一道关口,跨得过去就成功,跨不过去就失败。对于企业来讲,失败的原因要么是目标不切合实际,要么是对外部环境缺乏了解,要么是关键岗位用错了人,要么是没能跟执行人员及时进行有效的沟通,要么是各级流程都滞后于预定的规划日期等。而在竞争中获胜的一方,一定是由于在各个方面都做得更为合适、正确,依靠其执行力而将另一方打败。对于一个欲求基业常青的企业,应该不遗余力、锲而不舍地从各个方面着手,力求在企业内建立起执行文化,从而增加企业的执行力。

　　市场营销执行是将营销计划转化为行动和任务的过程,也就是把企业经济资源有效地投入到营销活动中去,并保证这种任务的完成,以实现市场营销计划所制定的目标。许多时候,企业的营销战略之所以不成功,不是因为战略自身有问题,而是市场营销执行过程中发生了偏差。因此,有必要了解市场营销执行的过程和技能。

11.3.1　市场营销执行的过程

市场营销执行过程主要包括以下几个步骤:

1. 制定行动方案

为了有效地实施市场营销计划,必须制定详细的计划方案。这个方案应该明确市场营销计划实施的关键性决策和任务,并将执行这些决策和任务的责任落实到个人和小组。另外,还应包含具体的时间表,定出行动的确切时间。

2. 建立组织结构

企业的正式组织在市场营销执行过程中起着决定性的作用,组织将计划实施的任务分配给具体的部门和人员,规定明确的职权界限和信息沟通渠道,协调企业内部的各项决策和行动。企业的计划不同,相应建立的组织结构也有所不同。即组织机构应与企业计划相一致,与企业本身的特点和环境相适应。

3. 设计决策和报酬制度

为实施企业市场营销计划,还必须设计相应的决策和报酬制度。这些制度直接关系到计划实施的成败。就企业对管理人员的评估和报酬制度而言,如果以短期的经营利润为标准,则管理人员的行为必定趋于短期化,从而就不会为实现企业长期计划目标而努力。

4. 开发人力资源

市场营销计划最终是由企业内部的工作人员来执行的,所有人力资源的开发至关重要。这涉及人员的考核、选拔、安置、培训和激励等问题。在考核、选拔管理人员时,要注意将适当的工作分配给适当的人,做到人尽其才;为了激励员工的积极性,必须建立完善的工资、福利和奖惩制度。此外,还必须决定企业行政管理人员、业务人员和一线工人之间的比例。

5. 建设企业文化

由于企业文化体现了集体责任感和集体荣誉感,关系到员工的人生观和他们所追求的最高目标,能够起到把全体员工团结在一起的"黏合剂"作用,因此,建设企业文化是执行企业计划的不可忽视的一环。

6. 协调企业计划实施系统中各要素的关系

为了有效地实施市场营销计划,企业的行动方案、组织结构、决策和报酬的制度、人力资源、企业文化这五大要素必须协调一致,相互配合。

11.3.2　市场营销执行的技能

市场营销执行是将营销计划转变为具体行动的过程,即调动企业全部资源,投入到营销活动中去,并保证完成计划规定的任务,实现既定目标。

实施计划要有一个行动方案,该方案应比计划中的行动方案更详尽,也许形成文字,也许仅在管理者的头脑中。行动方案要具体规定"谁"在"什么时间"、"什么地点"、"怎样"执行哪项具体任务。如计划规定了要组织一次与支持社会公益事业有关的公关活动,也分配了资金,这时就要安排人员去具体组织完成该项任务。

执行问题在企业市场营销的各个层次都存在,有总体战略计划的执行,有职能部门计划的执行,也有单项产品或市场开发计划的执行。为有效地执行各层次的计划,需要掌握一些相关技能。

1. 配置技能

配置技能在制定行动方案时,在不同活动之间分配资金、人力和时间的技能。如一家经营办公自动化系统的公司,在实施促销计划时,要决策究竟用多少资金开展销会;会期为几天;投入多少人员。

2. 组织技能

组织的结构必须与计划、目标的要求一致。关于组织结构有以下几方面的基本决策。

集中化或分权化程度。一般认为,分权化管理更有助于鼓励创新和使企业组织具有灵活性。

正规化程度。正规化程度,即企业是否鼓励员工间非正式信息沟通与交流大量存在。一些成功企业的经验证明,一个组织内部,正时系统与非正时系统同时存在,互相作用,有助于提高企业实施活动的效率。

精减化。少而精的行政人员尽可能采用较简单的职能、产品、地区等一维变量的组织结构,避免复杂的"矩阵式"结构。

3. 控制技能

控制技能,即建立和管理一个对市场营销活动情况进行追踪的控制系统。控制有四种类型:年度计划控制、利润控制、效率控制和计划控制。

4. 互动技能

互动技能,即管理者要有影响他人共同把事情办好的能力,且不仅是推动本组织的人员,还须推动组织外的其他人员或企业一起为达到市场营销目标而努力。如推动生产制造部门、广告代理商、经销商等的行为以更好地实现营销目标。

11.3.3　市场营销执行中的问题

企业在执行市场营销战略和市场营销计划时为什么会出现问题?正确的市场营销战

略为什么不能带来出色的业绩？原因主要有以下几个方面。

1. 计划脱离实际

计划通常由上层专业计划人员制定，实施则主要靠基层人员——管理人员和销售人员。专业计划人员更多考虑的是总体方案和原则性要求，容易忽视过程和实施的细节，使计划过于笼统和流于形式。专业计划人员不了解实施中的具体问题，计划难免脱离实际。专业计划人员与基层人员之间缺乏交流和沟通，操作人员不能完全理解需要他们贯彻的计划内涵，实施中经常遇到困难，导致专业计划人员和基层人员的对立。

企业制定营销计划不能仅靠专业计划人员制定计划，而是专业计划人员协助有关营销人员共同制定计划。基层人员可能比专业计划人员更了解实际，将他们纳入计划管理过程，更有利于营销计划的实施。

2. 长期目标和短期目标矛盾

企业营销计划常常涉及长期目标，企业评估或奖励营销人员，通常又根据他们的短期绩效，因此不得不选择短期行为。例如，新产品开发之所以半途夭折，很可能就是营销人员追求眼前效益和个人奖金，将资源主要投放到现有的成熟产品。

克服长期目标和短期目标之间的矛盾，是求得两者之间的协调。这项工作十分重要但又是十分艰难。

3. 因循守旧的惰性

一般来说，新战略、新计划如果不符合传统习惯，就容易遭受抵制。新旧战略、计划的差异越大，实施中可能遇到的阻力就越大。要实施与旧战略截然不同的新计划，常常需要打破传统组织结构和流程。例如，为了执行老产品开辟新销路的市场战略，就必须创建一个新的推销机构。

企业出现这一问题，主要是新的营销计划在实施时缺乏具体、明确的行动方案，没有一个使内部各有关部门、环节协调一致、共同努力的依据。

4. 缺乏具体明确的执行方案

有些战略计划之所以失败，是因为计划人员没有制定明确而具体的执行方案。许多企业面临困境，就是因为缺乏一个能够使企业内部各有关部门协调一致的具体实施方案。

企业的高层决策和管理人员不能有丝毫"想当然"的心理；相反，必须制定详尽的实施方案，规定和协调各部门的活动，编制详细周密的项目时间表，明确各部门经理应负的责任，只有这样，企业市场营销计划的执行才能有保证。

11.4 营销绩效管理

营销绩效管理就是对企业的营销计划进行控制，这是营销活动管理过程的重要步骤。由于在市场营销计划的执行中会出现许多意外情况，所以必须连续不断地控制各项市场营销活动。

市场营销控制,是指市场营销管理者经常检查市场营销计划的执行情况,看看计划与实际是否一致,如果不一致或没有完成计划,就要找出原因所在,并采取适当措施和正确行动,以保证市场营销计划的完成。

市场营销控制一般要做以下 4 件事:①市场营销控制的中心是目标管理,营销控制就是监督任何偏离计划与目标的情况出现;②市场营销控制必须监视计划的实际执行情况;③通过营销控制过程,判断任何偏离计划的行为产生的原因;④市场营销控制者必须采取改正方案,甚至改变目标本身。市场营销控制过程如图 11-9 所示。

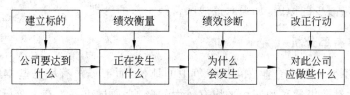

图 11-9　市场营销控制过程

11.4.1　年度计划控制

任何企业都要制定年度计划,然而,年度市场营销计划的执行能否取得理想的成效,还需看控制工作进行得如何,年度计划的控制是市场营销控制的重点。年度计划控制是指企业在本年度内采取控制步骤,检查实际绩效与计划之间是否有偏差,并采取改进措施,以确保市场营销计划的实现与完成。许多企业每年都制定周密的计划,但执行的结果却往往与之有一定的差距。事实上,计划的结果不仅取决于计划制定得是否正确,还依赖于计划执行与控制的效率如何。可见,年度计划制定并付诸实施之后,搞好控制工作也是一项极其重要的任务。年度计划控制的主要目的在于:①促使年度计划产生连续不断的推动力;②控制的结果可以作为年终绩效评估的依据;③发现企业潜在问题并及时予以妥善解决;④高层管理人员可借此有效地监督各部门的工作。

综合国内外企业市场营销控制的基本做法,年度计划控制通常在以下 4 个方面展开:

1. 销售分析

销售分析就是对比、衡量和评估计划销售目标与实际销售之间的差距,找出产生缺口的各种原因。对比、衡量和评估主要有以下两种方法:

(1) 销售差异分析。销售差异分析用于衡量不同因素对造成销售差距的影响程度。例如,某公司年度计划要求第一季度销售 4 000 件产品,每件 1 元,即销售额 4 000 元。在该季结束时,只销售了 3 000 件,每件 0.80 元,即实际销售额 2 400 元。那么,这个销售差距为 1 600 元,或比预期销售额少 40%。原因是价格下降和销售量减少,这两者对总销售额的影响程度是不同的。问题在于,销售额的降低有多少归因于价格下降? 有多少归因于销售数量的下降? 我们可用以下计算来回答:

因价格下降的差异 ＝ (1－0.80)×3 000 ＝ 600(元)　　　　37.5%

因销量下降的差异 ＝ 1×(4 000－3 000) ＝ 1 000(元)　　　　62.5%

由此可见,约有 2/3 的销售差距是由于没有完成销售计划造成的。因此,应该进一步深入分析销售量减少的原因,是销售人员的推销努力程度不够,还是强劲的竞争对手进入了同一市场,或是目标市场的需求发生了变化。

(2) 地区销售量分析。地区销售量分析是用于衡量导致销售差距的具体地区。例如,某公司在 A,B,C 三个地区的计划销售量分别为 1 500 件、500 件和 2 000 件。而实际销售量分别是 1 400 件、525 件、1 075 件,与计划的差距分别为 -6.67%,+5% 和 -46.25%。

由此可见,引起销售差距的原因主要在于 C 地区销售量的大幅度减少。所以,应进一步查明销售量减少的原因,加强对该地区营销工作的管理。

2. 市场占有率分析

销售分析不能反映出企业在市场竞争中的地位,而市场占有率是基本的销售目标之一,其增减变化对销售量和利润水平均有较大的影响,通过市场占有率分析可以揭示出企业同其竞争者在市场竞争中的相互关系。市场占有率分析要从多方面入手,例如,企业销售额增加了,可能是由于企业所处的整个经济环境的发展,也可能是因为其市场营销工作较之其竞争者有相对改善。而如果企业的市场占有率升高,表明企业的营销绩效的提高,在市场竞争中处于优势;反之,如果企业的市场占有率下降,则说明企业营销绩效的下降,在竞争中失利。市场占有率分析一般采用以下 3 种不同的度量方法:

(1) 全部市场占有率。全部市场占有率是指企业的销售额(量)占行业销售额(量)的百分比。市场占有率通过销售额(量)计算,可以反映出企业间在争取顾客方面的竞争地位的变化。使用这种方法必须做两项决策:①要以单位销售量或以销售额来表示市场占有率;②正确认定行业的范围,即明确本行业所应包括的产品、市场等。

(2) 目标市场占有率。目标市场占有率是指企业销售额(量)占其目标市场总销售额(量)的百分比。对于一个企业,可能有近 100% 的目标市场占有率,却只有相对较小百分比的全部市场占有率。企业一般很重视目标市场占有率,通过不断开发新产品或强化销售手段,以提高其在目标市场上的占有率。

(3) 相对市场占有率(相对于三个最大竞争者)。相对市场占有率是指企业销售额(量)和几个最大竞争者的销售额(量)的百分比。例如,某公司有 30% 的市场占有率,其最大的三个竞争者的市场占有率分别为 20%,10%,10%,形成 30% 对 40% 的局面,则该公司的相对市场占有率是 $30/40 \times 100\% = 75\%$。一般来说,相对市场占有率高于 33%,即被认为是实力较强的公司。

市场占有率分析还要具体深入到以下 4 个方面展开:顾客渗透率 CP,顾客忠诚度 CL,顾客选择性 CS,以及价格选择性 PS。顾客渗透率,是指购买本企业产品的顾客占顾客总数的百分比。顾客忠诚度,是指顾客购买本企业产品数量与其购买同种产品总量的百分比。顾客选择性,是指顾客购买本企业产品的平均数占其购买其他企业产品平均数的百分比。价格选择性,是指本企业产品的平均价格与所有其他企业产品的平均价格的百分比。这样,全部市场占有率可表述为:

$$Tms = CP \times CL \times CS \times PS$$

3. 市场营销费用分析

年度计划控制的任务之一,就是在保证实现销售目标的前提下,控制销售费用开支和营销费用的比率。在我国商业系统,营销费用被称为商品流通费用,营销费用率被称为商品流通费用率。

在生产企业中,营销费用率(如营销费用占销售额 30%)主要包括 5 项细分指标:推销人员费用占销售额之比(15%),广告费用占销售额之比(5%),其他促销费用占销售额之比(6%),营销调研费用占销售额之比(1%),销售管理费用占销售额之比(3%)。对于以上各项费用率,往往规定一个控制幅度,超过限度,就要查找、分析具体原因了。

4. 顾客态度追踪分析

年度计划控制的衡量标准大多是以金额、数量或相对值为特征的,它们的作用很重要,但不充分,因为它们没有对市场营销的发展变化进行定性分析和描述。为此,企业建立专门机构来追踪其顾客、经销商以及市场营销系统其他参与者的态度,对于营销控制过程中分析原因、寻找调整措施,将是十分必要的。

顾客态度追踪分析,一般要做以下 3 方面的工作:

(1) 建立听取意见制度。企业对来自顾客书面的或口头意见应该进行记录、分析,并做出适当的反应。对不同的意见应该分析归类汇编成册,对意见比较集中的问题要查找原因,加以根除。企业应该鼓励顾客提出批评和建议,使顾客经常有机会发表意见,才有可能搜集到顾客对其产品或服务反应的完整资料。

(2) 固定顾客样本。有些企业建立由一定代表性的顾客组成的固定顾客样本,定期地由企业通过电话访问或邮寄问卷了解其需求、意见和期望。这种做法有时比听取意见更能代表顾客态度的变化及其分布范围。

(3) 顾客调查。企业定期让一组随机顾客回答一组标准化的调查问卷,其中问题包括职员态度、服务质量等。通过对这些问卷的分析,企业可及时发现问题,并及时予以纠正。

通过上述分析,企业发现营销实际与年度计划指标差距较大时,则必须采取调整措施:调整市场营销计划指标,使之更切合实际;调整市场营销策略,以利于实现计划指标。

11.4.2 赢利能力控制

除了年度计划控制之外,企业还需要衡量不同产品、不同销售区域、不同顾客群体、不同渠道以及不同订货规模的获利能力。获利能力的大小,对市场营销组合决策有着直接关系。

1. 市场营销成本分析

市场营销成本是指与市场营销活动有关的各项费用支出。市场营销成本直接影响企业营销的利润。因此,企业不仅要控制销售额和市场占有率,亦要控制营销成本。市场营销成本包括的主要内容如下:

(1) 直接推销费用,包括推销人员的工资、奖金、差旅费、培训费、交际费等;

（2）促销费用，包括广告媒体成本、产品说明书、印刷费用、赠奖费用、展览会费用、促销人员工资等；

（3）仓储费用，包括租金、维护费、折旧、保险、包装费、存货成本等；

（4）运输费用（包括托运费用等），如果是自有运输工具，则要计算折旧费、维护费、燃料费、牌照费、保险费、司机工资等；

（5）其他市场营销费用，包括市场营销管理人员工资、办公费用等。

上述成本连同企业的生产成本构成了企业的总成本，直接影响企业经济效益。其中有些与销售额直接相关，称为直接费用；有些与销售额无直接关系，称为间接费用，有时二者也很难划分。

2. 赢利能力分析

获得利润是企业的最重要的目标之一。企业赢利能力历来为市场营销管理人员所高度重视，因而赢利能力控制在市场营销管理中占有十分重要的地位。在对市场营销成本进行分析之后，就应考察如下赢利能力指标：

（1）销售利润率。一般来说，企业将销售利润率作为评估企业获利能力的主要指标之一。

$$销售利润率＝（本期利润/销售额）\times 100\%$$

但是，在同一行业各个企业间的负债比率往往大不相同，而对销售利润率的评价又常需通过与同行业平均水平来进行对比。所以，在评估企业获利能力时最好能将利息支出加上税后利润，这样将能大体消除由于举债经营而支付的利息对利润水平产生的不同影响。因此，销售利润率的计算公式为：

$$销售利润率＝（税后息前利润/产品销售收入净额）\times 100\%$$

这样的计算方法，在同行业间衡量营销水平时才有可比性，才能比较正确地评价市场营销效率。

（2）资产收益率。

$$资产收益率＝（本期利润/资产平均总额）\times 100\%$$

与销售利润率的理由一样，为了在同行业间有可比性，资产收益率可以用以下公式计算：

$$资产收益率＝（税后息前利润/资产平均总额）\times 100\%$$

其分母之所以用资产平均总额，是因为年初和年末余额相差很大，如果仅用年末余额作为总额显然不合理。

（3）净资产收益率。净资产是指总资产减去负债总额后的净值。这是衡量企业偿债后的剩余资产的收益率。

$$净资产收益率＝（税后利润/净资产平均余额）\times 100\%$$

其分子不包含利息支出，因为净资产已不包括负债在内。

（4）资产管理效率。可通过以下比率来分析：

资产周转率：

$$资产周转率＝产品销售收入净额/资产平均占用额$$

该指标可以衡量企业全部投资的利用效率,资产周转率高,说明投资的利用效率高。

存货周转率:

$$存货周转率 = 产品销售成本/存货平均余额$$

这项指标说明某一时期内存货周转的次数,从而考核存货的流动性。存货平均余额一般取年初和年末余额的平均数。一般来说,存货周转率次数越高,说明存货水准越低,周转快,资金使用效率高。

资产管理效率与获利能力密切相关。资产管理效率高,获利能力相应也较高。这可以从资产收益率与资产周转率及销售利润率的关系上表现出来。

资产收益率实际上是资产周转率和销售利润率的乘积:

$$资产收益率 = \frac{产品销售收入净额}{资产平均占用额} \times \frac{税后息前利润}{产品销售收入净额}$$

$$= 资产周转率 \times 销售利润率$$

11.4.3　效率控制

假如赢利能力分析显示出企业关于某一产品、地区或市场所得的利润很差,那么紧接着下一个问题便是有没有高效率的方式来管理销售人员、广告、营业推广及分销。

1. 销售人员效率

企业的各地区的销售经理要记录本地区内销售人员效率的几项主要指标,这些指标包括:①每个销售人员每天平均的销售访问次数;②每次会晤的平均访问时间;③每次销售访问的平均收益;④每次销售访问的平均成本;⑤每次销售访问的招待成本;⑥每百次销售访问预订购的百分比;⑦每个期间增加的新顾客数;⑧每个期间流失的顾客数;⑨销售成本对总销售额的百分比。

企业可以从以上分析中,发现一些非常重要的问题。例如,销售代表每天的访问次数是否太少,每次访问所花时间是否太多,是否在招待上花费太多,每百次访问中是否签订了足够的订单,是否增加了足够的新顾客并且保留住原有的顾客。当企业开始正视销售人员效率的改善后,通常会取得很多实质性的改进。

2. 广告效率

企业应该至少做好以下统计:①每一媒体类型、每一媒体工具接触每千名购买者所花费的广告成本;②顾客对每一媒体工具注意、联想和阅读的百分比;③顾客对广告内容和效果的意见;④广告前后对产品态度的衡量;⑤受广告刺激而引起的询问次数。

企业高层管理者可以采取若干步骤来改进广告效率,包括进行更加有效的产品定位;确定广告目标;利用计算机来指导广告媒体的选择;寻找较佳的媒体以及进行广告后效果测定等。

3. 营业推广效率

为了改善营业推广的效率,企业管理者应该对每一营业推广的成本和对销售的影响做记录,注意做好以下统计:①由于优惠而销售的百分比;②每一销售额的陈列成本;③赠券收回的百分比;④因示范而引起询问次数。

企业还应观察不同营业推广手段的效果,并使用最有效果的促销手段。

4. 分销效率

分销效率主要是对企业存货水准、仓库位置及运输方式进行分析和改进,以达到最佳配置并寻找最佳运输方式和途径。

效率控制的目的在于提高人员推销、广告、营业推广和分销等市场营销活动的效率,市场营销者必须注视若干关键比率,这些比率表明上述市场营销组合因素的功能执行的有效性以及应该如何引进某些资料以改进执行情况。

11.4.4 战略控制

企业的市场营销战略,是指企业根据自己的市场营销目标,在特定的环境中,按照总体的策划过程所拟定的可能采用的一连串行动方案。但是在复杂多变的市场营销环境中,原定的目标、战略、方案往往会失去作用。因此,在企业市场营销战略实施过程中必然会出现战略控制问题。战略控制是指市场营销管理者采取一系列行动,使实际市场营销工作与原规划尽可能一致,在控制中通过不断评审和信息反馈,对战略不断修正。市场营销战略的控制既重要又难以确定。因为企业战略的成功是总体的和全局性的,战略控制注意的是控制未来,是还没有发生的事件。战略控制必须根据最新的情况重新估价计划和进展,因而难度也就比较大。

企业在进行战略控制时,可以运用市场营销审计这一重要工具。各个企业都有财务会计审核,可在一定期间客观地对审核的财务会计资料或事项进行考察、询问、检查、分析,最后根据所获得的数据,按照专业标准进行判断,做出结论,提出报告。这种财务会计的控制制度有一套标准的理论、做法。但是市场营销审计尚未建立一套规范的控制系统,有些企业往往只是在遇到危急情况时才进行,其目的是为了解决一些临时性的问题。目前,在国外越来越多的企业运用市场营销审计进行战略控制。

11.5 市场营销审计

市场营销审计,是对一个企业市场营销环境、目标、战略、组织、方法、程序和业务诸方面进行综合的、系统的、独立的和定期的审查,以便发现市场机会,寻找困难和问题所在,并提出改善营销工作的行动计划和建议,改进市场营销管理效果。市场营销审计实际上是在一定时期对企业全部市场营销业务进行总的效果评价。其特点是,不限于评价某一些问题,而是对全部活动进行评价。

11.5.1 营销审计的特性

市场营销审计具有一系列明显的特性。

1. 全面性

营销审计不仅仅涉及营销活动过程中某一方面的问题,也不限于对营销活动过程所出现的问题的诊断和处理。市场营销审计几乎涉及企业的所有营销活动,表现出的是一个"水平"的审计。如果仅涉及销售队伍或者定价或者某些其他的营销活动,那它只是一个功能性审计,尽管功能性审计也十分有用,但有时会对企业管理层产生误导。例如,销售人员工作流动过多,可能并非培训不力或报酬较低造成的,而是企业产品和促销不足的征兆。通过全面的营销审计,可以更有效地找到企业营销问题的真实原因所在。

2. 系统性

营销审计是一个系统的过程。其包含一系列完整有序的步骤和科学方法的分析诊断工作。第一,确定营销审计的目标和审计方法。初步确定审计的组织形式、人员分工、涉及的广度和深度、资料来源、报告形式、起止时间等。第二,拟定详尽的审计调研计划。包括诊断企业的营销环境、内部营销制度、营销目标及营销战略、具体的营销活动。第三,在诊断的基础上制定调整营销行动计划,以提高企业的整体营销绩效。

3. 独立性

营销审计不是单纯的由企业进行的自我审计,而往往是通过多种途径进行的审计。具体包括:自我审计、交叉审计、上级审计、企业审计处审计、企业任务小组审计和局外人审计。自我审计是指经理利用一个检查表,评价自己的业务活动。自我审计容易缺乏客观性和独立性;一般而言,最好的审计来自外界经验丰富的顾问,它们具有必要的客观性和独立性。

4. 定期性

营销审计不应是在企业销售额下降、推销人员士气低落或企业其他问题发生之后才开始进行,而应当视其为一项定期的常规管理工作,形成定期审计的制度。定期审计无论对那些处境良好,还是对那些处境不佳的企业都是十分必要的。

11.5.2 营销审计的内容

营销审计的基本内容包括市场营销环境审计、市场营销战略审计、市场营销组织审计、市场营销系统审计、市场营销赢利能力审计和市场营销职能审计。

1. 市场营销环境审计

市场营销必须审时度势,必须对市场营销环境进行分析,并在分析人口、经济、生态、技术、政治、文化等环境因素的基础上,制定企业的市场营销战略。这种分析是否正确,需要经过市场营销审计的检验;由于市场营销环境的不断变化,原来制定的市场营销战略也必须相应地改变,也需要经过市场营销审计来进行修订。目前,我国许多企业重复投资,重复建设,盲目上马,不能适应市场需要,不利于形成适度的市场规模,因而难以取得理想的经济效益。原因就在于缺乏充分的市场营销环境的调查与分析。

2. 市场营销战略审计

企业是否能按照市场导向确定自己的任务、目标并设计企业形象;是否能选择与企业任务、目标相一致的竞争地位;是否能制定与产品生命周期、竞争者战略相适应的市场营销战略;是否能进行科学的市场细分并选择最佳的目标市场;是否能恰当地分配市场营销资源并确定合适的市场营销组合;企业在市场定位、企业形象、公共关系等方面的战略是否卓有成效,所有这些都需要经过市场营销战略审计的检验。

3. 市场营销组织审计

市场营销组织审计,主要是评价企业的市场营销组织在执行市场营销战略方面的组织保证程度和对市场营销环境的应变能力。其包括:企业是否具有坚强有力的市场营销主管人员及其明确的职责与权力;是否能按产品、用户、地区等有效地组织各项市场营销活动;是否有一支训练有素的销售队伍;对销售人员是否有健全的激励、监督机制和评价体系,市场营销部门与采购部门、生产部门、研究开发部门、财务部门以及其他部门的沟通情况,以及是否有密切的合作关系等。

4. 市场营销系统审计

企业市场营销系统包括市场营销信息系统、市场营销计划系统、市场营销控制系统和新产品开发系统。对市场营销信息系统的审计,主要是审计企业是否有足够的有关市场发展变化的信息来源,是否有畅通的信息渠道,是否进行了充分的市场营销研究,是否恰当地运用了市场营销信息进行科学的市场预测等。对市场营销计划系统的审计,主要是审计企业是否有周密的市场营销计划,计划的可行性、有效性以及执行情况如何,是否进行了销售潜量和市场潜量的科学预测,是否有长期的市场占有率增长计划,是否有适当的销售定额及其完成情况如何等。对市场营销控制系统的审计,主要是审计企业对年度计划目标、赢利能力、市场营销成本等是否有准确的考核和有效的控制。对新产品开发系统的审计,主要是审计企业开发新产品的系统是否健全,是否组织了新产品创意的搜集与筛选,新产品开发的成功率如何,新产品开发的程序是否健全,包括开发前充分的调查研究、开发过程中的测试以及投放市场的准备及效果等。

5. 市场营销赢利能力审计

市场营销赢利能力审计,是在企业赢利能力分析和成本效益分析的基础上,审核企业的不同产品、不同市场、不同地区以及不同销售渠道的赢利能力,审核进入或退出、扩大或缩小某一具体业务对赢利能力的影响,审核市场营销费用支出情况及其效益,进行市场营销费用—销售分析,包括销售队伍费用与销售额之比、广告费用与销售额之比、促销费用与销售额之比、市场营销研究费用与销售额之比、销售管理费用与销售额之比,以及进行资本净值报酬率分析和资产报酬率分析等。

6. 市场营销职能审计

市场营销职能审计,是对企业的市场营销组合因素(即产品、价格、销售渠道、促销)效率的审计。主要是审计企业的产品质量、特色、式样、品牌的顾客欢迎程度;企业定价目标和战略的有效性;市场覆盖率;企业经销商、代理商、供应商等渠道成员的效率;广告预算、媒体选择及广告效果;销售队伍的规模、素质以及能动性等。

 ## 本章小结

市场营销计划的目标在于识别和创建可持续的竞争优势,它是实现企业既定的营销目标的战略与战术形式。市场营销计划主要包含 9 个方面的内容,即计划摘要、当前市场与行业状况、竞争情况、目标市场情况、拟定营销目标、营销策略、行动计划、营销预算和营销检查与控制。

市场营销组织经历了单纯的销售部门、兼有附属职能的销售部门、独立的市场营销部门、现代市场营销部门、现代市场营销企业 5 个阶段。市场营销组织的类型有职能型组织模式、地区型组织模式、产品或品牌型组织模式、市场型组织模式、矩阵型组织模式等。认识市场营销组织的演变过程和不同市场营销组织形式的类型与特点,可以帮助企业在市场营销观念指导下设置与市场营销活动最佳适应的市场营销组织,大幅度地提高市场营销活动的效率。

市场营销执行是将营销计划转化为行动和任务的过程,以实现市场营销计划所制定的目标。有效的市场营销执行需要有 4 种技能:配置技能、组织技能、控制技能和互动技能。

营销计划的执行离不开控制,营销控制包括年度计划控制、赢利能力控制、效率控制和战略控制 4 个方面,应当依据一定的方法提高营销控制的有效性。

市场营销审计是对公司或市场环境、目标、战略和活动所作的检查,发现存在的问题和机会以及时采取行动。它具有全面性、系统性、独立性和定期性的特点。市场营销审计的内容包括市场营销环境审计、市场营销战略审计、市场营销组织审计、市场营销系统审计、市场营销赢利能力审计和市场营销职能审计 6 个方面。

 ## 思考题

1. 营销计划应该包括哪些内容?
2. 市场营销组织设计的内容包括哪些方面?
3. 各种市场营销组织结构有什么特点?
4. 简述市场营销执行的过程和技能。

5. 怎样做好市场营销的控制工作？

6. 市场营销审计的内容有哪些？

案例分析

麦当劳的营销计划与控制

麦当劳公司于 1991 年对前 5 年的经营销售状况做了仔细的分析与研究(详细见表 11-1),并审视了目前的营销现状和问题与机会,根据这些麦当劳制定了营销目标和行动方案以及营销策略。

表 11-1　麦当劳公司快餐 5 年销售情况　　　　单位:亿美元

时　　间	1986	1987	1988	1989	1990
市场销售总规模	440	440	450	470	510
麦当劳的销售额	110	111	114	120	131
麦当劳的市场占有率(%)	25.0	25.2	26.3	25.5	25.7

1. 市场营销现状

(1) 市场状况特征

麦当劳公司发现市场状况与特征主要表现为:快餐食品市场增长正趋于缓慢发展,由于大多数传统街区和郊区市场已经饱和,目前所表现出的销售增长情况,主要来自传统销售网点,如机场、火车站、办公大楼所在地等,表 11-1 中资料客观反映了麦当劳的市场销售现状。

(2) 麦当劳的快餐食品

快餐食品主要集中于汉堡包、鸡和番茄酱,由于某些新开业的专业化快餐食品销售网点向成年人提供更多的食谱选择,而成年人这一细分市场又恰恰是麦当劳缺少顾客忠诚度的薄弱环节,从而对麦当劳构成了潜在的威胁。

(3) 积极与消极的事件

麦当劳经认真总结,发现近几年积极与消极的事件主要表现为以下几点,其中,积极事件为:①成功地向市场投入了各种色拉和 MCDLT 三明治;②儿童们对各种幸福快餐的需求仍经久不衰,发展趋势仍比较明显;③麦当劳游乐场的销售仍比较旺盛;④麦当劳的快餐食品仍统治着早餐市场。

消极事件为:①快餐食品本身的市场增长率正处于缓慢增长期;②非儿童市场对麦当劳的忠诚度正在降低;③竞争对手几度向市场投放了各种幸福快餐;④寻求新销售网点的地盘越来越困难。

(4) 困扰麦当劳的两大问题

麦当劳公司有两大问题困扰其经营发展。首先,原先并不重视的儿童市场仍保持不变,若进一步提高成年人市场对麦当劳的忠诚度会十分困难。公司发现,随着人们年龄不断增长,而对麦当劳的忠诚度却在一天天地降低;每当市场上有新的适宜的快餐食品出现,成年人便会从一个快餐链到另一个快餐链,这一切使公司感到非常担心。

其次,当开发新销售网点越来越困难时,若继续保持市场增长势头则更难。麦当劳销售网点几乎遍及各地,如今,几乎已没有什么新的潜在地盘可供麦当劳开设新址用,竞争对手尽管经营不善、市场销售绩效不佳,但由于能通过不断增设新网点而使市场份额获得提高。公司曾采取积极对策,为维持公司市场占有率,麦当劳每年将花费约7亿美元用做广告宣传与促销,虽然也取得了一定的效果,但巨额的花费代价始终无法降低。

(5) 主要竞争对手的表现

目前,对公司构成主要威胁的竞争对手有:伯格王、温迪、肯德基炸鸡、帝·莱特斯4家快餐商。其中,伯格王主要模仿麦当劳幸福快餐特色,并以此为基础还对早餐食品增加了许多花色品种,受到消费者的普遍欢迎;温迪目前仍处于奋斗之中;而肯德基却将三明治放入了原先的食谱之中,并正积极开拓市场以扩大市场份额;帝·莱特斯虽不能算作为一个竞争对手,但却代表了一种思想,即采用帕斯棒加色拉的食谱,吸引了大多数成年顾客,同时,向成年顾客提供如他们所宣传那样的营养午餐,深受成年顾客的喜爱。

2. 问题与机会

(1) 主要问题

公司制定营销计划的第二步是分析企业所面临的问题与机会,其中,主要问题为:①顾客对麦当劳新的潜在的新快餐食品评价不高;②适合公司开设新网点的地盘非常少;③帝·莱特斯在经营成年人快餐食品销售方面具有巨大的潜力;④各个竞争对手已向市场投放越来越多且花色各异的幸福快餐;⑤食谱花色品种增多,然而所需要的合格员工则越来越少,从而使公司向客户提供的产品或服务的质量越来越差,极大地影响了公司在消费者心目中的形象。

(2) 市场机会

公司也看到仍存在着许多市场机会,需要企业认真分析与捕捉。①公司刚推出的自由选择的全营养小果子面包受到了顾客的积极响应;②公司在非传统场所开设的网点取得非常大的成功;③公司的地区合作团体和当地的特许经营组织的市场营销能力在同行业中都是最强的;④公司投放市场的各种色拉条取得一定程度的成功;⑤所有快餐食品销售链的产品都受到营养学专家的批评。

3. 营销目标与行动方案

公司接着应确定营销目标与行动方案,经初步确定,公司拟达到的营销目标为:

销售额:120亿美元　　　　毛利:43亿美元

毛利率:36%　　　　　　　净利:13亿美元

市场占有率:25.5%

根据实际情况反映,1990年麦当劳没有为占领成年人市场而推出一种新产品,也没有如竞争对手那样不断增设销售网点,故麦当劳开始检验自身的市场观念,既应如何满足那些喜欢传统麦当劳快餐食品的顾客群需要,又能使那些喜欢标新立异、期待快餐食品不断变化的客户感到心满意足。因此,公司在制定新的一年营销目标时,除了将额外的全营养小果子面包排除在所挑选的市场之外,其他产品均应保持原有的市场占有率,为此,确立了下一步的行动方案,即

(1) 不断加强对儿童食品的市场营销活动,以增加儿童对麦当劳公司的凝聚力;继续进行幸福快餐的宣传促销活动,继续增加麦当劳游乐场的数目。

(2) 以成年人市场为目标市场进行促销活动,并规定每6个月组织一次促销活动游戏;不同地区采用不同的宣传方式,如对东北部地区大城市市场引入全营养小果子面包,并组织广播电台对此产品进行大张旗鼓的广告宣传活动;此外,重新推出快餐食谱,即双层干酪包,这种食品曾经在20世纪60年代时非常流行。

(3) 继续在非传统设点的场所增加销售网点的数目。

(4) 扩大适合于地区合作团体用于广告宣传的素材量。

(5) 增加公司主办的体育运动活动及其有关活动的次数。

(6) 增加发行有关公司快餐食品营养成分及含量的新闻报道,公司高层领导应多露面。

4. 营销策略

麦当劳主要采取以下营销策略:

(1) 广告宣传活动

麦当劳仍花费巨额资金进行广告宣传活动,与最大竞争对手相比,其费用超出对手的3~4倍,目的是为了扩大市场占有率。公司还针对不同的目标群体采用不同的广告策略,如对儿童导向型广告,则选择在儿童表演电视节目中播放;对成年人导向型广告,则选择在晚上和周末电视节目中面向成年人广播中播出。

同时,在不同季节进行不同的广告宣传活动。通常,第一季度是做成年人导向型游戏促销广告;第二季度是在目标城市中向客户介绍各种全营养小果子面包的宣传活动,而在非目标市场中,则在黄金时刻推出宣传产品广告;第三季度是做另一类成年人的导向型广告的宣传活动;第四季度是利用人们的怀旧心理,配合3个月重新推出双层干酪包的广告宣传活动。

(2) 广告宣传

通过广告宣传,可能会在第一季度提高销售量,但到了第二季度后,常常又回到了原有的销售水平。产生这种昙花一现现象本身,清楚地说明公司采取促销策略存在缺陷,后经市场调查发现,主要是顾客认为,促销活动内容安排太复杂。故麦当劳感到,游戏促销活动取得预想的成功,还有许多工作需要做。由于1991年快餐食品厂没有什么新花样,可能会引起销售量的降低,所以,促销的重点应力求使这种可能性降到最低,或使此现象并不变为现实;同时,在促销活动内容上应力求简化,以便能让更多的人积极参与。

(3) 店内促销

麦当劳仍然继续积极地向市场推销幸福快餐食品,并且,有计划地、逐月地对幸福快

餐食品稍做更新,如公司将儿童游乐场的票价下调了 35%,以鼓励更多的销售网点积极地购买游乐票,使公司的促销活动取得较为满意的结果。

(4) 店堂陈设

麦当劳在店堂中主要陈设各种宣传用的旗帜和招贴,并为游戏促销活动的有效开展,全营养小果子面包能尽快投放于市场而提供各种服务,旗帜可由各种色彩、图案、符号、字母等共同组成;招贴主要适合于贴在或放在调味品台子上和堆放废弃物品的容器上。

(5) 公共关系

麦当劳计划在 1991 年举办 3 次大型的公关活动。首先,继续支持在全国范围内的各种竞赛活动,高尔夫球和网球运动,高校全美明星赛和管乐吹奏比赛;其次,提高公司总裁在地区合作团体的露面次数,同时,还对合作团体给予额外支出的资金赞助;最后,在有关媒体上发表和介绍关于全营养小果子面包成分的文章,并与批评麦当劳公司快餐食品缺乏营养的文章展开辩论,以消除消费者心目中由于受到误导宣传而残留的错误观念。

(6) 包装策略

麦当劳在快餐食品包装上做了改进,即在外包装内容设置方面添加了更富营养的信息,在消费者心目中树立"麦当劳快餐食品有益于人体健康的形象"。

(7) 市场研究

公司还加强了对新快餐食品的各种分销策略的市场研究活动,如组织由公司员工参加的最佳新型快餐食品建议竞赛,对提出最佳建议的 3 名参赛者给予免费到欧洲旅游的机会;接着,对上述 3 个获奖食品建议再进行市场试验,因为只有能经受市场考验的产品才是有生命力的;又如对各种新分销点选择也进行必要的市场检验,主要是对销售网点餐馆内一半是家庭导向型而另一半是成年人导向型的这种新型店堂布置进行试验;对晚上 7 点的快餐食谱更改为更具成年人导向型的可能性进行试验;在大城市,对午餐时推车向综合办公大楼运送食品这一想法进行试验。

(8) 地区合作团体策略

主要是支持地区合作团体的广告宣传活动,麦当劳向这些团体提供更多的支持素材。同时,还成立了一个由 3 人组成的非常小组,以帮助地区合作团体设计符合当地需要的促销策略,经麦当劳采取的这一举动取得了比较显著的效果。

(9) 销售网点策略

麦当劳公司对原先取得成效的销售网点和特许经营店采取了积极的扶持政策,尤其对受允许的外国网点、非传统设点的场所等,尽力提高或恢复各街区的活力。

5. 营销计划的执行与控制

最后,公司应掌握计划执行进度的控制事项,执行计划的费用预算等。麦当劳公司营销计划执行的时间表见表 11-2。

表 11-2　麦当劳公司营销计划执行的时间表

时　间	活 动 项 目	关 键 日 期	数　量	费用（万美元）
1 月份	儿童节目广告	全月	250	1 500
	游戏促销活动	全月	400	2 500
	增加罗纳德露面次数	1 月 15 日	25	
	促销展览	1 月 2 日	50 000	100
	新幸福快餐论坛	1 月 25 日	10	
	市场研究竞赛	1 月 20 日	5	
	促销大奖赛	全月	50 000	500
2 月份	儿童节目广告	全月	250	1 500
	游戏促销活动	全月	400	2 500
	麦当劳全美明星篮球赛			
	新幸福快餐论坛	2 月 25 日		10
	促销大奖赛	全月	50 000	500
3 月份	儿童节目广告	全月	250	1 500
	游戏促销活动	全月	400	2 500
	对地区合作团体提供支持素材	3 月 15 日	1	50
	新幸福快餐论坛	3 月 25 日		
	促销大奖赛	全月	50 000	500

讨论题：

1. 麦当劳公司所制定的营销计划主要特征是什么？

2. 根据竞争状况，麦当劳公司所制定的营销计划还需要补充哪些内容？

第 12 章

营销调研与营销信息系统

引 例

佐丹奴服饰有限公司运用市场调研解决企业营销问题

20世纪90年代末期广东的服装市场达到了饱和，而且市场上销售的服装广东产品具有很强的竞争力，在这种情况下，任何公司要想进入广东市场其困难可想而知。佐丹奴服饰有限公司是从20世纪80年代开始进入广东市场的，它们通过市场调研，了解消费者的真实需求，发现广东市场对牛仔系列服饰需求激增，于是该公司采用了侧面进攻的策略，将产品委托给可靠的商店独家经营。从2001年开始，佐丹奴厂商逐步向广东服装企业开始正面进攻，并在流通领域建立了自己独立的流通体系。到2006年初，佐丹奴在广东市场的占有率上升了80%左右。

在中国的香港市场上，时尚的服装经常供不应求，但是由于这种时装需求量和利润都非常小，当地的厂家不愿意生产这些服装。佐丹奴服饰有限公司在获得这一信息后，同时进行了积极地市场调研，认为这种产品虽然需求量小，但是消费群体固定，需求量也比较稳定。据此，公司在香港建立一个规模适当的分厂，使生产达到帕累托最优，即生产和消费同时实现最优化，并为今后在其他领域的发展打下了良好的基础。

当一种消费品多年千篇一律且无所不在的时候，它的风光也许就快都尽头了。佐丹奴服饰有限公司在旺销期间，不忘抽调大量的人力、物力去做市场调研，进行产品设计和需求预测，不断在质量、品种、款式花色、包装等方面改进，适应满足消费者的需求，引导市场，领导市场新潮流。

目前，市场环境的变化越来越快，竞争的激烈导致企业不断运用更加精明的竞争策略和手段，消费者收入的增加，使其从对需要的满足发展到对欲望的满足，企业之间由价格的竞争发展到非价格竞争，高科技的发展又导致了新产品以更快的速度涌向市场。这使得企业对市场调研预测的要求空前增加。从决定企业的发展方向、开拓新市场、产品更新换代、确定外销价格、改善经营管理等重大决策到广告与包装设计这些具体构思，都无法抹去市场调研在其中的重大作用。

本章目的

在营销活动的研究过程中，调查研究和信息系统的使用是不可或缺的。通过学习本章，掌握营销调研的类型、营销调研的方法、营销调研的技术、营销信息系统的构成、营销信息系统的开发要素。

主要知识点

营销调研　营销信息系统

市场营销调研,或称专题调研,是市场营销信息系统之中的一个重要组成部分。由于开展专题调研的周期较长,投入较大,涉及许多专业性知识,因此我们在接下来的 4 节中将对其作专门讨论。

12.1　市场营销调研综述

12.1.1　市场营销调研的概念

美国市场营销协会(AMA)对营销调研的定义是:营销调研是把消费者、客户、大众和市场人员通过信息联系起来,而营销者借助这些信息可以发现和确定营销机会和营销问题,开展、改善、评估和监控营销活动,并加深对市场营销过程的认识。

菲利普·科特勒教授对市场调研的定义是:市场调研是系统的设计、收集、分析和提出数据资料,以及提出本公司所面临的特定的营销状况有关的调查研究结果。

也就是说,市场调研是在市场营销观念的指导下,结合企业的经营目标,由专业的市场调研人员运用科学的市场调研方法,系统地、详细地搜集和整理以及分析有关市场营销的信息资源,并将其简化为决策者耳熟能详的数据或结果,从而为企业的营销管理者提供制定营销决策的依据。

市场营销调研的作用主要是提供便利于制定决策的信息,这是市场营销调研存在的理由。没有营销调研信息,管理者很难制定完善的营销决策,结果也许会造成代价高昂的失败。

营销调研对于营销管理的作用是如此重要,以至于美国市场营销协会(AMA)在营销调研的定义中,特别强调了营销调研信息的使用方式。比如,这些信息可以用来"识别和确定市场营销的机会和问题,产生、改进和评价营销活动,监控营销绩效,增进对营销过程的理解"。

12.1.2　市场营销调研的类型

市场营销调研,按其研究的问题、目的、性质和形式的不同一般分为以下 4 种类型:

1. 探索性调研

探索性调研用于探索企业所要研究的问题的一般性质。企业在研究之初,对所要研究的问题或范围还不十分清楚,不能确定到底要研究什么问题。探索性调研主要是发现问题和提出问题,以便确定调研的重点。

例如,近几个月来,企业产品销售量一直在大幅度下降,是什么原因造成的? 是竞争者抢走了自己的生意? 还是市场上出现了新的替代产品? 或者是顾客的爱好发生了变化? 或者是由于企业经营不善? 由于影响销售量的因素很多,一时难以分清,又不可能逐一调查。为了寻求可能的原因,应先从一些用户或中间商那里去搜集多方面信息资料,从分析中发现问题,以便进一步调查。

探索性调研的目的是明确的,但是研究的问题和范围比较大。在研究方法上比较灵活,事先不需要进行周密的策划,在调研过程中可根据情况随时进行调整。探索性调研一般都通过第二手资料,或请教一些内行、专家,让他们发现自己的意见,谈自己的看法,或参照过去的类似的实例来进行,多以定性调研为主。

2. 描述性调研

描述性调研时通过详细的调查和分析,对市场营销活动的某个方面进行客观的描述,是对已经找出的问题做如实地反映和具体地回答。多数市场营销调研都为描述性调研。例如,对市场潜力和市场占有率、竞争对手的状况描述等。在调研中,搜集与市场有关的各种资料,并对这些资料进行分析研究,揭示市场发展变化的趋势,为企业的市场营销决策提供科学的依据。

商店经常使用描述性调研以决定他们的顾客在收入、性别、年龄、教育水平等方面的特征。描述性调研提供的结果经常用来作为解决营销问题的全部信息,尽管没有对"为什么"给出回答。一家商店从描述性调研中了解到该店的顾客 67% 是年龄在 18～44 岁的妇女,并经常带着家人、朋友一起来购物,这种描述性调研提供了一个重要信息,它使商店直接向妇女开展促销活动。

与探索性调研相比,描述性调研的目的更加明确,研究的问题更加具体。在研究之初,通常根据决策的内容,把研究问题进一步分解。描述性调研需要事先拟订周密的调研方案,并做详细的调研计划和提纲,包括各种准备工作(如调查表的设计、样本的选择、调查人员的选择与培训以及调查过程的管理等),以确保调研工作的顺利进行。

3. 因果性调研

企业在营销活动中,会有许多引发性的关系存在。这些关系大多可以归纳为由变量表示的一些函数,这些变量中有的是企业自身可以控制的,如产品产量、产品价格、各项销售促进费用的开支以及销售人员的配置等;有的是企业无法控制的,如产品销售量、市场的供求关系等。描述性调研可以说明这些现象或变量之间存在相互关系,但要说明某个变量是否影响或决定着其他变量的变化,就要用到因果性调研。因果性调研的目的就是找出关联现象或变量之间的引发性关系,它是在描述性调研的基础上进一步分析问题发生的因果关系,弄清原因和结果之间的引发性关系,要解释和鉴别某种变量的变化究竟受哪些因素的影响,以及各种影响因素的变化对变量产生影响的程度。

因果性调研,同样需要有详细的计划和做好各项准备工作。在调查过程中,实验法是一种主要的研究方法。

4. 预测性调研

市场需求预测是企业制定市场营销方案和市场营销决策的前提。对未来市场的需求进行估计,即预测性调研,对企业制定有效的营销计划,避免较大的风险和损失,有着特殊的意义。预测性调研涉及的范围比较大,可采用的研究方法也较多,研究的方式也较为灵活。

12.1.3　市场营销调研的应用

传统上,营销决策被分为 4 个元素:产品、价格、促销和渠道,下面我们主要讨论这 4 个决策元素上营销调研的应用。

1. 新产品调研

新产品开发对于大多数企业来说都是适应不断变化的环境的一个生死攸关的问题。从定义上来看,新产品含有企业所不熟悉的特点,会给企业带来不确定性。很大一部分营销调研活动都以减少新产品带来的不确定性为目的。

新产品调研可以分为 4 个阶段,如图 12-1 所示。第一阶段是产生新产品概念,第二阶段是对新产品概念进行评价和开发,第三阶段是评价和开发实际的产品,第四阶段是在营销活动中对该产品进行测试。

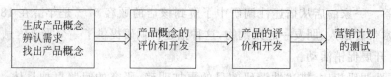

图 12-1　新产品开发调研当中的各个阶段

2. 定价调研

营销调研可以在新产品全面走上市场或对市场现有产品进行修改之前对各种定价方法进行评估。

定价调研的方法基本有两种,第一种方法是已经非常成熟的 G&G(Gabor & Grainger)法,这种方法是要让被调查者知晓某一种产品的各种不同价格(通常是利用试定价包装),然后再问他们是否愿意购买。由此,可以绘制出由不同价格水平与其相应的肯定购买意图数量连成的"购买响应"曲线。

第二种方法是要给被调查者看同一产品大类里各个品牌的多种组合,这些品牌组合的价格各不相同,然后问他们是否愿意购买。这种在多个品牌之间进行选择的方法可以被调查者考虑到竞争者的品牌,与现实世界中的情形一样。因此,这种技术代表了一种对销售现场的模拟。

下表 12-1 介绍了实际业务中人们遵循的各种定价策略的名称和特征以及这些策略的信息需求。

表 12-1　各种定价策略的信息需求

策略	描　　述	信　息　需　求	信　息　来　源
随机折扣法	如果某些消费者有不同的搜索成本,企业会随机提供价格折扣,目的是利用消费者的搜索行为特点	了解市场上的消费者细分市场消费者的特点(他们的搜索成本等);产品信息和成本信息;法律约束方面的信息	消费者人口统计特征数据;对扫描仪数据的分析;企业内部记录;法律方面的数据
第二市场折扣法	如果存在若干不同的市场,且某一市场上的消费者要想在另一市场上购买需要发生交易成本,那么企业就可在另一市场上提供价格折扣,甚至低于其成本	了解不同市场的情况和特点;产品信息和成本信息;其他市场上法律方面的信息;消费者在其他市场上进行购买;要发生的交易成本方面的信息	企业内部记录;法律方面的数据;能提供各个市场人口统计特征简况的二手数据来源
定期折扣法	市场上的某些消费者有不同的保留价格,企业可以现制定一个较高的价格,然后定期打折,以便吸引保留价格较低的消费者前来购买	关于消费者保留价格的信息;产品信息和成本信息	企业内部记录;调查结果,用来确定消费者的保留价格;法律方面的数据
价格信号法	如果市场上的消费者不顾自己缺少对产品质量的了解,愿意出高价购买,就可采用此方法。这种战略是企业生产质量较为低劣的产品,但是要用与其他公司高质量产品的同等价格来销售	关于竞争者价格和成本的信息;关于法律对采用价格信号所做限制的信息;产品信息和成本信息	企业内部记录;关于竞争者价格的二手数据;法律方面的数据;推测出来的竞争者成本信息
渗透定价法	用于与定期折扣法试用的情形类似的情况下,唯一不同的地方用渗透定价法时,竞争者可以自由地以同等价格进入市场	产品信息和成本信息;关于竞争者价格和成本信息	关于竞争者价格和成本的二手数据和推断出的数据;企业内部记录
地理定价法	企业如果在地理上相互隔离的若干市场上进行销售,可以采用地理定价战略。定价上的差别是由运输成本造成的	关于不同市场特点的信息;产品信息和成本信息;关于运输成本的信息和法律上可能阻碍这类战略的规定	企业内部记录;关于竞争者的价格和成本的二手数据和推断出的数据
高价定价法	这一方法与价格信号法相似。它们之间的差别在于在价格信号法下,企业只生产劣质产品,定价很高,而这里既生产劣质产品又生产优质产品,给它们制定相同的价格,以实现规模经济	产品信息和成本信息;关于竞争者价格和成本的信息;关于消费者特点的信息(例如,他们愿意为产品支付的最高价格)	法律方面数据的二手来源;企业内部记录;关于各个市场和运输成本的二手信息来源
捆绑定价法	产品是不可替代的,易坏的,对它们的需求有不对称性,就可以采用此法	关于消费者对捆绑销售的各种组成部分的需求信息;产品信息和成本信息;关于消费者对于各种捆绑组合的偏好的信息	企业内部记录;关于消费者特征和偏好的调查数据;关于竞争者成本和价格的二手信息来源
互补定价法	指企业对互补性产品的定价战略。企业通常会把主产品的价格定得较低,而把起补充作用的产品定价较高	产品信息和成本信息	企业内部记录

3. 促销调研

这部分的重点是在设计促销战略时常需要制定决策,营销战略里的促销策略部分所需的决策可以分为:广告决策和销售促销决策。

销售促销决策会对企业产生短期影响,而广告决策则具有长期的影响。由于广告决策牵涉到的风险和不确定性更大,所以企业通常在广告调研上花费的时间和资源也比在销售促进调研上花费的要多。下面主要讲一下营销调研在广告决策中的使用。

(1)广告预算决策。想要通过分析、在调研的基础上判断出最优的广告预算是多少,很困难。但还是有些调研输入数据可以对做出这一判断有所帮助。例如,追踪性调查可以显示广告究竟是超过了还是未能达到其沟通方面的目标,从而暗示出广告预算是应该提高还是应该降低。多次观看的被迫观看广告测试能够暗示出每一位观众的最优每月广告观看次数,这一数字有助于对广告预算开支的制定提供指导。比较直接的方法,包括内部销售额和广告方面的数据的回归分析、现场试验和分缆试验测试法等,也可以为决策提供依据。近期的一些研究表明,以公司销售额的一定百分比作为广告和促销的预算额这样得出的预算额与公司的市场份额和市场增长率之间具有相关关系。

(2)媒体调研。在评价某种媒体时,必须知道它能让观众看见多少次广告主的广告、观众的特点是什么。评价媒体价值的最重要指标是每千人(发行量)成本,即广告插页的价格除以受众人数得出的数值。

测量印刷品媒体的受众人数。印刷品媒体的发行量数据尽管很容易得到,但它却往往忽视了居民家庭内外传阅的读者数目。要想测量一个印刷品媒体的读者数目,就需要随机选取一个样本,用近期有无阅读该媒体、阅读习惯和书中内容详查等方法进行调研。

(1)近期有无阅读法。它是指被调查者要说明他们在过去的一周里是否阅读过某份周刊,如果是月刊的话,则要回答过去的一个月时间里是否阅读过它。

(2)阅读习惯法。它是指要询问被调查者杂志前面发行的四期里他亲自读过或翻过几期,这种方法对记忆困难的问题非常敏感。特别地,要想区分多次阅读同一期和阅读不同几期也很困难。

(3)书中内容详查法。它也是为了设法减少因为记忆错误而引起的问题。这种方法先要向被调查者出示某一杂志的某一期,问他们是否阅读了其中的某些文章,这些文章是不是很有趣等,只有完成这些询问之后才能确定被调查者是否阅读了该期杂志。这种方法不仅要求开展费用高昂的个人访谈,而且很容易受该期杂志已发行时间长短的影响。

测量广播媒体的受众人数,电视观众数目使用普查表和日记等手段测量的。普查表是附在电视机上的一种设备,它能每天 24 小时对这台电视机进行监视,记录任何持续时间超过 30 秒的变化或活动。

尼尔森(Nelsen)公司在它的全国收视率估计结果中,用从同一观众样本里选取的日记观众小组数据对普查表这种设备提供的数据进行了补充。日记观众小组的成员家庭要记录自己的看电视活动,包括看电视的是家庭中哪个成员。有一个像时钟一样的计量表会记录下电视机开着的时间,这样尼尔森公司就可以确信日记的完整性。利用这些日记信息,尼尔森可以按照年龄、性别和地理区域对观众统计数字进行细分。

4. 分销渠道调研

传统上,营销战略中的分销决策包括销售人员的数量和所处地点、零售点、仓库以及要提供的折扣等。提供给分销渠道成员的折扣到底多大,通常取决于现有产品或类似产品提供的折扣多大以及企业想要实施的是"推"式战略还是"拉"式战略。营销调研对于决定零售点和销售人员的数量和位置具有重要作用。

例如,对销售人员的数量和位置的确定。用销售努力法估计一个销售地区所需的销售代表人数的简单方法如下:

(1) 估计一年时间里向一个销售区域内的潜在客户进行推销和提供服务所需的销售电话个数。每年向该区域内的潜在客户/顾客 C 进行推销所需的推销访问总次数 Q_i,即 $\sum_{i=1}^{n} Q_i C_i$。

其中 n 表示潜在顾客或顾客的人数。

(2) 估计出该销售区域里一年中每位销售代表能完成的销售访问平均次数 d。

(3) 用第(1)步得出的估计值除以第(2)步得出的估计值,即可计算出所需的销售代表人数 M。即 $M = \sum_{i=1}^{n} \frac{Q_i C_i}{d}$。

12.2 市场营销调研的程序

市场调研是一项复杂的系统工程,如果要顺利地完成市场调研任务,必须依据科学的程序,有计划、有组织、有步骤地进行。一般来说,根据市场调研活动中各项工作的自然顺序和逻辑关系,有效的市场调研包括 5 个步骤(如图 12-2 所示)。

图 12-2　市场调研步骤

市场营销调研的这 5 个步骤又可以分为 3 个阶段:准备阶段(包括确定问题和研究目标);设计阶段(包括制定调研计划);实施阶段(包括搜集信息,分析信息,提出结论 3 个步骤)。

12.2.1　准备阶段

市场调研通常是由营销活动中的一些特定问题引起的。但是企业对这些特定的问题并不能表达清楚,或者根本就不知道。所以调研的第一个步骤要求研究人员认真的确定问题和商定研究的目标。这通常需要与企业进行充分的沟通,同时查阅相关的资料。

研究人员必须善于把握和定义问题。如果对问题定义太宽,就有可能在调查中得到许多并不需要的信息,冲淡甚至掩盖真正对企业营销决策有用的信息。如果问题定义太狭窄,就会造成研究无法深入、过于片面,以致不能为决策者提供全面的信息支持,影响决策的质量。

案例分析

新可乐的沉浮

1985 年,可口可乐公司在美国软饮料市场中份额进一步下降,受到了竞争对手百事可乐的巨大冲击。为制定实施相应对策,可口可乐开始了其公司历史上规模最大的市场调查。他们花了 2 年多的时间和 400 万美元对其新配方做了 200 000 次口感测试,确定了最终的配方。调查表明:60％的消费者在无商标测验中认为新可乐比原可乐好,52％的消费者认为新可乐比百事可乐好,表面上看可口可乐公司似乎胜券在握,但是事实并非如此。新可乐的推出遭到了极大一批人的反对。可口可乐公司每天收到大约 1 500 个投诉电话,同时,新可乐的销售量也一路下跌。可口可乐公司迫不得已又重新生产其"经典可乐"。据分析,其挫败的原因主要是:可口可乐公司将调查问题定义得太窄,仅限于产品味道。公司并没有考虑到其无形资产——可口可乐的名称、历史、包装、文化习俗及产品形象等问题。对许多消费者来说,可口可乐的象征性意义比它的口味更重要。如果可口可乐公司调查的范围能更宽泛一些,也许就能发现这些强烈的情感问题。

12.2.2 设计阶段

市场调研的第二个阶段是要制定一个搜集需要信息的最有效的计划。市场管理人员在批准计划以前需要对其成本和可行性进行一定的分析。在制定调研计划时,需要做的准备工作有:资料来源、调研方法、调研工具、抽样计划、接触方法。

下面我们主要介绍一下资料来源,以上其他几个准备工作我们会在本章的后面几节中做进一步的论述。

资料的搜集方法和渠道选择是调研方案设计中核心的环节,也是将来调研费用发生的主要部分。

第一手资料(也称原始资料)。其获得的方法很多,也很灵活,包括观察法、实验法、询问法以及邮寄问卷(电子邮件)、电话访问、深度访谈、专家访谈等等。具体方法要根据调研的目的、性质以及研究经费的多少决定。但是,无论采用何种方法,都需要紧密围绕调研主题,周详安排。

第二手资料就是在某处已经存在并已经为某种目的而搜集起来的信息。研究人员通常从搜集第二手资料开始他们的调查工作,并据以判断他们的问题是否已局部或全部的解决,以免再去搜集昂贵的第一手资料。第二手资料为调研提供了一个起点和具有成本较低以及得之迅速的优点。但是,研究人员也必须搜集第一手资料,这是为当前的某种特定目的而搜集的原始资料。

当研究人员所需要的资料不存在，或现有的资料可能过时、不正确、不完全或不可靠时，研究人员就必须搜集第一手资料。大多数营销调研计划中都必须包含一些搜集第一手资料的内容。常规的做法是先对一些人做个别的或小组的访问，以便获得人们的初步想法，然后根据这一调查结果，制定一个正式的调查方法，调整它并将它应用于实际调查。

12.2.3 实施阶段

1. 搜集信息

市场调研的数据搜集阶段是整个调研中成本最高同时出错率也最高的阶段。例如，在调查中就可能出现下列 4 个问题：由于选定的被调查者恰好不在家，必须再度访问；也许有人会拒绝和调研人员合作；有些人可能会给予有偏见或不诚实的回答；有些调研人员也偶尔会带有偏见或不诚实的因素。

随着计算机技术的普及和发展，信息搜集方法也有了很大的变化。有些公司现在使用专用的电话调研软件，对一个集中的地点进行随机的访问，被调查者只需要按照电话的提示按下选项对应的电话按键，这样被访问者的回答就会被存储到远程的数据库，以供将来的分析使用。

一些先进技术的运用，也使营销人员测试广告与促销对销售的影响成为可能。有一家叫做信息资源公司的市场调研公司组织了一场配备光学扫描和电子收银机的超级市场典型样本调查。店员把顾客购买的货物放在能阅读每个包装上的通用代码和能记下品牌、规格和价格的光束下，机器扫描结账。同时调研公司也组织了这些商场固定合作的典型顾客调查。这些顾客同意用一种顾客热线识别卡来购买商品，卡片上不但有姓名、银行账号，也有家庭特点、生活方式、收入等个人信息。这些顾客也同意在自家的电视机内安装一个黑盒子，以记录收看的内容、时间和收看对象。所有顾客典型调查的对象均通过有线电视网进行，信息资源公司控制播放给这些顾客的广告资料。调研公司这样就能捕捉由广告引起的更多购买（商店）销售以及何种消费者购买的相关资料。

2. 分析信息

在得到了我们需要的信息之后，下一个步骤就是从数据中提炼出恰当的调查结果。调研人员把数据列成表格，并制定一维和二维的频率分布。对主要变量要计算其平均数和衡量离中趋势。在营销分析系统中，研究人员应努力采用一些先进的统计技术和决策模型，以期能够找到更多的调查结果。我们会在下面的章节中对这些技术和模型逐一介绍。

3. 提出结论

市场调研的最后一个步骤，就是陈述调研人员对相关问题的研究发现。调研人员不应该造成使管理人员埋头于大量的数字和复杂的统计技术中，而应该简明扼要地提出与主要营销决策有关的一些调查结果。当然，这些调查结果可能会受到各种误差的影响，管理人员要对这个问题做进一步的研究。

12.3　市场营销调研的方法

采取恰当的手段和方法进行市场调研,是实现调查目的的重要一步。只有调查手段恰当,调查方法科学,搜集来的资料才能及时、准确和全面。要搞好市场调研,就要根据调查的目的、任务、被调查对象的特点选择合适的调查方法。

12.3.1　观察法

观察法是由调查人员直接或通过仪器在现场观察被调查者行为并加以记录而获取信息的一种方法。使用观察法进行调查,调查人员不向被调查对象提问,也不需要被调查对象回答问题,只是通过观察被调查对象的行为、态度和表现,来推测被调查对象对某种产品或服务是欢迎还是不欢迎,是满意还是不满意。

常用的观察法中有直接观察法、亲身经历法、痕迹观察法和行为记录法等,其中行为记录法是一种十分重要的调查方法。

由于观察法不直接向被调查者提出问题,所以有些观察工作就可以通过录音机、录像机、照相机及其他一些监听、监视设备来进行。如美国尼尔森公司通过计算机系统,在全国各地 1 250 个家庭的电视机里装上了电子监视器,每 90 秒扫描一次,每个家庭的电视机,只要收看 3 分钟以上的节目,就会被记录下来。这是行为记录法的一个最典型的例子。

观察法的最大优点在于它的直观性和可靠性,它可以比较客观的搜集第一手资料,直接记录调查的事实和被调查者在现场的行为,调查结果更接近于事实;观察法基本上是调查者单方面的活动,特别是非参与观察,他一般不依赖语言交流,不与被调查者进行人际交往。因此它有利于对无法或无须或无意进行语言交流的市场现象进行调查,有利于排除语言交流或人际交往中可能发生的种种误会和干扰。观察法简单、易行、灵活性强,可以随时随地进行调查。

观察法的缺点在于可能不够深入、具体,只能说明事实的发生,而不能说明发生的原因和动机;需要大量的调研人员进行长时间的工作和随之带来的巨大费用开支;对调研人员的观察记录能力和总结能力要求较高。

12.3.2　询问法

询问法是把调研人员事先拟定好的调查项目以某种方式向被调查者提出,要求其给予回答,由此获取信息资料的一种方法。它大体分为以下六种。

1. 面谈法

面谈法是调查人员直接询问被调查对象,向被调查对象询问有关的问题,以获取信息资料的一种方法。通常,调查人员根据事先拟定好的问卷或调查提纲上的问题顺序,依次对其进行提问;有时也可以采用自由交谈的方式进行。使用面谈法进行调研,可以每次谈一个人,也可以每次谈多个人。

这种方法能直接与被调查对象面对面进行交流,观察其对问题的反应;这种方法灵活性较大,不受任何限制,也没有什么固定的格式,可以一般的谈,也可以深入详细地谈,它涉及的问题可能很广,也可能很窄;这种方式的问卷或调查表回收率通常较高且质量易于控制。其缺点是调查成本比较高,调查结果受调查人员业务水平和被调查者回答问题的态度影响很大。

2. 电话询问法

电话询问法是由调查人员根据抽样的要求,在样本范围内,通过电话询问的形式向被调查对象询问事先拟定的内容而获得信息资料的方法。

电话询问法的优点在于:可一段时期内调查比较多的对象,成本也比较低,并能以统一的格式进行讯问,所得的信息资料便于统计处理。其缺点是:调查访问受到限制;不易得到被调查者的合作,不能询问比较复杂的问题,调查难以深入。

3. 邮寄询问法

邮寄询问法又称通信询问法,它是将事先设计好的问卷或调查表,通过邮件的形式寄给被调查对象,他们填好以后按规定的时间寄回来。

使用邮件询问法的最大优点是选择调查访问不受任何的限制,可以在全国范围内选取样本;被调查者有比较充裕的时间来考虑答复的问题,使问题的回答更为准确;不受调查人员在场的影响,所得到的信息资料比较客观、真实。其缺点是邮件回收率比较低(一般只能达到 1%～3%,最好也不过 10%左右),各地区寄回来的比例也不一样。因此会影响调查的代表性。

4. 留置问卷法

留置问卷法就是由调查人员将事先设计好的问卷或调查表当面交给被调查的对象,并说明回答问题的要求,留给被调查对象自行填写,然后由调查人员在规定的时间收回。

这种询问的方式,其优缺点介于面谈法和邮寄询问法之间。

5. 焦点小组

焦点小组可由 8～12 人组成,在一名主持人的领导下对某一主题或观念进行深入的讨论,目的在于了解和理解人们心中的想法及其原因,了解他们对一种产品、观念、想法或组织的看法,了解所调研的事物与他们的生活的契合程度,以及在感情上的融合程度。

焦点小组访谈法不是一问一答式的面谈。他们之间的区别也就是"群体动力"和"群体访谈"之间的区别。群体动力所提供的互动作用是焦点小组访谈法成功的关键;正是因为互动作用才组织一个小组而不是进行个人面谈。使用群体会议的一个关键假设是,个人的反应会成为对其他人的刺激,从而可以观察到受试者的相互作用,这种作用会产生比同样数量的人做单独陈述时所能提供地更多的信息。

焦点小组访谈法的优点在于:参与者之间的互动作用可以激发新的思考和想法,这是一对一面谈所达不到的。而且,群体的压力可以使激进者把自己控制的更现实些。参与者之间积极的互动作用对委托商而言,通过观察焦点小组来获得第一手资料的消费者信息比通过一对一的面谈更为快捷和有趣。同时这个方法也比较便于操作,容易得到所需要的结论。

焦点小组访谈法的缺点在于:容易受主持人的水平或研究者的认识的影响,可能会产生误导性的而不是指导性的结论。还有就是如果参与者的选择和目标市场有一定的偏差,造成的后果将不堪设想。

6. 网上调研

由于计算机技术的发展和普及,越来越多的人借助于 Internet 作为其日常购买和交流的渠道,出现了网上调研。网上调研省略了印刷、邮寄等过程,问卷回收效率极高,可以节省相关费用,还可以增加调查的信息量。其缺点就是上网的人群并不一定能代表被研究的对象,还有就是安全性等问题,这都是制约网上调研发展的重要因素。

12.3.3 实验法

以实验为基础的调研与以询问为基础的调研相比有着根本的差别。从本质上讲,在询问和观察的情况下,调研人员是一个被动的数据搜集者。在实验法中,这个问题完全相反,研究人员成了研究过程中积极地参与者。

实验的意思就是,研究人员改变一些因素,这些因素被称为解释变量、自变量或实验变量。观察这些因素的变化对其他因素,即因变量有什么影响。在营销实验中,因变量经常是衡量销售的一些指标,例如,总销售量、市场份额或其他等。解释变量或实验变量则是典型的营销组变量,如价格、广告的数量或类型产品特点的变化等等。

12.4 市场营销调研的技术

市场调研工具很多,最具有代表性的就是问卷调查,问卷调查的操作步骤有以下几种。

1. 确定调研目的,前期准备

调研之前先要确定本次调研的问题和搜集的数据,以及数据搜集的方法和问题的提问方式。

2. 确定问卷流程和编排问卷

问卷不能随意编排,问卷的每一个部分的位置安排都应具有一定的逻辑性。在识别并选择了合适的被调查者之后,应该用一个能引起被调查者共鸣的话题开始访谈,先问一般性、简单的问题,把需要思考的问题放在问卷中间。在被调查者兴趣下降的时候,及时发现并努力重新培养被调查者的兴趣,并注意把敏感性问题、威胁性问题和人口统计问题放在最后,让被调查者比较易于回答。

3. 问卷的评价和修订

问卷的草稿设计完成之后,要回过头对其进行评估。评估的主要问题包括:问题是否必要;问卷是否过长;问卷是否回答了所需要的信息;问卷的外观设计是否给开放式问卷留出了足够的空间以及问卷的颜色和问题的编码等。

在问卷评价完成并修改之后,还应进行预测试,以便找出问卷中存在的错误解释、不连贯的地方、不正确的跳跃性等问题。最后根据评价结果和预测试的结果对问卷进行最后的修正。

4. 实施调研

问卷修订印刷完成之后,下一个步骤就是实施。调查者应决定如何合理利用资源,使得整个调查比较严谨和合理,同时还能高效地搜集所需要的数据。需要注意的问题包括:调查人员的选择、报酬的分配,问卷的回收、整理、分析等工作。同时还应注意在调查过程中对访谈过程进行一定的音频和视频的记录和保存工作,以备于将来对其进行研究和分析。

12.4.1 调查问卷的设计

1. 调查问卷的设计原则

(1) 目的性,指向被调查者提出的问题必须和调查主题密切联系。这要求在问卷设计中重点突出,避免可有可无的问题,并把主体分解为更详细的题目。

(2) 可接受性,调查者的设计要比较容易让被调查者接受。被调查者对调查的参与有绝对的自由,他们对调查的态度既可以合作,认真配合,也可以排斥,拒答或不真实地回答。因此,问卷设计中要让被调查者清楚他在调查中的重要程度,同时问卷的用词要得体,有礼貌和具有趣味性,对不同的调查对象可以采取不同的问卷形式。另外,有时候还可以采用一些物质鼓励,并承诺为被调查者保密。

(3) 顺序性,是说整个调查问卷要讲究其排列顺序,使问卷条理清楚、顺理成章,以提高问答的表达效果。

(4) 简要性,指调查内容要简明。调查事件要简短,问卷和问题不宜过长。问卷设计的形式要简明易懂、易于表达。同时要考虑到便于调查结果的统计,调查问卷中的提问一定要方便事后的整理和统计工作。

2. 调查问卷的提问方法

调查问卷的提问方法主要有两种。

1) 封闭式提问

这种提问指的是对问题所有可能的回答中,被调查者只能从中选择一个答案,这种提问方式便于统计,但是信息量较小,同时也没有较好的伸缩性。

(1) 两项选择题。

提出一个问题,给出两个答案,被调查者只需在两者中选择一个做出回答。例如:

请问您家有手机吗？

□有　□没有

（2）多项选择题。

提出一个问题，给出多个答案，被调查者仅可从中选择一个做出回答。例如：

请问您家有几部手机？

□1 部　□2 部　□3 部　□3 部以上

（3）程度评价题。

对提出的问题给出程度不同的答案，被调查者从中选择认同的一个做出回答。例如：

您在购买手机时，认为外形因素：

□很重要　□较重要　□一般重要　□不太重要　□很不重要

（4）语意差别题。

给出两个语意相反的词，让被调查者做出一个选择。例如：

请问您对波导手机的看法

□样式独特　□样式陈旧

□使用方便　□使用复杂

□信号强劲　□信号不好

2）开放式提问

开放式提问是指对所提出的问题，回答没有被限制，被调查者可以根据自己的情况自由回答。这种提问方式答案不唯一，不宜于统计、分析，但信息量较大，伸缩性较好。

（1）自由式提问。

被调查者可以不受任何限制回答问题。例如：

请问您印象最深刻的手机品牌（　　）

（2）语句完成式提问。

给出一个不完整的句子，让被调查者完成该句子。例如：

您在口渴时，想喝（　　）

（3）联想式提问。

调研人员列出一些词汇，由被调查者给出他（她）所联想到的第一个词。例如：

当您听到以下词句，首先会想到什么？

手机（　　）　波导（　　）

（4）顺位式提问。

调研人员让被调查者根据自己的态度来评定问题的顺序。例如：

您所喜欢的手机品牌依次为（请根据您的喜欢程度，分别标上序号）

诺基亚（　　）　摩托罗拉（　　）　西门子（　　）　波导（　　）　海尔（　　）

在实际调查中，调研人员常常将开放式提问和封闭式提问结合起来运用。

12.4.2　抽样调查的设计

抽样调查也称为抽查，是指从调研总体中抽选出一部分要素作为样本，对样本进行调查,并根据抽样所得的结果推断总体的一种专门性的调查活动。在总体中抽取有代表性的部分,克服了普查中组织困难,费用偏高、时间过长的缺点,能基本反映样本的特点,是一种比较科学和客观的调查方法。抽样调查的一般程序为:

1. 确定调查总体

为了满足研究目的的需要,必须详细说明可提供信息或与所需信息有关的个体或实体的特征(比如公司、商店等)。然后从以下几个方面对其进行描述:地域特征、人口统计学特征、产品或服务使用情况、认知程度等。这样就可以明确被调查者的总体特征,做到对象明确,有的放矢。

2. 选择抽样的方法

首先必须明确我们要采取哪种数据采集方法,如电话或问卷调查等方法。然后确定这些样本数据的出处,比如电话本、咨询公司或者地址簿等。这样我们就可以根据采集方法和样本数据的出处来决定抽样方法,抽样方法的选择决定于研究目的、经济实力、时间限制、待研究问题的性质等。

可供选择的抽样方法分为概率抽样和非概率抽样两大类。

概率抽样指的是在总体中的每个单位都具有同等的可能性被抽中。概率抽样具有严格的完整的程序,要求避免武断或有偏见的选择抽样单位。

非概率抽样是指从总体中非随机的选择一些样本进行调查。

3. 决定样本量

一旦选定抽样方法,下一步就要确定合适的样本量。一般原则是:样本越大,抽样误差就越小,成本也越高,但是样本误差只是以样本量相对增长速度的平方根的速度递减。于是如何在调查相对紧缺的资源中分配可利用资源就成了一个重要的问题。

4. 决定样本选择程序

无论是使用概率抽样还是非概率抽样,在一个项目中的资料搜集阶段都要制定和明确选择样本单位的操作程序。对于概率抽样程序来说,这个程序更为重要,必须详细、清晰,不受访谈人员的干扰。若不能制定合适的选择样本单位的操作程序,这个抽样程序就会陷入困境。

5. 实施调研

这是对选定的样本进行调查,即运用不同的调查方法对抽选的样本进行逐个调查,取得第一手信息资料。如果被调查的样本不在或拒绝接受访问,应设法改变访问的技巧,并再次访问。在确定确实无法访问时,才能改变访问对象。

对随机抽样而言,一般不允许随意改变样本或减少样本数量,以保证样本资料的准确性与客观性。对非随机抽样而言,如遇原定调查对象不在或不愿接待,调查人员可以根据主观标准改变访问对象,以达到样本数的标准。

12.5 市场营销信息系统

12.5.1 营销信息系统的含义

营销信息系统是企业整个信息系统中的一个极为重要的子系统。这一系统的基本功能是搜集、整理和分析企业的营销信息、竞争者与行业信息，以及影响企业营销的其他外部环境信息。它的构成要素包括人员、职责、流程、激励政策与文化、计算机软硬件等。其作用和目的是为企业营销管理者和相关人员提供制定市场营销计划、改进营销执行和控制提供依据。

需要特别指出的是，提及信息系统，人们很容易就将其想象为一个由计算机及其网络、软件组成的"硬"系统。这是一个非常狭隘和错误的观念。同任何信息系统一样，计算机、软件只是信息系统的充分条件而非必要条件，也就是说，如果该系统配置了先进的计算机和软件更好，但没有这些而具备其他的构成要素，它同样是一个市场营销信息系统，甚至也可能是一个很好的市场营销信息系统。

近些年来，随着信息技术手段的发展，一些企业盲目地投资购买计算机和软件，以期建立企业的市场营销信息系统，但是事与愿违，不仅这些购买来的信息技术与手段不能发挥其作用，反而使企业本来做得很好的事情在信息技术与手段的冲击下变得不知所措。

在营销信息系统的构成要素中，第一，要有企业文化。如果没有市场导向的企业文化，市场营销信息系统就根本不可能建立起来。第二，要有相应的人员，这些人员应当具有市场营销的专业知识，应当具有自己搜集和整合企业内外各种市场营销信息的能力。第三，要有相应的职责，不仅市场营销信息系统的专业人员要有其职责，销售人员、产品技术人员、生产人员、财务人员等全体员工都要有市场营销信息搜集、回报、交流的职责。目前最典型的问题是销售人员只有销售额的责任，而没有搜集反馈信息的责任；营销部门负责市场信息系统的建立与维护，而研发部门获得的产品技术信息却并不在该市场信息系统当中。此类事情在许多企业中都大量存在。第四，企业要建立市场营销信息系统并使之高效、高质量运转，还需要有相应的激励政策，使得各个部门之间、各类人员之间愿意分享市场信息，而不是独占信息（资源）。第五，要有相应的流程，使得信息渠道规范、畅通、高效。第六，根据企业的实际需要配套相应的软硬件，以提高市场营销信息管理、分析、传播的速度。

营销信息系统是从了解市场需求情况、接受顾客订货开始，直到产品交付顾客使用，为顾客提供各种服务为止的整个市场营销活动过程中有关的市场信息搜集和处理过程。企业市场营销信息系统所处理的市场信息，部分来自企业内部，更多来自于企业外部。它的基本任务是搜集顾客对产品质量、性能方面的要求，分析市场潜力和竞争对手情况，及时地、准确地评价和提供信息，用于企业营销决策。市场营销信息系统是企业管理信息系统的一个重要的子系统。一般来说，市场营销信息系统既可以作为整个企业管理信息系统的子系统来建立，也可以作为一个独立的信息系统来建立。由于企业市场营销信息系统与其他子系统有着密切的联系，所以在开发建立市场营销信息系统时，要注意与其他子系统的关系。

12.5.2　构建营销信息系统的原则与步骤

企业的营销信息系统的发展经历了由低级向高级发展的 3 个阶段：

(1) 简单程序应用阶段。此阶段主要是用于一些简单账目的结算,其数据和程序不可分割,数据作为程序的一个组成部分。

(2) 文件系统阶段。主要用于会计、订货、采购、库存控制、工资、成本控制等方面。

(3) 数据库阶段。此阶段没有完整数据结构组织,在数据库中,数据类型和数量都可以无限扩大,其应用领域不仅适用于文件系统的应用范围,而且还扩展到预测、营销进度的安排、统计分析等。

1. 构建营销信息系统的原则

随着市场经济的发展和企业管理的现代化水平提高,建立以计算机为中心的信息系统势在必行。企业建构以计算机为中心的市场营销信息系统必须遵循以下原则。

1) 系统性原则

建立市场营销信息系统,需从企业的整体出发,进行系统思考和设计,使信息系统与企业的经营目标、组织结构、经营业务相适应,同企业经营管理对市场信息的要求相适应,同企业原有的信息工作基础相协调。它还应与企业整个管理信息系统耦合,并与社会上各类信息系统保持尽可能密切的联系。此外,市场营销信息系统本身也应成为一个结构完整、运行有序的有机统一整体。

2) 经济效益原则

建立市场营销信息系统,必须以最大限度提高企业的经营管理水平和经济效益为目的。信息系统建设本身也要确保以尽量少的费用达到预期的目标。建立市场营销信息系统,需要投入人力、物力、财力,系统的正常运行与维护也需要不断的投入,为此必须始终注意成本与效益之间的对比,把经济效益放在重要地位加以关注。

3) 简明适当原则

企业加工和传递的信息应尽量简短明了,信息的处理过程应尽可能避免繁杂的手续,信息的筛选优化应以适当为标准。这样才能加快信息的疏通,缩短信息流通的时间,提高有效功能。

4) 适应性原则

适应性是指系统要能适应企业经营管理工作地需要,适应外部环境的变化。系统要有较大的灵活性和应变能力,一些程序、规则等也要有较强的适应性。

建立市场营销信息系统,既要立足于现有基础、现有条件,从实际出发,逐步完善,逐步发展,又要有发展的眼光,充分预计到企业经营管理活动的发展变化和信息技术的发展,具有一定的先进性。

5) 需要与可能统一原则

建立市场营销信息系统,必须要处理好需要和可能的关系。需要与可能有时会出现矛盾,但两者必须统一,既要考虑需要,又必须以可能为条件,包括技术可能、人员组织可能、设备可能、资金可能和经济可能。不能不顾客观条件许可，一味贪大求洋。

2. 建构营销信息系统的步骤

建立企业市场营销信息系统的步骤有以下几种：

（1）分析。根据系统目标，进行调查、分析，提出系统的模型。

（2）设计。根据以上分析，确定系统结构，确定子系统和系统模块。设计代码、输入和输出文件格式、信息的分类和储存方式、系统流程图等。

（3）实施。包括程序设计，程序和系统的调试，编写技术文件，系统转换及系统评价等内容。

12.5.3 营销信息系统的构成

如图 12-3 所示，市场营销信息系统处于市场营销环境和市场营销管理者之间。该系统接受来自市场营销环境的市场信息，经过系统的处理、分析，传递给市场营销管理者。市场营销管理者依据系统提供的信息，制定、改进、执行和控制各种市场营销计划和方案。

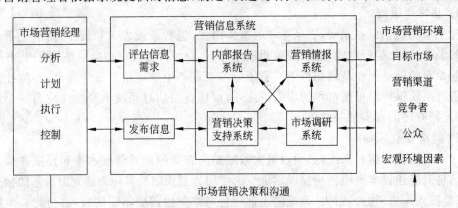

图 12-3　市场营销信息系统

1. 内部报告系统

内部报告系统的主要功能是向市场营销管理者及时提供有关交易的信息，包括订货数量、销售额、价格、库存状况、应收账款、应付账款等各种反映企业营销状况的信息。通过对上述信息的处理和分析，企业营销管理者就可能发现重要的市场机会，找出营销管理中存在的问题。例如，通过对库存信息的加工、分析，营销管理者可以发现哪些产品销售旺盛，哪些产品滞销，从而采取相应的对策。再如，对 B2B 业务的企业，若能将不同顾客的购买数量、金额、品位、价格等信息加以分析，就可以从中发现哪些是高价值的顾客，哪些是低价值的顾客，从而为顾客的分类管理提供决策依据。

内部报告系统的核心是订货——发货——财务处理的循环。这一循环涉及企业的销售、财务等不同的部门和环节的业务流：订货部门接到销售代理、经销商和顾客发来的订货单后，根据订单内容开具多联发票并送交储运部门；储运部门首先查询该种货物的库存;如果库存货物已全部售完则回复销售部无货,如果仓库有存货,则以多联发票形式向仓库和运输部门发出发货和入账指令。从竞争需要出发,所有企业都希望能迅速而准确地完成这一循环的各个环节,计算机化管理是提高处理的效率和精确度,实现销售过程快捷化的唯一途径。

销售报告是企业的市场营销管理者迫切需要的信息,企业应开发计算机辅助的销售统计和报告系统,以实现销售统计和报告的过程的自动化。在已经实现计算机联网的企业,这一系统的建立可极大地提高销售统计和报告工作的效率和准确性,并使销售单证的处理程序进一步简化,进而缩短销售过程。有些企业设有与用户联网的计算机订货专线。用户通过计算机即可直接向供应商发出订货单,企业销售部门接到订单后立即安排发货和销售服务。有些企业实现了内部销售系统的计算机联网,身在外地的销售人员可通过便携式计算机与公司总部通信联系,向总部发送当地的销售信息,订货需求,同时从总部检索查询供应信息。在某些企业,销售人员甚至可以通过计算机系统回答顾客提出的各种问题,接受顾客订货,并通过计算机通知顾客最方便的提货地点和仓库名称。而上述所有信息都可在计算机市场营销信息系统中及时得到统计处理。

2. 营销情报系统

较之内部报告系统的信息是企业内已经发生的交易信息,市场营销情报系统所要承担的任务是及时捕捉、反馈、加工、分析市场上正在发生和将要发生的信息。通常,市场营销情报信息是零散的、定性的,但是若能把这些零散的信息加以系统整合,对营销管理者的决策至关重要。例如,国家将要颁布一项新的法规,该法规一旦付诸实施,将会改变行业竞争的游戏规则。再如,某城市的销售员发现,竞争者在该城市推出了一个新产品,并辅之以高强度的广告宣传。这个信息对营销管理者就可能是极为重要的,营销管理者结合其他情报判断,这是竞争者的一次试销活动,因此,及时下达指令撤出本企业在该城市的竞争性产品,偃旗息鼓,使竞争者在试销中得出错误的结论。内部报告系统可以通过在企业内建立相应制度与流程来保证信息过去的及时性、准确性;而市场营销情报系统则更依赖于相关人员的信息意识和判断能力。缺少信息意识,就不会是情报的"有心人",缺乏判断能力,就不知道捕捉什么信息。

市场情报信息不仅来源于市场与销售人员,也可能来自于企业中所有与外部有接触的其他员工。例如,技术人员参加产品博览会也可能获得重要的产品情报。甚至人力资源部经理也可能是市场营销情报的信息源,例如,他在参加一次包括同行竞争者在内的一次培训会的空闲时间了解到,竞争对手准备以高薪挖同行的高绩效销售员,这个信息对营销管理的决策也很有意义。

3. 营销调研系统

营销调研系统也可以称为专题调查系统。例如,企业需要了解近来销售额大幅度下降的原因;企业在决策投产某新产品之前,需要对该产品的目标市场和销售潜力进行较为准确的预测。为此,企业需要组织专门的力量承担市场营销调研工作。

营销调研系统的任务是系统地、客观地识别、搜集、分析和传递有关市场营销活动的市场信息,提出与企业所面临的特定的营销问题有关的市场营销调研报告,以帮助市场营销管理者制定有效的营销决策。

营销专题调查,可以由企业内部人员来实施,也可以委托外部专业咨询机构来完成。随着专业化分工的加强,委托外部专业机构来完成专题调查越来越普遍。尽管如此,企业仍然要有相应的人员,他们熟悉专题调查的程序,了解主要方法和技术,以便对委托机构的专题调查的质量进行评估和监督。

4. 营销决策支持系统

为营销决策提供分析方案是市场营销信息系统的第四项服务功能,也称最高级信息服务功能。市场营销决策支持系统通过对复杂现象的统计分析,帮助管理者分析市场营销问题,做出正确的市场营销决策。

营销决策支持系统的概念产生于20世纪70年代末。Little(1979年)最早将计算机技术引入营销决策领域,并提出了营销决策支持系统的概念。后来营销决策支持系统领域的研究,都是在这个概念的指导下进行的。到20世纪90年代,随着信息技术的发展,出现了一些营销决策支持系统应用于实践领域的新的工具,包括数据仓库(DS)、客户关系管理(CRM)、营销工程(ME)等,以及数据挖掘等技术。这些工具和技术从不同角度、不同深度辅助营销管理者决策。在其发展变化上既有互相传承的关系,又在某种程度上保持了相对的独立性,满足了不同决策类型的需要。此外,专家系统、神经网络等工程的方法也可以用于建立市场营销决策支持系统。

12.5.4 营销信息系统的开发

建构一个适用的市场营销信息系统,并不简单。市场营销信息系统的功能涉及企业的销售、财务、管理、数据处理等方方面面的内容。因此,各部门人员之间的合作、协调就显得格外重要。企业市场信息系统的开发是一个复杂的工作过程,它的各个工作环节有着内在的逻辑关系,必须从系统的观点出发,采取科学的方法开展研制工作。

目前企业管理信息系统实施的失败率是非常高的。一个重要原因就是系统开发者仅仅将信息系统看做一套计算机软件,没有从整个企业系统的观点认识管理信息系统的开发与实施。他们应该从企业大系统观点认识市场营销信息系统。本节开始已经提到,市场营销信息系统是指一个由人员、职能、政策、文化、流程、目标和计算机软硬件所构成的相互作用的集合体。因此,一个成功的市场营销信息系统的实施必须综合考虑这6个方面的因素。下面分别阐述这6个因素。

1. 目标

任何企业的信息系统开发,都需要一个明确的目标来指导。信息系统的开发目标由于企业的实际情况不同而纷繁复杂,比如一个企业规模较小,那么它开发信息系统的重点可能就是销售的流程管理,而销售人员和客户的管理并不作为重点。相反,一个企业的规模较大,客户众多,其信息系统开发的目的可能就是对客户和下属销售公司或人员进行管理。无论如何,在开发信息系统之前都应该对系统的开发目标有一个清楚的认识。

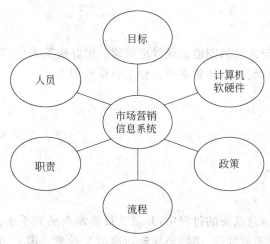

图 12-4　市场营销信息系统的影响因素

2. 政策

高度的政策支持是成功地建构市场营销信息系统的重要条件。市场营销信息系统的建构是一项复杂的系统工程,周期长、投资大、涉及面广,它的建立和应用可能涉及业务流程、规章制度,甚至组织结构的调整和改变等全局性的问题。这些问题只有在企业政策的保障和支持下才能得到解决。

企业必须采取相应政策,保证相关人员的配合,提高相关人员的积极性。在系统开发阶段,需要他们积极配合,介绍业务流程、提供数据。系统建成之后,他们是系统的主要使用者和操作者。信息系统相关使用人的业务水平、工作习惯和对新系统的态度,将直接影响系统的使用效果和生命力。

调动相关人员的积极性,一方面要通过教育、普及管理信息系统的知识,提高他们的信息觉悟,消除误解;另一方面要让他们参与系统的开发,鼓励他们提出方案和建议,参与和交流是最有效的教育。

3. 人员

管理信息系统的开发和维护需要一支由各位专业人员组成的系统队伍,仅有计算机技术人员是不够的,还应有经济管理方面的专家。这支队伍应包括:

(1) 系统分析员,负责系统分析的工作。

(2) 系统设计人员,负责系统的具体设计。

(3) 企业相关部门人员,负责将企业内部的事务向系统分析设计人员进行解释,以便分析设计人员能更好地对其进行理解。

(4) 企业营销管理人员,由于整套系统是为企业管理人员服务的,因此,在系统分析和设计过程中必须参考企业营销管理人员的意见,同时结合先进的营销方法和管理手段,这样才能使设计出来的系统更先进、更具有效率。

4. 职责

对于系统相关参与人员的职能必须界定清楚。做好决策人员、系统开发人员、设计人员、使用人员之间的明确分工,非常重要。分工的原则如下:

(1) 任务清晰;

(2) 协作顺畅;

(3) 职责明确;

(4) 激励得当。

5. 流程

在开发市场营销信息系统的过程中,开发人员常常会感到千头万绪,无从做起。"摸着石头过河"的做法是不可取的,那样会导致很高的失败率。因此,在正式开发市场营销信息系统前,必须制定一个明确的系统开发流程,用以指导相关人员的工作。以下是一个规范化的市场营销信息系统开发流程:

1) 需求调查与分析

经过市场营销信息系统收集和处理的信息是为最终的信息使用者服务的。由于营销信息的最终使用者来自需要不同信息的各个部门,包括战略、营销、采购、财务甚至人力资源等。开发者必须首先调查清楚各使用者的信息需求。也就是说必须确定"Who"需要"What"信息,进而确定各个信息的规范化格式,形成"信息需求表",以方便信息的收集和使用。

需要注意的是,营销信息的使用者(消费者)本身也是营销信息的生产者。前面已经提到,企业所有的与外界接触的人员都可能获得营销信息,这就需要培养企业相关人员的信息意识,使其切身认识到信息工作的重要性和必要性,从而使每个人在享受营销信息服务的同时,也为他人提供营销信息服务。

2) 营销信息来源

营销信息需求调查清楚后,下一步工作就是如何获得这些营销信息。营销信息的来源主要有两个渠道,一个是营销情报系统;另一个是营销调研系统。

营销情报是指关于营销环境日常发展情况的信息,可以从很多渠道获得营销情报。大量的情报可以由本公司职员提供,如经理、工程师和科学家、采购人员、销售人员。公司必须向职员宣传收集信息的重要性,训练他们发现新情况的能力,并督促他们向公司汇报。公司还必须说服供应商、经销商和顾客提供重要情报。关于竞争者的情报可以从竞争者的年报、新闻、广告、网络中获得。公司还可以从商业刊物和贸易展览中获得关于竞争者的信息。公司可以观察竞争者在做什么——购买和分析竞争者的产品,关注他们的销量,并查阅最新专利情况。此外,公司还可以从公司外部购买情报,如 AC 尼尔森等公司。

营销情报系统提供的信息是比较凌乱的,企业常常需要对某个特定的营销问题进行专项研究,这就是营销调研。例如,百事可乐试图确定什么类型的顾客最倾向于它们的产品等。营销调研的内容很广泛,从研究市场机会和市场份额,到评价顾客满意程度和购买行为及研究定价、产品、分销和促销活动,等等。公司可以用自己的调研部门进行营销调研,也可以借助其他公司。公司是否利用其他公司来调研取决于它自己的调研技术和资源。现在,国内也出现了很多的专业营销调研公司(咨询公司),它们在调研方法技术方面的专长将帮助企业高效地获得营销信息。

3) 信息加工、分析

通过营销情报和营销调研获得的信息需要进行进一步分析,例如,利用先进的统计分析法来研究数据的内在联系和数据的可信度。这些分析可以使营销者克服数据中的偏差,以便解决市场、营销活动和效果方面的问题。

信息分析还包括能够帮助营销者做出最佳判断的数学模型。每个模型表示某个真实系统、过程或结果。这些模型帮助解决"如果……会怎样"和"哪个是最好的"这类问题。在过去的 20 多年中,营销科学发展了一系列的模型,可以帮助营销经理做出更好的营销决策、设计销售区域和销售计划、选择销售渠道、发展最佳广告组合以及预测新产品的销售等。最近,Gary 和 Arvind 开发的营销工程软件包,就是软件化的这样一些模型的综合,将大大方便营销决策者的使用。

4) 信息传递、传播

只有当营销者利用信息做出更好的决策时,营销信息才具有价值。营销信息必须在合适的时间提供给合适的使用者。规范化的营销信息包括普通业绩报告、最新情报和调查报告。营销经理或营销人员就是利用这些营销信息制订常规计划、实施和控制决策。有时,他们还需要专门的非日常性的营销信息,比如有关某个顾客的专门信息。营销信息必须高效、快速地提供给信息使用者。

近来信息技术的发展为营销信息的共享、传播提供了非常有利的条件。在很多公司,营销信息被存储到信息服务器上,同时通过服务器赋予不同的信息使用者以不同的信息授权权限,营销经理可以通过个人计算机和其他方式直接进入信息网络查询相应的信息,大大提高了营销信息共享、传播的效率。

6. 系统软硬件支持平台

营销管理信息系统以计算机为手段,应用先进的营销管理思想,搜集和处理相关的信息,对企业的营销管理决策有重要的指导作用。所以计算机软硬件在整个系统中占有十分重要的位置。

到目前为止,已出现过三种硬件平台模式:

(1) 主机模式,是一种基于多用户的主机,由主机/终端机构成集中式系统平台。

(2) 文件服务器模式,是一种基于 PC 机局域网的文件服务器/网络工作站构成分散式网络系统平台。

(3) 客户/服务器模式(Client/Sever 模式,简称 C/S 模式),这是一种由各种机型组网的 LAN 和交互式互联网构成的分布式平台。从传统的集中式系统转入 C/S 系统模式是近 10 年来信息技术的重要发展。C/S 模式在近年来得到迅速的发展,其主要原因在于价格便宜,灵活型号,可资源分享和扩充容易。

计算机软件是营销管理信息系统的主体,现有的软件开发方法很多,如原型法、生命周期法等;同时流行的软件开发工具也层出不穷,Delphi,VB,VC,Java 等工具各有千秋,但是最重要的是在开发过程中要基于客户、问题导向来选择开发软件,以保证最大限度地符合企业营销管理的需要。

 **本章小结**

市场营销调研是指系统的设计、收集、分析和报告与企业面临的特定的市场营销问题有关的信息的活动,通过市场营销调研,有利于企业发现市场机会,制定正确的市场营销策略,提高企业的市场竞争能力。

市场营销调研可以应用于产品营销的各个阶段,在各个阶段根据特点其采用适合的调研方法得到所需的信息。

营销信息对企业实现营销目标所产生的作用越来越被人所认识,市场营销信息系统应运而生,它是由个人、机器和程序构成的相互作用的复合体,并在各个子系统的协调作用下,为企业收集、挑选、分析、评估和分配适当及时的准确信息,以利于管理者进行决策。

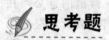 **思考题**

1. 市场营销调研主要有哪些类型?采用时有什么特点?
2. 市场营销调研的方法主要有哪些?各自的优缺点是什么?
3. 构成市场营销信息系统的子系统有哪些?它们分别对营销管理层起到什么样的作用?
4. 开发市场营销信息系统需要考虑的要素有哪些?

案例分析

20 世纪 80 年代初日本家电迅速占领中国市场的奥秘

20 世纪 80 年代初期,当中国高举改革开放的大旗,敞开国门,迎接市场经济的挑战之时,日本的家用电器厂商也开始转向中国大陆这块幅员辽阔、人口众多的潜在大市场。

20 世纪 80 年代以来,很长一段时间,几乎没有人会怀疑日本家电产品的质量和服务,日本家电已在中国市场牢牢地站稳了脚跟,其他的外国品牌几乎很难和日本品牌较量。可是,很少有人知道,在日本家电厂商准备向中国市场全面出击时,欧洲有一家著名厂商是和他们站在同一条起跑线上整装待发的。而最终的结果,大家有目共睹,日本家电成了大赢家。其原因何在?主要就在于日本厂商首先进行了全面、深入、准确的市场调研和由此制定利润科学的营销策划,市场调研和营销策划是它们获得成功的关键。而欧洲的那家著名厂商在没有深入调研的基础上,判断中国人目前人均收入过低,还不具备购买相对昂贵的进口家电的经济条件,放弃了具有很大潜力的中国市场。这一战略令欧洲厂商多年后深感遗憾。

下面我们就来看一下日本厂商是怎样进行市场调研和营销策划的。

日本厂商经过对中国国情和传统文化的分析,决定从市场规模、产品策略和渠道策略3方面对中国家电市场进行多方位的调研。

在市场规模方面,主要从3~4年内中国普通城市居民家庭对低档家电产品具有购买力进行调查和分析。在调查中,他们发现表面上看中国的工资水平太低,1978年职工年平均工资只有615元人民币,似乎很难形成购买力。但中国人有储蓄的习惯(受儒教文化"节俭是美德"的影响),同时中国人又把大件商品作为财产来看待,积攒钱买大件商品是完全有可能的。在此基础上,日本厂商决定调查如果进行生产,能否形成450万台(件)的销售量。经过周密的调查和测算,中国有10亿人口,城市人口占18%,则有1.8亿之多,按家庭人口平均4人计算,就有4 500万户家庭。按中等收入以上的家庭占1/10计算的话就有450万户家庭具有购买中低档家电的市场潜力。

因此,日本厂商在上面的调研基础上决定进军中国的家电市场。但是使用什么样的产品策略才能一举中的呢? 日本厂商从产品策略方向入手,对中国人的生活习惯、住宅条件和个性偏好等方面又进行了周密的调研。调研中发现,中国人住房比较小,根据现有的住房条件,屏幕不宜过大;中国目前电力供应不稳,电压不足会影响图像稳定,从而误解为电视机质量有问题;中国人喜欢热闹,看电视的时候很多人聚在一起,并且中国无音量限制的法律规定,为了能让众多人观看,电视机音量不能太小,以免后面的人听不清;中国人购物普遍有崇洋心理,但价格若高出太多,又会出现承受能力的问题。通过上面的调研分析,日本厂商决定在中国市场以12~14英寸黑白电视机为主要突破口,同时电视机要增加电压稳定装置,扬声器则要增加音量,以满足中国消费者看电视的习惯。这一产品策略抓住了中国消费者的看电视的习惯,产品一经推出,深受中国消费者的喜爱。

在明确产品策略的基础上,日本厂商对渠道的选择同样进行了周密地调查研究。当时中国刚刚进行改革开放,在进口产品上限制的比较严,日本家电在短期内没有可能通过正规的渠道进入中国市场。但是中国家电市场有如此大的潜力,仅仅因为没有进口渠道就放弃非常可惜。日本厂商通过对广东沿海等经济发达、观念相比中国内地开放的广东等地进行了大量调研,发现中国有很多居民选择通过在海外尤其是港澳地区的亲属回国探亲的时候,委托他们带回质量高的国外生产的家电。港澳同胞每次回国可以免税带回一大件进口商品,而每年通过探亲等形式回国的人口可达70万人。因此,直接进口中国家电市场的策略性不通,可以先在港澳地区对产品进行试销,通过每年返乡的港澳同胞携带免税进口商品这一策略间接进军中国电视机市场,这成为日本厂商当时选择的渠道策略。事实证明,这一渠道策略非常奏效,通过港澳的中国同胞返乡可以携带免税家电这一政策,日本厂商迅速在中国的家电市场打开了局面,中国消费者对日本厂商生产的这种小型黑白电视以其音量高、成像稳定、质优价廉等优点在消费者中迅速赢得了口碑,为后来日本厂商直接进口电视机乃至在中国直接投资建厂奠定了良好的基础。

通过上面的分析可以看出,细致、周到的市场调研和营销策划,是日本电视机能够赢得中国市场的一个重要原因,日本家电在中国的成功也是在情理之中的。由此可见,市场调研对一个企业来说是非常必要和重要的,良好周密的市场调研能够帮助企业迅速占领市场、提高市场份额,赢得高额利润。

讨论题:

1. 日本厂商都从哪些方面进行了充分的市场调研?

2. 20世纪80年代初中国消费者和家电市场具有什么样的特点?

第 **13** 章　营销管理新动向

21 世纪是一个全新的世纪,21 世纪将人类社会带入新的经济时代。伴随着中国加入世界贸易组织,世界经济一体化进程的不断加快,中国的企业将面临着更多的挑战和机遇,不仅要和国内的其他企业竞争,还要和国外的企业竞争;不仅要占领国内市场,还要去开拓国际市场。

面对新的环境,企业需要新的营销理论的支持。自 20 世纪中后期以来,市场营销学的新概念、新理论层出不穷,市场营销研究的领域不断拓宽。在此,仅从几个方面进行基本的介绍。

本章目的

了解营销管理的最新理念;引导企业主动承担社会责任;了解网络环境下的企业营销;了解企业如何应用数据库进行营销;了解创业营销与传统营销的区别。

主要知识点

企业的社会责任　网络营销的要点　运用数据库进行营销的方法　创业营销与传统营销的差别

13.1　社会责任营销

受传统管理思维的影响,企业在经营过程中始终都在考虑外部环境对企业本身的影响,却忽略了作为社会组织的一个细胞,企业的行为过程和结果也会对外部环境产生影响。随着市场竞争的加剧,营销越来越成为企业赢得竞争优势的关键职能。各种各样的营销活动已经深入到社会生活的方方面面,对公众、社会和自然环境的影响日益突出。这些影响有积极的,当然也有消极的。其中一些企业在营销活动中出现了一系列的道德问题,给公众、社会、环境带来了不良影响,最终也使企业自身蒙受了损失。从 2005 年的阜阳"毒奶粉"事件到 2006 年的"苏丹红一号"事件、SKⅡ事件、三鹿奶粉添加剂事件等,这些企业不道德的营销活动已经造成了全社会的信任危机,因此企业的营销道德问题日益受到社会各界的广泛关注。人们在强烈谴责某些企业的不道德经营行为的同时,也纷纷呼吁企业在从事营销活动获取利润的同时必须要加强企业的营销道德建设、承担企业应尽的社会责任。

13.1.1 社会责任的内涵和营销中的社会责任缺失现象

1. 社会责任的内涵

关于企业社会责任的定义还存在许多争议,但一般认为企业社会责任就是企业在创造利润、对股东利益负责的同时,还要承担对员工、消费者、供应商、社区、政府和环境等的社会责任。可见企业社会责任超越了以往只对股东负责的范畴,强调对包括股东、员工、消费者、供应商、社区、政府等在内的所有利益相关者的社会责任。企业社会责任的本质是企业对其自身经济行为的道德约束,它既是企业的宗旨和经营理念,又是企业用来约束生产经营行为的一套管理和评估体系。企业社会责任最基本的是企业的法律责任,包括遵守国家的各项法律,不违背商业道德。在高层次上是企业对社区、环境保护、对社会公益事业的支持和捐助。

2. 营销中的社会责任缺失现象

1) 产品策略中的责任缺失现象

为广大消费者提供货真价实、优质的产品及服务是企业最基本的社会责任,如果违背这一原则就会对社会产生不良影响,甚至危及消费者的生命。然而,在现实中某些企业的产品策略往往背道而驰,公然采取不负责任的行为。

从产品的生产过程看,有些产品在生产过程中使用有害原料,或是制造工艺简陋,环保监控措施不到位,导致产品生产过程中废水、废气和废弃物的任意排放和噪声污染,严重污染了自然环境,影响了人们的正常生活。例如,许多造纸企业暗地里将未经处理的废水排入河道,使当地和下游河水受到严重污染,造成水中生物大面积死亡,人们生活用水质量不能得到保障。

从产品自身质量看,有些产品缺乏应有的质量,产品实际上提供的利益较少,甚至质量不过关,严重危害了消费者的安全和健康。例如,目前我国面临的严重的"菜篮子污染",有用矿物油"抛光"的大米,掺用"甲醛"的面粉,用硫黄熏制增白的银耳等。另外,企业有时出于自身利益的考虑,不愿披露与产品有关的危险,这种违背、忽视社会责任的行为在化妆品行业中尤其严重。

从产品包装商标来看,有些产品包装不能提供真实的商品信息,包装上印刷的商品优于包装内的商品本身;滥用"真皮""纯羊毛"标志,打着"省优""部优""国优"的旗号销售产品,给消费者正确判断商品的质量和档次带来困难,为劣质产品提供了鱼目混珠的条件;利用包装设计,或在包装上采用易于使人误解的标示及文字,故意夸大容量,给消费者造成错觉;过度包装,提升产品的附加价值,浪费了社会资源,造成环境污染;产品说明书特别是药品说明书不详,造成消费者误用误服事件;另外,近几年恶意抢注商标、侵犯知识产权的违背商业道德的事件也频频发生,严重影响了市场秩序。

此外,某些行业的企业故意缩短产品生命周期,或者制造消费者对现有产品的不满,鼓励他们在产品尚可使用的情况下丢弃不用,不断地更新产品,早买或多买;制造厂家故意保留已发展成功且极具吸引力的产品特性,采用细水长流的方式推出,以促使消费者一再地更新产品,提升其垄断力,造成社会资源的严重浪费。这些也属营销对社会不负责任的行为。

2）价格策略中的责任缺失现象

制定真实及合理的价格,是企业履行社会责任的重要组成部分。然而,在现实中,某些企业严重地违背了价格道德。在产品销售中出现掠夺性价格、歧视价格、垄断价格及未披露全部价格信息等都是价格行为中违背道德的典型表现。如有些企业利用市场上信息不对称的缺陷,以不实的"厂价""批发价"和"成本价"大做广告,抬高标价再声称特价优惠;利用顾客买贵心理或是以高价销售紧俏商品牟取暴利;价格中分摊了过高的广告、推销和税收费用;同货不同价等。

3）分销中的责任缺失现象

这时涉及生产者、中间商、消费者间的购销关系。各渠道成员根据各自的利益和条件相互选择,并以合约形式规定双方的权利和义务。如果违背合约有关规定,损害任一方的利益,都会产生道德问题。如当合约规定,零售商只能销售某一企业的产品,而不准销售其他企业的产品,但零售商为了自身利益,不顾合约规定,销售其他企业好销的产品,这显然是违背了道德。当生产者在业务关系中处于优势地位时,为了自身利益,他们会控制供货,采用威逼手段对中间商减少或停止供货;或者是生产者依凭自己的经营性垄断地位,迫使中间商屈服于自己的指挥,限制中间商只能从事某种特别的经营活动等,均会引起道德性问题。同样,当中间商在业务关系中处于主动地位时,也会产生道德问题。如利用不同地区间价格差异,进行窜货;收受生产厂商的回扣等。

4）促销策略中的社会责任缺失现象

促销活动中企业的责任在于将产品及企业自身的真实信息传递给广大用户。它是企业与社会的"接口"。既是社会了解企业的过程,也是企业树立自身形象的过程。因此促销活动不仅仅是一个信息传递的过程,企业还应通过促销活动寻求与社会的兼容,甚至引领社会观念的进步,这样不仅会使企业在众多竞争对手中脱颖而出,而且对树立企业形象和企业长远发展都是十分有利的。

A. 广告中的社会责任

从广告的设计看,企业在广告中应倡导积极、健康、向上的理念,如环保理念、节能理念、爱心等,在提升企业或产品形象的同时,也为营造一个良好的媒体环境做出了贡献。如有的企业通过赞助公益广告来塑造企业形象。但是许多企业为了引起目标客户的注意,在广告中采取各种内容形式和情节,而忽略了广告对目标客户群外受众的影响,如广告中的暴力和色情内容对青少年身心健康产生了不良的影响。

从广告的真实性看,企业毕竟是一个经济体,它要实现自身的赢利目标,所以不可能希望所有的企业都能将其广告设计达到理想的高度,但对于最基本的真实性、可靠性是任何形式任何一则广告都不能违背的基本准则。但是仍有不少企业为了眼前利益,刻意规避产品的副作用,夸大产品某一属性,误导了消费者购买倾向,这实际上对企业的长远发展是极为不利的。

从广告的发布形势看,从广告产生至今,广告已从原始的纸面广告发展到现在的电视广告、网络广告等,几乎所有能被看见、听见的"媒介"都成了广告的载体。一定程度的广告可以起到丰富媒体内容、美化城市环境的作用,但过度的广告不仅会使人产生听觉和视觉疲劳,而且影响了人们的正常生活。如某些地方电视台,为了拉广告赚钱,广告的时间甚至超过了电视节目的时间,本来完整的一个电视节目被各种广告拆分得支离破碎,严重影响了观众的正常收看,完全背离了媒体创办的宗旨。

B. 推销人员的社会责任

在我们国家"推销"似乎已经成为一个贬义词,人们对推销不仅是厌恶,甚至有一种恐惧。这不仅是因为有些人利用推销进行非法活动,还有很大原因是推销人员本身素质太差造成的。推销人员除了要具有专业知识和很强的沟通能力,还要有一定的社会责任感。现在有的推销员唯利是图,只要能把东西卖出去可以不择手段,完全不顾及产品的优劣,不顾及对消费者带来的负面影响和对社会所造成的不安,有时甚至连自己的亲朋好友都不放过。

C. 营业推广和公关活动中的社会责任

营业推广活动往往由一些中间商发起,或是中间商和生产厂商联合发起。他们往往利用消费者贪图便宜的心理,以店庆、周年、节日为借口,进行打折、反券、赠品、有奖销售等促销活动,意在招揽顾客,实现短期收益。然而由于完全是卖方暗箱操作,所以消费者对实情毫不知晓。而事实往往是卖方耍的一些伎俩,比如,将商品提价后打折;赠送过期、积压的商品;虚设有奖销售等,表面上看消费者好像占了便宜,实际上商家从中赚得了比正常营业更高的利润。这不仅违背了社会道德,而且在某种程度上助长了社会上不正之风的蔓延。

另外,为博得社会对企业或产品的认同,树立企业或产品形象,企业会在适当时机进行一些公关活动。如召开新闻发布会、赞助社会公益活动、资助慈善事业等。有的企业为了长远发展,考虑到利益相关方的利益,会采取一些积极的公关活动如投资环保、资助希望工程、赞助社区活动、进行公益宣传等。当然也有一些企业为了营造声势,采用有偿新闻这种不正当的公共宣传手段,或是制造一些子虚乌有的公关事件,或是对社会公共事业大开空头支票,妄图靠手腕和技巧粉饰门面。例如,1998 年洪水,很多企业打出为防洪事业捐赠的标语,然而实际上很多企业并没有兑现当初的承诺,或仅兑现了一小部分。

13.1.2 强化社会责任观念,主动承担社会责任

市场营销观念大致经历了生产观念—产品观念—推销观念—营销观念—市场营销观念—社会市场营销观念的转变过程。前三种观念我们称为"传统市场营销观念"。传统市场营销观念强调企业以自身为出发点,目的在于实现企业利润最大化。市场营销观念强调企业的一切经营活动应该以满足消费者的需求为出发点和归宿。而社会市场营销观念则强调企业在经营过程中不能只考虑企业的利润,也不能只关注消费者的需要,更重要的是要考虑企业和社会的长远发展,关注所有利益相关方的利益,这就要求企业关注长期社会福利的增加,承担起更多的社会责任,在制定市场营销策略时要统筹兼顾企业、消费者和社会三方面的利益,追求企业与社会的和谐发展。企业的社会责任一般包括 3 个方面,即保护消费者权益、保护社会的利益和发展以及保护社会自然环境。

1. 保护消费者权益

企业存在和发展的基础就是生产和提供合格的产品或服务，这是保护消费者权益的根本。在此之上，还要制定合理的透明的价格，开展真实的有效的促销活动，为消费者提供充分的有价值的信息，真正实现买卖双方的权利对等。1962年，美国总统肯尼迪在国情咨文中首次提出了消费者的"四大权利"，即使用商品安全的权利、了解产品的权利、选择商品的权利、要求意见被听取的权利。我国的《消费者权益保护法》将消费者的权利增加到九条，这有利于规范企业的市场营销行为，"扩大购买人对销售人所主张的权利和权力"。

2. 保护社会的利益和发展

每个企业都是一个投入产出体，而社会资源是有限的，因此每个企业都有责任改进生产技术水平，提高资源利用率，创造更多的赢利。同时企业是税收的主要来源，依法纳税是企业应尽的责任，这是企业保护社会利益和发展最基本的原则。如果说支持社区建设，资助公益和慈善事业可能伴有商业动机，那么依法纳税绝对可以作为衡量企业承担社会责任觉悟高低、动机是否纯正的标准。另外，作为市场经济运行的主体，企业有责任维护正常的市场秩序，开展公平竞争，并通过不断创新推进市场的发展。

3. 保护社会自然环境

随着现代工业的发展，企业生产活动对自然环境带来的影响越来越引人关注。企业在生产过程中不仅消耗了大量的自然资源，而且排放了大量的废物，严重破坏了生态环境，危害了人们的健康和生命安全，阻碍了经济和社会的协调发展。为了提高人们的生活质量，保障人类的生存和社会的持续发展，企业必须改变原有生产经营观念，西方学者因此提出了绿色市场营销的理念。绿色营销，是指企业在经营中贯彻可持续发展观念，以消费者的绿色消费需求为中心和出发点的营销观念和策略。绿色市场营销要求企业在开展市场营销活动中树立环境保护意识和节能意识，采取有效措施控制和消除对生态环境的影响。具体来说，企业要积极研制和开发环保工艺和产品，选择原材料和生产技术时要符合环保标准；产品设计和包装中要使用无害和可回收利用包装物，减少产品使用后产生的垃圾；在选择渠道时，要选择绿色信用好的中间商，要选择能避免污染、减少损耗和降低费用的储运条件；在促销过程中，应积极引导消费者在产品消费使用、废弃物处置等方面尽量减少环境污染，利用绿色媒体和公益活动进行绿色宣传；在产品售前、售中、售后服务中，应注意节省资源，减少污染。

绿色市场营销的实质是强调企业在进行市场营销活动时，要努力把经济效益与环境效益结合起来，保持经济与社会的和谐发展。营销观念的转变说明，企业要获取源源不断的利润，实现可持续发展，就必须承担起更多的社会责任。换句话来讲，企业在努力创造利润的同时，更要注重整个社会福利的增加，真正演好"社会公民"的角色。

13.1.3 履行社会责任不仅仅是成本，也是投资

社会责任既是企业的责任，也是企业在投资决策过程中整合道德、社会及环境价值的新型投资，这个投资也会有经济回报，而且还会很高。一个新的商业事实是，越来越多的股东、客户、合作伙伴以及员工将用心来投票，赞赏或奖励那些通过经营管理和技术创新来推动社会进步的企业。

随着企业的发展，企业价值越来越多的体现在无形资产上。企业的声誉、形象、品牌等无形资产对企业价值的影响越来越大。企业承担一定的社会责任虽然在短期内会增加企业的经营成本，但却非常有利于企业自身树立良好的形象，形成企业的无形资产，进而形成企业的竞争优势，最终给企业带来长期的、潜在的利益。

企业所承担的社会责任与企业的市场绩效正相关，它不仅能够提高企业的市场开拓能力，还能给企业带来高销售量和高忠诚度的顾客，从而提高企业的绩效。

企业通过履行社会责任，应用新的管理方法和引进新的生产技术可以不断提高劳动生产率、节约能源、减少环境污染、发展循环经济、从粗放型转为集约型，使企业获得更大利润。同时，企业主动承担社会责任可以为自身创造更广阔的生存空间，使企业、政府、社会之间形成一个良性循环，使企业的经营和决策拥有更大的灵活性和自主性，为企业的可持续发展提供良好的外部环境。

汶川大地震发生后，一批企业在抗震救灾中表现优异，赢得了网友和舆论的一致赞扬，它们的企业也在市场上得到了快速而现实的利益回报。嘉多宝集团旗下产品王老吉就是其中一例。

2008年5月18日的赈灾慈善晚会上，王老吉公司相关负责人郑重代表企业捐出1亿元人民币，用于四川地区抗震救灾工作。就在晚会之后，一个名为"'封杀'王老吉"的帖子得到网友热捧。为什么要封杀呢？点击进去之后才发现，帖子的意思是让大家以买光它的方式封杀它。"买光超市的王老吉，上一罐买一罐"的口号广为流传。短短几天时间，个体零售的增长令调度时间比平时增加了1/3。网友甚至喊出口号："要捐就捐一个亿，要喝就喝王老吉！"网络舆论用自己的方式对王老吉超越平均线的做法进行赞许。

嘉多宝集团的慷慨解囊在短期内为自己树立了优异的社会形象，不但大幅提高了自己的销售量，同时，由于年轻人对王老吉公司此举的反应最为强烈，从面开辟了年轻消费者这一新的消费群体，使自身形象上了一个崭新的台阶。

由此，我们不难看出，社会责任是企业利益和社会利益的统一，是维护企业长远利益、符合社会发展要求的一种"互利"行为。企业社会责任是现代企业管理的新规则，是成本，也是投资，更是企业可持续发展的基础。因此企业应该积极承担社会责任，实现自身的可持续发展。

13.2　网络营销

随着计算机及互联网技术的日益普及和发展，人类进入了互联网时代。随着这个时代的来临，市场和营销领域正在发生着巨大的变革，互联网市场环境下呼唤新的营销模

式。正如营销大师菲利普·科特勒所说："今天营销活动的多数正在从地点营销走向计算机营销。"

13.2.1　网络营销的含义

"网络营销"一词在英文中有多种翻译，每种翻译有着不同的含义。如 Cyber Marketing 主要是指在虚拟的计算机空间营销；Internet Marketing 是指在互联网上开展的营销活动；Online Marketing 是指与互联网连接的在线营销；Network Marketing 是指在网络开展的营销活动（不仅包括互联网，还包括其他类型的网络，如增值网络 VAN）；E-Marketing 与 E-Business（电子商务）对应，是指通过互联网进行的营销等。

网络营销是建立在互联网络的基础上，并借助联机网络、计算机通信和数字交互式媒体的威力来实现营销目标的一种营销方式。网络营销不同于传统的营销方式，也不是简单的营销网络化，它并未完全抛开传统的营销理论，而是与其整合，是新的营销方式，网络营销是随着互联网的产生和发展而产生和发展起来的新的营销方式。

13.2.2　网络营销的意义

1. 网络营销可树立良好的企业形象

在开放的市场竞争态势下，企业除了制造精良的产品，提供优质的服务外，更应强化企业形象和品牌形象。利用互联网可使企业的形象推广更为生动。通过精心设计的网页，可全面展示企业的风貌，及时传播各种信息，在消费者心目中树立良好的企业形象。

2. 网络营销可降低企业的营销成本

网络营销采取新的营销管理模式，通过互联网，改造传统的企业营销管理组织结构与运作模式，并通过整合其他相关业务部门，如生产部门、采购部门，实现企业成本费用最大限度的控制。通过降低交通和通信费用、降低人工费用、降低企业财务费用、降低办公室租金，可降低营销及相关业务管理成本费用；通过利用网上直销（网上订货），降低销售渠道费用；通过利用网上促销的高效性来降低促销费用；通过降低销售管理费用以降低整个销售成本费用。

3. 网络营销可延伸企业的市场空间

利用互联网，企业可以突破时间的限制，一天 24 小时全天候为消费者服务；利用互联网，企业可以突破空间的限制，营销的范围可以延伸到原有产品销售范围、消费者群体、地理位置半径和交通便利条件之外。

互联网对企业传统的营销渠道是一个重要补充，它可以吸引那些在传统营销渠道中无法吸引的顾客到网上定购。由于网上定购比较方便快捷，而且不受时间和地理位置的限制，所以对那些在传统营销渠道中受到限制，但又很喜欢公司产品的顾客无疑具有很大的吸引力。

4. 网络营销可提高企业营销的灵活性

网络营销具有极强的即时性,企业可及时掌握市场信息,针对具体的市场状况、消费者需求的变化,迅速地增减产品数量及规格,调整产品价格。企业甚至可实行"量身定做"的一对一营销,使企业营销充分考虑消费者的个性需求。

5. 网络营销可优化企业与顾客的关系

利用网络营销,企业可以与顾客进行交互式沟通,更多地了解消费者。顾客可以根据自身需要,对企业提出新的产品要求和服务需求,企业可以根据自身情况,及时针对消费者需求开发新产品或提供新服务,最大限度地满足消费者的需求。企业与消费者之间可建立相互信赖的关系。

6. 网络营销可提高顾客的满意度

通过提高顾客服务效率,提升顾客的满意度。利用互联网公布企业有关信息和技术支持等,顾客可以根据情况自行寻求帮助,这样,企业的客户服务部门可以有更多时间处理复杂问题和管理顾客关系,而且能有针对性地解决顾客提出的问题;通过为顾客提供满意的订单执行服务以及满意的售后服务以提升顾客的满意度。许多顾客在购买产品,特别是一些高新技术产品后经常遇到许多技术上和使用方面的问题,针对这一现象,售后服务就显得尤为重要。网络营销借助互联网将产品信息资料和技术支持资料与用户共享,顾客可自行在网上进行查找,寻求自我帮助。企业通过这种方式提供顾客满意的产品或服务来提高顾客满意度。此外,由于不同顾客有不同需求,为满足顾客的差异性需求,要求企业能够及时了解顾客的需求,并依据顾客的特定需求提供产品或服务。网络营销通过利用互联网与顾客进行"一对一"的营销来满足不同顾客的需求,从而提高了顾客的满意度。

13.2.3 网络营销的主要内容

网络营销作为企业实现营销目标的新的营销方式和营销手段,它的内容非常丰富。一方面,网络营销要针对新兴的网上虚拟市场,及时了解和把握网上虚拟市场的消费者特征和消费者行为模式的变化,为企业在网上虚拟市场进行营销活动提供可靠的数据分析和营销依据。另一方面,网络营销通过在互联网上开展营销活动来实现企业目标,而网络具有传统渠道和媒体所不具备的独特的特点:信息交流自由、开放和平等,信息交流费用非常低廉,信息交流渠道既直接又高效。因此,在网上开展营销活动,必须改变传统的一些营销手段和方式。网络营销的主要内容包括以下几点:

1. 网络市场调研

网络市场调研主要利用互联网的交互式的信息沟通渠道来实施调查活动。可以直接在网上通过问卷进行调查,还可以通过网络来搜集市场调查中需要的一些二手资料。利用网上调查工具,可以提高调查效率和调查效果。作为信息交流渠道,互联网成为信息海洋,因此,在利用互联网进行市场调查时,重点是如何利用有效工具和手段实施调查和搜集整理资料,获取信息不再是难事,关键是如何在信息海洋中获取想要的资料信息和分析出有用的信息。

2. 网络消费者行为分析

互联网顾客作为一个特殊群体,有着与传统市场顾客群体截然不同的特性,因此要开展有效的网络营销活动必须深入了解网上顾客群体的需求特征、购买动机和购买行为模式。作为信息沟通工具,互联网正成为许多兴趣、爱好趋同的群体聚集交流的地方,并且形成一个个特征鲜明的网上虚拟社区,了解这些虚拟社区的群体特征和偏好是网上消费者行为分析的关键。

3. 制定网络营销战略

不同企业在市场中处在不同的地位,在采取网络营销实现企业营销目标时,必须采取与企业相适应的网络营销战略。虽然网络营销是非常有效的营销工具,但企业在实施网络营销时也需要进行必要的投入和承担一定的风险。同时,企业在制定网络营销战略时,还应该考虑到产品生命周期对制定网络营销战略的影响。

4. 制定网络营销组合策略

企业需要根据自己所在行业的特点,以及所处的市场营销环境,制定切实可行的网络营销组合策略。与传统营销相似,网络营销组合策略主要是整合传统的 4P 基础上的 4C。从本质上看,网络营销组合策略与传统营销组合策略的目标是一致的,只是面对的目标消费者群体不同,采取的营销策略不同而已。

5. 网络营销管理与控制

作为在互联网上开展的营销活动,网络营销必将面临许多传统营销活动无法遇到的新问题,如网络产品质量保证问题、消费者隐私保护问题以及信息安全与保护问题等。这些问题都是网络营销必须重视和进行有效控制的问题,否则,由于网络信息传播速度快,而网民对反感问题反应比较强烈而且迅速,会导致网络营销效果适得其反,甚至产生很大的负面效应。

13.2.4　网络营销组合策略

互联网上的市场环境是变化多端的,这意味着网络营销组合策略必须同步地进行改变。

1. 网络产品策略

每家企业都可以在网络上出售任何产品及服务,但就像不同的产品适于不同的营销渠道一样,适于网络营销的产品也有一定的范围。一般来说,适于网络营销的产品有与计算机相关的产品,知识含量高的产品,创意独特的产品,有收藏价值的产品,比较简单的产品,网络营销费用远低于传统营销费用的产品、服务等无形产品,便于配送的产品、名牌产品等。

作为信息有效的沟通渠道,网络可以成为一些无形产品,如软件和远程服务的载体,改变了传统产品的营销策略特别是渠道的选择。作为网上产品和服务营销,必须结合网络特点重新考虑产品的设计、开发、包装和品牌,传统的优势品牌在网络市场上并不一定是优势品牌。同时,网络的交互性和个人化使公司能提供出众的服务并配置产品以满足个体客户的需求。网络允许公司迅速收集有价值的客户数据,并且客户能直接介入产品的开发过程。这样公司与客户能够有效、迅速和便宜地交互。另一方面,网络可以被认为是客户确定产品特色以更好满足其需求和偏好的个人化工具,与组织交互的客户能够对服务、账单选项、个人偏好以及许多增强的提供物进行个人化,随着客户向个人化投入时间和精力,"黏合力"将会增加。

2. 网络价格策略

在传统的营销环境中,交易双方的信息是不对称的,价格形成机制对消费者而言是不透明的。而在网络营销环境下,买方拥有越来越多的信息,价格是透明化的。

互联网作为信息交流和传播工具,从诞生开始便实行自由、平等和信息免费共享的策略,因此网络市场的价格策略大多采取免费或者低价策略。制定网络价格营销策略时,必须考虑到互联网对企业定价的影响和互联网本身独特的免费思想。

3. 网络促销策略

网络促销是指利用现代化的网络技术向虚拟市场传递有关产品或服务的信息,以刺激需求,引发消费者购买欲望和购买行为的活动。

互联网作为一种互动双向沟通载体,其最大优势是可以实现沟通双方突破时空限制直接进行交流,而且简单、高效且费用低廉。网络顾客可主动浏览、访问企业网站,更积极地参与企业的信息对话。因此,在互联网上开展促销活动是最有效的沟通方式,但网上促销活动的开展必须遵循网上一些信息交流与沟通的规则,特别是遵守一些虚拟社区的礼仪。网络广告作为最重要的促销工具,主要依赖互联网的第四媒体功能,目前网络广告作为新兴的产业得到迅猛发展。网络广告作为在第四类媒体发布的广告,具有报纸、杂志、无线广播和电视等传统媒体发布广告无法比拟的优势,即网络广告具有交互性和直接性。

4. 网络渠道策略

互联网可将产品直接展示在消费者面前,可直接回答消费者的疑问,并接收顾客的订单。这种直接、互动及超越时空的电子购物方式,是营销渠道的一场革命,网络渠道会成为最重要的企业营销渠道之一。网络渠道改变了传统渠道中的多层次的选择和管理与控制问题,最大限度地降低了渠道中的营销费用。但企业建设自己的网上直销渠道必须要进行一定的投入,同时还要改变传统的经营管理模式。

5. 网络社区策略

网络社区是基于互联网而产生的一种新的营销方式,它是建立在共同兴趣基础上的一系列相互交织的关系。

创建有效的在线社区,通过社区内部的信息资源共享和交流,包括产品的介绍、客户的反馈以及论坛讨论等形式能够为企业创造和传递更多的价值。如公司的技术社区内的成员通过讨论版从彼此得到答案,Web 社区可以全天候回答问题而不会有焦急等待的客户等,这种方法能够有效地降低客户服务成本。而达到临界规模的社区又为公司提供了一个大的成员基础,对于口碑促销极为有利。同时,社区还可以作为新产品和营销计划的测试站点和广告投放站点,从而减少因产品缺陷、营销失误带来的损失,并能降低营销成本。此外,一个成功在线社区的建立不仅有助于企业进行有效的客户细分和定制,从而更好的细分客户,更加明确的满足个人需要,而且能够提高企业知名度,加深企业同客户之间的关系,建立信任感。

13.3　数据库营销

数据库营销是营销领域一次重要变革,是一个全新的营销概念。数据库营销(Database Marketing——DBM)最初始于美国的直接信函及广告协会,时间大约是 20 世纪 70 年代,到了 20 世纪 80 年代,数据库营销在西方发达国家的企业里得到迅速发展,因为它已经成为一个企业在新的时代建立新的竞争优势的有力工具。尽管数据库营销在中国才刚刚起步,但是随着市场竞争激烈程度的升级,越来越多的企业意识到了数据库营销对于增强企业竞争实力的重要性。

13.3.1　数据库营销的概念

"数据库营销"这个概念最早是从产业市场营销领域中的"直复营销"和"关系营销"这两个观念发展而来的。到目前为止,数据库营销还没有一个公认的定义,许多管理学家和市场营销专家从不同的角度对其进行界定。美国学者菲利普·科特勒对数据库营销的定义为:营销者建立、维持和利用顾客数据库和其他数据库(产品、供应商、批发商和零售商),已进行接触和成交的过程。另有学者认为,数据库营销是一个组织利用其数据库技术创建一个广泛的数据库,在充分掌握顾客需求信息的基础上进行的、以满足顾客需求为目的的市场营销行为。

虽然没有公认的定义,但是数据库营销已经得到了企业界和学术界的广泛的重视。目前业界比较同意的解释为:企业通过大量搜集消费者信息,经过数据的清理、挖掘、筛选等一系列数据库分析技术处理后,能够更精确地了解客户及消费者的需求、购买欲望以及预测其以后有多大可能去购买某种产品等,从而能够有针对性地制定营销策略,提供给客户和消费者更完善的产品及服务,达到客户及公司利益的双赢。

数据库营销是将统计分析与建模技术的应用计算机化,用于识别顾客或潜在顾客的行为习惯,并同时追踪和评估某项促销方案的成果。具体地说,就是企业通过网络、直邮、电话、推销、访问等多种营销传播方式,搜集并整理顾客及潜在购买者的大量信息,然后利用计算机信息管理系统建立消费者数据库,并通过对数据库的处理和分析来预测消费者有多大可能去购买某种产品,以及利用这些信息给产品以精确定位,有针对性地设计营销信息达到说服消费者购买产品的目的。

13.3.2　数据库营销的价值

数据库营销为企业进行市场开拓、新产品的研发、营销公关等活动提供了至关重要的支持,它通过企业和顾客之间快速、亲密的双向沟通和反馈,不断完善自身产品、服务的内容和方式,逐步锁定能够为企业创造最大价值的"黄金顾客",同时不断发现并创造新市场,达到企业利润的最大化。综合起来,数据库营销具备以下几种优势:

1. 充分利用用户信息,挖掘用户真实需求

通过数据库营销,企业不仅可以了解顾客的需求状况,还可以预测顾客需求趋势,评估需求倾向的改变。利用数据库技术开展营销,能帮助市场营销人员进行市场分析、开拓市场、确定公司的目标市场、准确制定市场营销活动,使营销活动更能满足顾客的需求、欲望以及对商品的预期需求。营销人员可以锁定特定的顾客,追踪个体层次上的顾客需要和欲望,根据准确的顾客信息发现新的机会,赢得新的效益。如果顾客的数据信息比较完整,还可以模拟实际的顾客行为,找出与当前营销问题相符的模型,辅助制定有效的营销计划。

2. 降低营销成本,提高营销效率

营销成本是每个公司在进行营销活动时所关注的问题。传统的营销手段成本比较大,尽管采用这些营销方法能获得一定的利润,但由于成本过大,导致营销作用并不显著。数据库营销采用数据挖掘技术,弄清哪些顾客能给公司带来利润,这样可以有针对性地采取营销策略,节约营销成本;另外,由于能够了解顾客的真实需求,可以剔除无用的营销服务以及无效和低效的营销传播活动,从而降低营销费用。据有关资料统计,没有动用数据库技术筛选消费者而发送邮寄宣传品,其反馈率只有 2%～4%,而用数据库技术筛选消费者,其邮寄宣传品的反馈率可以高达 20%～30%。如纽约大都会歌剧院设立了一个可储存超过 150 万人的歌迷资料的数据库,歌剧院运用计算机分析各种消费者的特征,根据歌剧的类型和以往歌迷观赏歌剧的历史,向歌迷有选择的推荐歌剧信息,一方面营销成本大大降低;另一方面歌剧院的上座率大大提高。

3. 更好地进行顾客关系管理

数据库营销可以作为一种个性化营销手段和顾客关系管理的一部分,为顾客提供更好的服务,创立企业与顾客之间的相互信任感和长期、高品质的关系,建立品牌忠诚度。

在数据库营销的条件下,企业掌握大量的现有顾客的资料。公司可以对有价值的老顾客,采用发出信函、回访、赠送产品使用或保养知识手册等策略保持并增进关系,以此提高顾客对企业的忠诚度。借助数据库企业还可以就目前销售的产品与顾客进行沟通,获得顾客对产品的满意度和购买情况作分析调查,及时发现问题、解决问题,确保顾客的满意。例如,一位老顾客要购买大连某汽车分公司的一款新汽车,但是当时该公司这款汽车正好缺货。公司的营销数据库显示,再过几天正好是该顾客的生日,于是该公司的销售人员想方设法从其他分公司调入一台顾客所想要的汽车,在顾客生日那天给顾客一个惊喜。该公司的做法无疑会极大地提高顾客的忠诚度。

4. 与竞争对手进行区别竞争

运用数据库营销,无须借助大众传媒,比较隐秘,一般不会引起竞争对手的注意,容易达到预期的促销效果。运用数据库与消费者建立紧密联系,企业可以使消费者不再转向竞争者,同时企业之间的竞争更加隐秘,避免公开对抗。而传统营销中,运用大众传媒的大规模促销活动容易引起竞争者的对抗行为,削弱促销的效果。

13.3.3 数据库营销的步骤

数据库营销一般包括数据的采集、存储、处理与使用和完善四个基本过程。

1. 数据采集

实施数据库营销的先决条件是建立一套良好的顾客数据库,包括顾客的属性、购买史、商品供需及各种可衡量数据。企业可以通过市场调查获得消费者的消费记录以及企业营销活动的记录,也可以利用公共记录的数据,如人口统计数据、医院婴儿出生记录、患者记录卡、银行担保卡、信用卡记录等都可以选择性的进入数据库。

2. 数据存储

将上面步骤中采集到的相关信息,以每一个消费者为基本单位建立专门的数据库。企业可以自己从事这项工作,也可请专门的数据库服务公司来做。许多企业让专门的服务公司来建立最初的数据库存。不管采用哪种方式,输入数据的精确性都必须得到保证。

3. 数据处理与使用

通过不断的收集,企业的数据库中就具备了上述顾客的基本情况资料和基本的消费信息。一方面,企业可以使用顾客的基本信息,对顾客进行各种调查和实施各种营销活动。比如开发什么样的新产品,给哪些顾客发放购物优惠券,根据消费记录判定消费者消费档次和品牌忠诚度等。另一方面,企业还可以运用先进的统计技术,通过计算机把不同的数据综合为有条理的数据库内容,然后在软件的支持下,生成产品开发部门、公营部门、销售部门等各自做需要的详细数据库信息。比如,影响因素的分析,权重的确定等。

4. 数据完善

在数据库营销中姓名和地址是最基本的信息,但是不能仅限于此。企业必须获得更多的关于顾客和准顾客的信息,比如消费者使用竞争者产品的情况,消费者对产品的看法以及特定的消费者对产品的特定需求等,这样才能建立一个高效的数据库。同时,消费者的行为也是不断变化的,企业也要注意跟踪这些情况,及时补充到数据库当中。最后,再建立一套可衡量营销活动效果的系统。良好的顾客数据库除了具备上述基本条件外,尚需注意操作的简易性,并要能够进行顾客分类、顾客回应管理、频率营销及市场的交叉分析等多种功能。

13.3.4 数据库营销的发展趋势

1. 满足整合营销策略的数据库设计和数据整合

随着企业的营销活动日益复杂,客户接触渠道的增加,把各种数据整合起来进行数据库营销的要求日益紧迫,满足整合营销策略的数据库设计也成为发展的趋势。数据整合,指把各个营销渠道,如网站、电话中心、电子邮件、移动营销、直邮、直销电视广告、印刷品等产生的数据集中到一起,经过对接和整理形成一体进入中央数据仓库。数据整合的优点在于:

(1) 对客户有全面一致的了解;

(2) 更有利于观察客户和营销的互动;

(3) 减少繁杂数据;

(4) 协调营销计划和营销渠道,保证各部门和客户对话的一致性;

(5) 优化营销策略中渠道组合、Offer 组合、有效分配资源;

(6) 有助于设计综合和长期的客户接触战略。

数据整合的趋势也在数据市场上反映出来,表现为数据库营销公司购买电子邮件数据和服务公司;网下数据公司和互联网数据公司加盟。通过兼并和结盟,把不同来源的客户数据统一化,扩大数据覆盖面,可为多层次、多渠道的整合营销服务。从此网上营销可以利用网下的人口、经济、生活方式数据,网下销售可以利用客户的网上行为数据,彼此增强,提高收益。

2. 从静态数据挖掘到动态数据挖掘、行为数据挖掘

随着数据库营销实践和研究的不断深入,数据挖掘从单一的静态数据发展成动态的实践数据、行为数据。例如,美国的 DaEvent 公司的数据库每个月可以提供有 40 万搬迁、25 万新婚消费者的名字和相关资料,这些资料的不断加入,企业可以进行相应的购买预测、直邮等有针对性的营销项目。通过动态数据挖掘和行为数据挖掘,企业可以把握那些稍纵即逝的营销机会,适时准确的进行营销活动,提高营销效率。

3. 数据库营销和企业发展战略融合程度加深

首先,营销数据库的重要作用日益显现,成为企业发展战略的关键杠杆。企业管理阶层发现要发展客户关系管理,提高服务水平,向以客户为中心的经营方向转型,离开了数据库是根本办不到的。不了解客户的特点、需求和行为,就无法设计有效的客户关系管理项目,保持和提升客户的忠诚度就无从谈起。

其次,数据库营销战略成为企业的客户战略的基础。依托从数据库营销取得的客户只是和客户沟通经验、营销渠道的管理与组织经验,管理部门可以做到心中有数,准确部署跨部门、跨产品的向以客户为中心的方向转型,避免失误和高昂的学费。数据库营销还为企业的客户战略提供了基础条件,如营销使用的客户分层、客户细分为企业设计新的管理架构、组织和客户需求相一致的经营体系,提供了坚实的基础。

13.4　创业营销

13.4.1　创业营销的定义

广义的创业营销包括创业者推销自己作为企业家,吸引合作伙伴,风险投资,以及吸引其他资源的过程,同时也为自己的新产品或服务寻找目标市场。

Schindehutte 等(2009)将创业营销定义为:通过在风险管理、资源杠杆和价值创造方面的创新,主动地识别、评价、开发、获得并保留能够为企业赢利的顾客的机会的过程。这一定义实际上是一种新的营销哲学,同样适用于大公司,也就是将适用于创业企业的营销策略用于大公司,以增加其灵活性和竞争力。

本章指的是这种更狭义的创业营销,即创业者利用现有资源,在内部及外部环境都高度不确定的情况下,通过摸索、实验、不断反复以及和潜在客户共同创造,来为自己的新产品或服务推向市场所做的各项工作的过程。

13.4.2　实效理论和创业营销

创业者所面临的营销任务有其特殊性,传统的营销理论可能不适用。例如,创业者所面临的环境具有很大的不确定性,自己的产品或服务也没有定型,顾客群可能是个移动的靶子,而竞争对手可能还没出现。

鉴于以上论述的有关创业企业营销挑战以及和传统营销范式的冲突,我们在这里引入一个新的指导思想来开发适用于创业企业的营销范式,这一指导思想可以被称为"实效逻辑"(Sarasvarthy,2001)。这一逻辑来自一个更大的管理学分支:在不确定的环境下的决策理论。Read 等在 2009 年 5 月"营销季刊"上的文章"不确定环境下营销策略:基于实效逻辑的方法"将"实效逻辑"应用到营销中来,提出了另类营销方法,其大部分营销战略战术都和传统方式相悖。

"实效逻辑"首先认为,未来的不确定性是不可预测的,这和传统的决策理论正好相反。例如,传统的决策理论认为环境是独立于决策者行为的,而"实效逻辑"认为,企业家的行为会改变环境,如果企业家不能预测自己的行为,又如何能够预测环境的变化呢?

另外,传统决策理论更重视目标,而"实效逻辑"关注的是手段。传统决策理论中的预测理论关注投资回报率,而创业家关注可容忍的损失。预测理论关注竞争分析,而创业家主要是寻求合作伙伴。预测理论尽量要避免意外事件,而创业家喜迎意外事件,将其看成难得的机会。

我们这里所讨论并定义的实效者(注重实效的人)即是创业家,创业家即是实效者。

有鉴于此,有经验的创业家在搜集市场信息时,其行为同经理人(通常是有工作经验但没有创业经验的 MBA 毕业生)有很大的差异。创业家一般不会去轻易相信二手数据,或者将营销调研外包出去。他们通常会质疑调研公司提供的报告;而是往往会直接与顾客接触,倾听顾客的声音,了解顾客的需求,以获得最真实可靠的一手数据。这里对经理人的启示是应该在传统市场调研的基础上，直接和顾客及有关各方接触，获取一手资料来验证调研数据的有效性。

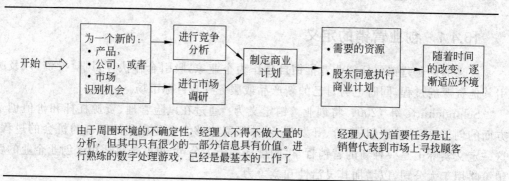

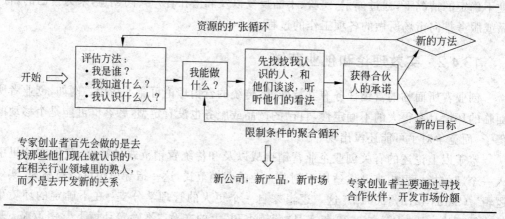

图 13-1　传统营销理论与实效理论的比较

资料来源：Marketing Under Uncertainty: The Logic of an Effectual Approach; Stuart Read, Nicholas Dew, Saras D. Sarasvathy, Michael Song, & Robert Wiltbank; *Journal of Marketing* Vol. 73（May 2009）,1-18.

13.4.3　传统营销和创业营销的差异：相反的逻辑

1. 可预测性和不确定性

传统营销学假设市场是可以预测的，并通过各种理性的技术方法预测未来销售趋势。创业企业在内外部环境都不确定的情况下，是无法对未来进行预测的。

2. 对比市场细分，目标市场和定位

在产品没有定型的情况下，市场细分的工作很难开展，目标市场会较为分散，无法跟尚未出现的竞争对手进行差异化和定位。

3. 寻找顾客和创造客户

传统营销策略和方法比较适用于稳定成熟的市场,其主要任务是为现有产品寻找更多的顾客,或者刺激现有顾客提高消费量或使用频率。创业营销主要是创造一种全新的需求,尤其是在顾客没有意识到有某种需求时,使他们意识到并主动寻找满足这种需求的产品或服务。

4. 设定目标和利用手头资源

传统营销需要设定目标,并制定出营销计划,同时通过组织、控制、协调、反馈等管理方法来监督、评价、调整、激励员工对营销计划的执行。创业者通常无法确定长远的计划,只能在实施新想法的过程中,利用一切可以利用的手头资源,不断地调整航向,边干边学,走一步看一步。

5. 预期利润和能承受的损失

传统营销方案都会提出财务目标,并且为了实现既定的财务目标而筹集足够的资源。经理人最常用的没有实现既定财务目标的借口,就是没有得到公司足够的人力、物力、财力上的支持。创业者却是另外一种思维方式,他们没有办法提起筹集到所有需要的资源。同时,在刚起步时,赢利性质的财务目标还相对比较遥远,创业者最重要的目标是生存,而为了生存的财务目标主要是能够在持续运营的条件下,将费用和亏损减少到能承受的范围。

6. 顾客是作为目标还是合作伙伴

传统营销主要是将成熟的市场进行细分,然后选择现有的目标市场,然后占领目标市场。创业者在与最初使用新产品或服务的顾客互动的过程中,将顾客看成是共同创造新产品或服务的合作伙伴,将他们的使用经历及反馈融入到产品或服务的改进中。

7. 强调竞争还是联盟

竞争在成熟的市场是成败的关键。在新领域创业的特征之一就是没有先例,所以创业者在防备抄袭的同时,主要任务是找到与自己的能力和资源互补的合作伙伴,并从联手产生的新能力中创造需求和顾客。

13.4.4 专家创业者的 4P 战略

本书其他章节的主要内容比较适合为已经得以在行业内立足的中大型企业培养市场营销方面的经理人才。本节内容主要是针对创业者,和经理人相比,有经验的创业者在运用市场营销策略上更加身体力行,与顾客共同创造价值,从被动寻找市场,变成了主动创造市场。此时,传统的 4P 营销策略逐渐演变成了 4C 策略(Consumer wants and needs、Cost、Convnience、Communications),而且是动态的、循环的、互动的 4C,创业者将 4C 看成是和顾客通过不断反复地互动而共同创造价值的过程。主要有以下几种过程:

产品战略等于共同创造的解决方案和体验。通过与消费者共同创造,创业者更能够灵活对待自己的产品和面对市场,使创造市场成为可能。创业者需要打破常规,创造、识别并抓住机遇。同时,创业者也在创新方面做到全方位创新,不仅仅是核心产品或服务的创新,而且还是附加产品或服务以及商业模式的创新。

价格战略等于顾一企共同决定的价格和价值。顾客不仅仅是沧海一粟,而是一个和企业具有需求关系的利益相关者。顾客价值的创造并不仅仅是物美价廉,如果确实对顾客有很高的价值,创业者不会轻易定出低价来招揽顾客,低价往往会给人低质的印象。

沟通战略等于消费者本身是一个能够实时沟通的虚拟社区网络中的一个节点,跟一个人沟通就相当于和无数个人在沟通。网络口碑将是创业者跟无数潜在顾客高效沟通的渠道。

分销战略等于更多的选择和方便性。创业者必须有打游击战、非常规战的分销策略,绕过商业壁垒,利用中间商的覆盖能力,让顾客很容易地找到自己的新产品或服务。

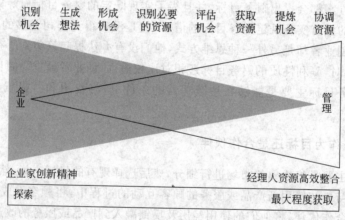

图 13-2

资料来源:《Rethinking Marketing: The Enterpreneurial Imperative》ISBN: 978-0-13-239389-8.(Miner Schindehutte, Michael H. Morris, Leyland F. Pitt.)

总之,创业之初的营销策略和公司发展壮大后的营销策略有很大的区别,这一区别可以很好地用战略管理中的双 E(探索和获取)理论来解释(Exploration 和 Exploitation)。探索阶段就是创业者凭借企业家精神,勇于向未知领域发掘机遇,并创造新的客户和市场。待市场发展到一定程度,公司发展到一定规模,传统营销策略又逐渐占据主导地位,因为公司的主要营销目标是高效地挖掘现有产品或服务的市场潜力,在创造顾客价值的同时实现利润最大化。

13.4.5 创业初期中小企业营销策略汇总

我国千千万万的中小企业,大多是由创业者自筹资金创立。他们的勇气是民族工业的积极力量和创新的重要源泉。中小企业的优势是:富有特色、目标集中、力量集中,全面、快速地满足客户需求。经过调查研究得出以下几点关于中国中小企业初期的营销策略：

1. 认清自身生存的微观环境

对中小企业来讲，首先不要去管全球化、WTO及行业的市场发展和走势对自己的影响。一定要清楚，你的任务是生存下来并迅速积累资金。微观生存环境就是你的前10名客户（或者你的资源在一年内有能力服务的客户）。这10名客户就是你能否生存下来的关键人物。要把这10名客户的需求研究透，关系熟到家。

2. 认清自身竞争的优势

有些中小企业启动是因为已有固定的客户，产品并没有特别优势。这类企业在开发新客户时会遇到困难，如果这些启动客户成长迅速，幸运的话，企业可依靠他们来完成原始积累。

大多数企业是因为具有某项新技术或富有特色的产品而起步，这类企业生存的基础是产品对客户的吸引力。大众化以及技术容易被仿造的产品不是小企业的优势。应开发满足客户独特需求，客户价值显著，效果立竿见影的产品或服务。与大企业相比，中小企业更贴近客户、更了解客户、反应更迅速、客户关系更好、服务更全面周到。

3. 应遵守的原则

（1）时刻保持清醒的头脑、平衡的心态，切忌急功近利。做到这几点并不容易，需要提高自己的修养。

（2）资源有限，要倍加珍惜，注意提高资源的效率。

（3）要养成深入、全面、系统、动态分析问题的习惯。避免头痛医头、脚痛医脚。

4. 采用基本策略

（1）不要泛泛的制定产品市场策略（诸如4P、4C之类），将所有的策略和力量集中在前10名客户身上。中小企业没有资源"打大战役"，先攻下这几个山头，有了根据地再说。不要试图一开始就建立全国性的营销网络。销售人员要少而精。

（2）客户策略。前十名客户的选择十分重要，不当的选择容易导致成长缓慢甚至失败。选择前10名客户的重要考虑因素是：产品的客户价值高、客户有实力、成长性好、行业影响大、信誉好、地理位置、原有的关系等等。一开始可按这些条件选择范围广一些，第一轮拜访后及可选出前10名客户。第一轮拜访不仅要核实上述条件，还要了解客户需求、采购程序与制度、管理水平、哪些人参与采购决策、竞争产品及对手等信息。前10名客户的选择由公司统一确定，而非由销售人员确定。

（3）根据客户特征（第一轮了解的情况）对每一个客户制定专门的销售策略（产品的资料介绍针对客户需求，提供特别的服务，如何打通各个环节等等），要发挥集体的力量来制定策略，特别是有销售经验的业务员的经验。要树立以整个公司的力量和经验对客户而不是一个销售人员自己去对客户的销售观念（这是小公司的优势，要充分发挥。）。

（4）销售管理和政策。

- 销售人员的招聘：这是成功的基础，要舍得花时间和精力。

大多数公司总是喜欢采用广招人、低底薪、高提成的常规政策。公司管理人员一定要清楚（公司创业人员中应该有精通销售的），如果你的产品是大路货及靠积极性就能销售出去的产品，这个激励政策可能短期有效，如果不是靠冲劲就能完成销售，这个政策就会带来损失。首先要根据公司的产品、客户特点确定需要什么能力的销售人员。新公司、新产品、新客户的销售难度很大，对销售人员的道德素质、知识水平、业务素质要求较高，那种广招业务员加高额提成的办法通常行不通。要根据产品的特点和客户特征选择销售员例如，如果客户为政府机构或客户采购部门关系优先的公司，就要找公关能力较强的销售人员。如果客户采购管理正规，要求严格，就需要销售人员有相当的知识及技术水平，能够找到产品对客户的价值所在及承诺提供合适的服务。

- 每个销售人员要指定固定的客户，出发之前要把目标客户的资料研究透，策略记在心。未经公司批准不允许找其他的客户，要将时间、精力集中在目标客户身上。销售策略作为参考，要根据实际情况灵活应对。
- 销售政策必须支持策略，建议提高基本工资基数，降低提成比率。且对目标客户的有效销售有较高的提成，其他客户很少。许多公司不大敢采用这个政策，担心影响销售人员的积极性。事实上，在公司确定前十名客户时，已充分征求了销售人员的意见。如果按上述客户选择方式精选出来的客户，加上公司特定的策略都无法完成销售，你还能指望销售？"满天飞"式的销量又能带来多少订单呢？

（5）时刻注意客户风险，确保财务安全。创业者要制定严格的付款政策，第一批客户的信用调查很重要，不要看表面现象，通过其他供应商特别是其产品的销售状况可以了解其真实的经营情况。

本章小结

企业的经营目的除了赢利，还要承担社会责任。同时，社会责任不仅是企业的成本，更是企业有回报的投资。

网络营销已经是新时代企业营销的必要手段与工具。企业需要深入了解网络环境下消费者行为的新特点。

创业营销与传统营销存在很大差别。创业者更需要根据自身所具备的资源和条件灵活地整合与运用。

思考题

1. 企业应该承担哪些社会责任？
2. 网络营销能为企业带来什么？
3. 创业营销与传统营销的主要区别是什么？

天生食材必有用，不经意间美味来

随着计算机和网络的普及，办公模式的多样化，自由撰稿人、网评家等一批以自由职业为生的宅男宅女们开始了"家里蹲"的蜗居生活。不过从事此类工作的人往往有个共性：那就是生活十分不规律，没有固定的吃饭时间。他们通常会在一段时间里集中采购一次，把家里的大冰箱填满，然后就长时间待在家中"内耗"。可有时候工作太过繁忙，忘记了采购，冰箱里就会出现食物青黄不接的局面。有一次，笔者就在饥肠辘辘的时候遭遇到了这个"打击"。当时，冰箱里倒是剩了不少花样的食材，可偏偏每样都少得可怜：半个紫皮茄子、半个洋葱、一个小番茄、一截胡萝卜以及一小撮煮面剩下来的金针菇。经过激烈的"思想斗争"之后，笔者决定还是把剩下的蔬菜凑合着炒一盘菜，而不叫外卖了。

经过简单的清洗切菜，食材就可以下锅了，先把不宜熟的茄子扔进锅中，高火翻炒半分钟之后再加入胡萝卜，稍微翻炒之后再将番茄、金针菇和洋葱都放入锅中。考虑到以前没有这么"乱炒"过，担心会有奇怪的味道出现，除了鸡精、盐和料酒之外，笔者又在其中加入了一点点酱油、牛肉粉和蚝油来调味。终于出锅啦！试着尝一口，没想到还真是味道不错啊！想不到这些看似不相关的食物在笔者的胡乱凑合和随意发挥下，竟成了一道美味！看来真是"没有做不到，只有想不到"啊！

当然，还有一种理性化的烹饪方法，那就是先找到菜谱，然后按照菜谱上所要求的原材料采购，待所有原料备齐后，再按照菜谱所提供的流程，称取（需要称重设备）一定量的原料，然后按照程序一步一步将菜做出来。前面的利用冰箱内现有原料的方法即是实效原则，而后一种遵循菜谱则是理性化的理论。

资料来源：http://www.tuotuo.net/ruhechuangye/2009-09-30-09303M2007377.html.

参 考 文 献

[1] Gronroos C. . Relationship Marketing Logic. Asia-Australia Marketing Journal,1996,4(1):7-18.
[2] Gronroos,Christian. . From Marketing Mix to Relationship Marketing:Towards a Paradigm Shift in Marketing,Management Decision,1991,32 (2):4-20.
[3] Hill C W L,Jones C R. Strategic management(2nd). Hougton Mifflin Company,1992.
[4] Jain S C. Marketing Planning and Strategy(2nd). South,Western Publishing Co. ,1985.
[5] Keegan W J. Global Marketing Management(4th). Prentice,Hall,Inc. ,1989.
[6] Kotler P. Marketing Management(12th). Prentice,Hall International,Inc. ,2006.
[7] 人民日报·海外版,1997-10-03.
[8] Wheelen T L,Hunger J D. Strategic Management and Business Policy(3rd). Addison-Wesley Publishing Company,1989.
[9] 保罗·A. 萨缪尔森,威廉·D. 诺德豪斯. 经济学(第 17 版). 萧琛等译. 北京:人民邮电出版社,2004.
[10] 彼得·德鲁克. 管理的实践(第一版). 齐若兰译. 北京:机械工业出版社,2006.
[11] 戴维·阿克,库马,乔治·戴. 营销调研(第七版). 魏立原译. 北京:中国财政经济出版社,2004.
[12] 董大海. 现代企业竞争方略. 北京:中国商业出版社,1984.
[13] 菲利普·科特勒,凯文·莱恩·凯勒,卢泰宏. 营销管理(第 13 版·中国版). 北京:中国人民大学出版社,2009.
[14] 菲利普·科特勒,凯文·莱恩·凯勒. 营销管理(第 12 版). 北京:世纪出版集团,上海:上海人民出版社,2006.
[15] 菲利普·科特勒. 市场营销管理(第 3 版). 郭国庆等译. 北京:中国人民大学出版社,2004.
[16] 高希均,林祖嘉. 经济学的世界. 北京:生活·读书·新知三联书店,2000.
[17] 郭国庆. 市场营销学通论. 北京:中国人民大学出版社,2007.
[18] 何永琪,张传忠,蔡新春. 市场营销学(第 2 版). 大连:东北财经大学出版社,2006.
[19] 何永祺,傅汉章. 市场学原理. 广州:中山大学出版社,2006.
[20] 何志毅. 中国营销实战. 西安:陕西师范大学出版社,2003.
[21] 胡正明. 中国营销(第一版). 北京:经济科学出版社. 2001.
[22] 加里·L. 利连,阿温德·朗格斯瓦米. 营销工程与应用. 魏立原,成栋译. 北京:中国人民大学出版社,2005.
[23] 兰苓. 市场营销学. 北京:机械工业出版社,2008.
[24] 林祖华. 市场营销学. 北京:中国时代经济出版社,2003.
[25] 刘宝成. 现代营销学. 北京:对外经济贸易大学出版社,2004.
[26] 龙璇. 市场营销学. 北京:对外经济贸易大学出版社,2002.
[27] 卢泰宏. 营销管理演进综述. 外国经济与管理,2008.
[28] 罗杰·J. 贝斯特. 营销管理(第四版). 权小妍等译. 北京:北京大学出版社,2008.
[29] 迈克尔·波特. 竞争优势. 夏忠华译. 北京:中国财政经济出版社,1988.
[30] 梅清豪,周安柱,徐炜熊. 营销调研(第 2 版). 北京:中国人民大学出版社,2002.
[31] 梅清豪. 市场营销学原理. 北京:电子工业出版社,2001.
[32] 沈传亮. 社会主义市场经济体制建立过程中的几件事. 党史博览,2009.
[33] 汤正如. 市场营销学教程. 沈阳:辽宁人民出版社,1993.
[34] 唐·赫尔雷格尔,小约翰·瓦·斯洛克姆. 组织行为学. 余凯成等译. 北京:中国社会科学出版社,1989.

[35] 王大亮,范晓屏,戚译.营销管理.北京:科学出版社,2002.

[36] 王芳华,顾锋.营销管理.北京:科学出版社,2002.

[37] 王妙,朱瑞庭,刘艳玲.市场营销学教程.上海:复旦大学出版社,2005.

[38] 维瑟拉·R.拉奥,乔尔·H.斯特尔克.战略营销分析.张武养,张永宏译.北京:中国人民大学出版社,2001.

[39] 吴健安,郭国庆,钟育赣.市场营销学(第二版).北京:高等教育出版社,2004.

[40] 吴健安.市场营销学.北京:高等教育出版社,2000.

[41] 吴森.关系营销与交易营销的演化与兼容.经济管理·新管理,2002,(10).

[42] 杨锡山.西方组织行为学.北京:中国展望出版社,1986.

[43] 约翰·伊根.关系营销.林洪等译.北京:经济管理出版社,2005.

[44] 张庚淼.市场营销调研.大连:东北财经大学出版社,2002.

[45] Ries, A and Trout, J. Positioning: The Battle for Your Mind. McGraw-Hill, New York, 1981.

[46] 萨伯罗托·森古普塔.品牌定位:如何提高品牌竞争力.马小丰,宋君锋译.北京:中国长安出版社,2009.

[47] George S. Low, Ronald A. Fullerton. Brands, Brands Management, and the Brand Manager System: A Critical-Historical Evaluation. Journal of Marketing Research. 1994: 31(2),173-190.

[48] Gardner, Levy. The Product and the Brand. Havard Business Review,1955(2).

[49] 戴维.阿克.管理品牌资产.奚卫华,董春海译.北京:机械工业出版社,2006.

[50] Patricia Winters. For New Coke, "What Price Success". Advertising Age, 20, March, 1989: S1-S2.

[51] 加里·阿姆斯特朗,菲利普·科特勒.市场营销学(第七版).何志毅,赵占波译.北京:中国人民大学出版社,2007.

[52] Frederick F. Reichheld. The Loyalty Effect. Boston: Havard Business School Press,1996.

[53] 彼得·多伊尔.营销管理与战略(第3版).杨艾琳,朱翊敏,王远怀译.北京:人民邮电出版社,2006.

[54] 乔恩·米勒(Jon Miller),戴维·缪尔(David Muir).强势品牌的商业价值.叶华,周海昇译.北京:中国人民大学出版社,2007.

[55] 凯文.莱恩.凯勒.战略品牌管理(第3版).卢泰宏,吴水龙译.北京:中国人民大学出版社,2009.

[56] Mary W. Sullivan. Brand Extensions: When to Use Them. Management Science,1992,38(6): 793-806.

[57] Douglas B. Holt, John A. Quelch and Earl L. Taylor Harvard Business Review,2004.

[58] John A. Quelch. Harvard Business Review,2003(8): 81.

教师服务

感谢您选用清华大学出版社的教材！为了更好地服务教学，我们为授课教师提供本书的教学辅助资源，以及本学科重点教材信息。请您扫码获取。

≫ 教辅获取

本书教辅资源，授课教师扫码获取

≫ 样书赠送

市场营销类重点教材，教师扫码获取样书

 清华大学出版社

E-mail: tupfuwu@163.com
电话：010-83470332 / 83470142
地址：北京市海淀区双清路学研大厦 B 座 509

网址：http://www.tup.com.cn/
传真：8610-83470107
邮编：100084